U&S Psychologie

Bungard · Die „gute" Versuchsperson denkt nicht

Die „gute" Versuchsperson denkt nicht

Artefakte in der Sozialpsychologie

Herausgegeben von
Walter Bungard

Mit Beiträgen von
Andrea Abele
Rolf H. Bay
Horst W. Brand
Achim Engels
Helmut E. Lück
Wolfgang Manz
Wolfgang Mertens
Friedhelm Nachreiner
Winfried Stuwe und Ernst Timaeus
Gerd Wiendieck

Urban & Schwarzenberg
München - Wien - Baltimore 1980

Anschrift des Herausgebers
Dr. *Walter Bungard,* Institut für Sozialpsychologie der Universität Köln, Haedenkampstr. 2, 5000 Köln-Lindenthal.

Lektorat
H. Jürgen Kagelmann

Anschriften des Wissenschaftlichen Beirates
Prof. Dr. *Siegfried Greif,* Institut für Psychologie, FB 12, Freie Universität Berlin, Habelschwerdter Allee 45, 1000 Berlin 33
Prof. Dr. *Ernst-D. Lantermann,* Gesamthochschule Kassel, FB 3, Heinrich-Plett-Str. 40, 3500 Kassel
Prof. Dr. *Rainer K. Silbereisen,* Institut für Psychologie, FB 2, Technische Universität Berlin, Dovestr. 1–5, 1000 Berlin 10

Anschriften der Mitautoren
Dr. *Andrea Abele,* Universität Bielefeld, Abt. Psychologie, Postfach 8640, 4800 Bielefeld.
Dr. *Horst W. Brand,* Institut f. Sozialpsychologie, Haedenkampfstr. 2, 5000 Köln 41.
Dr. *Rolf H. Bay,* Hospeltstr. 68, 5000 Köln 30.
Dr. *Achim Engels,* Lechenicher Str. 31, 5000 Köln 41.
Prof. Dr. *Helmut E. Lück,* Carl-Maria-von-Weberstr. 25, 5040 Leverkusen.
Prof. Dr. *Wolfgang Manz,* Margeritenweg 6, 4047 Dormagen.
Dr. *Wolfgang Mertens,* Schleißheimer Str. 182, 8000 München 40.
Prof. Dr. *Friedhelm Nachreiner,* Univ. Oldenburg, Fachbereich I (Psychologie), Birkenweg 3, 2900 Oldenburg.
Prof. Dr. *Ernst Timaeus* und Dr. *Wienfried Stuwe,* Gesamthochschule Essen, Fachbereich 2 (Psychologie), Universitätsstr. 11, 4300 Essen 1.
Prof. Dr. *Gerd Wiendieck,* Korseifen 13 a, 5222 Morsbach.

CIP-Kurztitelaufnahme der Deutschen Bibliothek

Die „gute“ Versuchsperson denkt nicht : Artefakte in d. Sozialpsychologie / hrsg. von Walter Bungard. Mit Beitr. von Andrea Abele . . . – München, Wien, Baltimore : Urban und Schwarzenberg, 1980.
([U-und-S-Psychologie] U-&-S-Psychologie)
ISBN 3-541-09551-2
NE: Bungard, Walter [Hrsg.]; Abele, Andrea [Mitverf.]

Umschlagentwurf: Dieter Vollendorf. Satz: Wagner, Nördlingen. Druck und Bindung: Pustet, Regensburg. Printed in Germany.

ISBN 3-541-09551-2

„Geist ohne Methode schädigt die
Wissenschaft nicht minder als
Methode ohne Geist“

(Bernheim 1908)

Inhalt

Einführung in die Thematik

Walter Bungard

1. Laborexperimente in der Sozialpsychologie

Die Sozialpsychologie hat in den letzten Jahren immer mehr an Bedeutung gewonnen, wenn man wissenschaftsstatistische Indikatoren, wie z. B. Publikationsziffern, Ausbildungsmöglichkeiten an den Hochschulen oder das Ausmaß der Forschungsinstitutionalisierung zugrunde legt (Bintig et al. 1976). Aber trotz oder gerade wegen dieser unerwarteten Expansion scheint die Sozialpsychologie sich augenblicklich in einem „krisenhaften Zustand" zu befinden. So werden in letzter Zeit gerade von besonders renommierten Forschern immer häufiger grundsätzliche Zweifel an der Brauchbarkeit und Relevanz sozialpsychologischer Befunde geäußert; die herkömmlichen Gegenstandskonzeptualisierungen und methodologischen Vorgehensweisen werden zunehmend in Frage gestellt (vgl. die Publikationen z. B. von McGuire 1973; Jahoda 1974; Argyris 1975; Berkowitz 1976; Hendrick 1976; Schlenker 1976; Sherif 1977; Secord 1977; Tajfel & Fraser 1978; Mertens & Fuchs 1978; Harré 1979).

Angesichts dieser Situation erhebt sich die Frage, inwieweit es sich bei den vorgebrachten Kritiken um notwendige und fruchtbare Prozesse im Zuge eines „normalen" und kontinuierlichen Wissenschaftsfortschrittes (im Sinne eines kumulativen Prozesses der Ausdehnung oder Präzisierung des bisherigen Paradigmas) handelt oder ob sich hinter diesen Erscheinungen eine tiefergehende Paradigmakrise ankündigt, wobei implizit eine Anwendung des Ansatzes von Kuhn (1967) auf den Bereich der Sozialpsychologie unterstellt werden soll.

Zur Beantwortung dieser Frage scheint es sinnvoll zu sein, nach der Ursache dieser vermeintlichen Krise zu suchen.

Die Mehrzahl der Kritiker führt das Defizit an gehaltvollen Theorien und die geringe externe Validität sozialpsychologischer Ergebnisse u. a. auf die Restriktionen des laboratoriums-experimentellen Vorgehens zurück: Trotz der Komplexität des genuinen Gegenstandes der Sozialpsychologie werden dort in verhängnisvoller Weise relevante soziale Faktoren aufgrund methodologischer Kriterien ausgeblendet bzw. isoliert. Die „Krise der Sozialpsychologie" erweist sich somit gleichzeitig auch als eine „Krise des Laborexperimentes".

Die extreme Favorisierung des Laborexperimentes innerhalb des Methodenarsenals empirischer Sozialforschung (Higbee & Wells 1972; Higbee, Lott & Graves 1976) muß dabei aber vor allem im Zusammenhang mit der wissenschaftstheoretischen Position der meisten Mitglieder der repräsentativen „Forscher-Gemeinschaft“ gesehen werden. Von der Perspektive kritisch-rationalistischer Methodologie aus betrachtet wird nämlich dem Laborexperiment im Vergleich zu anderen Methoden grundsätzlich ein interpretativer Vorteil zugesprochen. Durch systematische Kontrolle bzw. Manipulierung spezifischer Variablen soll der Nachweis kausaler Beziehungen möglich sein (Bredenkamp 1969), wobei gerne auf die Erfolge experimenteller Techniken im Bereich der Naturwissenschaften verwiesen wird. Diese wissenschaftlich fundierte Konzentration auf die Laborforschung wurde nun bereits Ende der 50er Jahre durch die Arbeiten von Campbell und seinen Mitarbeitern (Campbell & Stanley 1966) mit ihrer Theorie der internen und externen Validität partiell in Frage gestellt. Sie analysierten bekanntlich die Wirkungsweise potentieller Störvariablen, die bei der Interpretation von Laborbefunden zu Fehlschlüssen führen können; sie wiesen außerdem auf das Dilemma der Maximierung der Zuverlässigkeit bei gleichzeitiger hoher Gültigkeit hin. Die Konzeption von Campbell bewirkte auch unzweifelhaft eine Sensibilisierung für die Schwächen einer rigorosen Laborforschung. Bei einigen Sozialpsychologen wurde sogar offensichtlich eine Rückbesinnung auf die ursprünglichen Forschungsziele von Lewin zumindest vorbereitet (Farr 1976; Mertens & Fuchs 1978). Die Überlegungen von Campbell bewirkten aber keine grundsätzlichen Veränderungen der Forschungspraxis, aus den Kritikpunkten resultierten lediglich zunehmend differenziertere Kontrolltechniken. Die sogenannte Reduktionsproblematik wurde weiterhin angeblich durch die Konzipierung komplexer multivariater Designs und durch den Einsatz komplizierter statistischer Auswertungsmethoden aufgehoben. Die nachweisbaren Erfolge dieser „Gegenstrategien“ auf dem Hintergrund eines nach wie vor empirisch-nomothetischen Verständnisses dürften wohl auch der Grund dafür sein, daß im allgemeinen der Stellenwert des Laborexperimentes auch heute noch unverändert hoch eingestuft wird.

2. Ansatzpunkt der Artefaktforschung

Eine andere Kritik an der experimentellen Laborforschung – wenn man einmal von der grundsätzlichen wissenschaftstheoretischen Kontroverse bezüglich der unterschiedlichen Struktur von natur- und sozialwissenschaftlichem Gegenstand absieht (Holzkamp 1977; Herrmann 1979) – erfolgte aus einer Perspektive, bei der die Laborsituation selber zu einem Gegenstand der Sozialpsychologie gemacht wurde. Die Grundüberlegung war dabei, daß jedes Experiment notgedrungen eine soziale Interaktion zwischen Versuchsleiter (Vl) und Versuchsperson (Vp) darstellt. Bei der Überprüfung sozialpsychologischer Hypothesen muß also grundsätzlich eine Konfundierung der experimentellen Variablen mit den interaktiven und kommunikativen Merkmalen der Erhebungssituation unterstellt werden.

In den letzten beiden Jahrzehnten wurde unter dem Stichwort „Sozialpsychologie des Experimentes" eine kaum noch zu übersehende Fülle an empirischen Studien publiziert, in denen der gravierende Einfluß dieser früher nur selten thematisierten sozialpsychologischen Variablen unter Beweis gestellt wurde. Es etablierte sich sehr bald ein neuer Forschungszweig, die sogenannte *„Artefaktforschung"*, die auf der Basis dieser Befunde erste Konzeptualisierungen und Modelle zu entwickeln versuchte. Unter Artefakten werden dabei „Kunstprodukte" verstanden, die aus der Konfundierung der intendierten unabhängigen Variablen mit den der Laborforschung immanenten sozialpsychologischen Faktoren heraus zu verstehen sind. Der Schwerpunkt in diesem Forschungsbereich verlagerte sich im Laufe der Zeit: Die spektakulären „Rosenthal-Experimente" (Rosenthal 1966), in denen insbesondere die Wirkung der Vl-Erwartungen analysiert wurden, gerieten zusehends aufgrund der profunden Kritik (Barber & Silver 1968; Barber 1976) in den Hintergrund. In den Mittelpunkt des Interesses rückten statt dessen immer mehr die Kognitionen, Motivationen und vor allem die individuellen Hypothesen der Vp, die u. a. auch für die tatsächliche Auswirkung von Vl-Effekten verantwortlich sind.

Es würde den Rahmen dieses Einleitungsartikels sprengen, wenn auf die einzelnen Ergebnisse der Artefaktforschung eingegangen würde. Der interessierte Leser sei auf die zusammenfassenden Darstellungen von Rosenthal & Rosnow (1969, 1975), Adair (1973), Barber (1976), Rosenthal (1976) und Silverman (1977) verwiesen. Inzwischen liegen auch einige deutschsprachige Publikationen vor: Timaeus (1974), Bungard & Lück (1974), Mertens (1975, 1977), Gniech (1976) und Maschewsky (1977).

Insgesamt stellt sich die Artefaktforschung heute noch als ein sehr heterogenes Gebilde dar: Zahlreiche Befunde widersprechen sich. Die zugrundegelegten, häufig nur deskriptiven Konzepte, sind uneinheitlich und basieren oft nur auf anekdotischem Material. Interdependenzen zwischen verschiedenen Artefaktquellen werden nur selten herausgestellt und wichtige Aspekte, wie z. B. wissenschaftstheoretische Bezüge, bleiben meistens unberücksichtigt. Das methodische Vorgehen bei zahlreichen Metaexperimenten (darunter werden im folgenden solche Studien verstanden, in denen die Wirkung von Artefaktquellen in einem Experiment überprüft werden) muß ebenfalls in vielen Fällen kritisiert werden. Die Spezialisten für Artefakte glauben wohl allzu oft an die Validität ihrer eigenen Erhebungsverfahren, obwohl auch diese u. U. stark artifiziellen Charakter haben dürften (man denke z. B. an die Applizierung von postexperimentellen Fragebogen oder Einstellungsskalen (Adair 1973) und die dadurch induzierten Meta-Artefakte).

Trotz aller Schwächen weisen aber die Befunde der Artefaktforschung daraufhin, daß die analytisch-atomistisch praktizierte Methodik einschließlich des restringierten Bildes der idealen Vp durch eine Konzeptualisierung ersetzt werden muß, in der der Proband als ein Individuum betrachtet wird, das analog zu sonstigen Alltagssituationen nicht nur auf einen einzelnen Stimulus reagiert, sondern sein Verhalten auf den Gesamtkontext abstimmt. *Die ‚normale' Vp denkt eben doch!*

Daß Bewußtsein der Vp kann also nicht weiter absurderweise in einer Wissenschaft „vom Bewußtsein" partiell als Störfaktor eliminiert werden (Dick 1974; Maschewsky 1977). Diese Sichtweise stimmt im übrigen auch mit der neueren Kritik der kognitiven Lerntheoretiker an dem nichtmediationalen S-R-Modell einer black-box-Konzeption überein (Mischel 1973; Kanfer & Phillips 1975; Mahoney 1977) und paßt in die „kognitive Wende" innerhalb der Psychologie einschließlich des modifizierten forschungsleitenden Menschenbildes (Groeben & Scheele 1977; Werbik 1978).

Halten wir also fest: Die Untersuchungen zur „Sozialpsychologie sozialpsychologischer Experimente" weisen nachdrücklich darauf hin, daß die Artefaktproblematik nicht aus dem experimentellen Geschehen entfernt werden kann, indem den kritischen Variablen kurzerhand ein residualer Status zuerkannt wird, um quasi eine von diesen angeblichen Störfaktoren bereinigte ideal-typische Untersuchungssituation zu schaffen. Daraus folgt aber, daß gerade bei sozialpsychologischer Forschung die für Laboratoriumsexperimente konstitutive Forderung nach Kontrolle nicht manipulierter Einflußgrößen faktisch nicht realisierbar ist, soweit sie sich auf eben diese sozialpsychologischen Aspekte der Erhebungssituation beziehen.

3. Bisherige Reaktionen auf die Befunde der Artefaktforschung

Angesichts dieser Situation wird nun die Frage geradezu provoziert, in welchem Ausmaß die Befunde der Artefaktforschung als Korrektiv zur traditionellen Forschungspraxis wirksam geworden sind. Ist die Herausforderung angenommen worden? Wie haben die Sozialwissenschaftler angesichts dieser neuen Forschungsrichtung, die ja explizit „Alt-Bewährtes" anzweifelt, reagiert? Im großen und ganzen war die Resonanz bei oberflächlicher Betrachtung zwar groß, aber wer infolge der Kritik grundlegende Veränderungen erwartet hatte, sah sich bald enttäuscht. Die bisherige Reaktion kann deshalb wohl zusammenfassend am besten mit „kommentarloser Konstatierung" oder „kritikloser Ignorierung" gekennzeichnet werden. Nach wie vor kann häufig eine unkritische Applizierung des Laborexperimentes beobachtet werden, bei der ernstzunehmende methodologische Reflexionen im Sinne der Artefaktproblematik ausgespart werden. Die üblichen Artikel in sozialpsychologischen Fachzeitschriften legen hierfür ein beredtes Zeugnis ab. Diese sozialwissenschaftlich betrachtet durchaus interessante und wissenschaftssoziologisch interpretierbare Tabuisierung einer aktuellen Problematik deutet darauf hin, daß gerade angesichts dieser Thematik normative Regulative im Wissenschaftsbetrieb von immenser Bedeutung sein können. Die bisherigen Reaktionen, die man auch als „Höflichkeit der Sozialforscher im Umgang mit Kollegen" ansehen kann (Lück & Bungard 1978), stellen unter diesen Umständen durchaus ein typisches Beispiel für das wissenschaftsdynamische Verständnis von Kuhn (1972, 1977) dar. Er spricht u. a. von einer „disziplinären Matrix", die in einer Wissenschaft, wie z. B. der Sozialpsychologie, ein verbindliches, handlungsweisendes System von Regeln, Anwendungsgebieten und Normen darstellt. Die aufgezählten Kritikpunkte am „klassischen" Laborexperiment berühren, danach zu urteilen, nicht nur einzelne methodische Sachverhalte, sondern gefährden ein komplexes Paradigma einschließlich der Normen, die Sozialpsychologen mühsam in ihrer Studienzeit durch den universitären Sozialisierungsprozeß internalisiert haben. Von daher wäre es also durchaus sinnvoll, die gegenwärtige Krise der Sozialpsychologie einschließlich ihrer Methodik als Paradigmakrise zu begreifen.

Unabhängig von derartigen normativen Zwängen (die u. a. auch dazu geführt haben, daß die Entscheidung, Artefaktforschung zu betreiben, für den „Marktwert" eines Forschers nicht gerade förderlich ist) können aber sicherlich noch zahlreiche andere Gründe angeführt werden, warum die Grundlagen und Hauptprinzipien von Methode und Messung in der

Sozialpsychologie speziell auf der Ebene der sozialen Prozesse so selten einer kritischen Prüfung unterzogen wurden. Folgende fünf Punkte erscheinen dabei besonders ausschlaggebend gewesen zu sein:

1. Die Beibehaltung der bisherigen Forschungspraxis wurde durch den Umstand nahegelegt, daß brauchbare Kontrolltechniken zur Vermeidung der unerwünschten Prozesse nicht verfügbar sind. Die „Väter" der Artefaktforschung glaubten zwar lange Zeit, daß die Lösung des Problems in einer Identifizierung der sozialpsychologischen Variablen und in der darauf basierenden Entwicklung entsprechender Gegenstrategien zu sehen sei (vgl. z. B. Orne 1969, 128; Campbell 1969, 358), aber die wenigen empirisch überprüften Techniken erwiesen sich bald als mehr oder weniger ineffektiv. So erbrachten gezielte Vl-Trainings, die Konstituierung von Erwartungskontrollgruppen oder die Durchführung von Doppelblindversuchen nicht die erhofften Erfolge. Die von Orne (1969) propagierten „Quasi-Kontrollen", nämlich postexperimentelle Befragungen, Non-Experimente und Simulationsstudien, ermöglichen zwar die Erfassung „demand-trächtiger", also artefaktfördernder Aspekte des experimentellen Ablaufs, aber die so gewonnenen Daten müssen auf dem Hintergrund der Rationalisierungs-, Rechtfertigungs- und Selbstpräsentationsstrategien der Vpn im Rahmen eines „pact of ignorance" mit dem Vl interpretiert werden. Die Vpn wollen das Experimente nicht durch irgendwelche Auskünfte nachträglich kaputt machen. Derartige Quasi-Kontrollen, aus denen auch keine zwingenden methodologischen Schlüsse deduzierbar sind, können somit nicht die ultima ratio darstellen. Die „totale" Ausschaltung der unerwünschten, symptomatischerweise als „Störvariablen" bezeichneten Faktoren, würde außerdem in letzter Konsequenz zur Aufhebung der Interaktionssituation als solcher führen müssen, so daß ein Laborexperiment in herkömmlichem Sinne nicht mehr möglich wäre.
2. Im Rahmen einer pragmatischen Einschätzung des Laborexperimentes unter Beibehaltung eines empirisch-nomothetischen Wissenschaftsverständnisses erwies sich also die Suche nach effektiven Kontrollstrategien als Sackgasse. Von daher war es naheliegend, daß viele Forscher den Ausweg in methodischen Innovationen gesehen haben. Zur Vermeidung der der Laborforschung eigenen Artefaktproblematik wurde in diesem Zusammenhang von Webb et al. (1966) die Verwendung nichtreaktiver, also unaufdringlicher bzw. unauffälliger Meßverfahren in der „natürlichen" Umgebung der Vpn vorgeschlagen. Die anfängliche Euphorie – Allport erhoffte sich von dieser „Pulitzer-Preis-verdächtigen" Veröffentlichung eine entscheidende Wende in der psychologi-

schen und soziologischen Forschung (vgl. Lück, 1975, 7) – wich aber zunehmend einer eher skeptischen Einstellung (Albrecht 1974; Silverman 1977; Bungard & Lück 1980). Diese angeblich neuartigen Datenerhebungstechniken sind nämlich inhaltlich auf nur wenige Anwendungsmöglichkeiten begrenzt, ihre Reliabilität und Validität ist zudem größtenteils unbekannt. Es ergeben sich weiterhin gravierende Stichprobenprobleme durch nicht kontrollierbare Selektionsprozesse; sie können durchaus „reaktiv" werden (z. B. durch entsprechende Publikationen in Massenmedien) und sie implizieren schließlich erhebliche ethische und rechtliche Probleme (Silverman 1975; Wilson & Donnerstein 1976). Die nichtreaktiven Meßverfahren lieferten somit zusammenfassend betrachtet im Rahmen eines wünschenswerten Methodenpluralismus zwar sicherlich eine fruchtbare Bereicherung und sie werden im Kontext von Multi-Methoden-Strategien (Cook & Campbell 1976; Patry 1980) auch in Zukunft noch an Bedeutung gewinnen. Die „via regia" empirischer Sozialforschung konnten und werden sie aufgrund der begrenzten Möglichkeiten nicht übernehmen. Die Forscher mußten also nolens volens mangels handbarer Alternativen weiter in der Mehrzahl der Fälle Laborexperimente in herkömmlicher Art und Weise durchführen.

3. Die unkritische und streckenweise naive Fortführung der bisherigen Forschungspraxis wurde dadurch gefördert, daß die Artefaktforschung sich zur Zeit selbst, wie bereits gesagt, als ein sehr heterogenes, in sich widersprüchliches Gebilde darstellt, das aufgrund der zahlreichen uneinheitlichen Befunde für die Mehrheit der Forscher bisher nur geringe Attraktivität haben konnte. Als gravierende Schwäche erweist sich dabei die Tatsache, daß die theoretische Analyse der Reaktivitätserscheinungen völlig unzureichend ist. Ad-hoc-Interpretationen sind an der Tagesordnung, die deskriptiven oder oft nur impressionistischen Einzelergebnisse werden zusammengestellt, ohne daß die Prozesse nach allgemein theoretischen Gesichtspunkten geordnet werden. Es figurieren lediglich eine Vielfalt von beziehungslos nebeneinander existierenden Typologisierungen, denen bestenfalls ein heuristischer Wert zukommt. Die fehlende Systematisierung bzw. Nomologisierung führte schließlich dazu, daß eine Art „pragmatischer Eklektizismus", verbunden mit einer „solipsistischen Flucht", zum Wissenschaftsprogramm erhoben wurde (Esser 1975). Symptomatisch ist in diesem Zusammenhang auch die unzureichende Integration der Forschungsarbeiten institutionell getrennter Wissenschaftsbereiche; Erkenntnisse und Erklärungsansätze aus dem Bereich der Interviewforschung werden bei der

Analyse der Laborsituation entweder überhaupt nicht oder oft nur unreflektiert übernommen.

4. Aber selbst bei einer zufriedenstellenden Strukturierung und Theoretisierung der Artefaktproblematik dürften die wissenschaftstheoretischen Implikationen in bezug auf das nomologisch-analytische Theorienverständnis auf die konventionelle empirische Forschung abschreckend wirken (Dick 1974; Berger 1974; Mertens 1975, 1977; Maschewsky 1977; Schneider 1980). Denn die Berücksichtigung der angesprochenen sozialpsychologischen Faktoren als Randbedingungen der jeweiligen Gesetzeshypothese stellt die strikte Forderung nach intersubjektiv überprüfbaren Aussagen, die sich in den Kriterien der Reproduzierbarkeit und Standardisierbarkeit manifestieren, teilweise in Frage. Außerdem wird die Wenn-Komponente der Gesetzesaussagen dadurch konjunktiv erweitert, so daß bei unveränderter Dann-Komponente der Erklärungswert der Gesetzeshypothesen erheblich sinkt (Mertens 1975). Mit anderen Worten: Durch die Berücksichtigung sozialpsychologischer Moderator-Variablen und den folgerichtig zu beachtenden Interaktionseffekten sind aus einzelnen Laboruntersuchungen u. U. keine verwertbaren Aussagen mehr abzuleiten. Im Extremfall können sogar formale Tautologien die Folge sein; die Falsifizierung früherer Ergebnisse ist theoretisch nicht mehr realisierbar. Um diesem Immunisierungseffekt zu entgehen, erscheint es in der Tat verständlich, unter Ignorierung der unerwünschten Prozesse weiterhin auf der herkömmlichen Basis in liebgewonnener Weise empirische Forschung zu betreiben.
5. Die Akzeptanz bzw. Berücksichtigung sozialpsychologischer Theorien bei der Datenerhebung selber würde notgedrungen dazu führen, daß zahlreiche empirische Befunde (die evtl. zur Formulierung dieser Theorien geführt haben, so daß auch sie mit einem erheblichen Artefaktverdacht belastet sind) einer Neueinschätzung unterzogen werden müßten. Damit ergäbe sich aber die unangenehme Situation, daß zahlreiche „gesicherte" Aussagen der Sozialpsychologie erneut mühsam untersucht werden müßten. Die zur Uminterpretation notwendigen sozialpsychologischen Theorien werden dadurch aber selber in Frage gestellt, so daß der Sozialwissenschaftler in einer Art „Doppelbindung" gefangen wird.

Vor allem die aus dem letzten Punkt folgende und aufgrund der Tragweite auch verständliche Ignorierung gerade der inhaltlich-theoretischen Konsequenzen der Artefaktforschung mag auf den ersten Blick am meisten überraschen, wo doch Sozialpsychologen selber ein vitales Interesse an gültigen Ergebnissen haben müßten. Aber das Problem besteht gerade darin, daß die (externe) Validität sozialpsychologischer Forschungsbefunde meistens nicht erfaßt wird. Das liegt einmal daran, daß es externe Kriterien in vielen Fällen nicht unmittelbar geben kann, weil z. B. Einstellungen mit Hilfe von Skalen gemessen werden. Zum anderen verfügen Sozialwissenschaftler, die einseitig nur Laborexperimente durchführen, selten über eine „soziale" Praxis, in der Diskrepanzen offenkundig werden könnten. Krüger et al. (1975, 12 f) sehen die Ursache hierfür in einer verhängnisvollen Einstellung vieler Sozialpsychologen: „Diese Subjekte . . . bewegen sich in einem organisatorischen Rahmen, speziell den Universitäten, der soziale Praxis nicht nur nicht fördert, sondern gemäß den institutionellen Normen sogar für obsolet, da minderwertig gegenüber der Theorie erklärt."

Wahrscheinlich hat also das Fehlen von Gültigkeitskriterien und/oder die Ausklammerung der Praxis im Sinne einer „Selbstgenügsamkeit" der Theorie bislang in vielen Fällen vor möglichen, höchst peinlichen Entblößungen bewahrt. Darüber hinaus dürfte die wiederholte Bestätigung früherer Ergebnisse durch angebliche Replikationsstudien darüber hinweggetäuscht haben, daß in diesen Fällen ja dasselbe Erhebungsinstrument mit den gleichen Unzulänglichkeiten behaftet war; d. h., daß der wissenschaftliche „Methodeninzest" durch den beeindruckenden Vorweis hoher Reliabilitätskoeffizienten die Frage nach der Validität systematisch verdrängt hat.

4. Das Versäumnis der Artefaktforschung

Wenn die bisherigen Überlegungen richtig sind, dann liegt ein gravierendes Versäumnis der Artefaktforschung auf der Hand: Da externe Validitätskriterien nicht auf die vermutliche Ungültigkeit zahlreicher Laborexperimente hinweisen konnten und auch sonst vielleicht kein Grund bestand, das methodische Vorgehen zu überdenken, wäre es eine wichtige Aufgabe gerade der Artefaktforschung gewesen, ihrerseits die inhaltlichen Konsequenzen im Rahmen sozialpsychologischer Theorienbildung transparent zu machen. Gerade dieser Aspekt ist aber in der Vergangenheit leider oft zu kurz gekommen. Die Artefaktforschung beschäftigte sich vorzugsweise mit der Identifizierung immer neuer Störfaktoren und legte zuwenig Wert auf die exemplarische Darstellung der konkreten Auswirkungen anhand entsprechend geplanter Metaexperimente (vgl. hierzu erste Ansätze bei Mertens 1975 und Silverman 1977). Bezeichnenderweise befinden sich auch an der Front der Kritiker, die eine „Krise der Relevanz" oder eine „Krise des Vertrauens" zu konstatieren glauben, kaum prominente „Artefaktologen". Dieses Defizit hat wahrscheinlich auch zu einem grundlegenden Mißverständnis bezüglich der Zielsetzung der Artefaktforschung geführt: Bei dem Nachweis sozialpsychologischer Einflußfaktoren geht es keineswegs darum, den üblichen ideosynkratischen Deutungen entsprechend das Verhalten der Vl oder Vpn als zu kontrollierende oder zu eliminierende Fehlreaktionen zu brandmarken; die analysierten Prozesse sollen vielmehr als solche bei der Datenverarbeitung adäquat berücksichtigt werden. Es gilt, die Entsubjektivierung als Folge einer extremen objektivistischen Methodenpraxis durch ein Verständnis zu ersetzen, das dem sozialen Interaktionscharakter im Labor gerecht wird. Letztlich läuft die Absicht der Artefaktforschung auf eine Integration von Theorie und Methode auf dem Hintergrund einer veränderten wissenschaftlichen Position hinaus.

5. Zielsetzung dieses Sammelbandes

Auf dem Hintergrund der bisherigen Ausführungen läßt sich die Zielsetzung dieses Sammelbandes umreißen.

In den nachfolgenden Beiträgen, die eigens für diese Publikation von den verschiedenen Autoren geschrieben wurden, soll jeweils auf einem Teilgebiet der Sozialpsychologie die inhaltlich-theoretische Tragweite der Artefaktproblematik thematisiert werden, um so die zuvor beschriebene Lücke etwas zu schließen. Es geht also im wesentlichen darum, bereits Bekanntes in einer alternativen Kategorisierung darzustellen.

Die Auswahl paradigmatischer Themenbereiche erfolgte einmal bewußt in Anlehnung an die „klassischen" Gliederungen herkömmlicher Lehrbücher der Sozialpsychologie, um gerade die Konsumenten dieser Veröffentlichungen anzusprechen. Sie hing weiterhin von der „Verfügbarkeit" kompetenter Experten auf den jeweiligen Teilgebieten ab, wobei die potentiellen Autoren gleichzeitig auch der Artefaktforschung als solcher „kundig" sein mußten.

Bezüglich des zuletzt genannten Kriteriums ergaben sich allerdings einige Schwierigkeiten, die für den gegenwärtigen Stand der Artefaktforschung symptomatisch sein dürften. Die Autoren divergieren z. T. erheblich in ihrer Einschätzung der gesamten Problematik, wie entsprechende Passagen in den jeweiligen Artikeln dokumentieren. In den Beiträgen wird auch der Artefaktbegriff als solcher nicht einheitlich verwendet, da er auf die jeweilige Fragestellung bezogen relativiert werden muß. Die Heterogenität wird noch zusätzlich dadurch erhöht, daß in einigen Teilgebieten der Sozialpsychologie in den letzten Jahren relativ viele Metaexperimente durchgeführt worden sind (auf die der jeweilige Autor in seinem Beitrag Bezug nehmen kann), während in anderen Gebieten die gesamte Artefaktdiskussion bislang mehr oder weniger unter den Tisch gefallen ist. Bei der Erörterung möglicher Artefaktverdachte ist man in letzterem Falle notwendigerweise auf Spekulationen und Analogieschlüsse angewiesen.

Angesichts dieser Situation wurde auf eine „Vereinheitlichung" der Beiträge dennoch bewußt verzichtet. Ein solcher Versuch hätte nämlich zu einer „geistigen Vergewaltigung" einzelner Autoren geführt, die dem Herausgeber eines solchen Sammelbandes nicht ansteht.

Wir sind außerdem der Meinung, daß gerade durch die fehlende Homogenität der augenblickliche Stand der Diskussion unverfälscht widergespiegelt wird. Unsere Absicht ist es schließlich, die Phantasie des Lesers durch die Lektüre der Artikel anzuregen, so daß er möglicherweise bei der Planung und Durchführung eigener empirischer Studien für die Artefaktprobleme sensibilisiert wird. Die Realisierung dieser Zielsetzung wird sicherlich durch die Unterschiedlichkeit der Beiträge nicht verhindert; wahrscheinlich dürfte eher das Gegenteil der Fall sein.

Nun ist es aber nicht auszuschließen, daß dieser Sammelband von seiner Konzeption her bestimmte Mißverständnisse provozieren mag, indem die teilweise programmatisch anmutenden Ausführungen als mehr oder weniger esoterische, gedankliche Exerzitien abqualifiziert werden, die in Wirklichkeit nur zur Demonstration selbstgefälliger „kritischer" Distanz zum Methodenapparat der Sozialwissenschaften dienen.

Dieser Eindruck könnte zusätzlich noch dadurch verstärkt werden, daß die einzelnen Artikel z. T. erheblich bezüglich der jeweils dargelegten Konsequenzen und der propagierten Lösungswege divergieren: Einige Autoren plädieren für die Beibehaltung der Laborforschung, wenngleich unter modifizierten Bedingungen im Sinne einer adäquaten Berücksichtigung der inhärenten Artefaktprobleme (vgl. z. B. Brand oder Manz), andere halten diese Erhebungssituation für grundsätzlich ungeeignet zur Analyse bestimmter Forschungsbereiche (z. B. Mertens). Lück spricht sich für den verstärkten Einsatz von feldexperimentellen Studien in der Altruismusforschung aus; Nachreiner fordert komplexere Designs in Feldsituationen zur Messung der Effizienz von Arbeitsstrukturierungsmaßnahmen. Wiendieck stellt schließlich die Brauchbarkeit des Arbeitszufriedenheitskonzepts als ganzes in der bisherigen Form in Frage.

Trotz der unterschiedlichen Standpunkte, die nicht nur durch die

Besonderheiten der einzelnen Themenbereiche bedingt sind, können jedoch auch einige wichtige Gemeinsamkeiten herausgestellt werden.

Erstens: In allen Aufsätzen wird deutlich, daß die Degradierung der Vp im Labor oder im Feld zur Stimulus-Response-Maschine auf der Basis des üblichen restringierten Datenträger-Modells zu artefaktträchtigen und damit in der Regel nur zu begrenzt brauchbaren Ergebnissen führt. Nochmals: Die ‚normale' Vp, erst recht wenn sie eine ‚gute' Vp sein möchte, denkt mit, so schmerzlich diese Erkenntnis aus der Sicht eines hypothesentestenden Forschers auch sein mag; der Proband ist eben kein passives, völlig kritikloses, roboterhaftes Wesen (vgl. hierzu den Aufsatz von Rosenzweig bereits aus dem Jahre 1933!). Das leichtfertige Übergehen der Artefaktproblematik hat in fast allen Bereichen der Sozialpsychologie – einige davon werden stellvertretend in diesem Buch behandelt – dazu geführt, daß die inhaltlichen Konsequenzen dieses Aspektes nicht deutlich in die theoretische Weiterentwicklung integriert wurden.

Zweitens: Die Autoren sind sich mehr oder weniger darin einig, daß das (Labor-)Experiment als solches nicht für die hier angesprochene Problematik zum Sündenbock gemacht werden kann, sondern daß die Probleme eher auf Mängeln der theoretischen Konzeptionen beruhen (vgl. hierzu Stroebe 1978, 3) Die Artefaktforschung liefert also keine Angriffe gegen eine spezielle Methode, sondern sie hinterfragt in erster Linie eine bestimmte Gegenstandskonzeptualisierung der Sozialpsychologie, die sich bisher teilweise in einem verkürzten Menschenbild und in einer damit korrespondierenden methodologischen und methodischen Ausrichtung manifestiert.

Drittens: Einige der in den Artikeln vorgebrachten Vorschläge zur Behebung der „Krise" auf theoretischer Ebene lassen erkennen, daß in der Tat die stärkere Berücksichtigung der Sichtweise der Artefaktforschung auf eine Neukonzeptualisierung des sozialpsychologischen Gegenstandes hinausläuft. Der Mensch (und damit auch die Vp im Labor!) wird dann als handlungsinitiierendes und reflexives Wesen betrachtet, dessen soziales Verhalten durch Bedeutungen und Regeln determiniert ist. Ein derartiges Aktormodell impliziert die Einbeziehung des normativen Kontextes und differentialpsychologischer Parameter (Secord 1977), sowie die Ausarbeitung einer Situations-Taxonomie (Harré & Secord 1972; Secord 1977). Die Laborsituation als solche gewinnt unter diesem Gesichtspunkt eine neue Bedeutung, wobei aber gleichzeitig alternative Techniken, wie z. B. das Rollenspiel (Forward et al. 1976; Ginsburg 1979) oder quasi-experimentelle Ansätze (Cook & Campbell 1976) attraktiver werden. Die ehemals störenden Bedingungen im Labor verwandeln sich dann in relevante Forschungsaspekte: „The ugly duckling becoming the Prince charming which gives rise to a new line of research“ (McGuire 1969, 20).

Zusammenfassend läßt sich folgendes Fazit ziehen: Nicht die von „außen“ herangetragene Forderung nach erhöhter Relevanz sozialpsychologischer Forschung – die mit dem Hinweis auf die Notwendigkeit zur Grundlagenforschung in der Regel bagatellisiert wird (Mertens & Fuchs 1978) –, sondern die innerdisziplinäre Diskussion methodologischer Probleme im Sinne der Artefaktforschung legt die Revision des unterstellten Menschenbildes nahe. Die Notwendigkeit einer solchen Konsequenz sollte u. a. durch die Zusammenstellung der Artikel in diesem Band veranschaulicht werden.

Damit lassen sich aber auch die Zielsetzungen für die Zukunft abstecken. Die eklektische Identifizierung immer neuer potentieller Störfaktoren ohne Bezugnahme auf die wissenschaftstheoretischen und methodologischen Auswirkungen wird die Verwirrung und die Verunsicherung nur noch steigern. Die „Artefaktologen“ und Sozialpsychologen sollten statt dessen die grundlegende Frage in den Vordergrund ihrer Bemühungen stellen, inwieweit menschliche Verhaltensweisen durch die Interaktion situativer und personeller Faktoren determiniert werden (eine interessante, wenn auch ungewöhnliche Situation stellt das Labor dar). Unter diesem Gesichtspunkt kann sich die Sozialpsychologie und deren Methodologie nicht länger neueren Ergebnissen der Differentiellen- und Persönlichkeits-Psychologie (man denke z. B. an die „skandinavische Variante“ der Persönlichkeitspsychologie; Endler 1976; Magnusson 1976) sowie der Umwelt-Psychologie (Kaminski 1976; Graumann 1978) verschließen. Denn gerade in diesen Forschungsbereichen wurden in letzter Zeit sehr interessante interaktionale Modelle individuellen Verhaltens herausgearbeitet, in denen die sogenannte Mensch-Umwelt-Beziehung im Mittelpunkt steht. Die Besonderheit eines solchen Interaktionsansatzes in der Sozialpsychologie könnte dabei u. U. durch die Einführung des Konstruktes „Handlung“ (Hacker 1978) entscheidend gefördert werden. Eine solche handlungspsychologische Orientierung würde nicht nur die Ordnung der verschiedenen Konzepte und die Integration der Artefaktforschung ermöglichen, sondern sie zwingt vielleicht zu Schlußfolgerungen, „deren Reichweite sowohl theoretischer wie methodologischer Art noch nicht abzusehen ist“ (Lantermann 1980, 115).

Es kann sein, daß im Zuge einer solchen Entwicklung die Artefaktforschung als solche überflüssig wird, da sie ihre historisch bedingte Funktion erfüllt hat. Das „Zeitalter der Laborforschung“ in der bisherigen Form dürfte dann aber in jedem Falle seinem Ende zugehen.

6. Hinweise zu den einzelnen Beiträgen

Um dem Leser die Auswahl der ihn interessierenden Themenbereiche zu erleichtern, sollen im folgenden einige kurze Anmerkungen zu den einzelnen Beiträgen gemacht werden.

In dem ersten Beitrag von *Andrea Abele* werden aus dem Gebiet der Einstellungsforschung diejenigen Experimente kritisch analysiert, in denen angeblich die Einstellungsänderung aufgrund einstellungskonträren Verhaltens nachgewiesen wurde. Diesen Studien liegt bekanntlich die Dissonanztheorie von Festinger (1957) zugrunde, wonach Menschen im allgemeinen danach streben, sich in einem Balancezustand zwischen Verhalten und Kognition zu befinden, da sonst Dissonanzen bzw. Spannungen entstehen können.

Nach einer kurzen Diskussion des typischen Ablaufs dieser Experimente zeigt nun Abele, daß sowohl in der vorexperimentellen Phase als auch während der verschiedenen experimentellen Phasen eine Vielzahl von sozialpsychologischen Einflußfaktoren die Validität dieser Studien gefährden können. Sie kann dabei ihre Behauptungen anhand einer Fülle von Metaexperimenten belegen, die in den letzten Jahren zu dieser Thematik durchgeführt wurden. Abschließend kommt sie zu dem Fazit, daß das spezifisch Soziale in diesen klassischen Arbeiten der Sozialpsychologie nahezu immer fehlt bzw. künstlich ausgeklammert wird; eine Beobachtung, die man dissonanztheoretisch durchaus sinnvoll interpretieren könnte.

Wolfgang Mertens beschäftigt sich in seinem Artikel mit dem Waffenexperiment von Berkowitz und LePage (1967), in welchem auf der Grundlage des Theorieansatzes von Berkowitz (1962) die höchst aktuelle Frage untersucht wird, inwieweit die Anwesenheit von Waffen die Intensität aggressiver Reaktionen erhöht. Nach einer genauen Analyse des Designs, der Instruktionen und des experimentellen Vorgehens kommt er zu der Feststellung, daß die Vpn in erster Linie auf den von ihnen wahrgenommenen Aufforderungscharakter der Situation (sensu Orne 1962) reagiert haben. Einige Metaexperimente, die kurz erörtert werden, belegen diese Interpretation. Seine Argumentation läuft darauf hinaus, daß die Untersuchungsbefunde von Berkowitz und Mitarbeitern nur für eine extrem restringierte Interaktions-Situation zutreffen, so daß eine Generalisierbarkeit der Ergebnisse höchst fragwürdig erscheint.

Die Altruismusforschung bzw. die Erforschung prosozialer Verhaltensweisen stellt ein relativ junges Teilgebiet der Sozialpsychologie dar, das erst in den letzten Jahren bekannt geworden ist. Die ersten empirischen Studien wurden zu einer Zeit durchgeführt, als die Befunde der Artefaktforschung schon längst bekannt waren. Man könnte deshalb vermuten, daß gerade in diesem Bereich, in welchem die Wirkung von allgemein verbreiteten sozialen Normen auf der Hand liegt, der Einfluß sozialpsychologischer Variablen während der Datenerhebung systematisch berücksichtigt wurde. *Helmut E. Lück* zeigt in seinem Beitrag, daß dem nicht so ist. Am Beispiel der Untersuchungen von Darley & Latané (1968) – es geht dabei um die Frage, ob Unfallzeugen Hilfeleistung unterlassen, wenn sie die Verantwortung auf andere Zeugen abwälzen – wird im Einzelnen dargelegt, wie auch in diesem Fall die Reaktionen der Vpn adäquater im Sinne des „Aufforderungs-Charakteristik"-Konzepts von Orne (1962) erklärt werden können. Die Laborsituation wird je nach Untersuchungsbedingung unterschiedlich wahrgenommen und interpretiert, so daß die Verhaltensweisen der Probanden gemäß den individuellen Hypothesen divergieren müssen.

Die Erforschung der sogenannten „sozialen Wahrnehmung" repräsentiert eines der zentralsten Teilgebiete der Sozialpsychologie. Eine sehr große Bedeutung hatte dabei von Anfang an das Konzept der „Wahrnehmungs-Abwehr", wonach negativ besetzte Stimuli höhere Wahrnehmungsschwellen aufzuweisen haben als neutrale oder als angenehm empfundene Reize. Die entsprechenden Laborexperimente erfuhren auch außerhalb des Bereichs der Sozialpsychologie eine große Beachtung, zumal viele die Ergebnisse vorschnell im Sinne der psychoanalytischen Vorstellung über die „Zensur" interpretierten.

Horst W. Brand stellt in seiner Arbeit die Gültigkeit dieses Abwehr-Phänomens grundsätzlich in Frage. Seiner Meinung nach muß die festgestellte „Wahrnehmungs-Abwehr" bei den Probanden als stimulus-bedingtes, instruktions-bedingtes und vor allem als ein motivations-bedingtes Artefakt erklärt werden. Soweit vorhanden, werden entsprechende Meta-Experimente zur Untermauerung der Argumentationsweise hinzugezogen. Auch hier kann man also nur mit Verwunderung feststellen, daß bei der Analyse eines angeblich sozial determinierten Prozesses gerade der als so grundlegend erachtete soziale Faktor auf einen extrem spezifischen Ausschnitt (nämlich dem Bruchteil einer Sekunde) reduziert wird. Bei der Untersuchung der sozialen Wahrnehmung wurde also übersehen, daß die Wahrnehmung wohl oder übel in einer sozialen Situation, nämlich im Labor stattfand.

Rolf H. Bay behandelt einen Forschungsbereich, in den die Artefaktdiskussion schon recht früh Eingang gefunden hat. Bei der Einschätzung des sogenannten Verbalen Konditionierungs-Phänomens wurde nämlich bereits Anfang der 60er Jahre die Behauptung aufgestellt, daß der Verstärkungs-Effekt nur bei solchen Vpn auftritt, die die Absicht des Vl durchschauen. Bay diskutiert nach einer kurzen Darstellung der Kontroverse zwischen „Behavioristen“ und „Kognitivisten“ die Möglichkeiten, die bisherigen Kritikpunkte an den klassischen Konditionierungs-Studien adäquater auf der Basis der Artefaktforschung zu formulieren, da ja gerade die Bewußtheit der Vpn auch in diesem Bereich die zentrale Variable darstellt.

Der Beitrag von *Wolfgang Manz* trägt die Überschrift: „Gefangen im Gefangenendilemma – Zur Sozialpsychologie der experimentellen Spiele“. Der Autor möchte damit andeuten, daß die sogenannten Gefangenendilemmaspiele, die in Lehrbüchern der Sozialpsychologie in den Kapiteln über dyadische Interaktionen einen festen Platz erworben haben, bei Berücksichtigung der vermeintlichen Vp-Kognitionen und Motivationen mit einem erheblichen Artefaktverdacht belastet sind. Verschiedene Untersuchungen legen z. B. den Schluß nahe, daß sowohl die Kooperationsbereitschaft als auch die kompetitiven Reaktionen entscheidend von den subjektiven Interpretationen der nicht spezifizierten Versuchssituation durch die Probanden abhängen. Die in den meisten Studien geschaffenen Spielsituationen liefern somit ohne Berücksichtigung der attributiven Vorgänge bei den Betroffenen mehr oder weniger nicht eindeutig interpretierbare Daten.

Die von einigen Sozialpsychologen propagierte „Flucht“ aus dem Labor kann das grundsätzliche Dilemma, das im Mittelpunkt der bislang skizzierten Arbeiten steht, auch nicht lösen. Denn in Feldsituationen werden die empirischen Untersuchungen einer angewandten Sozialpsychologie u. U. ebenso Kunstprodukte liefern, wenn die Untersuchungs-„Objekte“ z. B. bemerken, daß sie an einer wissenschaftlichen Studie teilnehmen. Eine entsprechende Übersicht über den Bereich der Arbeits- und Betriebspsychologie gibt *Friedhelm Nachreiner*. Die Problematik ist in diesem Fall deshalb von besonderer Relevanz, weil Artefakte als Ausgangspunkt möglicher Sozialtechnologien gravierende Auswirkungen für einen weiten Kreis von Personen haben können; man denke u. a. an die Gestaltung von Arbeitsbedingungen oder an die Regelung der Schichtarbeit. Am Beispiel der Betriebsexperimente zur Arbeitsstrukturierung, der Vigilanz- und Streßforschung, sowie der Analyse effizienter Führungsstile demonstriert Nachreiner, daß das Bewußtsein um die Artefaktprobleme in der Arbeits- und Betriebspsychologie trotz der Tragweite nur sehr gering ausgeprägt ist. In vielen Fällen scheint dieser Aspekt sogar völlig unbekannt zu sein, obwohl die Hawthorn-Studien in den 30er Jahren als klassisches Beispiel für die Artefaktträchtigkeit betrieblicher Untersuchungen in die Geschichte der Artefaktforschung Eingang gefunden haben.

Innerhalb der anwendungsorientierten Arbeitspsychologie hat das Konzept der Arbeitszufriedenheit eine immer wichtigere Stellung eingenommen. *Gerd Wiendieck* analysiert die bisher übliche Vorgehensweise bei der Messung dieser zentralen, überwiegend als motivationale Kategorie aufgefaßten Variablen und kommt dabei zu einem ähnlichen Ergebnis wie Nachreiner: Der Einfluß sozialpsychologischer Faktoren, der dem Meßvorgang inhärent ist, wurde allzuoft übersehen oder ignoriert. Die fatale Folge besteht darin, daß sich die Interpretationen der Skalenwerte, – die zur Operationalisierung eines solchen vielschichtigen und komplexen Begriffs wie den der Arbeitszufriedenheit dienen sollen – stärker am (gesellschaftlichen) Verständnis des Forschers als an der subjektiv erlebten Situation der Betroffenen orientieren.

Die Ausführungen von *Achim Engels* über die Untersuchungen nonverbalen Verhaltens laufen darauf hinaus, daß sich in diesem Forschungsbereich die Artefaktproblematik etwas anders darstellt. Zwar muß auch bei diesen Laborstudien je nach Fall mit dem Einfluß sozialpsychologischer Faktoren gerechnet werden, aber bei den meisten Ansätzen werden auf der theoretischen Ebene keine Voraussetzungen über spezifische Kognitionen der Individuen gemacht. Der Einwurf, die Vp habe sich bei ihren Reaktionen irgend etwas gedacht bzw. sie habe eine Hypothese über die Zielsetzung des Experiments entwickelt, kann somit die Gültigkeit der Befunde nicht gefährden. Mit einer stärkeren Theoretisierung dieses Gebietes dürfte allerdings die Artefaktdiskussion aktuell werden. Unter dem Gesichtspunkt der Fragestellung dieses Sammelbandes eröffnet der Forschungsbereich nonverbalen Verhaltens aufgrund seines interdisziplinären Ansatzes und seinem dadurch bedingten Methodenpluralismus einige interessante Perspektiven, die auf andere Teilgebiete der Sozialpsychologie teilweise übertragbar sein könnten.

In dem letzten Beitrag wird der Milgram-Versuch, der durch entsprechende Berichte in den Massenmedien wohl inzwischen zu dem bekanntesten sozialpsychologischen Experiment avanciert ist, von *Winfried Stuwe und Ernst Timaeus* in einer unkonventionellen Weise interpretiert. Die beiden Autoren fassen diese Untersuchung als eine Studie auf, in der ganz allgemein die Bedingungen für Artefakte in Konformitätsexperimenten überprüft werden. Sie betrachten dabei wiederum die experimentelle Vorgehensweise aus der Sicht der beteiligten Personen und kommen zu dem Schluß, daß die Vpn-Reaktionen nicht als blinder Gehorsam gegenüber dem Vl sondern eher als Konfliktlösungsstrategien in einer Situation mit widersprüchlichen Informationen erklärt werden können.

Literatur

Adair, J. G.: The human subject – The social psychological experiment. Boston 1973.

Albrecht, G.: Nicht – reaktive Messung und Anwendung historischer Methoden. In: Koolwijk, J. & Wieken – Mayser, M. (Hrsg.): Techniken der empirischen Sozialforschung, Bd. 2, München 1974.

Argyris, C.: Dangers in applying results from experimental social psychology. Amer. Psychologist 30 (1975), 469-485.

Barber, T. X.: Pitfalls in human research – Ten pivotal points. New York 1976.

Barber, T. X. & Silver, M. J.: Fact, fiction, and the experimenter bias effect. In: Miller, A. G. (Hrsg.): The social psychological reseach. New York 1968.

Berger, H.: Untersuchungsmethode und soziale Wirklichkeit. Frankfurt/M. 1974.

Berkowitz, L.: Grundriß der Sozialpsychologie. München 1976.

Berkowitz, L. & Le Page, A.: Weapons as aggression-eliciting stimuli. J. Pers. Soc. Psychol. 7 (1967), 202-207.

Bintig, A. et al: Kritische Einführung in die Sozialpsychologie. Weinheim 1976.

Bredenkamp, J.: Experiment und Feldexperiment. In: Graumann, C. F. (Hrsg.): Sozialpsychologie, Handbuch der Psychologie. Bd. VII, I. Halbb., Göttingen 1969, 332-374.

Bungard, W. & Lück, H. E.: Forschungsartefakte und nicht-reaktive Meßverfahren. Stuttgart 1974.

Bungard, W. & Lück, H. E.: Nicht-reaktive Methoden. In: Patry 1980.

Campbell, D. T.: Prospective: Artefact and control. In: Rosenthal & Rosnow 1969.

Campbell, D. T. & Stanley, J. C.: Experimental and quasi-experimental designs for research. Chicago 1966.

Cook, T. D. & Campbell, D. T.: The design and conduct of quasi-experiments and true experiments in field setting. In: Dunette, D. (Hrsg.): Handbook of industrial and organisational psychology. Chicago 1976.

Darley, J. M. & Latané, B.: Bystander intervention in emergencies: diffusion of responsibility. J. Pers. Soc. Psychol. 8 (1968), 377-383.

Dick, F.: Kritik der bürgerlichen Sozialwissenschaften. Heidelberg 1974.

Endler, N. S.: Grand illusions: Traits or interactions? Canad. Psychol. Rev. 17 (1976), 174-181.

Esser, H.: Soziale Regelmäßigkeiten des Befragtenverhaltens. Meisenheim 1975.

Farr, R. M.: Experimentation: a social psychological perspective. Brit. J. Soc. Clin. Psychol. 15 (1976), 225-238.

Forward, J. Canter, R. & Kirsch, N.: Role-enactment and deception methodologies: Alternative paradigms. Amer. psychologist 31 (1976), 595-604.

Ginsburg, G. P.: The effective use of role-playing in social psychological research. In: Ginsburg, G. P. (Hrsg.): Emerging strategies in social psychological research 1979, 117-154.

Gniech, G.: Störeffekte in psychologischen Experimenten. Stuttgart 1976.

Graumann, C. F. (Hrsg.): Ökologische Perspektiven i. d. Psychologie. Bern 1978.

Groeben, N. & Scheele, B.: Argumente für eine Psychologie des reflexiven Subjekts. Darmstadt 1977.

Hacker, W.: Allgemeine Arbeits- und Ingenieurpsychologie. Berlin 1978, 2. Aufl.

Harré, R.: Social Being. Oxford 1979.

Harré, R. & Secord, P.: The explanation of social behaviour. Oxford 1972.

Hendrick, C.: Social psychology as history and as traditional science: An appraisal. Person. Soc. Psychol. Bull. 2 (1976), 392-403.

Herrmann, T.: Psychologie als Problem. Stuttgart 1979.

Higbee, K. L.; Lott, W. J. & Graves, J. P.: Experimentation and college students in social psychology research. Person. Soc. Psychol. Bull. 2 (1976), 239-241.

Higbee, K. L. & Wells, M. G.: Some research trends in social psychology during the 1960s. Amer. Psychologist 27 (1972), 963-966.

Holzkamp, K.: Die Überwindung der wissenschaftlichen Beliebigkeit psychologischer Theorien durch die kritische Psychologie. In: Z. Sozialpsychol. 8 (1977 (a) Teil 1, 1-22; (b) Teil 2, 78-97.

Jahoda, G.: The context of social psychology: A critical assessment. Eur. J. Soc. Psychol. 4 (1974), 105-112.
Kaminski, G. (Hrsg.): Umweltpsychologie. Stuttgart 1976.
Krüger, H., Klüwer, J. & Haag, F.: Aktionsforschung in der Diskussion. Soziale Welt 5 (1975), 1-30.
Kuhn, T. S.: The structure of scientific revolutions. Chicago 1962. Deutsch: Die Struktur wissenschaftlicher Revolutionen. Frankfurt/M. 1967.
Kuhn, T. S.: Postscript – 1969 zur Analyse der Struktur wissenschaftlicher Revolutionen. In: Weingart (Hrsg.): Wissenschaftssoziologie Bd. 1. Frankfurt 1972.
Kuhn, T. S.: Die Entstehung des Neuen. Frankfurt 1977.
Lantermann, E. D.: Interaktionen. München 1980.
Lewin, K.: Problems of research in social psychology, 1943. In: Lewin, K. (Hrsg.): Field theory in social science: Selected theoretical papers. New York 1951.
Lück, H. E.: Vorwort zur deutschen Ausgabe der Veröffentlichung von Webb et al.: Nichtreaktive Meßverfahren. Weinheim 1975.
Lück, H. E. & Bungard, W.: Artefakte und die Höflichkeit im sozialwissenschaftlichen Forschungsbetrieb. Gruppendynamik 9 (1978), S-10.
Magnusson, D.: The person and the situation in an interactional model of behavior. Scand. J. Psychol. 17 (1976), 253-271.
Mahoney, M. J.: Cognition und behavior modification. Cambridge, Mass. 1974. Deutsch: Kognitive Verhaltenstherapie. München 1977.
Maschewsky, W.: Das Experiment in der Psychologie. Frankfurt 1977.
McGuire W. J.: Suspiciousness of experimenter's intent. In: Rosenthal & Rosnow 1969.
McGuire, W. J.: The yin and yang of progress in social psychology: seven koan. J. Person. Soc. Psych. 26 (1973), 446-456.
Mertens, W.: Sozialpsychologie des Experiments – Das Experiment als soziale Interaktion. Hamburg 1975.
Mertens, W.: Aspekte einer sozialwissenschaftlichen Psychologie. München 1977.
Mertens, W. & Fuchs, G.: Krise der Sozialpsychologie? München 1978.
Mischel, W.: Toward a cognitive social learning reconceptualization of personality. Psychol. Rev. 80 (1973), 252-283.
Orne, M. T.: On the social psychological experiment: with particular reference to demand characteristics and their implications. In: Amer. Psychologist, 17 (1962), 776-783.
Orne, M. T.: Demand characteristics and the concept of quasi-controls. In: Rosenthal & Rosnow 1969, 147-181.
Patry, I. L. (Hrsg.): Feldforschung. Bern 1980 (im Druck).
Rosenthal, R.: Experimenter effects in behavioral research. New York 1966 (2. Aufl. 1976).
Rosenthal, R. & Rosnow, R. (Hrsg.): Artifact in behavioral research. New York 1969.
Rosenthal, R. & Rosnow, R.: The volunteer subject. New York 1975.
Rosenzweig, S.: The experimental situation as a psychological problem. Psychol. Rev. 40 (1933), 337-354.
Schlenker, B. R.: Social psychology and science: another look. Pers. Soc. Psychol. Bull. 2 (1976), 384-390.
Schneider, U.: Sozialwissenschaftliche Methodenkrise und Handlungsforschung. Frankfurt 1980.
Secord, P. F.: Social psychology in search of a paradigm. Pers. Soc. Psychol. Bull. 3 (1977), 41-50.
Sherif, M.: Crisis in social psychology: some remarks towards breaking through the crisis. Pers. Soc. Psychol. Bull. 3 (1977), 368-382.
Silverman, I.: Nonreactive methods and the law. Amer. Psychologist 30 (1975), 764-769.
Silverman, I.: The human subject in the psychological laboratory. New York 1977.
Stroebe, W.: Das Experiment in der Sozialpsychologie. In: Stroebe, W. (Hrsg.): Sozialpsychologie. Bd. 1: Interpersonale Wahrnehmung und soziale Einstellungen. Darmstadt 1978.
Tajfel, H. & Fraser C. (Hrsg.): Introducing social psychology. Harmondsworth 1978.

Timaeus, E.: Experiment und Psychologie – Zur Sozialpsychologie psychologischen Experimentierens. Göttingen 1974.

Webb, E. J., Campbell, D. T., Schwartz, R. D. & Sechrest, L.: Unobtrusive measures: Nonreactive research in the social sciences. Chicago 1966. Deutsch: Nichtreaktive Meßverfahren. Weinheim 1975.

Werbik, H.: Handlungstheorien. Stuttgart 1978.

Wilson, D. W. & Donnerstein, E.: Legal and ethical aspects of nonreactive social psychological research: An excursion into the public mind. Amer. Psychologist 31 (1976), 765-773.

Einstellungsänderung durch einstellungskonträres Verhalten – Methodische Probleme dissonanztheoretisch orientierter Forschung

Andrea Abele

1. Einführung

Ein wichtiger Forschungszweig der Sozialpsychologie beschäftigt sich mit der Frage, wie bestehende Meinungen, Bewertungen oder Einstellungen von Personen gegenüber sozialen Objekten geändert werden können. Man untersucht z. B. wie Einstellungen gegenüber Zahnhygiene (Janis & King 1954), gegenüber Krebsvorsorgeuntersuchungen (Leventhal & Watts 1966), gegenüber behinderten Studenten (Clore & Jeffrey 1972), gegenüber langweiligen Aufgaben eines Experimentes (Festinger & Carlsmith 1959) oder gegenüber politischen Parteien (Sauer et al. 1977) beeinflußbar sind. Einstellungen werden hierbei im allgemeinen als bewertende Reaktionen gegenüber dem jeweiligen Einstellungsobjekt oder – operational definiert – als Einschätzungen des Objekts auf einer Skala von gut bis schlecht, angenehm bis unangenehm etc. definiert. Implizite Annahme der gesamten Einstellungsänderungsforschung ist es, daß die Veränderung von Einstellungen ein wichtiger Schritt in Richtung auf eine Veränderung konkreter Verhaltensweisen gegenüber dem jeweiligen Einstellungsobjekt ist.

Zwei sozialpsychologische „Basisstrategien" der Einstellungsänderung lassen sich – neben lerntheoretisch orientierten Vorgehensweisen – unterscheiden. Zum einen gibt es die Strategie der „überzeugenden Kommunikation", ein Vorgehen, das von Forschern um Hovland (z. B. Hovland & Janis 1959) untersucht wurde: Der Kommunikator vermittelt bestimmte Inhalte, von denen er annimmt, daß sie vom Empfänger gehört, verstanden, akzeptiert und im Sinne einer Einstellungsänderung verarbeitet werden. Beispiele für Versuche überzeugender Kommunikationen sind Unterrichtsprogramme, gezielte Aufklärungskampagnen oder die Verteilung von Informationsmaterial.

Die zweite Basisstrategie wird als „aktive Teilnahme" bzeichnet. Eine Person wird hierbei dazu gebracht, selbst aktiv zu werden, ein Verhalten zu zeigen, das entweder der bestehenden Einstellung widerspricht oder das zum Erwerb neuer Informationen über das in Frage stehende Einstellungsobjekt führt. Hier soll die Person also von sich aus Erfahrungen machen bzw. Argumente finden, die gegen ihre ursprüngliche Einstellung sprechen. Als Folge dieser aktiven Teilnahme werden ebenfalls kognitive Verarbeitungsprozesse angenommen, die zu einer Umstrukturierung und Veränderung bestehender Einstellungen führen können. Aktive Teilnahme kann darin bestehen, z. B. eine Rede zu halten, in der Argumente gegen die eigene Position angeführt werden (King & Janis 1956), sich an einem Rollenspiel zu beteiligen, in dem man selbst die Rolle des Mitglieds einer abgelehnten Minderheit übernimmt (Clore & Jeffrey 1972) oder eine andere Person von der Bedeutsamkeit einer Aufgabe zu überzeugen, die man an sich für wenig relevant hält (Festinger & Carlsmith 1959).

Im vorliegenden Beitrag werden experimentelle Arbeiten zur zweitgenannten Strategie der Einstellungsänderung diskutiert, da es sich dabei vorwiegend um „klassische" Laborstudien handelt, die im Rahmen dieses Readers im Vordergund stehen. Nach einer kurzen Darstellung der diesen Arbeiten zugrundeliegenden Dissonanztheorie (1.1) und des Basisexperiments von Festinger & Carlsmith (1959; 1.2) werden die verschiedenen Phasen dissonanztheoretischer Einstellungsänderungsexperimente hinsichtlich methodischer Probleme analysiert (2.). Hierbei geht es nicht nur um Artefakte im engeren Sinn (z. B. Versuchspersoneneffekte aufgrund von Erwartungshaltungen, Sensitivierung durch Vortestung), sondern auch um Moderatorvariablen, die in der bisherigen Forschung oft nicht als solche erkannt und insofern zuwenig beachtet wurden (z. B. Qualität des erbrachten einstellungskonträren Verhaltens, Zeitpunkt der Einstellungsmessung). Zusammenfassende Bemerkungen zum Stand der einschlägigen Forschung schließen sich an (3.). Eine Erörterung der theoretischen Grundpositionen kann im Rahmen dieses Beitrags nicht erfolgen (vgl. hierzu z. B. Frey 1978).

1.1 Die Theorie der kognitiven Dissonanz

Der bedeutendste Erklärungsansatz für die Strategie der Einstellungsänderung durch „aktive Teilnahme“ ist die Theorie der kognitiven Dissonanz von Festinger (1957). Grundannahme des Festingerschen Ansatzes ist es, daß Menschen danach streben, konsonant zu sein, sich in einem Balancezustand zwischen Verhalten und Kognitionen, sowie Kognitionen untereinander zu befinden. Der Zustand der Dissonanz, d. h. der Nichtübereinstimmung zwischen bestimmten Kognitionen und/oder Verhaltensweisen erzeugt Spannung, die der Mensch zu reduzieren trachtet. Festinger unterscheidet zwischen kognitiven Elementen (unterscheidbare Wissens- oder Meinungseinheiten), die in relevanter oder irrelevanter Beziehung zueinander stehen können. Eine relevante Beziehung besteht dann, wenn zwei kognitive Elemente etwas miteinander zu tun haben (z. B. „heute hat mein Bruder Geburtstag“ und „ich habe meinem Bruder nicht gratuliert“), eine irrelevante, wenn sie nichts miteinander zu tun haben („heute hat mein Bruder Geburtstag“ und „heute schneit es“). Relevante Beziehungen lassen sich nun weiter aufspalten in solche, die konsonant sind, und solche, die dissonant sind. Festinger definiert Dissonanz folgendermaßen: „Zwei Elemente stehen in einer dissonanten Beziehung, wenn – unter Berücksichtigung dieser beiden Elemente allein – das Gegenteil des einen Elements aus dem anderen folgt“ (Festinger 1957, 13). Das obige Beispiel einer relevanten Beziehung zwischen zwei kognitiven Elementen erweist sich dann als dissonant, wenn man davon ausgeht, daß aus dem Wissen „heute hat mein Bruder Geburtstag“ an sich – psychologisch – folgen müßte, „ich gratuliere ihm zum Geburtstag“. Das Ausmaß der Dissonanz und somit die Stärke der Motivation, diesen Zustand zu verändern, hängt nach Festinger davon ab, in welchem Verhältnis dissonante und konsonante bzw. dissonante Elemente und die Anzahl der kognitiven Elemente insgesamt zueinander stehen. Die Dissonanzstärke wird um so größer, je größer die Zahl der dissonanten im Vergleich zu den konsonanten Elementen ist.

Aus dem Maß für Dissonanzstärke lassen sich die Möglichkeiten ableiten, die einem Individuum zur Verfügung stehen, um Dissonanz zu reduzieren: Die Dissonanz wird geringer, wenn die Anzahl der konsonanten Elemente erhöht wird, in unserem obigen Beispiel etwa, indem das kognitive Element „ich werde meinem Bruder nachträglich morgen zum Geburtstag gratulieren“ eingefügt wird. Die Dissonanz wird ebenfalls geringer, wenn die Anzahl der dissonanten Elemente verringert wird, im obigen Beispiel, indem der Geburtstag des Bruders vergessen wird. Ein besonders effektiver Prozeß der Dissonanzreduktion schließlich ist die Kombination dieser Prozesse, die gleichzeitige Hinzufügung neuer konsonanter Elemente und die Eliminierung bzw. auch die Umgewichtung vorhandener dissonanter Elemente, in unserem Beispiel etwa „ich werde meinem Bruder morgen zum Geburtstag gratulieren" und „ich weiß, daß er keinen besonderen Wert auf eine pünktliche Gratulation legt".

Schließlich ist bei der Frage, wie das kognitive System eines Individuums bei Dissonanz wahrscheinlich umstrukturiert wird, zu berücksichtigen, daß kognitive Elemente unterschiedlich änderungsresistent sind. Die Änderungsresistenz eines kognitiven Elementes ist dabei vom Ausmaß seiner Verankerung mit anderen kognitiven Elementen abhängig. Je mehr Elemente mit diesem in relevanter und konsonanter Beziehung stehen, desto größer ist auch die Änderungsresistenz. Beim Prozeß der Dissonanzreduktion werden diejenigen kognitiven Elemente verändert, die die geringste Änderungsresistenz aufweisen.

Innerhalb des skizzierten Rahmens der Dissonanztheorie kann als ein möglicher Typ dissonanzerzeugender Situationen diejenige der aktiven Teilnahme analysiert werden. Wenn eine Person z. B. dazu gebracht wird, entgegen der eigenen Einstellung einen Aufsatz darüber zu schreiben, daß die Herabsetzung des Wahlalters von 21 auf 18 Jahre eine schlechte Sache sei (Frey & Irle 1972), dann entstehen bei ihr zwei dissonante Kognitionen. Auf der einen Seite hat die Person die Einstellung „die Herabsetzung des Wahlalters ist vernünftig, ich finde dieses Vorgehen gut", auf der anderen Seite weiß sie, „ich schreibe bzw. habe einen Aufsatz geschrieben, in dem ich Argumente gegen die Herabsetzung des Wahlalters anführe, d. h. ich verhalte mich bzw. habe mich gegen meine Einstellung verhalten". Setzt man nun voraus, daß es keine äußere Rechtfertigung für das einstellungskonträre Verhalten gibt, und daß weiterhin die Änderungsresistenz dieser Einstellung relativ gering ist, dann ist eine Einstellungsänderung in Richtung auf eine Annäherung gegenüber den im Aufsatz vertretenen Argumenten wahrscheinlich. Es zeigt sich also, daß Einstellungsänderung als ein möglicher Dissonanzreduktionsmechanismus aufgefaßt werden kann.

1.2 Das Experiment von Festinger & Carlsmith (1959)

Im Rahmen dieses dissonanztheoretischen Ansatzes wurde eine Fülle von empirischen Untersuchungen durchgeführt, die sich verschiedener Standardvorgehensweisen bedienen. Am bekanntesten ist das Paradigma der

„ungenügenden Rechtfertigung". Hier steht die Frage im Vordergrund, inwieweit unterschiedlich hohe Belohnungen für einstellungskonträres Verhalten die tatsächliche Einstellungsänderung beeinflussen. Im ersten hierzu durchgeführten Experiment von Festinger & Carlsmith (1959) wurde die Hypothese aufgestellt, daß eine geringe Belohnung für einstellungskonträres Verhalten zu einer größeren Einstellungsänderung führt als eine große Belohnung: Geringe Belohnung bietet eine ungenügende Rechtfertigung für das einstellungskonträre Verhalten und erregt insofern stärkere Dissonanz als hohe Belohnung. Hohe Belohnung dagegen ist ein zusätzliches konsonantes Element für das attitüdenkonträre Verhalten und führt insofern zu geringerer Dissonanz und damit auch zu geringerer Motivation, das beteiligte kognitive Element (die Einstellung) zu ändern.

Festinger & Carlsmith (1959) ließen ihre Versuchspersonen eine Stunde lang zwei sehr langweilige und monotone Aufgaben ausführen. Nach dieser Stunde wurde ihnen erklärt, daß bei dem Experiment ein Leistungsvergleich zwischen zwei Gruppen von Versuchspersonen durchgeführt werden sollte: Die eine Gruppe bekäme von einem vorherigen Experimentteilnehmer eine Instruktion über die Interessantheit und Nützlichkeit dieser Untersuchung, die andere Gruppe bekäme diese Instruktion nicht. Leider sei der Student, der sonst immer die Mitglieder der erstgenannten Gruppe instruiere, heute nicht erschienen und der Versuchsleiter sei in ziemlicher Bedrängnis, da im Warteraum schon der nächste Teilnehmer dieser Gruppe sitze. Die Versuchspersonen wurden daraufhin gefragt, ob sie nicht diese andere Person im Warteraum anhand vorbereiteter und auf einer Liste aufgeschriebener Argumente von der Interessantheit und Nützlichkeit der Untersuchung überzeugen wollten. Als Vergütung wurde ihnen unter der ersten Experimentalbedingung hierfür 1 Dollar in Aussicht gestellt, unter der zweiten Experimentalbedingung 20 Dollar. Eine Kontrollgruppe von Versuchspersonen wartete lediglich 4 Minuten lang, um anschließend ein nachexperimentelles Interview durchzuführen. Das gleiche nachexperimentelle Interview absolvierten auch die Versuchspersonen, die unter der 1-Dollar- bzw. 20-Dollar-Bedingung einer anderen Person von der Interessantheit der Untersuchung berichtet hatten. Die wichtigste abhängige Variable war die Einschätzung der in der vorhergehenden Stunde durchgeführten Aufgaben hinsichtlich Interessantheit und Vergnüglichkeit auf einer 11-Punkte-Skala. Hypothesengemäß schätzen die Versuchspersonen, die für ihr einstellungskonträres Verhalten 1 Dollar erhalten hatten, die Aufgaben signifikant positiver ein als sowohl die Kontrollgruppe wie auch die Versuchsperson der 20 Dollar Bedingung.

Zwischen Kontrollgruppe und 20-Dollar-Bedingung bestand dagegen kein Unterschied.

Dieses Ergebnis widersprach bei erster Betrachtung gängigen lerntheoretischen Formulierungen, die eine positive Beziehung zwischen Belohnungshöhe und Einstellungsänderung vorhersagen, als auch dem „common sense". Es war „gegen die Intuition" (Fishbein & Ajzen 1974, 433) und insofern sowohl für Befürworter als auch für Gegner der Dissonanztheorie zur genaueren Überprüfung attraktiv.

2. Diskussion dissonanztheoretischer Einstellungsänderungsexperimente

Die Vielzahl von Arbeiten, die im folgenden zu Einstellungsänderung nach einstellungskonträrem Verhalten durchgeführt wurden, läßt sich grob aufteilen in solche, in denen unter Beibehaltung des dissonanztheoretischen Grundansatzes Theoriespezifizierungen vorgenommen wurden, in solche, bei denen für gleiche oder ähnliche Befunden alternative Erklärungsansätze gegeben wurden und solche, in denen methodische Probleme und mögliche artifizielle Ergebnisse analysiert wurden, d. h. in denen generell die Validität z. B. der Ergebnisse von Festinger & Carlsmith (1959) angezweifelt wurde.

Typisch ist folgender Ablauf des Experiments: Die Versuchsperson wird allein in einen Raum gebeten, in dem ihr der Versuchsleiter dann erzählt, worum es geht. Meist wird mitgeteilt, man brauche zu irgendeinem Zweck Meinungsäußerungen über ein bestimmtes Thema (z. B. Geburtenkontrolle), habe aber schon genügend Argumente der pro-Seite gesammelt.

Die Versuchsperson wird deshalb gebeten, eine anti-Stellungnahme zu schreiben. Dabei ist dem Versuchsleiter – durch Vortestung der Versuchsperson oder durch Kenntnis der Meinung der Gruppe, der die Versuchsperson zugehört – bekannt, daß die Versuchsperson selbst eine dem Inhalt des erbetenen Aufsatzes entgegengesetzte Einstellung hat. Die Versuchsperson befindet sich in dem Konflikt, etwas schreiben zu sollen, was nicht ihrer Meinung entspricht. Wenn sie sich entschieden hat, der Bitte des Versuchsleiters Folge zu leisten, schreibt sie nun eine gewisse Zeit lang an dem Aufsatz. Kurze Zeit später wird ihr mitgeteilt, daß man nun noch an ihrer persönlichen Meinung interessiert sei. Anhang einer Schätzskala von „sehr dafür" bis „sehr dagegen" kann die Versuchsperson ihre Meinung mitteilen. Danach ist die Untersuchung beendet.

Aus dieser kurzen Beschreibung des Ablaufs eines dissonanztheoretischen Einstellungsänderungsexperiments lassen sich bereits die „kritischen

Punkte" entnehmen: Eine eventuelle Vortestung vor dem Experiment kann die Versuchsperson für die Ziele der Untersuchung sensitivieren. Die soziale Isolation innerhalb der Experimentalsituation kann zu einer Verunsicherung der Versuchsperson und damit zu erhöhter Bereitschaft, den Aufforderungen des Versuchsleiters Folge zu leisten, führen. Die Art und Weise, wie der Versuchsleiter seine Bitte begründet und welches persönliche Engagement er von der Versuchsperson verlangt, ist bedeutsam. Bedeutsam ist auch, zu welchem Zeitpunkt er der Versuchsperson die versprochene Belohnung gibt, ob vor oder nach der Anfertigung des Aufsatzes, vor oder nach der Einstellungsmessung. Wichtig ist, was für einen Eindruck der Versuchsleiter auf die Versuchsperson macht und ob es Versuchspersonen gibt, die der Aufforderung des Versuchsleiters nicht Folge leisten. Beim Aufsatzschreiben ist die Zeitdauer und die Qualität der Argumente von Einfluß. Bei der Messung der abhängigen Variable ist wichtig, in welchem Zeitabstand zum einstellungskonträren Verhalten diese erfolgt. Eine Rolle spielt, inwieweit die Versuchsperson Hypothesen über die Zwecke des Experimentes entwickelt hat, die sich auf ihre „Standfestigkeit" gegenüber Einstellungsänderung beziehen. Ebenso wichtig ist, ob die zur Verfügung stehende Schätzskala eine valide Einstellungsmessung erlaubt. In Tabelle 1 werden diese Variablenbereiche aufgelistet. Die weitere Diskussion orientiert sich an dieser Strukturierung.

Tabelle 1 listet die verschiedenen Phasen eines Experiments zu einstellungskonträrem Verhalten auf. Es sind dies die vorexperimentelle Phase, in der das Experiment geplant, angekündigt und die Stichprobe der Versuchspersonen selegiert wird; die Phase des Experiments selbst, die sich weiter unterteilen läßt in die Phase der Manipulation der unabhängigen Variable, d. h. Instruktion und Aufgabenstellung in den verschiedenen Gruppen (z. B. Instruktion, unter unterschiedlichen Belohnungsbedingungen einen attitüdenkonträren Aufsatz zu schreiben), in die Phase der Aufgabenausführung (z. B. das Schreiben des Aufsatzes) und die Phase der Messung der abhängigen Variable; schließlich die nachexperimentelle Phase.

2.1 Vorexperimentelle Phase

Variablen der vorexperimentellen Phase, die die Validität der späteren Ergebnisse beeinflussen können, sind bestimmte Selektionsmethoden bei der Wahl der Versuschpersonen sowie eventuelle Vortestmessungen der abhängigen Variable.

Tabelle 1. Variablenbereiche, die bei einem dissonanztheoretischen Einstellungsänderungsexperiment bedeutsam sind.

	Experimentelle Phase			
Vorexperimentelle Phase	Erste experimentelle Phase: Aufgabenstellung	Zweite experimentelle Phase: Aufgabenausführung	Dritte experimentelle Phase: Messung der abhängigen Variable(n)	Nachexperimentelle Phase
Art der Versuchspersonenselektion Vorexperimentelle Einstellungsmessung	Person des Versuchsleiters Art der Aufgabenstellung Thema Bezahlungszeitpunkt Bezahlungshöhe Bereitschaft der Versuchsperson, der Aufforderung Folge zu leisten Sozialer Kontext der Experimentalsituation	Dauer des einstellungskonträren Verhaltens Qualität des einstellungskonträren Verhaltens	Zeitspanne zwischen Aufgabenausführung und Einstellungsmessung Person des Versuchsleiters Art der Einstellungsmessung	Stabilität der Einstellungsänderung

Die Selektion der Versuchspersonen ist ein allgemeines Problem psychologischer Experimente. Sowohl Freiwilligkeit der Versuchspersonen als auch erzwungene Teilnahme (z. B. im Rahmen von Prüfungsanforderungen an Psychologiestudenten) kann zu bestimmten Voreinstellungen zum Experiment führen (vgl. Rosenthal & Rosnow 1969; Gniech 1976), die wiederum die Ergebnisse in unterschiedlicher Weise beeinflussen können. Rosnow et al. (1969) berichten z. B., daß freiwillige Versuchspersonen stärkere Einstellungsänderungen zeigen als unfreiwillige Versuchspersonen. Auch die Motivation freiwilliger Versuchspersonen, sich entsprechend bestimmter Erwartungen über die Hypothesen des Experiments zu verhalten, scheint der unfreiwilliger Versuchspersonen nicht zu entsprechen. Rosnow & Suls (1970) fanden z. B., daß freiwillige Versuchspersonen, die durch eine Vortestung für die Ziele des Experiments sensitiviert waren, mehr Einstellungsänderung (Thema: Bedeutung der Atomforschung) zeigten als freiwillige Versuchspersonen ohne Vortestung. Unfreiwillige Versuchspersonen dagegen zeigten weniger Einstellungsänderung, wenn sie eine Vortestung erfahren hatten als wenn sie keine Vortestung erfahren hatten. Freiwillige Versuchspersonen bemühten sich also darum, „gute" Versuchspersonen zu sein, während das Verhalten der unfreiwilligen Versuchspersonen auf Reaktanzeffekte schließen läßt. Zu diesen und ähnlichen Untersuchungen meint Kruglanski (1975) jedoch, daß der Freiwilligkeitsstatus einer Versuchsperson recht uneinheitliche Interaktionen mit den jeweiligen unabhängigen Variablen einer Untersuchung aufweist und keine durchgängigen Haupteffekte auf die Einstellungsänderung hat. Insofern seien keine generellen Aussagen über die Beeinträchtigung von Einstellungsänderungsexperimenten durch den Freiwilligkeitsstatus einer Versuchsperson möglich.

Eine weitere wichtige Variable dieser Phase ist die vorexperimentelle Einstellungsmessung. In vielen der Untersuchungen zu einstellungskonträrem Verhalten geht man davon aus, daß die Einstellung zum in Frage stehenden Objekt in der zu testenden Stichprobe bekannt und bei allen Versuchspersonen in etwa gleicher Ausprägung vorhanden ist. Man geht z. B. davon aus, daß Studenten den Einsatz von Polizei auf dem Universitätsgelände generell ablehnen (Cohen 1962) oder daß eine positive Einstellung zur Zahnhygiene besteht (Gaes et al. 1978). Unter dieser Voraussetzung ist es nicht notwendig, die vorexperimentelle Einstellung zu erfassen, man begnügt sich mit einem „posttest only"-Design. Die Annahme völlig gleicher Einstellungen bei den einzelnen Versuchspersonen ist jedoch nicht plausibel. Es ist wahrscheinlicher, daß zumindest Intensitätsunterschiede bestehen, d. h. daß einige Personen eine sehr ablehnende, andere dagegen nur eine geringfügig ablehnende Haltung z. B. gegenüber dem Einsatz von Polizei auf dem Universitätsgelände haben. Diese Intensitätsunterschiede können jedoch gerade im Hinblick auf die Art und Weise, wie die abhängige Variable später gemessen wird, – nämlich meist auf einer Skala der Intensität positiver bzw. negativer Stellungnahme gegenüber dem jeweiligen Objekt – von großer Bedeutung sein. Shaffer (1974) berichtet z. B., daß Versuchspersonen mit anfänglich extremen Einstellungen (Thema: Frauen als „Sexualobjekt") nach der Anfertigung eines einstellungskonträren Aufsatzes mehr Einstellungsänderung zeigen als Personen mit anfänglich weniger extremen Einstellungen (entsprechende Ergebnisse auch bei Green 1974).

Nimmt man eine vorexperimentelle Einstellungsmessung vor, so ist das Ausmaß der späteren Atitüdenänderung genauer zu bestimmen. Nachteil des „pretest-posttest"-Design kann jedoch die Sensitivierung der Versuchspersonen gegenüber den experimentellen Hypothesen (s. o. Rosnow & Suls 1970) oder auch die Beeinträchtigung der Ergebnisse durch Regressionseffekte (Campbell & Stanley 1963) sein. Allerdings ergibt sich meist kein einfacher Haupteffekt der Vortestung auf die Einstellungsänderung: Lana & Menapace (1971) zeigten z. B., daß Vortestung auf die Einstellungsänderung von Krankenhauspatienten gegenüber der Betreuung im Krankenhaus lediglich dann einen Einfluß hatte, wenn die Patienten ihre Vortestmeinung öffentlich mitgeteilt hatten. Unter dieser Bedingung äußerten die Patienten eine geringere Einstellungsänderung als wenn sie ihre Einstellung vorher nur privat angegeben hatten. Die Bedingung der öffentlichen Einstellungsäußerung vor dem Experiment bedeutete für diese Versuchspersonen offensichtlich eine gewisse Festlegung und somit Erhöhung der Änderungsresistenz.

Für einen laborexperimentellen Kontext berichten Rosnow, Holper & Gitter (1973) ebenfalls einen bedeutsamen Effekt der Variable „öffentliche versus private Äußerung der vorexperimentellen Einstellung". Hier zeigten die Versuchspersonen jedoch *mehr* Einstellungsänderung, wenn sie ihre Einstellung vorher öffentlich als wenn sie sie privat geäußert hatten. Diese Diskrepanz zu den Ergebnissen von Lana & Menapace (1971) läßt sich durch die geringere persönliche Relevanz des Einstellungsobjekts (Atomforschung) für die Teilnehmer der Untersuchung von Rosnow et al. (1973) im Vergleich zu denen der erstgenannten Untersuchung (Einstellung zur Betreuung im Krankenhaus bei Krankenhauspatienten) und mit dem labor- versus feldexperimentellen Kontext der beiden Arbeiten interpretieren: Im laborexperimentellen Kontext werden bei freiwilligen Versuchspersonen eher Motivationen geweckt, sich entsprechend den vermuteten Hypothesen des Experimentators zu verhalten, im Feld eher Motivationen, konsistent mit der ursprünglich geäußerten und für die Person selbst relevanten Einstellung zu erscheinen.

Auch für die Variable der Vortestung der Einstellung gilt also Ähnliches wie für die Freiwilligkeit der Versuchspersonen: Je nach beteiligten weiteren Variablen (z. B. labor- versus feldexperimenteller Kontext, öffentliche versus anonyme Messung der vorexperimentellen Einstellung, freiwillige versus unfreiwillige Teilnahme der Versuchspersonen, geringe versus hohe persönliche Relevanz des Einstellungsobjekts) treten komplizierte Interaktionen in bezug auf die abhängige Variable auf, die sowohl in Richtung stärkerer als auch in Richtung geringerer Einstellungsänderung bei vorhandener versus nicht vorhandener vorexperimenteller Einstellungsmessung führen können. Eine genauere Kontrolle beider Variablen – Freiwilligkeit der Versuchspersonen und Vortestung der Einstellung – wäre möglich, wenn kompliziertere Versuchspläne mit mehreren Kontrollgruppen (vgl. Campbell & Stanley 1963) verwendet würden. Solche aufwendigen Untersuchungen sind jedoch selten.

2.2 Erste experimentelle Phase

Variablen der ersten experimentellen Phase, der Instruktion der Versuchspersonen und der Manipulation der unabhängigen Variable, die die Ergebnisse beeinflussen können, sind die Person des Versuchsleiters, die Art der Aufgabenstellung, das jeweilige Thema, die Höhe und der Zeitpunkt der Belohnung, eventueller Versuchspersonenverlust infolge von Weigerungen, die geforderte Aufgabe durchzuführen sowie der soziale Kontext des Experiments.

Die Person des Versuchsleiters kann die späteren Ergebnisse im Sinne eines Versuchsleiterbias beeinflussen. Da dies jedoch kein spezifisches Problem von Einstellungsänderungsexperimenten ist, wird es hier nicht weiter behandelt. Sie kann aber auch bei der Versuchsperson bestimmte Erwartungen wecken, die wiederum Auswirkungen auf deren Reaktionen haben. Die Beziehung Versuchsperson-Versuchsleiter, konkreter, die Erwartung, die die Versuchsperson über die Kontroll- und Erkenntnismöglichkeiten des Versuchsleiters hat, ist in der sozialen Isolation der Experimentalsituation ein besonders bedeutsamer Faktor. Die „impression management"-Theorie von Tedeschi et al. (1971) geht in diesem Zusammenhang davon aus, daß Einstellungsänderung lediglich eine Taktik ist, um Mißachtung durch den Versuchsleiter zu entgehen, der ja die Inkonsistenz zwischen ursprünglicher Einstellung und dem gezeigten Verhalten kennt. Äußert die Versuchsperson nach einstellungskonträrem Verhalten einen gewissen Einstellungswandel, so löst sie die Inkonsistenz auf und entgeht somit der antizipierten negativen Bewertung durch den Versuchsleiter. Die Anwendung einer solchen Strategie hängt natürlich in hohem Maße davon ab, wie die Versuchsperson selbst den Versuchsleiter bewertet.

Janis & Gilmore (1965) z. B. variierten, ob der Versuchsleiter von den Versuchspersonen als von einer positiv oder als von einer negativ bewerteten Organisation kommend wahrgenommen wurde. Die Ergebnisse zeigten, daß die Versuchspersonen, die bei einem positiv bewerteten Versuchsleiter einen attitüdenkonträren Aufsatz (Thema: 1 Jahr obligatorischer Mathematikunterricht für Collegestudenten) geschrieben hatten, mehr Einstellungsänderung äußerten als die Versuchspersonen, die einen negativ bewerteten Versuchsleiter erlebt hatten. Ähnlich ergab das bekannte „Heuschreckenexperiment" von Zimbardo et al. (1965), daß Versuchspersonen, die von einem sympathischen Versuchsleiter gebeten worden waren, geröstete Heuschrecken zu essen, diese als wohlschmekkender einschätzten als Versuchspersonen, die von einem unsympathischen Versuchsleiter gebeten worden waren. Unter der Annahme, daß die Person des Versuchsleiters in Experimenten im allgemeinen eher positiv und statushoch eingeschätzt wird, kann aus diesen Ergebnissen geschlossen werden, daß das Ausmaß der gezeigten Einstellungsänderung im Laborexperiment im Vergleich zu einer Feldsituation höher ist. Ein diese Vermutung bestätigendes Ergebnis für die Attitüdenänderungsstrategie der überzeugenden Kommunikation nennt z. B. Silverman (1968).

Die Art der Aufgabenstellung als Variable für das Ausmaß späterer Einstellungsänderung wurde hinsichtlich Instruktionseffekten untersucht. Collins & Helmreich (1970) erforschten die Einstellungsänderung gegenüber verschiedenen Flüssigkeiten, nachdem die Versuchspersonen einen Aufsatz über die positiven Aspekte dieser – de facto unangenehm schmeckenden – Flüssigkeiten geschrieben hatten. Dabei stellten sie fest, daß nach einer „Prozeßinstruktion", bei der die Versuchspersonen gebeten worden waren, ihren persönlichen Eindruck über die positiven Aspekte der Flüssigkeiten wiederzugeben, wesentlich mehr Attitüdenänderung gezeigt wurde als nach einer „Konsequenzinstruktion", bei der den Versuchspersonen mitgeteilt worden war, sie sollten ein positives Essay schreiben, das auf spätere Versuchspersonen überzeugend wirken solle. Das gleiche attitüdenkonträre Verhalten – Schreiben eines positiven Aufsatzes über unangenehm schmeckende Flüssigkeiten – hatte also je nach Instruktion unterschiedliche Effekte.

Weiterhin ist bedeutsam, zu welchem Thema die Versuchspersonen einstellungskonträres Verhalten zeigen sollen. Schon die ursprüngliche Formulierung der Dissonanztheorie hat mit ihrem Begriff der „Änderungsresistenz" eingeführt, daß Einstellungen zu unterschiedlichen Themen durch einstellungskonträres Verhalten in unterschiedlichem Ausmaß veränderbar sind. Gibt es viele kognitive Elemente, mit denen die jeweilige Einstellung in konsonanter Beziehung steht, so erzeugt ein einstellungskonträres Verhalten mehr Dissonanz, als wenn die kognitive Verankerung gering ist.

Converse & Cooper (1979) formulierten die Hypothese einer kurvilinearen Beziehung zwischen der Bedeutsamkeit eines Themas und der Einstellungsänderung nach Entscheidungen. Übereinstimmend hiermit erbrachten zwei Untersuchungen zur Einstellungsänderung nach Entscheidungen, daß Entscheidungen von mittlerer Bedeutsamkeit viel, Entscheidungen von hoher und geringer Bedeutsamkeit wenig Einstellungsänderung bewirkten. Die Konsequenzen eines solchen Befundes für eine Reihe von Experimenten könnten also lauten, daß das Auftreten bzw. Nicht-Auftreten eines Dissonanzeffekts in hohem Maße auch vom jeweiligen

Thema abhängt. Hat der Forscher einen Bereich mittlerer Bedeutsamkeit für die Versuchsperson gewählt, so sind entsprechende Effekte eher zu erwarten als bei geringer oder hoher Relevanz (vgl. auch die Diskussion zur Motivierung von Versuchspersonen, siehe S. 55 des vorliegenden Textes).

Weitere Variablen, die mit Aufgabenstellung und Thema zu tun haben, beziehen sich darauf, ob das einstellungskonträre Verhalten anonym oder öffentlich gezeigt wird; ob die Versuchspersonen freie Wahlmöglichkeiten haben, sich für oder gegen die Ausführung des Verhaltens zu entscheiden; ob das Verhalten bekanntermaßen Konsequenzen für andere hat oder nicht. Im Laufe der Forschungsarbeiten stellte sich heraus, daß öffentliches einstellungskonträres Verhalten zur Einstellungsänderung im Sinne der Dissonanztheorie führt, anonym gezeigtes Verhalten dagegen nicht (z. B. Carlsmith, Collins & Helmreich, 1966; Collins & Hoyt, 1972; Gaes et al., 1978). Ebenfalls sind freie Wahlmöglichkeit und das Wissen über Konsequenzen für Andere notwendige Vorbedingungen für Dissonanzeffekte (z. B. Frey & Irle 1972; Linder et al. 1967). Diese Variablen sind Beispiele für Moderatorvariablen, die mittlerweile als solche erkannt sind und bei Experimentalplanungen berücksichtigt werden können. Sie haben die dritte Phase im Leben eines – scheinbaren – Artefakts, die „konstruktive Bewältigung“ (McGuire 1969) erreicht und werden insofern hier nicht weiter diskutiert.

Die von der Dissonanztheorie postulierte und auch mehrfach demonstrierte negative Beziehung zwischen Bezahlungshöhe und Einstellungsänderung wurde von Rosenberg (1965) explizit als Artefakt bezeichnet. Er nimmt an, daß das Anbieten eines großen Geldbetrags für eine geringfügige Leistung bei der Versuchsperson Mißtrauen hervorruft. Dieses Mißtrauen wird zu einer Erwartung verarbeitet, im Experiment hinsichtlich Autonomie, Ehrlichkeit und Unanfälligkeit gegenüber Bestechung bewertet zu werden („evaluation apprehension“). Selbst wenn also ein einstellungskonträres Verhalten eine Veränderung der Einstellung bewirkt, so wird diese nicht mitgeteilt, wenn die Versuchsperson Angst davor hat, als bestechlich bewertet zu werden. Bei Anbieten eines adäquaten – geringen – Geldbetrags dagegen entsteht diese Angst nicht und eine Einstellungsänderung kann offen genannt werden. Es wird hier also angenommen, daß einstellungskonträres Verhalten immer eine Einstellungsänderung bewirkt. Diese wird jedoch dann nicht mitgeteilt, wenn die Versuchsperson Angst vor negativer Bewertung durch den Versuchsleiter hat.

Rosenberg (1965) geht davon aus, daß eine positive Beziehung zwischen Belohnungshöhe und Einstellungsänderung besteht, d. h. lerntheoretisch formuliert, ein Verstärkungseffekt. In seinem Experiment wiederholte er mit zwei Änderungen eine Untersuchung von Cohen (1962), der eine linear negative Beziehung zwischen Belohnungshöhe und Einstellungsänderung nach der Anfertigung eines attitüdenkonträren Aufsatzes erhalten hatte. Die Ausnahmen bezogen sich zum einen auf das Thema (hier: Teilnahme des universitären Fußballteams an einem Wettbewerb), zum anderen darauf, daß Rosenberg mit zwei Versuchsleitern statt mit einem arbeitete. Überlegung hinter dieser letztgenannten Veränderung war, daß die Angst vor Bewertung bei den Versuchspersonen geringer ist, wenn die Einstellungsmessung von einem anderen Versuchsleiter vorgenommen wird als von dem, der in der ersten experimentellen Phase die Instruktion gab. Die Ergebnisse des Experiments bestätigten Rosenbergs Hypothese einer linear positiven Beziehung zwischen Belohnungshöhe und Einstellungsänderung.

Welcher von beiden Befunden, der positive oder der negative Zusammenhang zwischen Belohnungshöhe und Einstellungsänderung, d. h. der Verstärkungs- oder der Dissonanzeffekt, ist nun ein Artefakt bzw. welche moderierenden Variablen sind neben den bisher genannten noch zu berücksichtigen? Fishbein & Ajzen (1974, 437) gehen davon aus, daß drei weitere Variablen beachtet werden müssen, um die Art des Zusammenhangs zwischen Belohnungshöhe und Einstellungsänderung genauer fassen zu können:

- das mögliche Wissen der Versuchsperson über die Belohnung ihres attitüdenkonträren Verhaltens;
- die mögliche Kontingenz der Belohnung auf die qualitative Leistung der Versuchsperson, d. h. hohe Belohnung bei guter, niedrige Belohnung bei schlechter Leistung;
- der Zeitpunkt der Belohnung vor oder nach der Messung der abhängigen Variable.

Falls die Versuchsperson vorher nicht weiß, daß ihr attitüdenkonträres Verhalten belohnt wird, ist keinerlei Effekt der Belohnungshöhe zu erwarten. Unter der Annahme, daß sie dagegen vorher um die Belohnung wußte, sind bei Kombination der beiden anderen genannten Variablen folgende Effekte möglich (nach Fishbein & Ajzen 1974, 438):
Wird eine Belohnung in Aussicht gestellt, die in irgendeiner Form auf die Qualität der Leistung bezogen ist (Felder 1 und 2), so kann sich die Belohnung als Anreiz auswirken, eine möglichst gute Leistung zu erbringen, die wiederum im Sinne der Improvisationshypothese oder auch der „biased scanning"-Hypothese (King & Janis 1956; Janis & Gilmore 1965; siehe S. 47 des vorliegenden Textes!) zu einer stärkeren Einstellungsän-

Tabelle 2. Effekt der Belohnung auf die Einstellungsänderung nach einstellungskonträrem Verhalten in Abhängigkeit von der Belohnungskontingenz und dem Belohnungszeitpunkt.

Belohnungskontingenz:	Belohnungszeitpunkt: vor der Messung der Einstellung	 nach der Messung der Einstellung
kontingent auf die Qualität der Leistung	1) Anreizeffekt oder Verstärkungseffekt oder Dissonanzeffekt	2) Anreizeffekt oder Dissonanzeffekt
nicht kontingent auf die Qualität der Leistung	3) Verstärkungseffekt oder Dissonanzeffekt	4) Dissonanzeffekt

derung führen kann. Da in Attitüdenänderungsexperimenten der hier diskutierten Art jedoch die Belohnung selten auf die qualitative Leistung kontingent ist, sollen diese beiden Felder nicht weiter behandelt werden. Ein Verstärkungseffekt, d. h. eine direkte positive Relation zwischen Bezahlungshöhe und Einstellungsänderung ist nach – älteren – lerntheoretischen Ansätzen insbesondere dann zu erwarten, wenn die Belohnung vor der Einstellungsmessung verabreicht wurde (vgl. Felder 1 und 3 in Abbildung 2). Unter dieser Bedingung wird die Entscheidung zu einstellungskonträrem Verhalten bzw. das einstellungskonträre Verhalten selbst direkt nach Auftreten unterschiedlich hoch belohnt, während in den Feldern 2 und 4 dieser direkte zeitliche Zusammenhang nicht gegeben ist.

Ein Dissonanzeffekt schließlich, d. h. geringere Einstellungsänderung bei höherer Belohnung, kann prinzipiell in jeder dieser Konstellationen auftreten, da die Dissonanztheorie bezüglich des Bezahlungszeitpunkts keine spezifischen Aussagen macht. Als einziger Effekt wird er jedoch für die Bedingung einer Belohnungsgabe ohne Bezug auf die Leistung und *nach* der Messung der abhängigen Variable vermutet, da bei dieser Bedingung kein direkter differentieller Verstärkungseffekt des attitüdenkonträren Verhaltens auftreten kann (Feld 4).

Die Arbeit von Rosenberg (1965) entspricht Feld 3 von Abbildung 2, dort erfolgte die Belohnung vor der Messung der abhängigen Variable. Bei Festinger & Carlsmith (1959) und Cohen (1962) dagegen wurde zuerst die Messung der abhängigen Variable vorgenommen (Feld 4 in Abbildung 2). Ein direkter Vergleich dieser Arbeiten ist also nicht möglich.

Die Variable „Belohnungszeitpunkt" erweist sich insofern als eine – empirisch noch genauer zu untersuchende – Moderatorvariable, die in bisherigen Arbeiten zuwenig beachtet wurde und möglicherweise einige inkonsistente Ergebnisse interpretierbar macht.

Auch der Belohnungsbetrag selbst wurde über die Arbeiten hinweg nicht in gleicher Weise manipuliert. Gerard et al. (1974) liefern empirische Belege dafür, daß sehr niedrige Belohnung als ungenügende Rechtfertigung Dissonanzeffekte hervorruft, eine mittlere Belohnungshöhe keinen Effekt hat, sehr hohe Belohnung dagegen einen Verstärkungseffekt produziert.

Bei der bisherigen Diskussion wurde vorausgesetzt, daß es unproblematisch ist, die Versuchspersonen dazu zu bewegen, ein attitüdenkonträres Verhalten zu zeigen. Dagegen kann schon die Forderung nach einstellungskonträrem Verhalten bei der Versuchsperson Dissonanz erzeugen, die dadurch aufgelöst wird, daß man sich der Forderung widersetzt. Entsprechend ist in jedem Einstellungsänderungsexperiment zu erwarten, daß ein Teil der Versuchspersonen zu Beginn des Experimentes ausfällt, da er sich nicht bereit erklärt, die experimentelle Anforderung zu erfüllen. Durch eine solche Selektivität ist jedoch die Generalisierbarkeit der späteren Ergebnisse eingeschränkt. Im „Basisexperiment" von Festinger & Carlsmith (1959) wurden z. B. von 51 Versuchspersonen 11, d. h. 20% aus der Auswertung ausgeschlossen, da sie entweder dem experimentellen Vorgehen nicht so recht glaubten, ein anderes als das geforderte einstellungskonträre Verhalten zeigten (2 Personen sagten z. B. zu dem wartenden Konföderierten, daß das Experiment langweilig sei) oder von vornherein ablehnten, sich einstellungskonträr zu verhalten. Bei Little et al. (1975) fielen von 93 Versuchspersonen im Laufe des Experiments 13 aus: 8 Versuchspersonen weigerten sich, den geforderten einstellungskonträren Aufsatz zu schreiben, 5 weitere Versuchspersonen weigerten sich, diesen Aufsatz anschließend noch einer anderen Gruppe von Personen vorzulesen. Bei anderen Untersuchungen ist die Ausfallquote geringer bzw. sie wird nicht angegeben, doch ist festzuhalten, daß die vorliegenden Ergebnisse sich insgesamt nur auf sog. „compliant subjects", d. h. Versuchspersonen, die sich auf das Geforderte einlassen, beziehen.

Als letzter Punkt der ersten experimentellen Phase soll schließlich der soziale Kontext, in dem ein Einstellungsänderungsexperiment stattfindet, angesprochen werden. Hier ist anzumerken, daß trotz Lokalisierung der Attitüdenforschung im Gebiet der *Sozial*psychologie, das spezifisch Soziale nahezu immer fehlt. Stroebe et al. (1978) gehen davon aus, daß die Entscheidung, sich einstellungskonträr zu verhalten, ohne – wie es in Experimenten meist der Fall ist – etwas über entsprechende Entscheidungen Anderer zu wissen, d. h. in totaler sozialer Isolation zu handeln, in der Realität annähernd nur unter zwei Bedingungen ebenfalls gefällt wird: Zum einen in einer Situation, in der ein extremer Druck besteht, der selbst den Gedanken an eine Verweigerung ausschließt, zum anderen bei einstellungskonträrem Verhalten, das minimale Konsequenzen hat. In beiden Fällen tritt nach diesen Autoren keine Dissonanz auf; im ersteren, da man sich nicht verantwortlich fühlt, im letzteren, da es einem gleichgültig ist. Hieraus folgt, daß die soziale Komponente bei Einstellungsänderungsexperimenten stärker beachtet werden muß, will man nicht Ergebnisse erhalten, die Alltagssituationen nur begrenzt entsprechen. Stroebe et al. (1978) konnten in mehreren Experimenten zeigen, daß die Anwesenheit eines Konföderierten, der der Versuchsperson als Mitversuchsperson vorgestellt wurde und der sich je nach Experimentalbedingung bereit erklärte, bzw. weigerte, das geforderte attitüdenkonträre Verhalten auszuführen, eine weitere Differenzierung dissonanztheoretischer Vorhersagen notwendig macht.

2.3 Zweite experimentelle Phase

Die zweite experimentelle Phase ist durch die Ausführung des attitüdenkonträren Verhaltens gekennzeichnet. Die Versuchspersonen müssen z. B. in Aufsätzen oder in Form von Rollenspielen Argumente finden, die ihrer eigenen Position widersprechen. Diese Erfahrung kann zumindest zeitweilig dazu führen, daß vorher periphere Kognitionen stärker in den Blickpunkt der Aufmerksamkeit gerückt werden. Theoretische Ansätze hierfür sind die Improvisationshypothese von King & Janis (1956) und die „biased-scanning“-Hypothese von Janis & Gilmore (1965). Janis & Gilmore beschreiben „biased-scanning“, d. h. ein „verzerrtes Absuchen“, folgendermaßen: „Wenn eine Person die Aufgabe übernimmt, Argumente für eine Position zu finden, die ihren persönlichen Überzeugungen widerspricht, ist sie zeitweilig motiviert, an alle möglichen positiven Argumente zu denken und unterdrückt gleichzeitig Gedanken an negative Argumente, die für die anstehende Aufgabe angeblich irrelevant sind. Dieses ‚verzerrte Absuchen‘ erhöht die Auffälligkeit der positiven Argumente und erhöht deshalb auch die Wahrscheinlichkeit der Annahme der neuen Attitüdenposition“ (1965, 18; Übersetzung A. A.). King & Janis (1956) konnten zeigen, daß Versuchspersonen, die eine hohe Improvisationsleistung erbringen mußten, d. h. selbst Argumente für eine attitüdenkonträre Position fanden, mehr Einstellungsänderung zeigten als Versuchspersonen, die sich zwar auch attitüdenkonträr verhielten, aber für diese Position nicht selbst Argumente finden mußten.

Rosenberg (1966) bemerkt dazu, daß Dissonanzeffekte nach attitüdenkonträrem Verhalten möglicherweise nur dann auftreten, wenn eine Elaboration der konträren Argumente *nicht* stattgefunden hat. Konnte aufgrund der zur Verfügung stehenden Zeit dagegen die einstellungskonträre Position ausgebaut werden, so ist das Autreten eines Dissonanzeffektes wenig wahrscheinlich. Als Beispiel führt er eine Untersuchung von Carlsmith et al. (1966) an: In einem dem Experimentalaufbau von Festinger und Carlsmith (1959; siehe Seite 34 ff. des vorliegenden Textes) ähnlichen Versuch mußten die Versuchspersonen entweder einer anderen wartenden Person mündlich mitteilen, wie interessant und vergnüglich die gerade durchgeführte Aufgabe gewesen sei (Öffentlichkeitsbedingung) oder sie schrieben ohne Namensnennung einen entsprechenden Aufsatz (Anonymitätsbedingung). Der typische Dissonanzeffekt, d. h. die negative Beziehung zwischen Belohnungshöhe und Einstellungsänderung trat – wie von den Autoren vorhergesagt – in der Öffentlichkeitsbedingung auf, in der Anonymitätsbedingung dagegen gab es einen Verstärkungseffekt. Die Anfertigung des Aufsatzes dauerte jedoch im Schnitt 16 Minuten, hier konnte also durchaus eine gewisse Elaboration der Einstellung stattfinden. Die mündliche Mitteilung dauerte dagegen lediglich 2 Minuten! Diese mangelnde Äquivalenz der Experimentalabedingungen wurde von den Autoren nicht beachtet.

Cook (1969; 619) verglich die Effekte der Belohnungshöhe auf die Einstellungsänderung bei mehreren Untersuchungen hinsichtlich der Zeitdauer, in der einstellungskonträres Verhalten gezeigt worden war und hinsichtlich der Qualität der Leistung. Dabei ließen sich keine durchgängigen Trends aufweisen, doch gab es einige Hinweise für die Rosenbergsche These, daß lediglich bei einer geringen Quantität attitüdenkonträren Verhaltens (etwa 2 Minuten) Dissonanzeffekte auftreten. Der Zusammenhang zwischen Qualität des Verhaltens und Belohnung war trendmäßig positiv.

Aus diesen Überlegungen und Daten ist zu folgern, daß sowohl die Quantität, d. h. der zeitmäßige Umfang, als auch die Qualität, d. h. die Güte der erbrachten Argumente zum einstellungskonträren Verhalten als Variablen beachtet und mit den Ergebnissen zur Attitüdenänderung in Zusammenhang gebracht werden müssen. Doch werden in den meisten Fällen die Produkte des attitüdenkonträren Verhaltens überhaupt nicht analysiert.

2.4 *Dritte experimentelle Phase*

Für die dritte und letzte experimentelle Phase sind drei Variablenbereiche wichtig: die Zeitspanne zwischen attitüdenkonträrem Verhalten und Attitüdenmessung, die Tatsache, ob es sich um denselben Versuchsleiter wie in der ersten experimentellen Phase handelt und die Art und Weise, wie die Einstellungsmessung erfolgt.

Die Zeitspanne zwischen einstellungskonträrem Verhalten und späterer Einstellungsmessung wird zum einen durch die Dauer des attitüdenkonträren Verhaltens selbst bestimmt, zum anderen kann zwischen diesen beiden Phasen eine weitere Tätigkeit eingeschoben werden (z. B. Rosenberg 1965), die die Zeitspanne bis zur Einstellungsmessung verlängert. Cook (1969) schließt aus der bereits erwähnten Durchsicht relevanter Arbeiten, daß sich ein eventuell vorhandener anfänglicher Dissonanzeffekt auflöst, je größer der Zeitabstand zum attitüdenkonträren Verhalten wird. Dies liegt seiner Ansicht nach daran, daß Versuchspersonen unter der Bedingung sehr geringer Bezahlung ihre anfänglich geänderten Attitüden zunehmend wieder dem vorexperimentellen Ausgangsniveau angleichen, während Versuchspersonen unter der Bedingung hoher Bezahlung im allgemeinen keine Einstellungsänderung zeigen. Bei einem Experiment, in dem zu verschiedenen Zeitpunkten die Einstellung gegenüber der Durchführung einer langweiligen Aufgabe (Korrektur eines Textes) gemessen wurde, konnte er beim Vergleich der Gruppen mit geringer versus hoher in Aussicht gestellter Belohnung dieser Hypothese tendenziell entsprechende Ergebnisse erzielen. Hieraus folgt, daß die Effekte unterschiedlicher Belohnungsgaben zu verschiedenen Zeitpunkten des Experimentes gemessen werden müßten, um Auskunft über ihre Stabilität geben zu können (zur Permanenz von Einstellungsänderungen nach dem Experiment s. u. S. 52 des vorliegenden Textes).

Im Zusammenhang mit der Arbeit von Rosenberg (1965, s. S. 43 des vorliegenden Textes) wurde bereits angesprochen, daß die Angst vor Bewertung und damit zusammenhängende Antworttendenzen bei den Versuchspersonen dann besonders hoch sind, wenn derselbe Versuchsleiter für alle experimentellen Phasen zuständig ist. Insofern ist zu fragen, ob Dissonanzeffekte überhaupt auftreten, wenn der Versuchsleiter der dritten Phase ein anderer ist als der der ersten bzw. zweiten Phase des Experiments. Auch zu dieser Frage liegen unterschiedliche Ergebnisse vor. Festinger & Carlsmith (1959) arbeiteten mit zwei Versuchsleitern und erzielten bekanntlich einen Dissonanzeffekt, bei Rosenberg (1965) wurde mit zwei Versuchsleitern ein Verstärkungseffekt der Belohnungshöhe auf die Einstellungsänderung festgestellt. Heller (1974) untersuchte direkt den möglichen Einfluß der Interaktion mit dem Versuchsleiter, indem er in einem Experiment Versuchsbedingungen mit gleichbleibendem und mit wechselndem Versuchsleiter herstellte. Affektive, kognitive und verhaltensmäßige Komponenten der Einstellungsänderung (Thema: Einstellung gegenüber bestimmten Zeitungen) wurden erfaßt. Hypothese war, daß ein Dissonanzeffekt lediglich bei gleichbleibendem Versuchsleiter auftreten würde. Diese Hypothese ließ sich für die Messung der affektiven Attitüdenkomponente bestätigen. Bei gleichbleibendem Versuchsleiter gab es hier einen Dissonanzeffekt, bei wechselndem Versuchsleiter nicht. Für die Messungen der beiden anderen Attitüdenkomponenten traten keine Unterschiede zwischen den Bedingungen auf. Im Sinne der Reduzierung von Einflüssen der Erwartungsbildung bei den Versuchspersonen scheint es also sinnvoll zu sein, mit zwei Versuchsleitern zu arbeiten, wenn auch der Einfluß dieser Variable nicht überschätzt werden sollte, da sie sich nicht auf alle Attitüdenkomponenten auswirkt.

Eine besonders wichtige mögliche Fehlerquelle dissonanztheoretischer Einstellungsänderungsexperimente ist die simplifizierte Messung der abhängigen Variable bzw. die Willkür bei der – teilweise wohl im Nachhinein getroffenen – Auswahl dessen, was als abhängige Variable gewertet werden soll. Am Beispiel der Untersuchung von Festinger & Carlsmith (1959) läßt sich dies wiederum demonstrieren. Abhängige Maße waren vier Einstellungsfragen, die auf jeweils 11-stufigen Skalen beantwortet werden mußten: 1. War die Aufgabe interessant und vergnüglich? 2. Bot Ihnen das Experiment die Möglichkeit, etwas über Ihre Fähigkeit, die Aufgaben auszuführen, zu erfahren? 3. Hat das Experiment Ihrer Ansicht nach etwas Wichtiges gemessen? 4. Würden Sie gern bei einem ähnlichen Experiment mitmachen? Einen signifikanten Dissonanzeffekt gab es lediglich bei der ersten Frage, die als die relevante Frage zur Einstellung gegenüber dem Experiment gewertet wurde. Bei den anderen drei Fragen konnten die Unterschiede zwischen den Gruppen statistisch nicht abgesichert werden. Dem sehr aufwendigen experimentellen Vorgehen steht also auf Seiten der abhängigen Messung eine einzige 11-stufige Antwortskala gegenüber.

Ähnliches gilt für sehr viele dissonanztheoretische Experimente. Es zeigt sich hier besonders deutlich die Diskrepanz zur Einstellungsforschung z. B. in Feldsituationen, bei der schon seit Thurstone & Chave (1929) erkannt wurde, wie wichtig multiple Einstellungsmessung mit testmäßig standardisierten Instrumenten ist. Wenn auch in neuerer Zeit im Kontext der experimentellen Einstellungsänderungsforschung ebenfalls zunehmend mit differenzierteren Messungen der abhängigen Variable gearbeitet wird (z. B. Irle und Krolage 1973), so sind doch Attitüdenmessungen mit einer einzigen Schätzskala durchaus noch üblich (z. B. Gaes et al. 1978).

Eine andere Kritik an der Art der Einstellungsmessung bezieht sich darauf, daß Antworten auf Einstellungsfragen durch eine Reihe von Verfälschungstendenzen beeinflußt sind, wie z. B. die Tendenz, sozial erwünscht zu antworten oder die Tendenz, einen guten Eindruck zu machen, etc. Deshalb bieten solche Fragen keinen direkten Zugang zu den „wahren" Einstellungen der Versuchspersonen. Jones & Sigall (1971) entwickelten ein Meßinstrument, das sie „bogus pipeline" (etwa: vorgetäuschte Nachrichtenquelle) nannten, mit dessen Hilfe eine weniger verzerrte Einstellungsmessung möglich sein soll. Bei diesem Gerät wird den Versuchspersonen gesagt, es handele sich um eine Art Lügendetektor, der mittels physiologischer Messungen ihre wahren Einstellungen ans Licht bringen könne. Die Versuchsperson wird mit Elektroden an das Gerät angeschlossen und soll so die Einstellungsfragen beantworten. Diese Methode baut also auf die Suggestivkraft eines technischen Apparates, der angeblich die Richtigkeit der Antworten der Versuchspersonen überprüft.

Die erwähnte Arbeit von Gaes et al. (1978) vergleicht die Effekte einstellungskonträren Verhaltens (Schreiben eines Aufsatzes gegen das Zähneputzen) bei bogus-pipeline-Messung der Einstellung auf einer 7-stufigen Einstellungsskala („Zähneputzen ist gefährlich") mit Einstellungsmessung auf dieser Skala ohne bogus-pipeline-Bedingung. Bei öffentlich geäußertem einstellungskonträrem Verhalten gab es hier einen signifikanten Effekt der Erhebungsmethode auf die Attitüdenänderung: Unter der bogus-pipeline-Bedingung trat keine Attitüdenänderung auf, bei der Bedingung ohne bogus-pipeline gab es eine Änderung in Richtung auf die im Aufsatz vertretene Position.

Während das Problem, das dieses Ergebnis möglicherweise für die Theorie der kognitiven Dissonanz aufwirft, nicht diskutiert werden soll, ist hier zu fragen, inwieweit eine solche bogus-pipeline-Bedingung eine tatsächlich validere Attitüdenmessung erlaubt. U. E. kann diese Frage trotz einiger empirischer Evidenzen für diese Methode (zusammenfassend Brackwede 1980) nicht eindeutig bejaht werden. Zu ethischen Problemen der Täuschung kommen weitere Probleme der Erzeugung nicht kontrollierbarer Gefühlszustände bei den Versuchspersonen (z. B. Angst bei Anschließen an ein „physiologisches Meßgerät") und Probleme bei der Geheimhaltung einer solchen Methode, die ja von der Unkenntnis der Versuchspersonen lebt. Als Alternative zur gängigen Messung der abhängigen Variable in Einstellungsänderungsexperimenten bieten sich dagegen nach testtheoretischen Gütekriterien konstruierte Attitüdenskalen an.

2.5 Nachexperimentelle Phase

Als letzter Punkt der Analyse dissonanztheoretischer Einstellungsänderungsexperimente soll die Stabilität der Effekte über den experimentellen Kontext hinaus angesprochen werden, d. h. die Frage, inwieweit die jeweilige Erfahrung im Experiment bei den Versuchspersonen eine momentane oder eine längerfristige kognitive Umstrukturierung zur Folge hat.

Collins & Hoyt (1972) berichten über die Permanenz eines Dissonanzeffektes (Thema: freie Besuchsmöglichkeiten im Studentenwohnheim) zwei Wochen nach dem Experiment, Nuttin (1975) erzielte sogar 5 Wochen nach seiner Untersuchung noch stärkeren Einstellungswandel bei gering als bei hoch belohnten Versuchspersonen. Gegen beide Arbeiten sind jedoch methodische Bedenken angeführt worden (Cook & Flay 1978): Bei Collins & Hoyt (1972) beteiligten sich an der Nachbefragung nur noch 60% der ursprünglichen Stichprobe. Bei Nuttin (1975) konnten lediglich dann längerdauernde Einstellungsänderungen festgestellt werden, wenn die Versuchspersonen sowohl direkt nach dem Experiment als auch 5 Wochen später befragt wurden. Der Teil der Versuchspersonen, der nur nach 5 Wochen befragt wurde, zeigte keine entsprechenden Einstellungsänderungen. Es liegt insofern nahe, zumindest einen Teil der stabilen Einstellungsänderung auf Meßwiederholungseffekte zu beziehen. Little et al. (1975) konnten keine stabilen Einstellungsänderungen erzielen. Ihre Versuchspersonen änderten zwar direkt nach dem Anfertigen eines einstellungskonträren Aufsatzes (Thema: Argumente gegen Geburtenkontrolle) ihre Einstellung in die im Aufsatz vertretene Richtung, wenn sie den Aufsatz zusätzlich noch einer Zuhörerschaft vorlasen, doch hatten sie sich zwei Wochen später weitgehend wieder ihren vorexperimentellen Einstellungen angenähert. Die Autoren interpretieren dieses Ergebnis damit, daß bei einer für die Versuchsperson bedeutsamen Einstellung wie Geburtenkontrolle, die Erfahrung des einstellungskonträren Verhaltens im Experiment tatsächlich nur zu einer momentanen Verschiebung der Einstellung führt, die nach gewisser Zeit wieder aufgehoben ist. Bei einem weniger bedeutsamen Thema kann die Erfahrung des Experiments dagegen möglicherweise zeitstabilere Änderungen bedingen.

Die geringe Zahl von Arbeiten zum einstellungskonträren Verhalten, die die Stabilität der Einstellungsänderung über Zeit untersucht haben, verdeutlicht das geringe Interesse an diesem Thema. Den vorliegenden Befunden ist eine insgesamt geringe Stabilität experimentell induzierter Einstellungsänderung nach einstellungskonträrem Verhalten zu entnehmen, doch weisen Cook & Flay (1978) darauf hin, daß die Tatsache, in einigen Experimenten überhaupt gewisse überdauernde Effekte erzielt zu haben, angesichts der vielfältigen Umwelteinflüsse, die eine Person tagtäglich erlebt, beachtenwert ist.

3. Zusammenfassende Bemerkungen

Welche Folgerungen sind nun aus dieser Diskussion hinsichtlich der Validität der Ergebnisse vorhandener und der Methodik zukünftiger dissonanztheoretischer Einstellungsänderungsexperimente abzuleiten?

Ein allgemeiner und nicht nur speziell auf dissonanztheoretische Einstellungsänderungsexperimente anwendbarer Kritikpunkt bezieht sich darauf, daß die referierten Arbeiten die Kriterien experimentellen Vorgehens nicht genügend beachten. Beispiele sind die zeitlich nicht äquivalenten Experimentalbedingungen in der Arbeit von Carlsmith et al. (1966; siehe S. 48 des vorliegenden Textes!), die nicht weiter thematisierten Versuchspersonenausfälle zu verschiedenen Stadien des Experiments (vgl. S. 46 des vorliegenden Textes), das Fehlen bzw. die mangelnde Äquivalenz von Kontrollgruppen (z. B. Gaes et al. 1978), schließlich die teilweise willkürlich erscheinende Hervorhebung bzw. Vernachlässigung von abhängigen Variablen (vgl. S. 50 des vorliegenden Textes). Kompliziertere Versuchspläne, in denen z. B. Meßwiederholungseffekte durch die Verwendung mehrerer Kontrollgruppen geprüft werden, fehlen nahezu völlig. Die interne Validität mancher Arbeiten ist gering. Abhilfe wäre durch genauere Beachtung gängiger experimentalpsychologischer Kriterien möglich.

Speziell auf die hier diskutierten Experimente bezogen zeigt sich, daß die Zahl der Variablen, deren Berücksichtigung sich im Laufe der Forschungsarbeiten als für die Herstellung eines Dissonanzeffektes notwendig herausgestellt hat, großen Aufwand bei der Erfindung von Rahmengeschichten erforderlich macht. Dissonanztheoretische Einstellungsänderungsexperimente sind kleine Theateraufführungen. Dies impliziert besondere Probleme bei Replikationsversuchen, sowie besondere Anfälligkeit der Ergebnisse gegenüber Erwartungshaltungen an das Experiment.

Die Replikation solcher Arbeiten ist schwierig und aufwendig, da nicht genügend ausführliche Angaben über Instruktionen, Vorgehensweisen, genaue Themenstellung etc. gemacht werden (können). Die bisherige Diskussion zeigt jedoch deutlich, wie anfällig die Ergebnisse gegenüber geringfügigen experimentellen Variationen sind. Zusätzlich herrscht bei der Durchführung von Replikationsstudien eine gewisse Nachlässigkeit gegenüber der genauen Beachtung vorheriger Experimentalbedingungen, die nicht auf mangelnde Information zurückzuführen ist, sondern möglicherweise darauf, daß bestimmte Variationen als nicht bedeutsam erachtet werden. Beispiel hierfür ist die Arbeit von Rosenberg (1965), der beansprucht, das Experiment von Cohen (1962) bis auf zwei Veränderungen (s. o., S. 44 des vorliegenden Textes) repliziert zu haben, tatsächlich jedoch mindestens eine weitere Veränderung (Bezahlungszeitpunkt; s. o., S. 45 des vorliegenden Textes) einführte, ohne sie bei der Diskussion der Ergebnisse zu beachten. Sorgfältige Replikationen bzw. kontrollierte Erweiterungen sind jedoch Voraussetzung für extern valide Befunde sowie für das Auffinden von Variablen, die sich im Laufe des Forschungsprozesses als moderierende, die Gültigkeit von Hypothesen einschränkende Einflußgrößen erweisen.

Darüber hinaus ist die Anfälligkeit eines Experiments gegenüber Artefakten im engeren Sinn, d. h. gegenüber Versuchsleiter- und Versuchspersoneneffekten bei der Verwendung aufwendiger Täuschungsmanöver besonders groß. Die Standardisierung des Versuchsleiterverhaltens wird zunehmend schwieriger und mannigfache Hypothesenbildungen der Versuchspersonen werden möglich. Erlebt die Versuchsperson, daß sie etwas ihrer Einstellung Widersprechendes tun soll, ihr dafür eine Belohnung in Aussicht gestellt wird, und daß sie anschließend zum gleichen Thema ihre persönliche Meinung äußern soll, dann liegt die Hypothese nahe, daß ihre persönliche Integrität in irgendeiner Form getestet werden soll (vgl. Rosenberg 1965). Die Wirkung der Rahmengeschichte ist geschwächt, die Versuchsperson vermutet eine Täuschung. Da darüber hinaus die Stimulussituation meist extrem eingeschränkt ist, spielen die Beziehung zum Versuchsleiter und dessen Verhalten ebenfalls eine besondere Rolle (vgl. S. 41 des vorliegenden Textes). Hier handelt es sich also wiederum um Beeinträchtigungen der internen Validität, die jedoch nicht durch unsaubere Methodik seitens der Experimentatoren (s. o. S. 53), sondern durch Kognitionen der beteiligten Personen hervorgerufen werden.

Wie lassen sich nun Versuchspersoneneffekte in solchen Experimenten reduzieren? Im allgemeinen werden drei – miteinander kombinierbare – Strategien vorgeschlagen: die stärkere Motivierung der Versuchspersonen; die Einbeziehung anderer, weniger experimenterfahrener Versuchspersonen als Studenten; schließlich die Anwendung nicht-reaktiver Verfahren.

Das jeweils für die Untersuchung gewählte Thema hat unterschiedliche subjektive Bedeutung für die Versuchspersonen und führt zu unterschiedlicher Motivierung bezüglich des einstellungskonträren Verhaltens. Ist das Thema für das Alltagsleben der Person recht irrelevant (z. B. der Geschmack unüblicher Flüssigkeiten; vgl. Collins & Helmreich 1970), so ist ein geringeres Engagement und Interesse am einstellungskonträren Verhalten selbst anzunehmen als bei einem persönlich relevanten Thema. Wenn die persönliche Betroffenheit gering ist und die soziale Bezugsgruppe außerhalb des Labors keine Bezugsnormen setzt, kann die Aufmerksamkeit ganz auf den experimentellen Kontext und die vermuteten Hypothesen des Versuchsleiters gerichtet werden. Erwartungen an das Experiment selbst werden bedeutsam. Ähnliches gilt für sehr unplausible Themen (z. B. Gefährlichkeit des Zähneputzens; vgl. Gaes et al. 1978). In diesem Fall können die Versuchspersonen die Bedeutung ihres einstellungskonträren Verhaltens sehr gering einstufen, da es in ihrer Bezugsgruppe einen hohen Konsensus bezüglich der Gegenposition gibt und irgendeine Auswirkung der im Experiment vertretenen Position unwahrscheinlich ist.

In Situationen dieses Typs sind diverse Effekte einstellungskonträren Verhaltens denkbar: (1) Das Verhalten kann keinen Effekt haben, da die persönliche Beteiligung zu gering ist; hierfür spricht, daß unter Bedingungen geringer Konsequenzen des Verhaltens und geringer persönlicher Festlegung keine Effekte einstellungskonträren Verhaltens auftreten (s. o. S. 43 des vorliegenden Textes). (2) Das Verhalten kann einen Dissonanzeffekt ergeben, der eine tatsächliche Einstellungsänderung unter der Bedingung geringer Belohnung widerspiegelt. (3) Das Verhalten kann einen Dissonanzeffekt ergeben, der durch Erwartungshaltungen der Versuchspersonen unter der Bedingung hoher Belohnung hervorgerufen wurde und der insofern – im Sinne der Dissonanztheorie – kein valides Ergebnis darstellt. (4) Das Verhalten kann einen Verstärkungseffekt ergeben, der so interpretiert werden kann, daß die Bearbeitung eines persönlich irrelevanten Themas um so stärker die eigene Meinung beeinflußt, je größer die Belohnung dafür ist. (5) Ein möglicherweise auftretender Verstärkungseffekt kann jedoch auch auf z. B. negativistische Motive der Versuchspersonen zurückführbar sein. Mit dieser – sicher nicht vollständigen – Aufzählung soll demonstriert werden, daß in persönlich gering involvierenden Situationen die Testung von Hypothesen zum einstellungskonträren Verhalten besonders schwierig ist.

Versuchspersoneneffekte sind in persönlich motivierenden Situationen in geringerem Maße zu erwarten. Hier ist die Aufmerksamkeit der Versuchsperson stärker auf ihre eigenen Kognitionen gerichtet. Die Motivation für oder gegen einstellungskonträres Verhalten ist insofern nicht nur auf Erwartungshaltungen gegenüber dem Experiment zurückzuführen. Doch sind auch bei persönlich relevanten Themen Nichtbestätigungen von Hypothesen zum einstellungskonträren Verhalten aufgrund experimentimmanenter Gegebenheiten denkbar: Die experimentelle Einwirkung kann aufgrund der kurzen Zeitspanne, in der sie stattfindet, zu schwach sein, um statistisch abgesicherte Ergebnisse zu erbringen oder es können – bedingt durch subjektives Erleben von Freiheitseinengung und mangelnder Wahlmöglichkeit – Reaktanzeffekte mögliche Zusammenhänge zwischen einstellungskonträrem Verhalten und Einstellungsänderung überdecken.

Im Sinne der Motivierung der Versuchspersonen ist es jedoch sinnvoll, die Variable der subjektiven Beteiligung stärker als bisher zu beachten. Das bei dieser Forderung auftretende ethische Problem der Beeinflussung von Personen in für sie wichtigen Bereichen kann möglicherweise durch umfassende Aufklärung nach Abschluß des Experiments und natürlich durch Untersuchungen von in alltäglichen Situationen ablaufenden Veränderungsprozessen gemildert werden. Darüber hinaus kann die subjektive Beteiligung auch durch eine geeignete Instruktion (Collins & Helmreich 1970; vgl. S. 42) erhöht werden.

Die beiden anderen genannten Strategien zur Reduzierung von Versuchspersoneneffekten, die Einbeziehung nichtstudentischer Versuchspersonen und die Durchführung nicht-reaktiver Untersuchungen (z. B. Feldexperimente) sind in der bisherigen dissonanztheoretischen Einstellungsänderungsforschung selten angewendet worden. Untersuchungen in Nicht-Labor-Situationen fehlen nahezu völlig. Die Anwendung beider Strategien ist im Hinblick auf die Generalisierbarkeit der Ergebnisse wichtig.

Zur Reduktion von Versuchsleitereinflüssen empfiehlt Rosenberg (1965) mit zwei Versuchsleitern zu arbeiten, von denen einer in der ersten experimentellen Phase eingesetzt wird. Der andere Versuchsleiter nimmt in der dritten experimentellen Phase die Messung der abhängigen Variable vor. Auf diese Art könnten Bewertungsängste bei den Versuchspersonen reduziert werden. Allerdings ist zu beachten, daß der Versuchsleiterwechsel den Versuchspersonen plausibel gemacht werden muß. Dies impliziert eine weitere Täuschung und Komplizierung des Experimentalaufbaus.

Für die abhängige Variable ist festzuhalten, daß die häufig sehr simplifizierte Einstellungsmessung in mehrfacher Hinsicht problematisch ist: Schon für die Hypothesenprüfung ist entsprechend dem Ansatz der Dissonanztheorie eine multiple Einstellungsmessung, d. h. die Erfassung mehrerer, potentiell am einstellungskonträren Verhalten beteiligter Kognitionen, erforderlich; denn die Dissonanztheorie kann nicht genau voraussagen, welche kognitiven Elemente jeweils als Mittel zur Dissonanzreduktion geändert werden. Darüber hinaus ist die Art der Einstellungsmessung hinsichtlich methodischer Gesichtspunkte angreifbar (vgl. S. 50), da die Antwort auf eine einzige Schätzskala kaum ein reliabler und valider Indikator der Einstellung ist. Schließlich stößt eine solch simplifizierte Attitüdenmessung die Versuchsperson förmlich auf das Thema des Experiments, da die Verbindung zwischen ausgeführter Aufgabe und der abhängigen Messung offensichtlich wird. Eine Verbesserung ist durch die Verwendung standardisierter Skalen, die zwecks Wiederholungsmessung in Parallelformen vorliegen sollten, möglich.

Was bedeutet diese Analyse nun für die inhaltliche Frage nach der Möglichkeit der Einstellungsänderung durch einstellungskonträres Verhalten; und was bedeutet sie für die Vorhersagen der Dissonanztheorie?

Ein Gutteil der unübersichtlichen und sich häufig nicht entsprechenden Ergebnisse zu diesem Themenbereich ist – wie der vorliegende Beitrag zeigt – auf mangelnde Genauigkeit bei der Durchführung einzelner Experimente, auf unterschiedliche Erwartungshaltungen der Versuchspersonen und auf geringe Vergleichbarkeit der Operationalisierungen zwischen den Arbeiten zurückzuführen. Will man trotz dieser vielfältigen Probleme inhaltliche Aussagen ableiten, so sind folgende Trends erkennbar: Die Methode, Personen dazu zu bringen, selbst aktiv zu werden und gegen ihre ursprüngliche Einstellung zu handeln, führt in vielen Fällen tatsächlich zu statistisch signifikanten Einstellungsänderungen. Diese Strategie ist insbesondere dann effektiv, wenn die Person den Eindruck hat, aus freien Stücken gehandelt zu haben und für die Konsequenzen ihres Verhaltens verantwortlich zu sein. Einstellungswandel wird darüber hinaus gefördert, wenn die persönliche Beteiligung am Thema besonders betont wird und wenn die Zeitdauer einstellungskonträren Verhaltens eine gewisse Schwelle überschreitet. Verhalten ändert also unter bestimmten Bedingungen Einstellungen.

Dagegen ist noch weitgehend ungeklärt, ob und wie diese Effekte erhalten bleiben, wenn Untersuchungen in komplexeren sozialen Situationen innerhalb und außerhalb des experimentalpsychologischen Labors durchgeführt werden; welche zeitliche Stabilität die Einstellungsänderung hat; wie stark – über die statistische Signifikanz hinaus – diese Effekte sind;

ob die derart geänderten Einstellungen auch wiederum Verhaltensänderungen nach sich ziehen; schließlich, inwieweit die Ergebnisse auf andere als auf studentische Versuchspersonen übertragbar sind.

Die für die Dissonanztheorie ableitbaren Folgerungen sollen an dieser Stelle nur sehr knapp angesprochen werden, da das diskutierte experimentelle Paradigma des Einstellungswandels bei ungenügender Rechtfertigung nur einen Teilbereich der dissonanztheoretischen Forschung ausmacht und da neuere Entwicklungen dieser Theorie (Irle 1975) hier nicht berücksichtigt werden konnten.

Beschränkt man sich bei der dissonanztheoretischen Vorhersage für einstellungskonträres Verhalten darauf, daß mit bestehenden Kognitionen dissonantes Verhalten unter bestimmten Bedingungen die entsprechende Kognition verändern kann, so gibt es hierfür eine Reihe von Belegen (s. o.). Die Hypothese des stärkeren Einstellungswandels bei geringer als bei hoher Belohnung, der ‚Dissonanzeffekt', dagegen, wurde vielfach nicht bestätigt bzw. eine Bestätigung ergab sich nur unter genau spezifizierten Rahmenbedingungen (s. o. 2.). Selbst bei Bestätigung der Hypothesen sind viele dieser Ergebnisse jedoch nicht eindeutig für die Dissonanztheorie zu werten, da der von der Theorie postulierte motivationale Anreiz für Einstellungsänderung, die Dissonanz, selten gemessen wurde. Es wurde häufig nicht erfragt, ob die Versuchspersonen tatsächlich einen Spannungszustand, Dissonanz, erlebt haben. Eine Überprüfung der Grundannahme der Dissonanztheorie, die eine jeglichem Handeln zugrundeliegende Konsistenzmotivation postuliert, wurde insofern vielfach nicht geleistet.

Die Festingersche Dissonanztheorie ist jedoch so unpräzise formuliert, daß diverse Befunde im Nachhinein mittels Zusatzannahmen integrierbar sind. Daraus folgt, daß aufgrund des Formulierungsstandes der Theorie empirische Gegenbeispiele und methodische Einwände gegen Experimente, die dissonanztheoretische Hypothesen bestätigen, keine direkten Einwände gegen die Theorie darstellen können. Die vorliegenden empirischen Befunde deuten allerdings darauf hin, daß der Gültigkeitsbereich dissonanztheoretischer Vorhersagen zur ungenügenden Rechtfertigung einstellungskonträren Verhaltens eingeschränkt werden muß. Substantielle Einwände gegen die Theorie beziehen sich z. B. auf die Infragestellung des allgemeinen Konsistenzmotivs (z. B. Streufert & Streufert 1978), sowie darauf, die erforschten Phänomene einfacher, z. B. mit Hilfe von Begriffen der Informationssuche und Informationsverarbeitung (z. B. Fishbein & Ajzen 1974) erklären zu können.

Literatur

Brackwede, D.: Das Bogus-Pipeline-Paradigma. Eine Übersicht über bisherige experimentelle Ergebnisse. Z. Sozialpsychol. 11 (1980), 50-59.

Campbell, D. T. & Stanley, J. C.: Experimental and quasi-experimental designs for research on teaching. In: N. L. Gage (Hrsg.): Handbook of research on teaching, Chicago 1963, 171-246.

Carlsmith, J. M., Collins, B. E. & Helmreich, R. L.: Studies of forced compliance: The effect of pressure for compliance on attitude change produced by face-to-face role playing and anonymous essay writing. J. Person. Soc. Psychol. 4 (1966), 1-13.

Clore, G. L. & Jefferey, K. M.: Emotional role playing, attitude change, and attraction toward a disabled person. J. Person. Soc. Psychol. 23 (1972), 105-111.

Cohen, A. R.: An experiment on small rewards for discrepant compliance and attitude change. In: J. W. Brehm & A. R. Cohen (Hrsg.): Explorations in cognitive dissonance. New York 1962, 73-78.

Collins, B. E. & Helmreich, R. L.: Studies in forced compliance: II. Contrasting mechanisms of attitude change produced by public-persuasive and private-true essays. J. Soc. Psychol. 81 (1970), 253-264.

Collins, B. E. & Hoyt, M. F.: Personal responsibility-for-consequences: An integration and extension of the „forced compliance" literature. J. Exp. Soc. Psychol. 8 (1972), 558-593.

Converse, J. & Cooper, J.: The importance of decisions and free-choice attitude change: A curvilinear finding. J. Exp. Soc. Psychol. 15 (1979), 48-61.

Cook, T. D.: Temporal mechanisms mediating attitude change after underpayment and overpayment. J. Pers. 37 (1969), 618-635.

Cook, T. D., Flay, B. R.: The persistance of experimentally induced attitude change. In: L. Berkowitz (Hrsg.): Advances in experimental social psychology, Vol. 11. New York 1978.

Festinger, L.: A theory of cognitive dissonance. Evanston, Ill. 1957.

Festinger, L. & Carlsmith, J. M.: Cognitive consequences of forced compliance. J. Abnorm. Soc. Psychol. 58 (1959), 203-310.

Fishbein, M. & Ajzen, J.: Beliefs, attitudes, intentions and behavior. An introduction into theory and research. Reading 1974.

Frey, D.: Die Theorie der kognitiven Dissonanz. In: D. Frey (Hrsg.): Kognitive Theorien in der Sozialpsychologie. Bern 1978.

Frey, D. & Irle, M.: Some conditions to produce a dissonance and an incentive effect in a „forced compliance" situation. Europan Journal of Soc. Psychol. 2 (1972), 45-54.

Gaes, G. G., Kalle R. J. & Tedeschi, J. T.: Impression management in the forced compliance situation. J. Exp. Soc. Psychol. 14 (1978), 493-510.

Gerard, H. B., Conolley, E. S. & Wilhelmy, R. A.: Compliance, justification, and cognitive change. In: L. Berkowitz (Hrsg.): Advances in experimental social psychology, Vol. 7. New York 1974.

Gniech, G.: Störeffekte in psychologischen Experimenten. Stuttgart 1976.

Green, D.: Dissonance and self-perception analysis of „forced compliance": When two theories make competing predictions. J. Person. Soc. Psychol. 29 (1974), 819-828.

Heller, H. E.: Cognitive dissonance viewed as a social masking process. Diss. Abstr. Int. 24 (8-A) (1974), 5311-5312.

Hovland, C. I. & Janis, I. L.: Personality and persuasibility. New Haven 1959.

Irle, M.: Lehrbuch der Sozialpsychologie. Göttingen 1975.

Irle, M. & Krolage, M.: Kognitive Konsequenzen irrtümlicher Selbsteinschätzung. Z. Sozialpsychol. 4 (1973), 36-50.

Janis, I. L. & Gilmore, J. B.: The influence of incentive conditions on the success of role playing in modifying attitudes. J. Person. Soc. Psychol. 1 (1965), 17-27.

Janis, I. L. & King, B. T.: The influence of role playing on opinion change. J. Abnorm Soc. Psychol. 49 (1954), 211-218.

Jones, E. E. & Sigall, H.: The bogus pipeline: A new paradigm for measuring affect and attitude. Psychol. Bull. 76 (1971), 349-364.

King, B. T. & Janis, I. L.: Comparison of the effectiveness of improvised versus nonimprovised role playing in producing opinion change. Hum. Relat. 9 (1956), 177-186.

Kruglanski, A. W.: The human subject in the psychological experiment: Fact and artifact. In: L. Berkowitz (Hrsg.): Advances in experimental social psychology, Vol. 8. New York 1975.

Lana, R. E. & Menapace, R. H.: Subject commitment and demand characteristics in attitude change. J. Person. Soc. Psychol. 20 (1971), 136-140.

Leventhal, H. & Watts, J. C.: Sources of resistance to fear-arousing communications on smoking and lung cancer. J. Person. 34 (1966), 155-175.

Linder, D. E., Cooper, J. & Jones, E. E.: Decision freedom as a determinant of the role of incentive magnitude in attitude change. J. Person. Soc. Psychol. 6 (1967), 245-254.

Little, W. B., Kenny, C. T. & Hooper, R.: A reconceptualization of the permanence of attitude change. J. Soc. Psychol. 95 (1975), 193-200.

McGuire, W. J.: The nature of attitudes and attitude change. In: G. Lindzey & E. Aronson (Hrsg.): The Handbook of Social Psychology, 2nd ed., Vol. 3. Reading, Mass. 1969, 136-314.

Nuttin, J. M. Jr.: The illusion of attitude change: Toward a response contagion theory of persuasion. London 1975.

Rosenberg, M.: Some limits of dissonance: Toward a differentiated view of counterattitudinal performance. In: S. Feldman (Hrsg.): The consistency postulate in social attitudes and behavior. New York 1966.

Rosenberg, M. J.: When dissonance fails: On eliminating evaluation apprehension from attitude measurement. J. Person. Soc. Psychol. 1 (1965), 28-42.

Rosenthal, R. & Rosnow, R. L. (Hrsg.): Artifact in behavioral research. New York 1969.

Rosnow, R. L., Holper, H. M. & Gitter, A. G.: More on the reactive effects of pretesting in attitude research: Demand characteristics or subject commitment. Educational and Psychological Measurement 33 (1973), 7-17.

Rosnow, R. L., Rosenthal, R., McConochi, R. M. & Arms, R. L.: Volunteer effects on experimental outcomes. Educ. Psychol. Measur. 29 (1969), 825-846.

Rosnow, R. L. & Suls, J. M.: Reactive effects of pretesting in attitude research. J. Person. Soc. Psychol. 15 (1970), 338-343.

Sauer, C., Frey, D., Ochsmann, R., Kumpf, M. & Irle, M.: Kognitive Konsequenzen der Wahl eines Verlierers. Zeitschrift für Soziologie 6 (1977), 297-301.

Shaffer, D. R.: Attitude extremity as a determinant of attitude change in the forced-compliance experiment. Bull. Psychonom. Soc. 3 (1974), 51-53.

Silverman, I.: Role-related behavior of subjects in laboratory studies of attitude change. J. Person. Soc. Psychol. 8 (1968), 343-348.

Streufert, S. & Streufert, S. C.: Behavior in the complex environment. New York 1978.

Stroebe, W., Diehl, M. & Stroebe, M. S.: Counterattitudinal advocacy and social support: In search of dissonance. Berichte aus dem Fachbereich der Philipps-Universität Marburg/Lahn, Nr. 61, 1978.

Tedeschi, J. T., Schlenker, B. R. & Bonoma, T. V.: Cognitive dissonance: Private ratiocination or public spectable? Amer. Psychologist 26, 685-695.

Thurstone, L. L. & Chave, E. J.: The measurement of attitude. Chicago 1929.

Zimbardo, P. G., Weisenberg, M., Firestone, I. & Levy, B.: Communicator effectiveness in producing public conformity and private attitude change. J. Pers. 33 (1965), 322-355.

Artefakte in der Aggressionsforschung

Wolfgang Mertens

Im Vergleich zu anderen Gegenstandsbereichen der Sozialpsychologie, wie z. B. soziale Wahrnehmung oder Einstellungsänderung, ist die Thematik der Aggression ein bekannter alltagspsychologischer Sachverhalt, egal ob es sich hierbei um die Aggressionen einzelner (wie z. B. Kindesmißhandlung, Schlägereien, verbale Aggressionen) oder um kollektive Aggressionen (wie z. B. Krieg, Putsch oder Völkervernichtung) handelt. Dementsprechend vielfältig sind auch die populärpsychologischen Erklärungsversuche: Die einen machen die aggressive Natur des Menschen für sein aggressives Verhalten verantwortlich; andere sehen die Ursache in existentieller, ökonomischer oder sozialer Deprivation. Im Zeitalter der Massenmedien mit ihren oftmals aggressiven Inhalten gewinnt die Diskussion über die aggressionserhöhenden Auswirkungen von Kino und Fernsehen eine starke Bedeutsamkeit. Weitere Beispiele über die Relevanz der wissenschaftlichen Erforschung aggressiven Verhaltens lassen sich leicht aufzählen. So werden z. B. bei den seit einigen Jahren in Mode gekommenen Encounter-Gruppen Formen der Aggressionsabfuhr praktiziert, die biographisch frühere Traumen kathartisch abreagieren helfen sollen. Die Anhänger dieses Vorgehens stützen ihre Argumentation dabei implizit oder explizit auf eine „Dampfkesseltheorie der Aggression", die wissenschaftlich als weitgehend überholt gelten kann.

Es gibt somit gewichtige Gründe, die Frage der Entstehung und der Wirkungsweise menschlicher Aggressionen wissenschaftlich zu erforschen. Obgleich die populärpsychologische Bekanntheit des Themas ‚Aggression' groß ist, sind der laboratoriumsexperimentellen Erforschung enge Grenzen gesetzt. Wie Aronson & Carlsmith (1968) aufgezeigt haben, ist es schwierig, Vpn zu aggressiven Verhaltensweisen zu provozieren, weil jene Aggressionen oftmals als unerwünschtes Verhalten definieren und aus diesem Grund unterdrücken. Zum anderen ist die Manipulation aggressiven und feindseligen Verhaltens ethisch mitunter nicht vertretbar.

Als einer der profiliertesten Aggressionsforscher der Gegenwart gilt der amerikanische Sozialpsychologe Leonard Berkowitz. Sein Theorieansatz ist zur Verdeutlichung der Schwierigkeiten bei der laboratoriumsexperimentellen Erforschung von Aggression besonders gut geeignet, weil sich

Berkowitz ausdrücklich mit der Frage nach der artifiziellen Natur seiner Forschungsbefunde auseinandergesetzt hat.

1. Der Theorieansatz von Berkowitz

Berkowitz ist vor allem an dem Problem der Entstehung von Aggressionen eines Individuums interessiert; für ihn stellt sich die Frage, ob Aggression durch einen inneren Zustand (wie Trieb oder gelernte Verhaltensdispositionen) hervorgerufen oder durch äußere Stimuli ausgelöst wird. Sein eigener Standpunkt läßt sich am deutlichsten in Abgrenzung gegenüber anderen Aggressionstheorien verdeutlichen (vgl. Berkowitz 1962, 1965).

Die *orthodoxe psychoanalytische Position* geht davon aus, daß aggressive Triebenergie – analog zur libidinösen Energie – im Organismus erzeugt wird und kontinuierlich nach Abfuhr drängt. Sofern dies nicht auf sozial akzeptable Weise – etwa in Form von neutralisierter Aggression – geschehen kann, kommt es zu verschiedenen Formen destruktiv aggressiven Verhaltens. Kennzeichnend für diesen Theorieansatz ist die Vernachlässigung von situativen Auslösebedingungen.

Im Gegensatz dazu legen zeitgenössische *Biologen* größeres Gewicht auf den Einfluß äußerer Stimulusbedingungen. Gemäß dieser Auffassung ist die instinktive Reaktion eines Lebewesens eine Funktion sowohl innerer Reizbedingungen als auch äußerer Reizfaktoren. Wie Forschungsbefunde aufzeigen konnten, ist ein starker äußerer Auslösereiz erforderlich, um ein instinktives Verhalten auszulösen, wenn sich ein Lebewesen in einem niedrigen Erregungszustand befindet.

Berkowitz kritisiert an der klassischen psychoanalytischen Triebtheorie (die seit einigen Jahren auch innerhalb der Psychoanalyse als unhaltbare metapsychologische Spekulation starker Kritik unterliegt, vgl. z. B. Holt 1976) nicht so sehr die Bezugnahme auf instinktiv gesteuertes Verhalten, sondern die weitgehende Außerachtlassung äußerer Stimulusbedingungen.

Die *klassische Frustrations-Aggressions-Hypothese* von Dollard et al. (1939), die häufig den biologisch orientierten Triebtheorien aggressiven Verhaltens gegenübergestellt wird, geht bei ihrer Argumentation, Aggression sei eine Reaktion auf Frustration, ebenfalls implizit von angeborenen, biologischen Prozessen aus. Die Hypothese, daß alle aggressiven Verhaltensweisen eine Frustration zur Voraussetzung haben, läßt sich jedoch nicht aufrechterhalten. Ein Individuum kann sich z. B. aggressiv verhalten, nachdem es das aggressive Verhalten anderer Individuen beobachtet hat (vgl. Bandura & Walters 1963). Die Erklärungskraft dieser Theorie unterliegt somit einigen Einschränkungen. Berkowitz (1962, 1965) hat drei Modifikationen der Frustrations-Aggressions-Hypothese vorgeschlagen: (1) Die emotionale Reaktion (z. B. Ärger), die auf eine Frustration folgt, erzeugt lediglich eine Bereitschaft für aggressive Handlungen. (2) Selbst wenn diese Bereitschaft gegeben ist, kommt es nicht automatisch zu aggressiven Handlungen; vielmehr müssen geeignete Hinweisreize als Auslösebedingungen vorhanden sein. (3) Nicht alle Aggressionen setzen Frustrationen voraus. Beim sog. *Modellernen* (vgl. Bandura & Walters 1963) erwirbt der Beobachter eines aggressiven Modells vorstellungsmäßige und verbale Repräsentationen des beobachteten Sachverhalts, die durch bestimmte, mit dem ursprünglichen Modell assoziierte Reizkonfigurationen zu einem späteren Zeitpunkt wieder erinnert und verhaltensrelevant werden können. Diese perzeptiv-kognitiven Repräsentationen funktionieren als diskriminative Stimuli für die Richtung und Kontrolle instrumenteller Verhaltensweisen. Wenn ein Beobachter in einem TV-Film z. B. ein aggressives Modell vorgeführt bekommt, das für sein aggressives Verhalten belohnt oder zumindest nicht bestraft wird, lernt er, daß die vormals vielleicht befürchtete Angst vor negativen Verhaltenskonsequenzen ausbleibt; Folge ist, daß Hemmungen gegenüber aggressivem Verhalten verringert werden. Die Konsequenzen aggressiven Verhaltens werden zu diskriminativen Stimuli, welche die Auslösung aggressiven Verhaltens erleichtern. Erfährt z. B. ein Schulkind, daß aggressives Anrempeln von Mitschülern zu sozialer Anerkennung führt, so wird diese Verhaltenskonsequenz zu einem diskriminativen Stimulus, welcher eigenes aggressives Verhalten auslösen kann.

Im Theorieansatz des Modellernens von Aggression sind vor allem drei Bestimmungsstücke bedeutsam: Zum einen die Information, die durch das Verhalten einer Modellperson bereitgestellt wird; zum zweiten die Veränderungen, die bezüglich der Hemmung gegenüber Aggression nach der Beobachtung eintreten und schließlich das Ausmaß, in dem ein beobachtetes Modell eine generelle emotionale oder motivationale Erregung erzeugt hat.

Berkowitz erkennt die Bedeutung dieser Konzepte an. Er hält es aber für schwierig, zwischen durch äußere Stimuli ausgelösten und willentlich – nach Überwindung von Hemmungen – durchgeführten aggressiven Verhaltensweisen zu unterscheiden: „Man kann häufig keine Angaben darüber machen, ob ein Individuum von Anfang an gewünscht hat, so starke aggressive Reaktionen zu äußern, wie es nachfolgend in seinem

Verhalten verwirklicht (die ‚aufgestaute Trieb'-Konzeption und ebenfalls die implizite Vorstellung im operanten Konditionierungsparadigma), oder ob nicht zumindest ein Teil des aggressiven Verhaltens durch ausgelöste aggressive Responses beeinflußt ist." (1970, 104, Übersetzg. v. Verf.)

Berkowitz hat dafür plädiert, das klassische Konditionierungs-Paradigma zur Erklärung eines Großteils aggressiver Verhaltensweisen – vor allem impulsiver Aggression (zur Definition s. u.) – heranzuziehen. Stimuli, die aufgrund einer klassischen Konditionierung eine aggressive Bedeutung erhalten haben, können aggressive Verhaltensweisen bei solchen Individuen auslösen, die aus dem einen oder anderen Grund eine innere Bereitschaft zu aggressivem Verhalten aufweisen.

Berkowitz geht zunächst davon aus, daß menschliches Verhalten sehr oft zielgerichtet und von kognitiven Strategien, dem Streben nach kognitivem Gleichgewicht, der Antizipation von Handlungsfolgen usf. beeinflußt ist. In anderen Fällen menschlichen Verhaltens reagiert ein Mensch jedoch relativ automatisch auf bestimmte Reize. Neben komplexen, unter kognitiver Kontrolle stehenden Verhaltensmustern muß eine Analyse menschlichen Verhaltens also auch diese durch Reize ausgelösten, impulsiven Reaktionen zu erfassen versuchen. So trifft er die Unterscheidung zwischen *„impulsiver"* und *„intentionaler" (oder „instrumenteller") Aggression* (vgl. 1970).

In Laboratoriumsexperimenten mit induzierter Aggression setzt sich das Verhalten von Vpn ebenfalls aus einer Mischung von kognitiven, instrumentellen und emotionalen, impulsiven Aspekten zusammen. Wenn eine Vp z. B. weiß, daß sie einer anderen Vp Elektroschocks zu geben hat, dann drückt sie die Schocktaste zur gegebenen Zeit zu einem guten Teil auch aufgrund der Überlegung, daß sie dann vom Vl eine Belohnung für das instruktionsgerechte Verhalten bekommt. Die „Bestrafung", die sie vornimmt, ist somit instrumentell für die gewünschte Belohnung. Aber die von ihr gewählte Stärke des Elektroschocks sowie die zeitliche Dauer, mit der sie die Taste niederdrückt, sind weniger von Überlegungen über eine Belohnung abhängig. Sie sind in größerem Umfang von den impulsiven Handlungsaspekten bestimmt.

Je bewußter ein Individuum seine aggressive Handlung ausführt, desto geringer ist die Wahrscheinlichkeit, daß es von impulsiven Faktoren bestimmt wird und daß es nach den Prinzipien klassischer Konditionierung funktioniert. Aber selbst wenn dieser zuletzt genannte Fall überwiegt, bedeutet dies nach Ansicht von Berkowitz noch keineswegs, daß ein Individuum nur passiv und automatisch auf Reize reagiert. Denn es obliegt immer noch seiner Aktivität, den gegebenen Stimulus im Kontext der

Situation und nach Maßgabe lerngeschichtlich erworbener Assoziationen zu interpretieren.

2. Das Waffenexperiment von Berkowitz/LePage

Um ihre Hypothese über die Entstehung impulsiven aggressiven Verhaltens experimentell zu testen, konzipierten Berkowitz & LePage (1967) folgendes Design.

Die operationalisierten Variablen des Experiments lauteten (UV=unabhängige Variable; AV=abhängige Variable):

UV_1: Ärger über eine andere (eingeweihte) Vp, induziert durch Elektroschocks
1. Modalität: 1 Schock: geringer oder kein Ärger
2. Modalität: 7 Schocks: starker Ärger

UV_2: Anwesenheit/Abwesenheit von aggressiven Hinweisreizen
1. Modalität: Waffen neben dem Schockgerät
2. Modalität: Federballschläger neben dem Schockgerät
3. Modalität: keine Waffen etc.

UV_3: Assoziation der Waffen mit der frustrierenden Person

AV_1: Anzahl ausgeteilter Elektroschocks

AV_2: Zeitdauer der ausgeteilten Elektroschocks (in sec)

Das experimentelle Vorgehen und die in diesem Zusammenhang relevanten Instruktionen lauteten:

1. Die für das Experiment angeworbene Vp betritt das Laboratorium.
2. Der Vp wird vom Vl mitgeteilt, daß für das Experiment zwei Vpn erforderlich seien. Da die zweite Vp noch nicht eingetroffen sei, müsse man noch warten. Wörtlich sagt der Vl (um das Auftreten eines Stooges [eingeweihte Vp] anstelle eines der Vp bekannten Studenten zu legitimieren): „Ich habe zwei getrennte Teilnahmelisten, weil ich verhindern wollte, daß sich zwei befreundete Studenten zusammen auf einer Teilnahmeliste eintragen."
3. Da die zweite Vp nicht erscheint, weist der Vl nach 5 Minuten leicht verärgert darauf hin, daß man jetzt beginnen müsse, und er verläßt das Laboratorium, um irgendeine Vp aufzufinden.
4. Der Vl kehrt nach einigen Minuten mit einem Stooge zurück und stellt diesen als einen Psychologiestudenten vor, der sich für ein anderes Experiment eintragen wollte, oder als Studenten, der ein anderes Fach studiert.
5. Der echten Vp und dem Stooge wird vom Vl die Coverstory mitgeteilt, daß es sich bei dem Experiment um eine Untersuchung der physiologischen Reaktionen auf Streß handele.
6. Der echten Vp wird nun folgende Instruktion erteilt: „Schreiben Sie alle Ideen auf, die ein Manager entwickeln könnte, um den Marktwert und das öffentliche Image eines Sängers zu verbessern!" Der Stooge sollte sich ausdenken, was ein Gebrauchtwagenhändler zur Steigerung des Umsatzes tun könne.

Beiden wird gesagt, daß die Güte der Problemlösung vom jeweiligen Partner mit Hilfe von Elektroschocks bewertet wird, ein Schock stehe für ein sehr gutes, zehn Schocks für ein sehr schlechtes Urteil über die Leistung.

7. Der echten Vp und dem Stooge wird 5 Minuten Zeit gegeben, um Einfälle zu notieren; anschließend sammelt der Vl die Zettel ein.
8. Die echte Vp und der Stooge werden in getrennte Räume gebracht, „damit keiner die psychogalvanische Hauptreaktion des anderen beeinflussen kann".
9. Nachdem die Schock- und die PGR-Elektroden angebracht worden sind, wird der echten Vp mitgeteilt, daß sie als erste die Elektroschock-Bewertung erhält.
10. Der Vl verläßt den Experimentalraum und teilt dem Stooge mit, wieviele Schocks die echte Vp erhalten soll; 30 Sekunden später erhält die Vp unter der Bedingung „Ärger" 7 Schocks (bzw. unter die Bedingung „kein Ärger" lediglich 1 Schock).
11. Der Vl kehrt zur echten Vp zurück, fragt sie, wieviel Schocks sie erhalten habe, und gibt ihr einen Fragebogen zur Beschreibung der augenblicklichen Stimmung.
12. Nachdem die echte Vp den Fragebogen ausgefüllt hat, soll sie mit dem Stooge den Raum wechseln. Der Vl sagt zu diesem Zweck: „Ich werde nun veranlassen, daß Ihr Partner in einen dritten Raum geht, während Sie die Räume wechseln, weil ich es nicht wünsche, daß Sie beide sich treffen."
13. Sobald die echte Vp mit dem Vl in dem Raum mit dem Schockgerät angekommen sind, sagt der Vl, daß nun die Vp die Leistung des Partners bewerten solle.
14. Je nach Modalität der UV_2 und UV_3 lagen Waffen/keine Waffen in der Nähe der Taste, und es wurde gesagt/nicht gesagt, daß die Waffen der anderen Vp (Stooge) gehören.
15. Bei der Bedingung „Anwesenheit von Waffen/keine Waffen, mit der frustrierenden Person assoziiert", wird der VP gesagt, daß der Partner ein Student sei, der selbst ein Experiment durchgeführt habe und dabei die Waffen irgendwie bei seiner Untersuchung benutzt habe. Die Vp solle die Waffen nicht weiter beachten.
    Bei der Bedingung von „Waffen/Waffen, nicht mit der frustrierenden Person verknüpft", wird der Vp gesagt, die Waffen gehörten „irgend jemand anderem, der hier wohl ein Experiment durchgeführt habe". Die Vp soll die Waffen nicht weiter beachten.
16. Nach dieser Mitteilung zeigt der Vl der echten Vp die vermeintliche Antwort des Partners und fordert sie auf, entsprechend ihrer Beurteilung Elektroschocks auszuteilen. Dabei sagt der Vl: „Dies ist das letzte Mal, daß in diesem Experiment Schocks ausgeteilt werden. Ihr Partner muß noch einen Augenblick hierbleiben und etwas ausfüllen. Sie werden ihn also nicht mehr sehen, wenn Sie den Raum verlassen."
17. Nach Austeilung der Schocks fällt die Vp ein zweites Mal den Stimmungsfragebogen aus.
18. Anschließend werden der Vp einige, das Experiment betreffende Fragen gestellt (z. B., ob sie irgendeinen Verdacht geschöpft habe).
19. Zum Schluß wird die Vp über das Experiment aufgeklärt und gebeten, anderen Personen nichts über das Experiment zu erzählen.

Berkowitz & LePage erhielten folgende Ergebnisse: Die stark provozierten und verärgerten Vpn teilten ihren „Gutachtern" in Anwesenheit von Waffen mehr Stromschläge aus, als wenn keine Waffen oder ein Federballschläger neben der Schocktaste vorhanden waren. Die verärgerten Vpn verteilten die größte Anzahl von Stromschlägen unter der Bedingung: Waffe mit dem „Gutachter" assoziiert, jedoch unterschied sich diese Versuchsgruppe nicht signifikant von jenen Vpn, welche die Information erhalten hatten, daß die Waffe von irgend jemand vergessen worden sei. Beide dieser Gruppen waren jedoch signifikant aggressiver als die verärgerten Vpn, die entweder keine Waffe oder einen Federballschläger neben der Schocktaste vorfanden. Überblicksartig können die Ergebnisse noch einmal wie folgt verdeutlicht werden (vgl. 1967, 205):

Tabelle 1. Mittelwert der Elektroschocks in den Waffen- und keine Waffen-Bedingungen.

	erhaltene Schocks	
	1	7
Waffen assoziiert:	2.60	6.07
Waffen nicht ass.:	2,20	5,67
kein Gegenstand	3,07	4,67
Federballschläger	–	4,60

3. Die Einbeziehung von Moderatorvariablen

Während es einigen Forschern in der Folgezeit wenigstens teilweise gelang, den Waffeneffekt von Berkowitz & LePage zu replizieren (so z. B. Frodi (1973) an einer Stichprobe von schwedischen Studenten), konnten andere Forscher, wie z. B. Buss et al. (1972), die Berkowitzschen Untersuchungsergebnisse nicht bestätigen. In solchen Fällen liegt es nahe, nach moderierenden Bedingungen zu suchen, die u. U. einen signifikanten Einfluß auf die abhängige(n) Variable(n) ausüben können.

Fischer et al. (1969) variierten den aggressiven Hinweisreiz, indem sie in der einen Versuchsbedingung ein Tafelmesser neben die Schocktaste legten, in der anderen Klappmesser. Entgegen den Erwartungen stellte sich zwar der Waffeneffekt in der einen Versuchsbedingung ‚Anwesenheit eines Tafelmessers' ein, jedoch nicht angesichts des Klappmessers. Dieser Gegenstand führte aber zu einem signifikanten Anstieg genereller Feindseligkeit und Angst.

Dieser auf den ersten Blick den Waffeneffekt von Berkowitz & LePage überraschend in Frage stellende Untersuchungsbefund veranlaßte Fraczek & Macaulay (1971), eine wichtige Moderatorvariable in Betracht zu ziehen. Sie versuchten, den Nachweis zu führen, daß auch relativ überdauernde Persönlichkeitsfaktoren für das Ausmaß, in dem aggressive Stimuli aggressive Verhalten auslösen können, eine Rolle spielen. Fraczek & Macaulay gehen in ihrer Argumentation davon aus, daß die Reaktion eines Individuums nicht nur von der sensorischen Stimulusrezeption bestimmt ist, sondern vor allem von der *Bedeutung,* die ein Stimulus in einer gegebenen Situation durch Interpretation zugeschrieben bekommt. Diese Interpretation geschieht auf der Folie vergangener Erfahrungen, die in der Form perzeptuell-emotioneller Sets gespeichert werden. So kann z. B. der Anblick eines Gewehrs Assoziationen an Western-Filme, Jagen, Töten, Krieg oder Blut auslösen; einige dieser Assoziationen werden unemotional erlebt, andere sind hingegen von unspezifischer gefühlsmäßiger Erregung oder von spezifischen ängstlichen oder ärgerlichen Gefühlen begleitet. Es ist hierbei wahrscheinlich anzunehmen, daß sich Individuen in ihren Gefühlen unterscheiden. Individuen, die im Verlauf ihrer Lerngeschichte starke aggressive Reaktionen auf aggressive Stimuli (wie z. B. Waffen) gelernt haben, erwerben vermutlich auch Angstreaktionen gegenüber ihren eigenen aggressiven Tendenzen. So wird z. B. innerhalb unserer Kultur ein aggressives Kind häufiger von seinen Eltern bestraft als ein weniger aggressives Kind. Ein aggressiver Stimulus hat für solche Individuen eher eine Verringerung aggressiven Verhaltens zur Folge; der Berkowitz-LePage-Effekt ist dann nur geringfügig ausgeprägt oder sogar umgekehrt.

Fraczek & Macaulay wiederholten das Untersuchungsvorgehen von Berkowitz & LePage, unterteilten jedoch die Vpn gemäß der Anzahl emotionaler Wortassoziationen, die sie in einem vor dem Experiment durchgeführten Wortassoziationstest zu Waffen-Namen gegeben hatten.

Als Ergebnis erhielten die Autoren, daß die weniger emotional reagierenden Vpn im Wortassoziations-Test einen signifikanten Waffen-Effekt zeigten, während die stark emotional reagierenden Vpn bei Anwesenheit von Waffen nicht signifikant mehr Stromschläge austeilten als Vpn ohne Waffen.

Berkowitz (1965) stellt die Hypothese auf, daß aggressive Absichten die Folge einer *Interpretation* eines erregten bzw. verärgerten Individuums sind *über den Zusammenhang zwischen seinen inneren Reaktionen und einem äußeren Ereignis;* sie sind nicht, wie z. B. Schachter (1964) annimmt, das Ergebnis der Interpretation lediglich seines inneren Erregungszustands.

Als Beispiel führt Berkowitz (1969) ein Individuum an, das aus irgendeinem Grund bereit ist, aggressiv zu handeln. Dieses Individuum findet nun in seiner Umwelt Stimuli vor, die in ihm u. a. aggressive Reaktionen auslösen. Diese Reaktionen können z. B. viszeral, motorisch oder vorstellungsmäßig, verdeckt oder offen sein. Wie sie auch immer beschaffen sein mögen, in vielen Fällen wird sie der Betreffende wahrnehmen. Häufig wird die Person nun eine Verbindung zwischen diesen Reaktionen und irgendeinem Ereignis in seiner Umwelt herzustellen versuchen. Sie kann z. B. annehmen, daß eine bestimmte andere Person diese Reaktionen in ihm ausgelöst hat. Die spezifische Interpretation der inneren Reaktionen ist dann zweifelsohne bedeutsam. Das Individuum mag sich z. B. denken: „Ich bin ärgerlich", und dieses Verständnis seines Gefühls wird aggressives Verhalten erleichtern. Gleichermaßen bedeutsam ist auch seine Interpretation der Ursache seines ärgerlichen Zustands: „Diese Person hat mich ärgerlich gemacht".

Nach Ansicht von Berkowitz entwickelt sich aus dieser Ursachenzuschreibung eine aggressive Intention. Ein Individuum kann dann zu sich sagen, daß es die andere Person verletzen möchte, welche diese Reaktionen in ihm ausgelöst hat, die es als „Ärger" definiert. Auf diese Weise hat sich eine aggressive Intention, eine aggressive Zielvorstellung entwickelt.

Bedeutungszuschreibungen wie diese führen jedoch nicht immer zu aggressiven Zielsetzungen. Angst kann (s. o.) z. B. zu starken Hemmungen führen. Individuen können zudem oftmals ihre aggressiven Reaktionen unterdrücken, wenn sie glauben, daß ihre Aggression nicht situationsangemessen ist. Diese Überlegung führt Berkowitz et al. (1969) zu der Auffassung, daß man auch das *Urteil über die Angemessenheit einer aggressiven Reaktion* in einer gegebenen Situation berücksichtigen müsse. Das Urteil sei von der Art und der Stärke der Provokation abhängig, die ein Individuum erlitten habe. Wenn jemand z. B. eine nicht allzu starke Beleidigung erfährt, ist der eigene nicht übermäßige Ärger durchaus akzeptabel; eine sehr starke Reaktion auf eine geringfügige Provokation erscheint hingegen als ungerechtfertigt und ruft deshalb auch wahrscheinlich Angst und die Hemmung offener Aggression hervor.

In ihrem Experiment wurden die Vpn einer milden Beleidigung ausgesetzt und dann glauben gemacht, daß ihr Beleidiger entweder wenig, mittelmäßigen oder starken Ärger in ihnen ausgelöst habe. Berkowitz et al. stellten die Hypothese auf, daß solche Vpn, die des Glaubens waren, daß sie mittelmäßig verärgert worden waren, ihren „Quäler" stärker aggressiv attackierten als jene Vpn, denen entweder geringer oder starker Ärger suggeriert worden war. Die Untersuchungsergebnisse bestätigen ihre Ausgangshypothese. Vpn unter der Bedingung ‚mittelmäßiger Ärger' gaben signifikant mehr Schocks als die beiden anderen Gruppen. Vpn, denen ein starker Ärger suggeriert worden war, waren vermutlich angesichts der Unangemessenheit ihrer Reaktionen überrascht und ängstlich und unterdrückten ihre aggressiven Reaktionen.

In den zitierten Untersuchungen wurde davon ausgegangen, daß sich der Waffeneffekt replizieren läßt, wenn man Moderatorvariablen bzw. weitere Wenn-Bedingungen der Gesetzeshypothese miteinbezieht. Solche Variablen sind z. B. die personspezifische Wahrnehmung des Stimulus, die je nach Lerngeschichte auch zur Unterdrückung offen aggressiven Verhaltens führen kann, oder die Interpretation über die Angemessenheit einer aggressiven Reaktion im Hinblick auf die Beziehung zwischen der Stärke der Provokation und dem Ausmaß des eigenen Ärgers. Mit genügend Scharfsinn könnte man sicher noch einige weitere hinzufügen.

Solche Moderatorvariablen kann man weitgehend experimentell manipulieren und kontrollieren; dies gilt aber nicht in gleichem Maße für jene Prozesse, die von der Forschungsrichtung „Sozialpsychologie des Experiments“ ausfindig gemacht werden konnten. Es wurde mittlerweile genügend Beweismaterial dafür zusammengetragen, daß sich Vpn im Laboratoriumsexperiment durchaus nicht immer verabredungsgemäß und instruktionsgerecht, d. h. vor allem ‚kontrollierbar‘, verhalten (s. hierzu den Einleitungsartikel von Bungard). Vielmehr muß damit gerechnet werden, daß sich die Vpn zum einen ihre eigenen Gedanken über den Sinn und die Absicht des Experiments machen und in ihrer kognitiven Verunsicherung deshalb auch vermehrt nach Hinweisreizen, sog. ‚demand characteristics‘ (vgl. Orne 1962), suchen, die ihnen einen Aufschluß über das Experiment geben könnten, daß sie zum anderen aber auch die Begegnung mit dem Vl als eine eigene soziale Interaktionssituation wahrnehmen (vgl. hierzu Mertens 1975). Vor allem die Besorgtheit bzw. die Angst, vom Vl als einem psychologischen Fachmann bezüglich ihrer menschlichen Reife oder Angepaßtheit eingeschätzt zu werden, hat sich seit Rosenbergs (1969) Untersuchungen als eine wichtige Variable herausgestellt, die zu experimentellen Artefakten führen kann.

4. Der Nachweis von Artefakten

Zum Experiment von Berkowitz & LePage (1967) arbeiteten Page & Scheidt aus den Instruktionen der Punkte 2, 12 und 16 (s. o.) folgende demand characteristics heraus (vgl. 1971, 310):

bei 2. Irgend etwas innerhalb dieser Untersuchung kann durch die Tatsache der Freundschaft von 2 Vpn beeinträchtigt werden.

bei 12. Ein Treffen zwischen der echten Vp und dem Partner während der Phase des Schockaustausches würde das Experiment beeinträchtigen.

bei 16. Wenn man nicht weiß, daß der Partner keine Chance mehr hat, sich zu rächen, wird man gehemmt sein, Elektroschocks auszuteilen; wenn man daran denkt, daß man den Partner unmittelbar nach dem Austeilen der Schocks sehen wird, wird man ebenfalls gehemmt sein.

Die ‚demand cues‘ dieser drei Teilinstruktionen könnten einer Vp auf subtile Weise übermittelt haben:

„Es ist für das Experiment besser, wenn ich den anderen nicht kenne, wenn er ein Fremder für mich bleibt, wenn ich ihn während des Ablaufs des Experiments nicht zu Gesicht bekomme. Der andere wird auch keine Chance haben, sich für die Austeilung von Stromschlägen zu rächen, da mir der Vl versichert hat, daß das Experiment beendet sein wird, sobald ich die Elektroschocks ausgeteilt habe. Der Vl möchte offensichtlich, daß ich nicht gehemmt bin, Elektroschocks auszuteilen. Vielleicht erwartet er von mir, daß ich recht viele Elektroschocks austeile, mindestens genauso viele, wie ich selbst erhalten habe."

Page & Scheidt (1971) ließen die Vpn nach dem Experiment einen Fragebogen ausfüllen, mit Hilfe dessen der Umfang ihrer Bewußtheit über die Hypothese des Vl ersichtlich wurde. Die Autoren stellten fest, daß nur solche Vpn, die sich der Hypothese aufgrund der demand characteristics bewußt geworden waren, den Waffeneffekt (quasi dem Vl zuliebe) aufwiesen.

Nun ist aber keineswegs von vornherein entscheidbar, ob sich Vpn immer im Sinne der erwarteten Untersuchungsergebnisse verhalten, was die Konzeption einer „guten Vp" sensu Orne (1962) zur Voraussetzung hätte. Vielmehr könnte sich eine Vp im Waffenexperiment von Berkowitz auch überlegen, ob sie nicht lieber davon absehen soll, sich zu rächen. „Dann", so könnte sich eine Vp sagen, „würde ich u. U. besser, reifer und klüger eingeschätzt werden. Vielleicht ist dies die Absicht des Vl. Er will mich zwar zum Austeilen von Stromschlägen ermutigen, zugleich ist er jedoch daran interessiert, ob und in welchem Umfang ich dem Bedürfnis, mich zu rächen, widerstehen kann." Diese letzte Vp-Einstellung oder -Motivation, nämlich die einer um ihre Bewertung besorgten Vp (evaluation-apprehension i. S. v. Rosenberg 1969), kann gerade bei Aggressions-Experimenten eine viel größere Plausibilität beanspruchen als das Konzept einer guten Vp (vgl. Sigall et al. 1970; Weber & Cook 1972).

Vpn, die sich der experimentellen Hypothese bewußt werden, müssen sich also entscheiden, ob sie gemäß den demand characteristics des Experiments handeln, um auf diese Weise die Hypothese des Experimentators zu stützen, oder ob sie dagegen handeln, um nicht als konformistisch eingeschätzt zu werden.

Page & Scheidt (1971), die herausgearbeitet haben, welche möglichen demand characteristics in dem Waffenexperiment von Berkowitz & LePage (1967) einen Einfluß auf die Hypothesenbildung von Vpn ausgeübt haben, sind in ihren Schlußfolgerungen davon ausgegangen, daß die Vpn motiviert gewesen sind, gemäß den impliziten ‚demands' zu handeln (s. o.). Die Anwesenheit von Waffen führte ihrer Meinung nach nicht zu impulsiven Aggressionen, sondern zu der Überlegung, daß der Vl verstärkt aggressives Verhalten erwarte; dieser Erwartung seien die Vpn nach Page & Scheidt gern nachgekommen.

Turner & Simons (1974), die diese Interpretation anzweifeln, haben in einem Metaexperiment den Versuch unternommen, in einer Erweiterung des Waffenexperiments unter Einbeziehung des Konzepts „evaluation apprehension" und der Variable „Aufgeklärtheit" den Einfluß möglicher Artefakte noch genauer zu erforschen, als dies in einem ersten Schritt von Page & Scheidt (1971) unternommen worden ist. Die Autoren versuchten hierbei, den Nachweis zu führen, daß evaluation apprehension und Aufgeklärtheit über die Rolle der Waffen zu einer deutlichen Verringerung aggressiver Responses führen.

Bei der einen Hälfte der Vpn wurde die Erwartung induziert, daß bei diesem Experiment getestet werden solle, wie normal sie seien (= evaluation apprehension). Der Grad der Aufgeklärtheit (= subject sophistication) wurde in drei Modalitäten experimentell induziert: einer Gruppe wurde von einer Vp, die angeblich gerade das Experiment beendet hatte, in Wirklichkeit jedoch ein Helfer des Vl war, mitgeteilt, daß einige Täuschungen in diesem Experiment enthalten seien. Dies kann zur Folge haben, daß die Vpn argwöhnisch werden und Verdacht schöpfen, ob die Ausführungen des Vl über Sinn und Bedeutung des Experiments tatsächlich wahr sind (medium sophistication). Die zweite Gruppe erfuhr, daß die Waffen dazu dienen sollen, das Verhalten zu beeinflussen (high sophication). Die dritte Gruppe erhielt keine Informationen über mögliche Täuschungsabsichten (low sophistication).

Vpn, die von dem Glauben ausgingen, daß ihre Normalität eingeschätzt werden würde, gaben insgesamt weniger Schocks als jene Vpn, bei denen kein evaluation apprehension induziert worden war. Ferner fanden die Autoren, daß die Vpn um so weniger aggressiv waren, je mehr sie von der Annahme ausgingen, daß der Vl daran interessiert sei, wie sie in Anwesenheit der Waffen reagieren würden.

Turner & Simons ziehen hieraus den Schluß, daß sich der Waffeneffekt nur bei solchen Individuen einstellt, die keinen Argwohn über die Anwesenheit von Waffen im Versuchsraum entwickeln. Denn diejenige Gruppe, bei der weder evaluation apprehension noch Aufgeklärtheit bzw. Argwohn erzeugt worden waren, verhielt sich angesichts von Waffen deutlich aggressiver als die Kontrollgruppe, die keine Waffen im Experimentalraum vorfand.

In diesem 1974 durchgeführten Metaexperiment unterließen es Turner & Simons, evaluation apprehension und Bewußtheit über die Hypothese unter der Bedingung ‚keine Anwesenheit von Waffen' experimentell zu manipulieren. Aus diesem Grund konnten keine Aussagen darüber gemacht werden, welchen Einfluß diese beiden Variablen auf den Waffeneffekt ausübten.

In ihrem Experiment von 1976 erforschten die Autoren deshalb den Einfluß von evaluation apprehension in beiden Versuchsbedingungen

(Anwesenheit von Waffen/keine Anwesenheit von Waffen). Zusätzlich versuchten sie, den möglichen Einfluß von Bewußtheit zu bestimmen.

Bei den aufgrund der erhaltenen Schocks verärgerten Vpn wurde zunächst entweder niedrige oder hohe Bewertungsängstlichkeit induziert. Daraufhin wurden sie entweder mit einer Pistole und einem Gewehr konfrontiert, oder sie fanden den Platz neben der Schocktaste ohne derartige Gegenstände vor. Wie in dem Experiment von Berkowitz & LePage (1967) sollten sie anschließend ihre Bewertung des Aufsatzes ihres Mitspielers vornehmen. Um den Einfluß einer möglichen Kenntnis der Hypothese (hypothesis awareness) einschätzen zu können, wurden die Vpn gegen Ende des Experiments gebeten, Angaben darüber zu machen, ob das Experiment ihrer Meinung nach dahingehend konzipiert sei, aggressives Verhalten (Drücken der Schocktaste) zu erforschen. Gemäß den Antworten konnten darauf die Vpn in zwei Gruppen mit hoher und niedriger Bewußtheit unterteilt werden.

Das wichtigste Ergebnis bestand darin, daß die Vpn mit niedriger Bewertungsängstlichkeit und niedriger Bewußtheit über die Hypothese unter der Bedingung ‚Anwesenheit von Waffen' mehr Schocks austeilten als Vpn, die keine Waffen vorfanden.

Bei den Vpn-Gruppen mit low evaluation apprehension/high hypothesis awareness und high evaluation apprehension/low hypothesis awareness sowie high hypothesis awareness erzielten hingegen die Vpn ohne Waffen einen höheren Durchschnittsscore an ausgeteilten Stromschlägen.

Die Untersuchungsergebnisse werden von Simons & Turner (1976) dahingehend interpretiert, daß die laboratoriumsexperimentelle Analyse aggressiven Verhaltens nur an Individuen durchgeführt werden kann, die keine oder nur eine geringe evaluation apprehension aufweisen und naiv, im Sinne von nicht-aufgeklärt und nicht-argwöhnisch, sind. Denn die Unterschiede zwischen den Bedingungen ‚Anwesenheit von Waffen' und ‚keine Anwesenheit von Waffen' waren lediglich bei solchen Vpn signifikant, die nicht bewertungsängstlich und naiv waren. Nach Ansicht der Autoren kann eine Artefakt-Kontrolle erreicht werden, wenn man naive Vpn z. B. aus Psychologie-Einführungskursen rekrutiert und die Bewertungsängstlichkeit minimiert; z. B. indem man den Vpn deutlich zu machen versucht, daß an eine Einschätzung ihrer Persönlichkeit überhaupt nicht gedacht ist.

Simons & Turner (1976) vertreten auch die Meinung, daß es zu einfach ist, wenn man in den Phänomenen der Bewertungsängstlichkeit, der Aufgeklärtheit und der Bewußtheit über die Hypothese lediglich Laboratoriums-Artefakte sieht, welche die Gültigkeit der Untersuchungsbefunde einschränken. Denn Vpn können nicht nur gedanklich damit beschäftigt sein, wie der *Vl* ihre Verhaltensweisen einschätzt und analysiert, sondern auch damit, was *die anderen Vpn* oder *ihre Bezugsgruppe* zu ihrem Verhalten sagen werden. Borden (1975) und Borden & Taylor (1973) fanden z. B., daß Vpn ihr aggressives Verhalten (Drücken einer Schocktaste) stark veränderten, wenn sie davon ausgingen, daß eine andere Vp ihr Verhalten beobachtet und einschätzt und aggressives Verhalten entweder gutheißt oder mißbilligt.

Die Tatsache, daß Individuen bestimmte Verhaltensweisen unterdrükken (wie z. B. unsoziales, nicht-altruistisches oder aggressives Verhalten), wenn sie sich beobachtet und eingeschätzt fühlen, ist darüber hinaus sicherlich nicht nur auf das laboratoriumsexperimentelle Setting beschränkt, sondern findet sich auch in Alltagssituationen.

5. Feldexperimente zur Aggression

Naturalistische Experimente oder Feldexperimente sollen die Reaktivität menschlicher Individuen auf den Beobachtungs- und Meßvorgang ausschalten, denn die bloße Tatsache, daß sich ein Individuum beobachtet fühlt, läßt von ihm andere Reaktionen erwarten, als wenn es sich z. B. rein aufgabenorientiert verhält (vgl. die Unterscheidung von Duval & Wicklund (1972) in „awareness-of-self-as-subject and awareness-of-self-as-object"). Obgleich Feldexperimente gemäß der Einschätzung von McGuire (1973) eher dazu dienen, die grundsätzlichen Probleme einer naturwissenschaftlich orientierten Kausalanalyse isolierter Variablenzusammenhänge zu verschleiern (vgl. auch Gergen 1978), sind ihre Ergebnisse im Zusammenhang mit der Aggressionsforschung doch einigermaßen aufschlußreich, da gerade auf diesem Gebiet die geringe externe Validität laboratoriumsexperimenteller Befunde häufig kritisiert worden ist (vgl. Buss et al. 1972; Feshbach & Singer 1971).

Turner et al. (1975) gingen der Frage nach, ob Autofahrer in Salt Lake City auf einen vor ihnen an einer Ampel stehenden Autofahrer aggressiv reagierten, wenn dieser auf seiner Heckablage ein Gewehr liegen hatte.

Zu diesem Zweck wurde folgendes Feldexperiment entworfen: Ein Automobil blieb an einer Ampel, die auf grün umgeschaltet hatte, 12 Sek. lang stehen, bevor es anfuhr. Durch die Heckscheibe gut sichtbar war von hinten ein Gewehr zu sehen, das aus einer Gewehrtasche herausschaute. In der einen Versuchsbedingung stand auf der Gewehrtasche „Freund", auf der anderen „Rache". Damit sollte gemäß den Überlegungen von Berkowitz & Alioto (1973) eine aggressive Konnotation induziert werden, weil Waffen ja nicht von vornherein als aggressive Stimuli wahrgenommen zu werden brauchen. In der dritten Versuchsbedingung war die Waffentasche leer.

Zusätzlich wurde die „Sichtbarkeit des Opfers" variiert. Entsprechend der Argumentation von Zimbardo (1969), daß eine „Deindividuierung" sowohl des Täters als auch des „Opfers" zu einem Anstieg der Wahrscheinlichkeit aggressiven Verhaltens führt, sollte in der einen Bedingung mit Hilfe eines halb zugezogenen Heckscheibenvorhangs (der jedoch Gewehr und Tasche nicht verdeckte) das „Opfer" der Aggression für den „Täter" nicht sichtbar sein, während in der anderen Versuchsbedingung der Vorhang geöffnet war. Als Kriterium für aggressives Verhalten dienten die Hupsignale des hinter dem Versuchsauto wartenden Automobilfahrers, der aus einem sicheren Versteck heraus beobachtet wurde.

Turner et al. fanden entsprechend ihrer Ausgangshypothese, daß Autofahrer, die mit der Versuchsbedingung ‚Gewehr/Gewehrtasche' mit Aufschrift ‚Rache' konfrontiert wurden und ihr „Opfer" nicht sehen konnten, signifikant häufiger hupten als die Autofahrer in den anderen Versuchsbedingungen.

Turner & Goldsmith (1976) erforschten eine modifizierte Version des Waffeneffekts mit 4-5 Jahre alten Kindern in zwei verschiedenen Settings. Sie fanden, daß diese Kinder häufiger und intensiver antisoziale Verhaltensweisen zeigten (Aggressionen und Normübertretungen), wenn ihnen erlaubt wurde, mit Spielzeuggewehren (zusätzlich zu dem üblichen Kindergartenspielzeug) zu spielen. Flugzeuge als ebenfalls neueingeführtes, aber nicht aggressives Spielzeug, führen demgegenüber nicht zu einem Anstieg antisozialen Verhaltens.

Obgleich die Ergebnisse dieses Feldexperiments eine Erklärung gemäß der klassischen Konditionierungstheorie nicht ausschließen, können doch andere Theorieansätze wie die von Bandura (1973) oder von Tulving & Thomson (1973) eine größere Plausibilität beanspruchen, worauf in diesem Zusammenhang jedoch nicht mehr eingegangen werden kann.

6. Ausblick

Was läßt sich abschließend über die experimentelle Erforschung des Waffeneffekts von Berkowitz aussagen? Läßt sich die Gültigkeit seiner Befunde trotz der nachgewiesenen Existenz von Artefakten aufrechterhalten oder muß nicht vielmehr die laboratoriumsexperimentelle Vorgehensweise als Ganzes problematisiert werden, weil sie die Artefakte, die sie kontrollieren will, überhaupt erst konstituiert?

Die soziale Beziehung, die sich im Verlauf eines Experiments kurzfristig nicht nur zwischen den Vpn bzw. zwischen Vp und Helfer (stooge) des Experimentators, sondern auch zwischen Vp und Vl abspielt, wird gemäß dem naturwissenschaftlichen Forschungsideal ihrer spezifisch sozialen Natur entkleidet; das per Methodik Auszuschließende (z. B. das Nachdenken darüber, was Ego von Alter in einer gegebenen Interaktionssituation erwartet) wird nicht als integraler Bestandteil menschlicher Interaktion betrachtet. Deswegen ist es kaum überraschend, wenn festgestellt wird, daß Vpn sich z. B. Gedanken darüber machen, wie der Vl sie einschätzt (evaluation apprehension); lediglich der klassische Experimentalpsychologe wird davon überrascht sein und diesen für ihn unerwünschten „Nebeneffekt" als Artefakt bezeichnen und zu kontrollieren versuchen.

Wenn die Berkowitzschen Untersuchungsbefunde nur für solche Individuen Gültigkeit beanspruchen können, die – wie in den Metaexperimenten von Turner & Simons festgestellt – einen geringen Grad an Empathie in die Erwartungen des Vl aufweisen (wobei die Validität postexperimentell per Fragebogen erhobener Aussagen von Vpn ebenfalls zu problematisieren wäre), dann trifft die Hypothese des Waffeneffekts tatsächlich nur für einen restringierten Typ menschlicher Interaktion zu, wo Empathie und Reflexion über die Erwartungen von Alter so gut wie keine Bedeutung haben. Ist dies aber nicht gerade Berkowitz's klassischer S-R-theoretischer Ausgangspunkt? Ärgerliche Individuen reagieren impulsiv aggressiv, wenn sie mit einem Stimulus konfrontiert werden, der aufgrund ihrer Lerngeschichte mit aggressiven Bedeutungen assoziiert ist, ohne hierbei mögliche Handlungskonsequenzen und Erwartungen von Alter kognitiv einzuschätzen und zu berücksichtigen. Der Schluß liegt nahe, daß in diesem Fall mit Hilfe des Experiments nur das bestätigt worden ist, was die Theorie ohnedies voraussetzte. Schwierig dürfte deshalb die laboratoriumsexperimentelle Analyse von Aggression immer dann werden, wenn kognitive und vor allem reflexive Vermittlungsleistungen von Individuen in Betracht gezogen werden müssen. Dies trifft aber sicherlich für einen Großteil aggressiver Verhaltensweisen in sozialen Situationen zu, wo Aggression nicht nur naturwüchsig aufgrund von Stimuluskontingenzen entsteht. Die laboratoriumsexperimentelle Analyse aggressiven Verhaltens tendiert dazu, aus dem aggressiv sich verhaltenden Menschen einen passiven Organismus zu machen, der auf Reize hin reagiert, anstatt ihn als aktiven Teilnehmer in einer speziellen Form einer sozial definierten Interaktion, wie sie die Teilnahme an einem Experiment darstellt, zu sehen. Das reflektierte Sichverhalten menschlicher Subjekte soll experimentell unterbunden werden; nur dann nämlich läßt sich die organismusähnliche Konzeption eines Menschen, der auf Reize hin reagiert, anstatt Bedeutungen zu konstruieren und aufgrund von Sinnzusammenhängen zu handeln, aufrechterhalten.

Nur wenn die experimentellen Restriktionen gelingen, und das methodisch ausgeschlossene Sinnverständnis nicht als „störendes Artefakt“ hinter dem Rücken des Experimentators sich dennoch durchsetzt, kann diese organismusähnliche Konzeption bestätigt werden.

Literatur

Aronson, E. & Carlsmith, J. M.: Experimentation in social psychology. In: Lindzey, G. & Aronson, E. (eds.): The Handbook of Social Psychology, Vol. 2. Reading, Mass. 1968, 1-79

Bandura, A.: Aggression: A social learning analysis. New Jersey 1973

Bandura, A. & Walters, R. H.: Social learning and personality development. New York 1963

Berkowitz, L.: Aggression: a social psychological analysis. New York 1962

Berkowitz, L.: The concept of aggressive drive: Some additional considerations. In: Berkowitz, L. (ed.): Advances in experimental social psychology, Vol. 2. New York und London 1965, 301-330

Berkowitz, L.: The contagion of violence: An S-R mediational analysis of some effects of observed aggression. In: Arnold, W. & Page, M. (eds.): Nebraska Symposium on Motivation, Lincoln 1970, 95-135

Berkowitz, L. & LePage, A.: Weapons as aggression-eliciting stimuli. J. Pers. Soc. Psych. 7 (1967), 202-207

Berkowitz, L., Lepinski, J. P. & Angulo, E. J.: Awareness of own anger level and subsequent aggression. J. Pers. Soc. Psych. 11 (1969), 293-300

Borden, R. J.: Witnessed aggression: Influence of an observer's sex and values on aggressive responding. J. Pers. Soc. Psych. 31 (1975), 567-573

Borden, R. J. & Taylor, S. P.: The social instigation and control of physical aggression. J. Appl. Soc. Psych. 3 (1973), 354-361

Buss, A., Booker, A. & Buss, E.: Firing a weapon and aggression. J. Pers. Soc. Psych. 22 (1972), 296-302

Dollard, J., Doob, L., Miller, N., Mowrer, O. & Sears, R.: Frustration and aggression. New Haven, Conn. 1939

Duval, S. & Wicklund, R. A.: A theory of objective self-awareness. New York 1972

Feshbach, S. & Singer, R. D.: Television and aggression: An experimental field study. San Francisco 1971

Fischer, F. G., Kelm, H. & Rose, A.: Knives as aggression-eliciting stimuli. Psychol. Rep. 24 (1969), 755-760

Fraczek, A. & Macaulay, J. R.: Some personality factors in reaction to aggressive stimuli. J. Pers. 39 (1971), 163-177

Frodi, A.: The effects of exposure to aggression-eliciting and aggression-inhibiting stimuli on subsequent aggression. Göteborg Psychol. Rep. 3 (1973)

Gergen, K. J.: Experimentation in social psychology: A reappraisal. Eruop. J. Soc. Psychol. 8 (1978), 507-527

Holt, R. R.: Drive or Wish? A reconderation of the psychoanalytic theory of motivation. In: Gill, M. M. & Holzman, Ph. S. (eds.): Psychology versus metapsychology. Psychoanalytic essays in memory of George S. Klein. Psych. Issues, 9, 4, Monogr. No. 36 158-197, New York 1976

McGuire, W. J.: The yin and yang of progress in social psychology. J. Pers. Soc. Psychol. 26 (1973), 446-456

Mertens, W.: Sozialpsychologie des Experiments. Hamburg 1975

Orne, M. T.: On the socialpsychology of the psychological experiment: With particular reference to demand characteristics and their implications. Amer. Psychologist 17 (1962), 776-783

Orne, M. T.: Demand characteristics and the concept of quasi-controls. In: Rosenthal, R. & Rosnow, R. (eds.): Artifact in Behavioral Research, New York 1969

Page, M. M. & Scheidt, R. J.: The elusive weapons effect: Demand awareness, evaluation apprehension, and the slightly sophisticated subject. J. Pers. Soc. Psychol. 20 (1971), 304-318

Rosenberg, M. J.: The conditions and consequences of evaluation apprehension. In: Rosenthal, R. & Rosnow, R. (eds.): Artifact in Behavioral Research. New York 1969

Schachter, S.: The interaction of cognitive and physiological determinants of emotional state. In: Berkowitz, L. (ed.): Advances in experimental social psychology, Vol. 1. New York 1964, 49-80

Sigall, H., Aronson, E. & Van Hoose, T.: The cooperative subject: Myth or reality. J. Exp. Soc. Psych. 5 (1970), 1-10

Simons, L. S. & Turner, Ch. W.: Evaluation apprehension, hypothesis awareness, and the weapons effect. Aggressive Behav. 2 (1976), 77-87

Tulving, E. & Thomson, D. M.: Encoding specifity and retrieval processes in episodic memory. Psychol. Rev. 80 (1973), 352-373

Turner, C. W. & Simons, L. S.: Effects of subject sophistication and evaluation apprehension on aggressive responses to weapons. J. Pers. Soc. Psych. 30 (1974), 341-348

Turner, C. W., Layton, J. F. & Simons, L. S.: Naturalistic studies of aggressive behavior. Aggressive stimuli, victim visibility, and horn honking. J. Pers. Soc. Psych. 31 (1975), 1098-1107

Turner, C. W. & Goldsmith, D.: Effects of toy guns and airplanes on children's antisocial behavior. J. Exp. Child Psychol. 18 (1976), 303-315

Weber, S. J. & Cook, T. D.: Subjects effects in laboratory research: An examination of subject roles, demand characteristics, and valid inferences. Psychol. Bull. 77 (1972), 273-295

Zimbardo, P. G.: The human choice: Individuation, reason, and order versus deindividuation, impulse and chaos. In: Arnold, W. J. & Levine, D. (eds.): Nebraska Symposium on Motivation, Vol. 17. Lincoln 1969, 237-307

Abschieben von Verantwortung bei Unfallzeugengruppen – ein Artefakt der Altruismusforschung?

Helmut E. Lück

Die Diskussion über dramatische Fälle unterlassener Hilfeleistung, der unbefriedigende Stand der Aggressionsforschung und das Bedürfnis nach realitätsnahen Forschungsergebnissen – mindestens diese drei Gründe waren ausschlaggebend für die Entstehung eines Forschungsgebietes, das inzwischen unter der Bezeichnung „Altruismusforschung" oder „Erforschung prosozialer Verhaltensweisen" bekannt geworden ist. In jedem Fall geht es um die empirische Erforschung von Hilfeleistungsprozessen, sei es das Eingreifen von Zeugen bei Notfällen, sei es das Spenden von Geld oder sei es nur das Erweisen kleinerer Gefälligkeiten. Umstritten ist, ob auch das Verhindern von Rechtsübertretungen (z. B. von Ladendiebstählen) zum prosozialen Verhalten oder gar zum Altruismus zu zählen ist.

Mit Sicherheit kann die Erforschung prosozialer Verhaltensweisen als Teilbereich der Sozialpsychologie angesehen werden. Da Befragungen immer mit dem Problem der Tendenz zu sozial erwünschten Selbstaussagen („Soziale Erwünschtheit") zu kämpfen haben, ist man von Befragungen und auch von Persönlichkeitsfragebögen mehr und mehr abgekommen. Das Laborexperiment, und in Teilbereichen das Feldexperiment, haben sich als Hauptforschungsmethoden herausgestellt. So hat man Unfälle simuliert, um das Verhalten von Zeugen festzustellen; oder man hat z. B. die Wirkung prosozialer Modelle in Alltagssituationen überprüft. (Deutschsprachige Literaturübersichten und -zusammenstellungen bei Lück 1975, Koch 1976, Köhler 1977, Lück 1977, Bierhoff 1980).

Im Gegensatz z. B. zur Aggressionsforschung ist man auffälligerweise weniger theoriegeleitet vorgegangen, sondern hat sich zunächst von Alltagserfahrungen und Arbeitshypothesen leiten lassen. Erst seit ca. 1970 gibt es Versuche der theoretischen Integration und der stärker theoriegeleiteten Forschung (vgl. Wispé 1972, 1978). So boten sich die Lerntheorien (vgl. Rosenhan 1978), rollen- und normtheoretische Überlegungen (Staub 1972), die Feldtheorie (Hornstein 1972, Lück 1979), die Austauschtheorie (Hutfield, Walster und Piliavin 1978) und die Attributionstheorie (Schmidthuisen 1978, Baumann 1979) an.

Aus der Sicht der Artefaktforschung ist der Trend zum Feldexperiment im Forschungsgebiet Altruismus sicher zu begrüßen, da Reaktionstendenzen wie die Neigung zu sozial erwünschten Antworten, Aufforderungscharakteristiken (demand characteristics) von Laborversuchsanordnungen und Stichprobenverzerrungen durch Verweigerungen der Teilnahme am Experiment umgangen werden. Dies ist für uns mit ein Grund, einen Untersuchungstyp der Altruismusforschung näher zu betrachten, der vom Laborexperiment ausgeht. Von der Forschungsmethode her gesehen ist dieser Untersuchungstyp also nur für einen Teilbereich der Altruismusforschung repräsentativ. Ein zweiter Grund für die exemplarische Behandlung dieses Untersuchungstyps ist die Tatsache der breiten Beachtung und Anerkennung, die diese Untersuchungen gefunden haben.

1. Die Untersuchungen von Darley und Latané

Kein Ereignis der letzten Jahre wird in der amerikanischen Literatur zum prosozialen Verhalten so oft berichtet, wie der Mord an Kitty Genovese, jener jungen Frau, die 1964 im New Yorker Stadtteil Kew Gardens auf offener Straße erstochen wurde, ohne daß einer der mindestens 38 Zeugen eingriff. Nicht ein einziger benachrichtigte während des Mordes, der sich über eine halbe Stunde hinzog, die Polizei.

John M. Darley und Bibb Latané (1968) vermuteten nun, daß Personen sich vor allem dann seltener zur Hilfeleistung entscheiden, wenn sie die Verantwortung auf andere Zeugen, die ja auch helfen könnten, abwälzen können. Zur Überprüfung dieser Hypothese führten Sie ein Laborexperiment durch. Studenten wurden in das Laboratorium eingeladen und gebeten, an einer Gruppendiskussion über Studentenprobleme teilzunehmen. Um die Anonymität zu wahren, wurde jeder Teilnehmer einzeln in einen kleinen Raum geführt. Die Diskussion wurde über Mikrofon und Lautsprecher geführt. Sie begann damit, daß sich jeder Teilnehmer zunächst vorstellte. Schon bald nach Beginn der Diskussion wurden die Studenten per Kopfhörer Zeugen eines – freilich simulierten – epileptischen Anfalls. Ein Student der über Tonband simulierten ‚Gruppe' begann zu stöhnen und zu stottern, rief um Hilfe und verstummte schließlich. Die meisten Vpn erschraken, liefen aus dem Raum, um dem vermeintlichen Kommilitonen im Nachbarraum zu helfen oder um den Vl zu informieren. Interessant ist, daß die Untersuchungshypothese voll bestätigt werden konnte: Je größer die Anzahl der Zeugen, desto geringer die Bereitschaft zur Hilfeleistung. Alle Vpn, die annehmen mußten, daß sie die einzigen Zeugen waren, versuchten zu helfen, aber nur 62% aller Studenten in vermeintlichen Sechsergruppen griffen ein. Außerdem gab es Unterschiede in der Geschwindigkeit der Hilfeleistung: die Vpn der Dreiergruppen reagierten mittelmäßig schnell, die Vpn der Sechsergruppen am langsamsten. (Genaugenommen waren es ja keine richtigen Gruppen, denn sämtliche Diskussionsbeiträge kamen vom Tonband. Überprüft wurde jeweils nur das Verhalten einer einzigen Vp).

Ein weiterer Befund dieser Studie bestätigt nach Auffassung der Autoren die Bedeutung der Situation gegenüber der Persönlichkeit. Da die Vpn mit ausführlichen Fragebogen und Persönlichkeitstests untersucht worden waren, konnten die Geschwindigkeit der Hilfeleistung mit den Testwerten korreliert werden. Keine Korrelation erwies sich als statistisch gesichert. Die Gruppengröße war also der einzige verhaltensdeterminierende Faktor.

Weitere Studien dieser Art sind inzwischen publiziert worden. Latané und Darley (1968) ließen Vpn einzeln, zu zweit oder dritt einen Fragebogen ausfüllen, während sich der Raum langsam mit Rauch füllte. Das Ergebnis bestätigte den früheren Befund: Je größer die Gruppe, desto seltener und desto später griffen die Vpn ein. In der dritten Studie („A lady in distress", Latané und Rodin 1969) schließlich erlebten über hundert Vpn entweder einzeln, zusammen mit einem passiven Verbündeten des Vl, zusammen mit einem Freund oder zusammen mit einem unbekannten Kommilitonen einen anderen Unglücksfall im Laboratorium. Die Versuchsleiterin bat die Studenten, einen Fragebogen auszufüllen und zog sich dann in ein Nebenzimmer zurück, das nur durch einen Vorhang getrennt war. Bald hörten die Vpn (vom Tonband), wie die Dame auf eine Leiter stieg, um ein Paket Zeitungen aus dem Regal zu holen, wie sie mit der Leiter und dem Paket hinstürzte, aufschrie, stöhnte und dann aus dem Zimmer humpelte. Wieder zeigte sich ein ähnliches Ergebnis: 70% der einzelnen Zeugen boten ihre Hilfe an, aber nur 7% der Vpn, die mit einem passiven Verbündeten des Vl's Zeugen geworden waren. Waren die zwei Zeugen Freunde, griffen sie allerdings eher ein, als wenn sie sich vorher nicht kannten.

Die Befunde all dieser Studien werden von Darley und Latané vor allem mit Hilfe des Begriffs „diffusion of responsibility" erklärt. Der einzelne fühlt sich nicht allein verantwortlich, er schiebt in der Gruppe seine Verantwortung auf andere ab; da dies jeder tut, unterbleibt die Hilfeleistung. In diesem Zusammenhang ist interessant, daß Untersuchungen an Ratten (Latané 1969, Latané und Glass 1968), aber auch an Menschen (Boston Psychopathic Hospital 1955, Mandelbaum 1952, Schachter 1959, Wrightsman 1960) darauf hindeuten, daß Gruppensituationen unter bestimmten Umständen furchtreduzierende Wirkungen haben können, ohne daß eine gegebene Gefahrenquelle beseitigt ist.

Im Rahmen eines Forschungsantrages hat Latané (1976) die verschiedenen, bis dahin vorliegenden Untersuchungen über das Verhalten von Zeugen in Einzel- und Gruppensituationen zusammengestellt. Dabei findet er, daß 46% (N = 763) der Vpn in Gruppensituationen halfen, dagegen aber 73% (N = 442) in Einzelsituationen. In 33 von diesen 35 Versuchssituationen gab es geringere Hilfeleistung in (Pseudo-)Gruppen. Damit scheint der Effekt abgeschobener Verantwortung zunächst als gesichert.

Die Experimente von Darley und Latané haben in der Sozialpsychologie inzwischen eine beträchtliche Aufmerksamkeit erhalten. Es gibt kaum ein neues Lehr- oder Textbuch, in dem nicht auf diese Experimente eingegangen wird. Darley und Latané haben zahlreiche Aufsätze und zwei Bücher (Latané und Darley 1970, 1976) veröffentlicht, um ihre Forschungsergebnisse und Thesen bekannt zu machen. Anschauliche Darstellungen der Versuche und eine kaum zu übersehende Zahl von Nachdrucken der Darley-Latané-Studien im Rahmen von Aufsatzsammlungen bestätigen, daß man diese Experimente offensichtlich als „moderne Klassiker" ansehen kann.

2. Kritik an den Versuchen von Darley und Latané

Der Begriff der „diffusion of responsibility" für das Abschieben von Verantwortung in Gruppen stammt nicht von Darley und Latané. Kogan und Wallach (1964) haben versucht, durch eine Vielzahl von Experimenten den Nachweis zu erbringen, daß Gruppen bereit sind, höhere Risiken einzugehen als die einzelnen Mitglieder (im Durchschnitt) bei Einzelentscheidungen. Dieser „risky shift"-Effekt, d. h. die Verschiebung in Richtung Risiko, hat viele Jahre lang die Sozialpsychologen fasziniert und experimentell nach Erklärungen suchen lassen. Anlaß war ursprünglich der überraschende Befund in einer Diplomarbeit von Stoner (1961), der durch Untersuchungen der Betreuer dieser Arbeit bestätigt wurde und zu einer Literaturflut Anlaß gab. Cartwright (1973) zählte 196 Arbeiten von 187 meist jüngeren Autoren aus 8 Ländern. Fast alle Arbeiten beruhen auf Laboruntersuchungen an kleinen, kurzlebigen Gruppen. Die abhängige Variable war fast stets der Punktwert auf einem Fragebogen, dem sog. Choice Dilemma Questionnaire (CDQ), der aber offensichtlich nie richtig nach Testgütekriterien entwickelt wurde. Die „risky shift"-Forschung ist insgesamt gesehen unbefriedigend geblieben: man hatte zu leichtfertig die externe Gültigkeit dieser Laborsituation unterstellt und man hatte sich zu sehr auf einzelne Methoden und Instrumente verlassen (siehe zur Kritik vor allem Cartwright 1973, aber auch Hofstätter 1971, 123 ff).

Vielleicht ist die heftige Kritik an der Risky-Shift-Forschung der Grund dafür, daß Darley und Latané wohl von Kogan und Wallach das Konzept der „diffusion of responsibility" und eine ähnliche Argumentationsweise übrnahmen, ohne jedoch Stoner, Kogan oder Wallach zu zitieren (vgl. Lück 1975b). Auch ist denkbar, daß Darley und Latané auf Anregungen von Stanley Milgram (1977, 11-12) diese Versuche durchführten, ohne Milgram zu zitieren. In der Tat existieren Versuchspläne von Milgram aus dem Jahr 1960 (Milgram 1977, 19), die auf ähnliche Versuchsanordnungen wie die Versuche von Darley und Latané hinauslaufen.

Gegenüber der Risky-Shift-Forschung ist bei Darley und Latané sicher der Vorteil zu sehen, daß verschiedenste Formen offen sichtbaren Verhaltens zwar meist in Laborsituationen, aber doch mit dem Charakter „natürlicher" Notsituationen überprüft wurden. Diese „Altagsnähe" wird in den Darley-Latané-Versuchen allerdings durch Täuschungen der Vpn erzielt. Die Vpn werden veranlaßt zu glauben, sie befänden sich in einer Gruppensituation und sie sollen vom Versuchsaufbau her den Eindruck gewinnen, sie seien Zeuge eines unerwarteten Unglücksfalls.

Auf das Problem der forschungsethischen Probleme von Täuschungen von Vpn soll hier nicht eingegangen werden. Bleiben wir bei der Versuchstechnik. Darley und Latané (1968) schreiben: „Aus der Erregtheit der Vpn (. . .) kann man schließen, daß fast alle Vpn den Anfall als echt ansahen (. . .)". Ferner wird berichtet, daß nur 2 von (ca.) 54 Vpn den Anfall nicht für echt hielten. Prozentual gesehen, sind dies nicht viele Vpn: ca. 3,7%. Jedoch hatten alle Vpn in diesem Experiment zum Abschluß, also nach der Aufklärung über die erfolgte Täuschung, einen Fragebogen auszufüllen, in dem u. a. gefragt wurde, an was die Vpn dachten, „als Sie Vp Nr. 1 um Hilfe rufen hörten". Hier kreuzten 20 von 65 Vpn an: „Ich dachte, daß das irgendeine Täuschung ist." Im Gegensatz zu den zwei oben erwähnten Personen wurden diese fast 30 Prozent der Vpn nicht aus der Auswertung ausgeschlossen. Selbst wenn man annimmt, daß es sich hier um eine sozial erwünschte Antwort mit der Möglichkeit zur nachträglichen Rechtfertigung unterlassener Hilfeleistung handelt, so muß man doch annehmen, daß eine beträchtliche Anzahl von Vpn nicht so handelte, wie sie es im Alltag getan hätte.

Auch das Erklärungsprinzip „Abschieben von Verantwortung" von Darley und Latané ist strittig. Zum ersten ist auffällig, daß in Experimenten mit derartigen Versuchsanordnungen auch Einzelpersonen oft nicht halfen: insgesamt 27% von 442 Vpn aus 35 Experimenten nach Angaben von Latané (1976). Für diese Nicht-Helfer ist das „diffusion of responsibility"-Prinzip nicht anwendbar. Umgekehrt findet man in alltäglichen Notsituationen gelegentlich große Hilfsbereitschaft, man denke, z. B. an das Untergrundbahnexperiment von Piliavin, Rodin und Piliavin (1969), bei dem auch kein Abschieben der Verantwortung bei größerer Zeugenanzahl stattfand. (Korrekterweise muß gesagt werden, daß diese Autoren die Einzelsituation nicht überprüft haben.) Offensichtlich spielt die Situation doch eine erhebliche Rolle. Die Laborsituation ist bestimmt für viele Vpn neu, ungewöhnlich und auch unklar. „Darf ich", so wird sich zumindest manche Vp fragen, „hier das Experiment abbrechen, um mich um jemanden zu kümmern, obwohl der Vl mir hier eine Aufgabe gegeben hat?" Darley und Latané schreiben selbst (1968) über die Vpn: „Sie wollten sich durch Übereifer nicht blamieren, nicht das laufende Experiment wertlos machen, indem sie die Sprechanlage verließen und nicht aus der Anonymität der Situation heraustreten, die vom Vl vorher als so wichtig herausgestellt worden war."

3. Kritik an der Darley-Latané-Hypothese durch Replikationen und Modifikationen

Clark und Word (1972, 1974) haben eine Reihe von Experimenten durchgeführt, bei denen der Charakter der Notsituation teils mehr, teils weniger eindeutig war. Dabei erhielten sie – trotz Laborbedingung – unter manchen Versuchsbedingungen gegenteilige Ergebnisse zu Latané und Darley. War die Notsituation völlig klar und einsichtig, halfen alle oder fast alle (96%) Vpn; bei unklaren, mehrdeutigen Notsituationen sank die Hilfsbereitschaft sowohl bei Einer- als auch bei Zweiergruppen. Ein schädlicher Gruppeneffekt ließ sich nur tendenziell bei einer mehrdeutigen Versuchsbedingung nachweisen. Für diese verschieden interpretierbaren Situationen mag also stimmen, was Darley und Latané fanden. Man weiß nicht so recht, ob man helfen soll, oder ob Hilfe überhaupt notwendig ist. Man sieht, daß andere nichts tun und beruhigt sich wieder durch konformes Verhalten: „Wenn die anderen auch nichts tun, wird's wohl nicht so wichtig sein."

Daß die unklare und unvertraute Laborsituation wenigstens zum Teil für die geringe Hilfsbereitschaft verantwortlich ist, deutet sich noch durch ein anderes Experiment an, das Darley und Latané (1970) später durchführten. Als in einem Feldexperiment der Kollaps eines Invaliden einmal in der U-Bahn, zum anderen auf dem Flughafen simuliert wurde, stellten die Autoren zu ihrer Überraschung fest, daß in der U-Bahn mehr als doppelt so viele Passanten zur Hilfe eilten. Wie sich durch Kurzbefragungen herausstellte, waren nicht, wie man zuerst vermutete, Schichtunterschiede der Passantengruppen die Ursache für die unterschiedliche Hilfsbereitschaft, sondern es war die Vertrautheit mit der Umgebung. Die meisten Leute sind selten auf dem Flughafen. Sowohl in der U-Bahn als auch im Flughafengebäude halfen jene Personen eher, die mit der Umgebung vertraut waren ($p \leq 0{,}05$). So mag auch das Labor als ungewöhnliche Situation schon von vornherein Hilfsbereitschaft reduzieren. In Gruppensituationen kommt dann vielleicht noch verstärkt die Sorge hinzu, man würde sich durch ungeschickte Hilfeleistung lächerlich machen.

Ob in der unklaren Laborsituation eine Anzahl von Personen aktiv wird, hängt aber sicher noch von anderen Dingen ab. Staub (1970, 1971) hat eine Reihe von Experimenten vom Typ Darley und Latané an Kindern verschiedener Altersstufen durchgeführt und teils gefunden, daß Kinder zu zweit häufiger helfen als allein. Es scheint so, als ob sich Kinder zu mehreren mutiger fühlten, was hier aktivierende Wirkungen hat. Das Sich-gegenseitig-Mut-machen ist sicher auch bei Erwachsenen wichtig.

Man wird vermuten können, daß eine echte, interagierende Gruppe trotz räumlicher Trennung sich hier anders verhält als die einzelnen Vpn, die mit den anderen Gesprächsteilnehmern keinen Kontakt mehr aufnehmen können. Misavage und Richardson (1974) haben diese Unterschiede durch ein Laborexperiment geprüft, bei dem sie ihre Hypothesen bestätigen konnten: Bei nicht-interagierenden Gruppen (Pseudogruppen) ist die Hilfsbereitschaft geringer als bei Einzelsituationen; bei echten interagierenden Gruppen jedoch erfolgt Hilfeleistung schneller als bei Pseudogruppen, wenn auch nicht schneller als bei einzelnen Personen. In einem sehr ähnlichen Experiment fanden Darley, Teger und Lewis (1973), daß nicht-interagierende Gruppenmitglieder nur selten und auch sehr spät helfen, während Einzelpersonen und Mitglieder von interagierenden Gruppen viel häufiger und schneller helfen. In diesem Kontext steht auch der erwähnte Befund von Latané und Rodin (1969), nach dem befreundete Personen, wenn sie gemeinsam Zeugen eines Unfalls werden, eher helfen als nicht befreundete Personen. Allerdings muß hier auch gesehen werden, daß inaktive andere Zeugen ein Modell für Nicht-Hilfeleistung abgeben können. Bierhoff (1980, S. 152 f.) spricht hier von „Pluralistischer Ignoranz“.

Korte (1971) hat die Vermutung geäußert, daß in einem Interaktionsprozeß der Zeugengruppe Entscheidungen über die Hilfeleistung herbeigeführt werden, indem die Gruppenmitglieder die Notsituation interpretieren und einzelne Mitglieder zum Handeln verfplichten. Dementsprechend vermutete Korte, daß ein Zeuge um so weniger hilft, je stärker die Notsituation von anderen Gruppenmitgliedern verharmlost wird und je eher die anderen die gleichen Möglichkeiten zur Hilfe haben. Bei der Simulation eines asthmatischen Anfalls in einer Gruppensituation im Labor zeigte sich, daß bei verharmlosender Kommunikation eines Verbündeten des Vl („Ich glaube, er ist schon wieder o. k. . . .") die Hilfeleistung sogar gegenüber der Situation ohne Kommunikation sank. Umgekehrt stieg die Hilfsbereitschaft, wenn die Vp sich selbst als einzigen Helfer ansehen mußte, weil die anderen Gruppenmitglieder an physiologische Geräte angeschlossen waren. Der Versuch von Korte hat allerdings einen ähnlichen Nachteil wie die Arbeit von Darley und Latané (1968): 12 von 60 Vpn, also 20% hatten Zweifel an der Echtheit des Anfalls.

Bickman (1971) konnte in einem anderen Experiment vom Typ Darley und Latané allerdings noch einmal absichern, daß Vpn eher halfen, wenn sie sicher sein mußten, daß ein anderer Zeuge nicht helfen konnte (weil er in diesem Fall zu weit weg war).

Schwartz und Clausen (1970) konnten ferner umgekehrt in einem komplizierten Planversuch zeigen, daß die Hilfsbereitschaft in Pseudogruppen erheblich sinkt, wenn sich ein anderes für die notwendige Hilfe kompetentes Mitglied in der Gruppe befindet. In diesem Versuch wurde die ursprüngliche Anordnung von Darley und Latané (1968) fast exakt repliziert, wobei unter einer Versuchsbedingung ein Gruppenmitglied nebenbei verlauten ließ, es wolle Medizin studieren und arbeite jede Woche drei Nächte lang in einer Unfallstation eines örtlichen Krankenhauses. Ferner stieg in diesem Versuch die Hilfeleistung, wenn das epileptische Gruppenmitglied vorher beiläufig erwähnt hatte, wie man ihm bei einem Anfall helfen könne; es habe die entsprechende Medizin bei sich.

In einer weiteren leicht modifizierten Replikation der Darley-Latané-Anordnung konnte Horowitz (1971) Normenwirkungen zeigen. Personen, die vorher aufgefordert wurden, in der folgenden Diskussion auch auf den Nutzen ihrer Gruppenmitgliedschaft im Hochschulleben einzugehen, halfen eher als andere Vpn, die die üblichen Instruktion erhielten.

Natürlich ist eine solche Instruktion besonders artefaktträchtig, da sie den Prozeß einer bestimmten Hypothesenbildung bei den Vpn fördert. Allerdings stieg auch die Hilfeleistung, wenn ein zweiter Zeuge ein Kind (Ross 1971) oder ein Blinder (Ross und Brabend 1973) war. Diese

Mit-Zeugen lassen wohl einerseits soziale Normen deutlich werden, andererseits (oder zusätzlich) wird der Hilfsappell auf den Zeugen konzentriert, da der Mitzeuge (vermutlich) nicht helfen kann.

Das Bewußtsein, von anderen Personen beurteilt zu werden, scheint eine beträchtliche Rolle für die Bemühungen um Hilfeleistung zu spielen. Die Tatsache, daß eine Person beobachtet wird, läßt ihre Hilfsbereitschaft u. U. ansteigen, wenn die Beurteilung nach moralischen Normen erfolgt; sie läßt sie evtl. sinken, wenn diese Person befürchten muß, sich lächerlich zu machen (Latané und Darley 1976, Exp. 5). Schwartz und Gottlieb (1976) benutzen hier Rosenbergs Begriff der evaluation apprehension (Bewertungsangst). Latané spricht neuerdings (1980) von social loafing (Drückebergerei in Gruppen).

4. Zur Validität der Befunde

Etwa 80 Prozent der beschriebenen Studien sind in Hochschul-Laboratorien in den USA durchgeführt worden (Huston und Korte 1976). Typische Vpn waren College-Studenten, die für die Gesamtbevölkerung nicht typisch sind. Fraglich ist auch, ob die Notsituationen typisch waren für Notsituationen, die man als Zeuge erleben kann: Wie oft mag man im Leben Zeuge eines epileptischen Anfalls werden?

Bar-Tal (1976) erinnert an die besondere Aufforderungscharakteristik (demand characteristic) dieser Versuche, indem er schreibt: „Vpn, die sich der Notsituation gegenübersahen wußten, daß sie Teilnehmer eines Experimentes waren. Es gibt Beweise dafür (z. B. Orne und Evans 1965), daß Vpn im Laborversuch sich dem Versuchsleiter voll und ganz zur Verfügung stellen; alles was im Experiment geschieht, steht (nach Auffassung vieler Vpn) in der Verantwortung des Versuchsleiters, nicht in ihrer eigenen.“ Dieser berechtigte Einwand trifft allgemein die externe Validität der Versuche vom Typ Darley-Latané; er erklärt allerdings nicht, warum gerade bei Laborversuchen bei mehreren Zeugen oft seltener geholfen wurde als bei Einzelzeugen. Es bedarf hier noch einer zusätzlichen Erklärung. Es scheint aber nicht abwegig, bei den Vpn einen Prozeß der Hypothesenbildung anzunehmen, der in die Richtung der Ergebnisse weist. Bungard (1977) schreibt hierzu: „Die ungewöhnliche Versuchsanordnung, jeden einzelnen Teilnehmer der Gruppe in einer Kabine zu isolieren, muß u. U. geradezu eine Neugierde über die Zielsetzung des Experiments aktualisieren. Glaubt der Proband, der einzige Zeuge zu sein, so ist nicht auszuschließen, daß der Betroffene die Hypothese der Untersuchung auf das Ausmaß seiner individuellen Hilfeleistung bezieht. Er wird spontan helfen (vgl. auch Bickman 1971), denn diese Reaktion ist mit den Motivationen, sich dem Vl gegenüber kooperativ und sich vor allem gemäß der allgemeingültigen sozialen Norm entsprechend positiv selbst darzustellen, vereinbar. Mit zunehmender Anzahl der vermuteten Zeugen wird die Strukturierung der Situation und der Prozeß der individuellen Hypothesenbildung komplexer und uneinheitlicher. Die überraschte Versuchsperson kann eine alternative Hypothese der Untersuchung mit dem Verhalten des einzelnen in der Gruppe in Verbindung bringen. Vielleicht kommt sie zu dem Ergebnis, daß spontane Hilfeleistung bei Vorhandensein vieler Zeugen als Übereifer negativ beurteilt wird.“ In ähnlicher Weise vermuten Huston und Korte (1976): „Versuchsteilnehmer mögen sensibler und reaktiver auf das Verhalten anderer Unfallzeugen im Labor reagieren als in natürlicher Umgebung.“ So kommen Huston und Korte (1976) und Bungard (1977) unabhängig voneinander zu einer gleichen Interpretation der Befunde, die mit Experimenten vom Typ Darley-Latané gewonnen wurden: In größeren Gruppen wächst die Furcht vor der Blamage bei ungeschicktem Verhalten und damit sinkt die Bereitschaft zur Hilfeleistung.

Diese Interpretation wird auch von Darley und Latané gegeben – vor allem für den Fall sichtbarer Zeugen. Die Frage, welche der möglichen Wirkungen, Ablenkung durch andere, Furcht vor Blamage oder Abschieben von Verantwortung die stärkste Wirkung hat, ist bislang ungeklärt.

5. Feldtheoretische Interpretation

Wie gesagt sind die Darley-und-Latané-Studien relativ theoriearm. Das gleiche gilt für fast alle Replikationen und Modifikationen. Im folgenden wird daher eine feldtheoretische Sichtweise der Vorgänge in den Studien versucht (vgl. Lück 1979). Dies sei deswegen erlaubt, weil Latané und Darley zweifellos in feldtheoretischer Tradition stehen, obwohl sie sich nicht explizit auf Lewin beziehen. Nebenbei bemerkt hat zumindest eins ihrer Experimente (Latané und Darley 1968) auffällige Ähnlichkeit mit einem Experiment über das Verhalten von organisierten und unorganisierten Gruppen in Streßbedingungen, das der Lewinschüler French (1944) durchgeführt hat.

Ein zweiter Grund für die Wahl der Feldtheorie an dieser Stelle ist in der Artefaktforschung selbst zu sehen. Artefaktforscher wie Martin T. Orne sehen die Versuchssituation als soziales Feld an, daß die Vpn zu bestimmten Verhaltensweisen veranlaßt. Z. B. hat Orne den Begriff der demand characteristic offensichtlich bewußt in Anlehnung an Lewins Begriff des Aufforderungscharakters (demand character) gebildet. Die Feldtheorie scheint sich u. a. in besonderer Weise zu eignen, Konfliktsituationen, in denen Vpn stehen, zu erhellen.

Als „Feld" bezeichnet Lewin eine „Gesamtheit gleichzeitig bestehender Tatsachen, die als gegenseitig voneinander abhängig begriffen werden" (1922), wobei die Anspannung der Person im Konflikt, das sog. „gespannte Feld", für Lewin die wichtigste Energiequelle ist. Spannungen als psychische Kräfte können drei Ursachen haben (Lewin 1951):

- Spannungen, die aus eigenen Bedürfnissen herrühren wie z. B. ins Kino gehen zu wollen.
- Spannungen durch induzierte Bedürfnisse, wie z. B. Verhaltensweisen, die von einer Person erwartet werden.
- Spannungen, die aus dem Bedürfnis, sachlichen Forderungen zu entsprechen, herrühren, wie z. B. das Bedürfnis, nicht das Gesetz zu übertreten.

Dabei ist wichtig, a) die Richtung, b) die Stärke und c) die Ansatzstelle dieser Kräfte zu erkennen. Die Richtung der Feldkräfte läßt sich dadurch veranschaulichen, daß einzelne Regionen im „Lebensraum" einer Person positiven oder negativen „Aufforderungscharakter" haben, dies unterschiedlich stark und mit unterschiedlichem Ansatzpunkt. Meist wirken Kräfte wohl auf die betreffende Person, sie können jedoch auf jeden Teil des Lebensraumes einwirken (Lewin 1951, 260). Wenn ein Kind empfindet, „die Puppe möchte jetzt schlafen", dann ist dies ein Beispiel für eine Feldkraft, die an anderer Stelle im Lebensraum ansetzt.

Im Rahmen der Diskussion ihres ersten Experimentes (Darley und Latané 1968), bei dem das Verhalten von Zeugen eines epileptischen Anfalls untersucht wurde, schreiben die Autoren unter Bezug auf Lewins Konfliktlehre – freilich ohne ihn zu zitieren: „Der Anfall verursachte einen Konflikt vom Aversions-Aversions-Typ. Auf der einen Seite machten sich Versuchspersonen Sorgen über Schuld und Scham, die sie empfinden mußten, wenn sie der leidenden Person nicht helfen würden. Auf der anderen Seite wollten sie sich natürlich nicht durch Übereifer blamieren." Bei einer größeren Anzahl von Zeugen wird nach Darley und Latané dieser Konflikt häufiger zugunsten unterlassener Hilfeleistung entschieden, die Verantwortung wird auf andere Zeugen (die im Experiment nicht sichtbar waren) abgeschoben. Dieses Verhalten ist leicht mit Lewins Konflikt- und Feldtheorie in der Weise zu erklären, daß bei größerer Zeugenanzahl die Furcht vor Blamage größere Aversion verursacht als die Schuldgefühle.

Hierbei ist klar, daß post-hoc-Interpretationen immer leichter fallen als valide Prognosen.

Die Art, wie dieser Konflikt von den Versuchspersonen gelöst wird, müßte nach Lewin durch geringfügige Veränderungen der Versuchssituation zu beeinflussen sein. Die Ergebnisse der geschilderten Versuchsmodifikationen bestätigen dies. Wird der Versuch als weniger wichtig hingestellt, müßte häufiger geholfen werden. Ein ähnliches Ergebnis müßte zu erzielen sein, wenn die Versuchspersonen überhaupt eine kritische Einstellung zur Psychologie haben. In beiden, bislang m. W. noch nicht überprüften Fällen, werden die Versuchspersonen das Ziel „Mitmachen am Versuch“ leichter aufgeben als im ursprünglichen Experiment. Erleichtert wird auch das Abschieben der Verantwortung, wenn ein anderer Zeuge größere Kompetenz besitzt als der „Durchschnitts-Zeuge“, erschwert wird es, wenn andere Zeugen als unfähig erscheinen. In unklaren Notsituationen sinkt ebenfalls die Hilfsbereitschaft. Offensichtlich wird hier eine geringere Verpflichtung zur Hilfeleistung empfunden.

In der Sicht der Feldtheorie geht es hier u. a. um den Bewegungsspielraum der potentiellen Helfer in ihrem Lebensraum. Barrieren, wie z. B. die Nicht-Sichtbarkeit anderer Personen erschweren Hilfeleistung; Hinweise des Opfers, wie man ihm helfen kann, vergrößern den Bewegungsspielraum, bauen Barrieren ab. So legen diese Ergebnisse auch pädagogische Konsequenzen nahe: Behinderte und Benachteiligte sollten durch entsprechende Erziehung und Ausbildung die Fähigkeit erwerben, wie sie Nichtbehinderten Hinweise zur Hilfe geben können. Diese, in der neueren heilpädagogischen Literatur zu findende Forderung ist allerdings umstritten, weil sie ebenfalls den Charakter des Abschiebens von Verantwortung haben kann, und Behinderte durch diese zusätzliche Aufgabe u. U. überfordert werden.

Fazit: Darley und Latané haben mit ihren Untersuchungen zum Verhalten von Unfallzeugen einen dankenswerten Anstoß für die Forschung gegeben. Durch zahlreiche Modifikationen und Replikationen der ersten Laborversuche wurde der Bystander-Intervention-Effekt (Geringere Hilfeleistung bei größerer Zeugenzahl) beträchtlich relativiert. Der größere Teil der Untersuchungen geht möglichen Artefakten wie Ergebnisverzerrungen durch Hypothesenbildungen der Vpn sehr unzureichend nach. Dies erscheint besonders bedenklich, da es sich in der Regel bei dem beschriebenen Versuchstyp um ein Laborexperiment handelt, bei dem freiwillige Vpn über einen (meist sehr selten vorkommenden) Notfall getäuscht werden. Wegen eines allgemeinen Mangels an theoretischen Begründungen in diesem Forschungsgebiet wurde versucht, die Experimente feldtheoretisch zu betrachten. Insbesondere zur Aufdeckung von laborexperimentellen Artefakten im Bereich der Erforschung prosozialen Verhaltens scheint die Feldtheorie einen nützlichen Bezugsrahmen zu liefern.

Literatur

Bar-Tal, D.: Prosocial behavior. Theory and research. New York u. a. 1976.

Baumann, G.: Attributionstheorie und prosoziales Verhalten. Arbeitsbericht Nr. 5 des Arbeitsbereichs Psychologie der Fernuniversität. Hagen 1979.

Bickmann, L.: The effect of another bystander's ability to help on bestander intervention in an emergency. J. Exp. Soc. Psychol. 7 (1971), 367-379.

Bierhoff, H. W.: Hilfreiches Verhalten. Darmstadt 1980.

Boston Psychopathic Hospital: „Experimental psychoses". Scientific American 192 (6) (1955), 34-39.

Bungard, W.: Methodische Probleme der empirischen Erforschung prosozialen Verhaltens. In: Lück, H. E. (Hrsg.): Mitleid-Vertrauen-Verantwortung. Stuttgart 1977, 170-189.

Cartwright, D.: Determinants of scientifics progress. The case of research on the Risky Shift. Amer. Psychologist 28 (1973), 222-231.

Clark, R. D. III. & Word, L.: Why don't bystanders help? Because of ambiguity? Journal of Personality and Social Psychology 24 (1972), 392-400.

Clark, R. D. III. & Word, L. E.: Where is the apathetic bystander? Situational characteristics of the emergence. J. Pers. Soc. Psychol. 29 (1974), 279-187.

Darley, J. M. & Latané, B.: Bystander intervention in emergencies: diffusion of responsibility. J. Pers. Soc. Psychol. 8 (1968), 377-383.

Darley, J. M., Teger, A. I. & Lewis, L. D.: Do groups always inhibit individuals' response to potential emergencies? J. Pers. Soc. Psychol. 26 (1973), 395-399.

French, J. R. P. Jr.: Organzied and unorganized groups under fear and frustration. University of Iowa Studies in Child Welfare 20 (1944), 299-308.

Hofstätter, P. J.: Gruppendynamik. Kritik der Massenpsychologie. Hamburg 1957, 2. Aufl. 1971.

Hornstein, H. A.: Promotive tension: The basis of prosocial behavior from a Lewinian perspective. Soc. Issues 28, Nr. 3 (1972), 191-218.

Horowitz, I. A.: Effect of choice and locus of dependence on helping behavior. J. Pers. Soc. Psychol. 8 (1968), 373-376.

Horowitz, I. A.: The effect of group norms on bystander intervention. J. Soc. Psychol. 83 (1971), 265-273.

Huston, T. L. & Korte, C.: The responsive bystander: Why he helps. In: Lickona, T. (Hrsg.): Moral development and behavior. New York u. a. 1976.

Hutfild, E., Walster, G. W. & Piliavin, J. A.: Equity theory and helping relationships. In: Wispé 1978, 115-139.

Koch, J.-J. (Hrsg.): Altruismus und Aggression. Das Feldexperiment in der Sozialpsychologie I. Weinheim und Basel 1976.

Kogan, N. & Wallach, M. A.: Risk-taking: A study in cognition and personality, New York 1964.

Köhler, B.: Prosoziales Verhalten: Forschungsschwerpunkte und Forschungsthemen. Z. Sozialpsychol. 8 (1977), 23-49.

Korte, C.: Effect of individual responsibility and group communication on help-giving in an emergency. Hum. Relat. 24 (1971), 149-159.

Latané, B.: Gregariousness and fear in laboratory rats. Journal of Experimental Social Psychology 5 (1969), 61-69.

Latané, B.: Research proposal for renewal of grant SOC 73-05636, Ohio State University, 17. März 1976.

Latané, B.: Social loafing – causes and consequences. Paper presented at the International Conference on the Development and Maintainance of Prosocial Behavior. Jablonna, Poland, June 29–July 3, 1980.

Latané, B. & Darley, J.: Group inhibition of bystander intervention in emergencies. J. Pers. Soc. Psychol. 10 (1968), 215-221.

Latané, B. & Darley, J. M.: Social determinant of bystander intervention in emergencies. In: Macauley, J. & Berkowitz, L. (Hrsg.): Altruism and helping behavior, New York, London 1970, 13-27.

Latané, B. & Darley, J. M.: Help in a crisis: Bystander response to an emergency. Morristown, N. Y. 1976.

Latané, B. & Glass, D.: Social and nonsocial attraction in rats. J. Pers. Soc. Psychol. 9 (1968), 142-146.

Latané, B. & Rodin, J.: A lady in distress: Inhibiting effects of friends and strangers on bystander intervention. J. Exp. Soc. Psychol. 5 (1969), 189-202.

Lewin, K.: Der Begriff der Genese in Physik, Biologie und Entwicklungsgeschichte. Berlin 1922.

Lewin, K.: Field theory in social science. New York 1951. Deutsch: Feldtheorie in den Sozialwissenschaften. Bern, Stuttgart und Wien 1963.

Lück, H. E.: Prosoziales Verhalten. Empirische Untersuchungen zur Hilfeleistung. Köln 1975a.

Lück, H. E.: Abschieben der Verantwortung als gruppendynamischer Prozeß. Der evangelische Erzieher 27 (1975b), 242-48.

Lück, H. E. (Hrsg.): Mitleid-Vertrauen-Verantwortung. Ergebnisse der Erforschung prosozialen Verhaltens. Stuttgart 1977.

Lück, H. E.: Feldtheoretische Betrachtungen zur Hilfeleistung. In: Guss, K. (Hrsg.): Gestalttheorie und Sozialarbeit, Darmstadt 1979, 45-58.

Lück, H. E. & Schuch, A.: Feldexperimente im Bereich des prosocialen Verhaltens. In: Patry, J. L. (Hrsg.): Feldforschung, Bern und Stuttgart (im Druck).

Mandelbaum, D. G.: Soldier groups and Negro soldiers. Berkeley 1952.

Misavage, R. & Richardson, J. T.: The focusing of responsibility, An alternative hypothesis in help-demanding situations. Eur. J. Soc. Psychol. 4 (1974), 5-15.

Milgram, S.: The individual in a social world. Essays and experiments. Reading, Mass. u. a. 1977.

Orne, M. T. & Evans, F. J.: Social control in the psychological experiment: antisocial behavior and hyponosis. J. Pers. Soc. Psychol. 1 (1965), 189-200.

Piliavin, J. A. & Piliavin, I. M.: Effect of blood on reactions to a victim. J. Pers. Soc. Psychol. 23 (1972), 353-361.

Piliavin, I., Rodin, J. & Piliavin, J.: Good samaritanism: An underground phenomenon? J. Pers. Soc. Psychol. 13 (1969), 289-299.

Rosenhan, D. L.: Toward resolving the altruism paradox: Affect, self-reinforcement, and cognition. In: Wispé 1978.

Ross, A.: Effect of increased responsibility on bystander intervention: The presence of children. J. Pers. Soc. Psychol. 19 (1971), 306-310.

Ross, A. & Brabend, J.: Effect of increased responsibility on bystander intervention II: The cue value of a blind person. J. Pers. Soc. Psychol. 25 (1973), 254-258.

Schachter, S.: The psychology of affiliation. Stanford 1959.

Schmidthuisen, G.: Kausalattribuierung und prosoziales Verhalten. Hausarbeit für das Lehramt an Gymnasien. Gesamthochschule Duisburg 1978.

Schwartz, S. H. & Clausen, G. T.: Responsibility, norms, and helping in an emergency. J. Pers. Soc. Psychol. 16 (1970), 299-310.

Schwartz, S. H. & Gottlieb, A.: Bystander reactions to a violent theft: Crime in Jerusalem. J. Pers. Soc. Psychol. 34 (1976) 1188-1199.

Staub, E.: A child in distress: The influence of age and number of witnesses on children's attempts to help. J. Pers. Soc. Psychol. 4 (1970), 130-140.

Staub, E.: Helping a person in distress: The influence of implicit and explicit „rules" of conduct on children and adults. J. Pers. Soc. Psychol. 17 (1971), 134-144.

Staub, E.: Instigation to goodners: The role of social norms and interpersonal influence. J. Soc. Issues 28 (1972), 131-150.

Stoner, J. A. F.: A comparison of individual and group decisions involving risk. Unpublished master's thesis, Sloan School of Management, Massachusetts Institute of Technology 1961.

Wispé, L. G. (Hrsg.): Positive forms of social behavior. J. Soc. Issues 28, No. 3 (1972).

Wispé, L. (Hrsg.): Altruism, sympathy and helping. Reading, Mass. 1978.

Wrightsman, L. S.: Effects of waiting with others on changes in level of felt anxiety. J. Abnorm. Soc. Psychol. 61 (1960), 216-222.

„Soziale Wahrnehmung“ – oder Wahrnehmung in sozialen Situationen?

Horst W. Brand

1. Das „Soziale“ an der Wahrnehmung

Die sinnliche Wahrnehmung seiner individuellen Umwelt ist der Ausgangspunkt jeglicher Empfindungen, Kognitionen, Erfahrungen und Verhaltensweisen eines jeden Individuums; durch sie allein erlangt es Zugang zu der physikalischen und sozialen Außenwelt, in der es sich befindet, und ohne sie wären ihm Kenntnisse, Erkenntnisse und sinnverleihende Interpretation seiner Umgebung schlechterdings unmöglich.

Wenn somit der auf der Wahrnehmung basierende „Aufschluß über die Umwelt“ (Graumann 1955, 608 in Anlehnung an Bruner 1951, 124) bzw. „Wirklichkeitsaufschluß“ (Holzkamp 1976, 371) von grundlegender Bedeutung für die Orientierung des Individuums in seiner Umwelt und sein Verhalten ihr gegenüber sein muß, so bietet sich das Studium dieses Phänomens in besonderem Maße an, um zur Erklärung und zum Verständnis menschlichen Verhaltens überhaupt zu gelangen.

Die über die Wahrnehmung erlangten Repräsentationen der Außenwelt (bzw. einzelner ihrer Aspekte) müssen jedoch nicht unbedingt „objektiv“ zutreffend bzw. „veridikal“ sein – hierin stimmen Autoren wie z. B. Bruner und Holzkamp trotz ihrer extrem divergierenden wissenschafts- und erkenntnistheoretischen Grundpositionen überein –, und gerade das Fehlen eines solchen „psycho-physischen Parallelismus“ (Irle 1975, 52) legt den Gedanken nahe, eben in diesem Umstand einen Ansatzpunkt für die Erklärung der interindividuellen Variabilität menschlichen Verhaltens zu sehen. Denn nicht allein für den Fall unterschiedlicher Kontexte, in welchen sich verschiedene Individuen befinden, scheint dieser Erklärungsansatz erfolgversprechend, sondern auch für den Fall, daß sich eine Vielzahl von Individuen in identischen oder zumindest weitgehend ähnlichen Umwelten befindet, dennoch aber inter-individuell unterschiedliche Verhaltensweisen in und gegenüber dieser Umwelt anzutreffen sind.

Das Fehlen eines naiverweise zu erwartenden psycho-physischen Parallelismus zwingt somit zu der Annahme, daß neben den bloßen „objektiven“ Reizgegebenheiten auch andere Einflußgrößen die individuelle Wahrnehmung mitdeterminieren. Erstmalig zu einem theoretischen Rahmen ausformuliert wurde dieser Grundgedanke von dem Mitarbeiterkreis um J. S. Bruner und L. Postman. Von ihnen wurde auch der experimentelle Nachweis für das Postulat erbracht, daß die Wahrnehmung nicht ausschließlich von „autochthonen" Determinanten bestimmt wird, sondern auch „motivationalen" Einflüssen unterliegt, welche ihrerseits nicht allein aus momentanen physiologischen Motivationszuständen herrühren (z. B. Levine et al. 1942; McClelland & Atkinson 1948), sondern zu einem Großteil *sozialen* Ursprungs sind und sich beispielsweise in sozial vermittelten Einstellungen und Wertorientierungen manifestieren (z. B. Bruner & Goodman 1947; Bruner & Postman 1947b).

Dieser Ansatz – anfänglich von einigen Autoren, die das Gebiet der Wahrnehmung als genuinen Forschungsgegenstand einer „allgemeinen" Psychologie betrachteten, etwas abfällig als „new look in perception" bezeichnet – hat sich seitdem als „social-perception-Forschung" (z. B. Graumann 1955; Allport 1966) verselbständigt und als eines der Forschungsgebiete der Sozial-Psychologie etabliert.[1]

2. „Wahrnehmungs-Abwehr" als Manifestation sozialer Einflußnahme auf die individuelle Wahrnehmung

Eine von Anfang an zentrale Bedeutung nahm im Bereich der sozialen Wahrnehmung das Konzept der „Wahrnehmungs-Abwehr" (perceptual defense) ein. Eingeführt wurde dieser Begriff von Bruner & Postman (1947a), die in ihren Experimenten zu dem Ergebnis gelangten, daß bei tachistoskopischer Darbietung, d. h. unter extrem erschwerten Wahrnehmungsbedingungen, solche Umweltreize, die mit negativen Bewertungen verknüpft sind, mit Furcht oder Angst assoziiert werden oder auch nur eine individuelle Geringschätzung erfahren, systematisch höhere Wahrnehmungsschwellen aufweisen als neutrale oder gar als angenehm empfundene Reize (Postman et al. 1948; Lazarus & McCleary 1951). Diese Unterschiede in den ermittelten Schwellenwerten wurden dahin gehend interpretiert, daß negativ besetzte Stimuli eben aufgrund ihres aversiven emotionalen Gehalts *perzeptiv* abgewehrt werden, während umgekehrt für Reize mit

[1] Der traditionellen Trennung von „sozialer Wahrnehmung" i. e. S. und „Personwahrnehmung" als einem ihrer Teilgebiete i. w. S. folgend (z. B. Secord & Backman 1964; Tagiuri 1969; Tajfel 1969; Bergius 1976; Israel 1976), werden sich die nachfolgenden Erörterungen vorrangig auf die social-perception-Forschung in ihrer ursprünglichen Konzeption unter Ausklammerung der Personwahrnehmung konzentrieren, um in exemplarischer Weise einen der zentralen Forschungsgegenstände dieser Forschungsrichtung zu diskutieren.

positiven Valenzen besonders geringe Wahrnehmungsschwellen kennzeichnend sind. Letzteres wurde mit Begriffen wie „Wertresonanz“, „Sensitivierung“, „Akzentuierung“ und „Vigilanz“ umschrieben.

Der Begriff „Wahrnehmungs-Abwehr“ hat beträchtliche Verbreitung gefunden, was zweifellos auch dadurch begünstigt wurde, daß er von psychoanalytischer Seite (z. B. Blum 1954; Chodorkoff & Chodorkoff 1958, Kragh 1962) bereitwillig adaptiert wurde; offenbar sah man in den einschlägigen Untersuchungen des „New Look“ eine willkommene empirische Fundierung für Freudsches Gedankengut über eine „Zensur“. Angesichts dieser Verbreitung sei an dieser Stelle das Experiment von McGinnies (1949) in seinen Grundzügen wiedergegeben, da es einerseits als „klassisches“ Experiment in das Schrifttum eingegangen ist und somit maßgeblich zur Verbreitung der Überzeugung von der Existenz eines perzeptiven Abwehrmechanismus beigetragen hat wie auch andererseits als typisch für das experimentelle Paradigma gelten kann, mittels dessen die Befunde zur „Wahrnehmungs-Abwehr“ bzw. zur „unterschwelligen“ Wahrnehmung überhaupt erst erzielt wurden.

McGinnies (1949) wählte als Reizmaterial eine Liste von 11 neutralen (z. B. apple, music) und 7 „kritischen“ Wörtern, bei denen eine emotionale Besetzung vermutet werden konnte (z. B. penis, bitch). In Zufallsfolge wurden diese Stimuli den Probanden (n = 16, davon 8 weiblich) tachistoskopisch dargeboten, beginnend mit einer Darbietungszeit von 0.01 sec. Nach jeder einzelnen Exposition sollten die Vpn (in Einzelversuchen) das jeweils dargebotene Wort nennen oder – falls nicht erkannt – erraten. Erfolgte keine korrekte Verbalisierung, erhöhte sich die Darbietungszeit nach jedem Fehlversuch schrittweise um 0.01 sec bis zur schließlich korrekten Wiedergabe eines jeden Wortes.

Voraufgegangen waren vier Probedurchgänge mit Übungsworten, wobei den Vpn zuvor Elektroden an beiden Händen befestigt worden waren. Den Vpn gegenüber wurde diese Maßnahme nicht weiter erläutert – sie diente der Messung der psychogalvanischen Reaktion (PGR) –; sie erfuhren lediglich, daß sie während des Experiments eine Reihe von Wörtern zu sehen bekämen, die sie möglicherweise nicht immer sogleich erkennen könnten; sie sollten jedoch nach jeder Darbietung alles berichten, was sie gesehen hatten oder gesehen zu haben glaubten, ohne Rücksicht darauf, was dies im Einzelfall gewesen sei (McGinnies 1949, 246).

Wie McGinnies berichtet, zeigte sich einerseits, daß die Wahrnehmungsschwellen (ermittelt aus den Expositionszeiten, bei denen erstmalig eine korrekte Verbalisierung erfolgte) für die Tabu-Worte signifikant über den Schwellenwerten der neutralen Worte lagen. Darüber hinaus aber ergab sich, daß auch die PGR-Werte (als autonomer Indikator für den emotionalen Gehalt der Stimuli) für die Tabu-Worte signifikant über den Werten der neutralen Kontroll-Stimuli lagen, und zwar auch bei denjenigen Expositionen, die vor dem Erkennen des jeweiligen Wortes erfolgt waren.

McGinnies und kongeniale Autoren betrachten diese und ähnlich lautende Befunde als Nachweis für das Phänomen der „Wahrnehmungs-Abwehr", die sich eben darin zeige, daß sozial-tabuierte, als unangenehm oder gar als bedrohlich empfundene Reizinhalte bereits im Augenblick der (möglichen) Informationsaufnahme wahrnehmungsmäßig „unterdrückt" bzw. „abgewehrt" werden. Reize dieser Art werden demzufolge zwar einerseits „wahrgenommen" (d. h. vom sensorischen Organismus rezipiert, wie die autonomen Reaktionen der Probanden indizieren); andererseits aber wird die noch nicht erfolgte Identifikation seitens der Vpn als Indiz dafür gewertet, daß eine (bewußte) Wahrnehmung noch nicht erfolgte, die Reizintensität somit noch unterhalb der Wahrnehmungs-Schwelle lag. Dies wiederum wurde mit dem Begriff „unter-schwellige" Wahrnehmung belegt (z. B. Lazarus & McCleary 1951, die aus „subliminal" und „per-ception" den neuen Begriff „subception" ableiteten und diesen Neologismus in das Schrifttum einführten).

Hierzu ist einerseits anzumerken, daß einer Deutung derartiger Ergebnisse im Sinne einer „Wahrnehmungs-Abwehr" allenfalls ein beschreibender Wert (für den „Abwehr-Effekt") zuerkannt werden kann, denn sie besitzt zunächst keinerlei Erklärungsgehalt für einen hieraus konsequenterweise zu postulierenden „Abwehr-Mechanismus". In der Tat legen derartige Befunde den Gedanken an einen „homunculus" innerhalb des menschlichen Wahrnehmungsapparates nahe (z. B. Bruner & Postman 1949; Hochberg & Gleitman 1949), und sehr bald schon wurde die Paradoxie, die derartigen Ergebnissen zu eigen ist, sehr pointiert dahin gehend formuliert: „To speak of perceptual defense . . . is to speak of perceptual process as somehow being both a process of knowing and avoiding knowing" (Howie 1952, 311). Mehr noch: ein derart gedachter sensorischer Apparat müßte folglich in der Weise funktionieren, daß er eigens zu dem *Zwecke* wahrnimmt, eine Wahrnehmung zu unterbinden, was die gleichermaßen simple wie entscheidende Frage aufwirft: wie kann etwas durch Wahrnehmung abgewehrt werden, was noch gar nicht wahrgenommen wurde?

Zum anderen zeigte sich aber ebensobald, daß nicht allein gegen ein derart wenig plausibles theoretisches Konstrukt, sondern mehr noch gegenüber dessen empirischer Begründung Kritik erhoben wurde. Dabei wurden keineswegs die experimentell gewonnenen (und replizierbaren) Daten angezweifelt, sondern vielmehr wurde die Art und Weise ihres Zustandekommens zum Anlaß genommen, hierin einen Artefaktverdacht zu begründen und das Konstrukt „Wahrnehmungs-Abwehr" als weder notwendige noch gerechtfertigte Annahme zurückzuweisen.

3. Traditionelle methodologische Einwände gegen das Konstrukt „Wahrnehmungs-Abwehr"

In der Tat stellen sich die Versuchsanordnungen, Operationalisierungen, Instruktionen und Kontrollbedingungen von McGinnies und anderen Experimentatoren, sofern sie Ergebnisse zur Stützung der perceptual-defense-Hypothese beisteuerten, als ingesamt oder zumindest punktuell recht fragwürdig, mitunter sogar als geradezu naiv dar – und dies nicht allein aus heutiger Sicht.

Bereits in der unmittelbaren Folgezeit des Bekanntwerdens der fraglichen Befunde wurden mannigfaltige Argumente vorgetragen, die sich vorrangig auf die experimentellen Prozeduren bezogen und allesamt die interne und/oder externe Validität der erzielten Ergebnisse in Frage stellen. Gemeinsam ist diesen Kritiken ferner, daß sie die *perzeptive* Bedingtheit des „Abwehr-Effekts" in Frage stellen und den Nachweis zu führen trachten, daß es sich dabei um ein bloßes Response-Phänomen handelt, welches auf die jeweils realisierten experimentellen Vorgehensweisen zurückzuführen und somit artifizieller Natur ist.

Da eine ausführliche Diskussion dieser Einwände bereits an anderer Stelle erfolgte (Brand 1978), seien an dieser Stelle lediglich die unmittelbar einsehbaren Schwächen jener Experimente wiedergegeben, die zu dem vermeintlichen Nachweis einer „Wahrnehmungs-Abwehr" gelangten. Dabei gliedern sich die hierzu vorgetragenen Argumente im wesentlichen in stimulus-bedingte und andererseits instruktions-bedingte Begründungen des artifiziellen Charakters der Abwehr-Befunde.

3.1. Wahrnehmungs-Abwehr als stimulus-bedingtes Artefakt

Bereits die Tatsache, daß tabuierte Wörter sexuellen Gehalts, insbesondere solche, die der Fäkalsprache zuzurechnen sind, in der Sprachstatistik eine geringere Auftretenswahrscheinlichkeit aufweisen, mindert ihren Bekanntheitsgrad. Dies mag zwar ihre Wahrnehmbarkeit (im Sinne von

Identifikations-Wahrscheinlichkeit) beeinträchtigen, mit Sicherheit aber auch – infolge geringerer Geläufigkeit – die Wahrscheinlichkeit ihrer Nennung (z. B. Howes & Solomon 1950, 1951; Howes 1954). Diesem Umstand zufolge würden jedoch auch nicht-tabuierte und sonstige affektfreie Worte, sofern sie wenig geläufig sind (z. B. Fremdworte, Fachtermini), einer „Wahrnehmungs-Abwehr" unterliegen, was zu einer gänzlich andersartigen inhaltlichen Interpretation des zu postulierenden „Abwehr-Mechanismus" zwingen würde.

Darüber hinaus repräsentieren die vorliegenden Sprachstatistiken, die in einigen späteren Experimenten zur Kontrolle der Variablen „Worthäufigkeit" herangezogen wurden, nur sehr bedingt den individuellen Sprachgebrauch des einzelnen Probanden, da derartige Tabellenwerke notwendigerweise auf der Schriftsprache basieren. Ein Meta-Experiment von Goldiamond & Hawkins (1958), in welchem statt dessen der individuelle Bekanntheitsgrad der eingesetzten Stimuli experimentell manipuliert wurde, belegt hingegen in überzeugender Weise, daß allein schon durch die Veränderung der subjektiven Erwartung hinsichtlich der Auftretenswahrscheinlichkeit verschiedener Stimuli (in diesem Falle sinnloser Silben!) artifizielle „Abwehr-Effekte" produziert werden können.

Ein weiterer methodologischer Einwand moniert schließlich, daß die Möglichkeit „partieller" Wahrnehmungen – d. h. das Erkennen von Wortfragmenten, welche ein sinnvolles Ergänzen (u. U. Erraten) ermöglichten, wodurch wiederum die Nennung von geläufigen, bekannteren Worten begünstigt wurde –, bei diesen Experimenten nicht eliminiert oder kontrolliert wurde (vgl. hierzu insbesondere Bricker & Chapanis 1953; Murdock 1954; Voor 1956; Eriksen 1956a, 1956b; Boardman 1957).

Namentlich diese letztgenannte Überlegung verweist auf die von Bruner, Postman und anderen entwickelte „Hypothesen-Theorie der Wahrnehmung", wonach das wahrnehmende Subjekt in frühen aktualgenetischen Stadien der Wahrnehmung Hypothesen und Vermutungen über den jeweiligen Wahrnehmungsinhalt entwickelt, die jedoch infolge subjektiver Unsicherheit – bedingt durch die experimentell erschwerten Wahrnehmungsbedingungen – noch einer weiteren Überprüfung unterworfen werden. Diese Überprüfung erfolgt im Verlauf der sukzessiven Reizdarbietungen, die, bedingt durch gesteigerte Darbietungszeiten, ein stetig zunehmendes Maß an „Umweltaufschluß" ermöglichen, wodurch dann die bislang entwickelte(n) Hypothese(n) entweder bestätigt oder aber verworfen wird (werden), woraus letztlich eine größere subjektive Urteilssicherheit resultiert.

Überträgt man diesen Sachverhalt auf eine experimentelle Situation, in welcher einer nicht weiter vorbereiteten Vp unter anderem Tabu-Stimuli der Sexualsphäre dargeboten werden, die sie einem Vl (ihr unbekannt, vielfach dem jeweils anderen Geschlecht angehörig und mutmaßlich als status-höher eingeschätzt) gegenüber auszusprechen hat, so liegt die Vermutung nahe, daß im Falle geringer subjektiver Urteilssicherheit die Vp im Falle von Tabu-Worten mit ihrer Verbalisierung zunächst noch zurückhaltend ist und eine oder mehrere zusätzliche Reizdarbietungen abwartet, bevor sie sich zum Aussprechen eines dargebotenen Tabu-Wortes entschließt. Ein solches Vp-Verhalten müßte exakt zum Zustandekommen eines „Abwehr-Effekts“ führen: es würde einerseits den Tatbestand höherer Schwellenwerte für die Kategorie der Tabu-Worte erbringen, wäre andererseits aber gleichermaßen in der Lage, den bereits *vor* der erstmaligen Nennung festgestellten Anstieg der PGR-Werte plausibel zu erklären.

Diese naheliegende Vermutung, daß es sich bei dem postulierten Phänomen der „Wahrnehmungs-Abwehr“ gar nicht um ein wahrnehmungs-bedingtes, sondern vielmehr um ein response-bedingtes Phänomen handelt, das auf einer Reaktions-Hemmung im Sinne einer verzögerten Verbalisierungsbereitschaft beruht, hat sodann auch vielfältige Bestätigung erfahren.

3.2. Wahrnehmungs-Abwehr als instruktions-bedingtes Artefakt

So versuchte bereits Freeman (1954), auf seiten der Vpn potentiell vorhandene Verbalisierungs-Hemmungen dadurch abzubauen, daß bereits zu Beginn des Versuchs im Rahmen der Instruktion angekündigt wurde, daß sich unter den nachfolgend exponierten Stimuli auch einige Tabu-Wörter befinden würden; darüber hinaus wurden den Vpn vorab einige Beispiele demonstriert. Wie sie zeigte, konnte bei denjenigen Probanden, die mit diesen Informationen versehen worden waren, keine „Wahrnehmungs-Abwehr“ für Tabu-Worte festgestellt werden, sondern lediglich bei solchen Vpn, die – wie etwa bei McGinnies (1949) – unvorbereitet den Expositionen ausgesetzt wurden. Dies erhärtet die Vermutung, daß bei letzteren keineswegs die Wahrnehmung, sondern lediglich die Verbalisierungsbereitschaft gehemmt worden war (vgl. auch Neisser 1954; Goldstein 1962, 1964).

In einer späteren Arbeit verwies Freeman (1955) ferner auf die Bedeutsamkeit einer weiteren von McGinnies vernachlässigten Variablen, indem namentlich bei der Verwendung von Tabu-Stimuli aus der Sexualsphäre die Geschlechtszugehörigkeit von Vp und Vl sowie die Interaktion dieser Variablen als bedeutsame Determinanten der Verbalisierungsbereitschaft zu beachten sind.

Ebenso demonstrierte Nothman (1962) überzeugend das Vorliegen von mangelnder verbaler Reaktionsbereitschaft unter den von McGinnies realisierten Versuchsbedingungen. Unter Verwendung der von McGinnies benutzten Tabu-Stimuli wurde unter der Bedingung, daß die Vpn die Tabu-Wörter gegenüber dem Vl auszusprechen hatten, tatsächlich der ursprüngliche Befund repliziert. Aber bereits unter der variierten Bedingung, daß das jeweils exponierte Wort von den Probanden nicht mehr im vollen Umfang ausgesprochen, sondern nur noch buchstabiert zu werden brauchte, stellte sich eine drastische Verringerung des „Abwehr-Effekts" ein. Keinerlei Effekt war schließlich festzustellen, wenn die Vpn unter einer weiteren Bedingungsvariation das von ihnen Erkannte nicht mehr verbalisieren mußten, sondern schriftlich wiedergeben konnten.

In welchem Maße die vermeintliche „Wahrnehmungs-Abwehr" auf Verbalisierungs-Hemmungen oder -Vermeidungen beruht, konnte auch McIntosh (1961) durch eine ebenso einfallsreiche wie simple Variation der an die Vpn gestellten Anforderungen demonstrieren. Wurden das neutrale und das Tabu-Wort jeweils gleichzeitig dargeboten und erfolgte die Verbalisierung durch den Vl, so daß die Vp nur noch anzugeben brauchte, an welchem Ort im Darbietungsfeld sich das jeweilige Tabu-Wort befand, so ergab sich keinerlei Hinweis auf einen „Abwehr-Effekt". Bei weitgehend ähnlicher Vorgehensweise gelangten Goldstein et al. (1962) zu einer Bestätigung dieses Befundes.

Insgesamt belegen diese Kontrolluntersuchungen somit, daß „saying" als äußerst unzulänglicher und fragwürdiger Indikator für „seeing" zu betrachten ist (Neisser 1954; Zajonc 1962), und Allport (1966, 335) berurteilt die angeblichen Nachweise für die Existenz einer „Wahrnehmungs-Abwehr" schließlich dahin gehend, daß, sofern das postulierte Phänomen überhaupt etwas mit Wahrnehmung zu tun habe, so allenfalls mit Wahrnehmung in einer sozialen Situation, wobei die Anwesenheit eines anderen Individuums eben nicht vernachlässigt werden dürfe.

Angesichts der Tatsache, daß gerade die „social-perception-Forschung" von Anfang an von der Grundidee einer „motivierten" Wahrnehmung ausging, die wesentlich durch soziale Einflüsse mitdeterminiert ist, ist es in der Tat verwunderlich, daß dabei gleichzeitig der Gedanke an eine gleichermaßen „motivierte" Vp, die den Beweis für die „Motivation der Wahrnehmung" (Graumann 1955) liefern sollte, so völlig ignoriert wurde.

Nicht minder frappierend ist die Tatsache, daß insbesondere das Konzept der „Wahrnehmungs-Hypothesen“, das von so zentraler Bedeutung innerhalb dieses theoretischen Ansatzes ist, in derart eingeengter Betrachtung lediglich im Sinne von stimulus-gebundenen Hypothesen behandelt wurde, wo doch unter Einbeziehung der ohnehin schon als bedeutsam erachteten Motivation des wahrnehmenden Individuums eine Ausweitung und ebenso konsequente Verfolgung dieses Konzepts im Sinne von „Hypothesen über die (experimentelle) Gesamtsituation“ durchaus naheliegend gewesen wäre.

Der Nomenklatur der Inauguratoren der „social-perception-Forschung“ folgend, muß diese eingeengte Sichtweise in der Retrospektive in der Tat als ein (unfreiwilliges) Beispiel für perzeptive „Selektivität“ und „Fixation“ bezeichnet werden.

4. Einige unkonventionelle Überlegungen: Wahrnehmungs-Abwehr als motivations-bedingtes Artefakt

Die Tatsache, daß die Motivation der Vp im Hinblick auf das jeweilige Experiment, in welches sie involviert wurde, im Rahmen des „New Look“ so geringe Beachtung fand und so wenig systematisch untersucht (oder zumindest kontrolliert) wurde, überrascht um so mehr, als sich bereits recht früh neben den zitierten „Abwehr“-Befunden auch konträre Ergebnisse einstellten, die analog im Sinne von „Vigilanz“ gedeutet wurden.

Bereits bei Postman (1951) findet sich die dichotome Klassifizierung von „defenders“ und „non-defenders“, die sich späterhin bei anderen Autoren als Unterscheidung von „sensitizers“ und „respressors“ im Sinne einer bipolaren Persönlichkeitsvariablen wiederfindet (z. B. Carpenter et al. 1956; Byrne & Sheffield 1965). Allerdings ist nicht zu verkennen, daß damit lediglich beschreibende oder auch nur zirkulär-tautologische Begriffe, keineswegs aber erklärende Konstrukte eingeführt wurden. Der Forderung Eriksens (1954), diese als relevant erachteten motivationalen Einflußgrößen nicht ex post als bloßes Faktum zu konstatieren, sondern von vornherein operational zu präzisieren und als unabhängige Variablen in die Untersuchungen einzubringen, wurde somit in keiner Weise Rechnung getragen.

Darüber hinaus erscheint es weder zwingend noch plausibel, zur „Aufklärung“ der logischen Unvereinbarkeit von Vigilanz- und Abwehr-Befunden für ein und dieselbe Kategorie von Stimuli auf so entlegene, aber gleichermaßen „bequeme“ Konstrukte wie Persönlichkeitsvariablen zu rekurrieren, denn es war bereits recht früh erkannt worden (z. B. Postman et al. 1953; Blum 1954; Nelson 1955), daß u. a. bereits geringfügige Veränderungen der an die Vpn ergehenden Instruktionen von entscheidender Bedeutung für die Verifikation bzw. Falsifikation der perceptual-defense-Hypothese sein konnten. Außerdem war mit der systematischen Analyse des Einflusses von set-Variablen, wie sie hier nur skizzenhaft wiedergegeben werden konnten, eine durchaus naheliegende und prinzipiell richtige Forschungsstrategie bereits eingeschlagen worden, die dazu hätte führen können, daß der Kanon der heute bekannten artefaktbegünstigenden Mediator-Variablen – namentlich (1) Versuchsleiter-Erwartungs-Effekte, (2) demand-Charakteristiken des experimentellen Settings und (3) Auswirkungen differentieller Vp-Motivationen – bereits wesentlich früher thematisiert und als solche erkannt worden wären als dies schließlich der Fall war, zumal in einem Forschungsbereich, der von Anbeginn unter dem Stigma der Anfälligkeit für labor-experimentelle Artefakte stand.

Allerdings blieben derart zukunftsträchtige Perspektiven im Ansatz stecken indem die Bedeutsamkeit motivationaler bzw. dispositioneller Variablen zwar im Prinzip erkannt worden war, diese jedoch lediglich unter dem Gesichtspunkt eines momentan aktualisierten „set" expliziert wurden (der seinerseits wiederum ausschließlich unter dem Aspekt der „sozialen Erwünschtheit" Beachtung fand), nicht aber im Sinne einer übergreifenden Vp-Motivation. Im Hinblick auf einen möglichst zügig voranschreitenden Erkenntnisstand bleibt somit nur das historische Faktum festzuhalten, daß der „input of information from the environment" (Bruner 1951, 124), der als so grundlegend bedeutsam für die Ausprägung menschlichen Verhaltens angesehen wurde, „kurzsichtig" reduziert wurde auf einen extrem spezifischen und wenig typischen Umweltausschnitt, eben jene Sekundenbruchteile andauernden tachistoskopischen Reizdarbietungen. Die gleichzeitig akut vorhandene unmittelbare Umgebung der Vpn, innerhalb derer sich die als relevant betrachteten „inputs" vollzogen, d. h. die Gesamtheit der Versuchs-Situation mit allen hieraus resultierenden Verhaltensanweisungen und Hinweisreizen, blieb dagegen gänzlich außer Betracht.

Re-analysiert man hingegen die experimentellen Bestätigungen der perceptual-defense-Hypothese wie auch – unter Ausweitung ihres Geltungsbereichs – die „verifizierenden" Befunde zur subception-Hypothese und zur „unterschwelligen" Wahrnehmung insgesamt (vgl. z. B. Dixon 1971; Koeppler 1972; Brand 1978) anhand der oben genannten, heute gängigen zusätzlichen Kriterien für die Beurteilung der Güte von labor-experimentell erzielten und somit potentiell mit „Reaktivität" belasteten

Forschungsergebnissen der (Sozial-)Psychologie, so ergeben sich unter diesem Gesichtspunkt folgende Beurteilungen:

4.1 Vl-Effekte

Tatsache ist, daß eine zahlenmäßig sehr begrenzte Anzahl von Experimentatoren bzw. Autoren sowie der ihnen zugehörige Mitarbeiterkreis mit auffallender Ausnahmslosigkeit zu regelmäßigen experimentellen Bestätigungen ihrer („verifizierenden“) Hypothesen gelangen, andere Forscher hingegen nicht; vielfältige Belege hierfür finden sich bei Dixon (1971) und Brand (1978).

Dies berechtigt zu der Vermutung, daß Vl-Effekte im Sinne von Rosenthal (1963) die jeweils eingebrachten Ergebnisse zumindest kodeterminieren. Systematische Untersuchungen und insbesondere Meta-Experimente, die eigens zur Überprüfung dieser Einflußmöglichkeit durchgeführt worden wären, liegen jedoch kaum vor (z. B. Barber & Rushton 1975). Auch ist gar nicht einmal zwingend anzunehmen, daß sich die Regelmäßigkeit der von diesen Autoren erzielten Resultate in derartigen Vl-Effekten begründet (deren konkrete Übertragungsmechanismen es überdies noch zu ermitteln gälte.) Vielmehr darf eine wesentlich weniger aufwendige Erklärung hierfür darin vermutet werden, daß dieser Autorenkreis eine stets unverändert beibehaltene Versuchsanordnung favorisiert, die bereits unter dem Gesichtspunkt der *internen* Gültigkeit fragwürdig ist, ferner durchwegs mit kaum repräsentativen Stichproben operiert und nicht zuletzt vorwiegend qualitativ-projektive Auswertungen der Vpn-Reaktionen bevorzugt, die einen unzulässig weiten Interpretations- und Ermessensspielraum belassen; ein eventueller Vl-Einfluß muß somit gar nicht notwendigerweise „in situ“ wirksam werden, sondern kann sich auch (oder sogar vorrangig) nach bereits abgeschlossenem Experiment erst im nachhinein im Vollzuge der Datenaufbereitung und -analyse einstellen, wie andernorts (Brand 1978, 57 ff) ausführlich dargelegt.

4.2 Demand-Charakteristiken

Ebenso liegen kaum Untersuchungen vor, die sich explizit dem Studium der Wirksamkeit von eventuell vorliegenden demand-Charakteristiken sensu Orne (1962) gewidmet hätten, wenngleich durchaus implizite Ansätze vorhanden sind, die sich unter diesem Gesichtspunkt subsumieren ließen. Sie sollen jedoch nicht allein aus diesem Grunde im vorliegenden Zusammenhang keine eigenständige Behandlung erfahren, sondern mehr noch deshalb, weil eine Bewertung der Wirkungsweise der jeweils vorliegenden (oder jedenfalls von der einzelnen Vp kognizierten) demand-Charakteristiken ohnehin nur unter der Voraussetzung sinnvoll vorgenommen werden kann, daß gleichzeitig auch die im Einzelfall vorherrschende(n) Vp-Motivation(en) mitberücksichtigt werden. Die Beurteilung der potentiellen Wirksamkeit von demand-Charakteristiken soll daher in die nachfolgenden Erörterungen der Bedeutung der Vp-Motivation(en) integriert werden.

4.3 Vp-Motivationen

Es ist wohl davon auszugehen, daß bis zu dem Erscheinen der Arbeiten von Orne (1962; erstmalig bereits 1959) – von vereinzelten Ausnahmen wie Rosenzweig (1933) abgesehen – seitens (sozial-)psychologischer Experimentatoren implizit von einer „neutralen“, bias-freien Motivation auf seiten der Vpn ausgegangen wurde; sie wurde als unvoreingenommen und inbesondere als indifferent im Hinblick auf die jeweils interessierenden abhängigen Variablen unterstellt und verdiente von daher als Variable sui generis keine sonderliche Beachtung. Die einzelne Vp (mitsamt ihrer Motivation) wurde „bestenfalls“ randomisierend als Zufallsvariable behandelt, von welcher „schlimmstenfalls“ ein „konstanter“ Fehler (bias) ausgehen würde, der aber nicht selektiv einzelne Ausprägungen der abhängigen Variablen affizieren konnte.

Im Lichte dieser traditionellen Sichtweise wurden zweifelsohne auch die anfänglichen Ergebnisse der social-perception-Experimente gedeutet, wofür die Tatsache sprechen mag, daß die frühesten hiergegen vorgebrachten Einwendungen bezeichnenderweise auf die Möglichkeit von stimulus(!)-bedingten Artefakten (z. B. „Worthäufigkeit“) hinwiesen.

Daß diese bis dato geradezu als selbstverständlich erachtete Annahme über das „Wesen“ von Vpn späterhin noch einer ausdrücklichen Erwähnung im Sinne der „faithful-subject-Motivation“ (Fillenbaum 1966; Fillenbaum & Frey 1970) bedurfte – was nahezu einer Gegenbewegung zu dem von Orne ausgehenden Impetus gleichkam –, braucht zur Beurteilung der Validität der hier in Rede stehenden Befunde nur am Rande erwähnt zu werden, da dies ohne Implikationen für deren Evaluierung bleibt: Auch bei Vorliegen von „ehrlichen“ Vpn müßten die fraglichen experimentellen Daten unterschiedslos im Sinne von „Wahrnehmungs-Abwehr“ interpretiert werden, da sich keine Anhaltspunkte für eine interne Invalidierung infolge dem entgegenstehender oder mit dieser Aussage konfundierender „spezifischer“ Vp-Motivationen ergeben.

Um die vorgetragenen Überlegungen zu konkretisieren, mag folgende (hypothetische) Versuchsanordnung zur Veranschaulichung dienen.

Ein Vl (männlich, 45 Jahre, Dozent) will das Phänomen „Wahrnehmungs-Abwehr“ experimentell unter Beweis stellen. Zu diesem Zweck bietet er seinen Vpn (Studentinnen, Durchschnittsalter 19 Jahre) unter erschwerten Wahrnehmungsbedingungen, d. h. mit (anfänglich) extrem kurzzeitigen Expositionen, eine Anzahl von Worten mittels eines Projektionsgeräts auf einer Leinwand dar. Während der Vl seiner Vp den Versuchsablauf und die an sie gerichtete Aufgabestellung erläutert, befestigt er gleichzeitig an den Händen (oder am Kopf) der Vp einige Elektroden, die mit einer abseits stehenden Meßapparatur verkabelt sind.

Die während des Versuchablaufs dargebotenen Worte waren in einer Voruntersuchung ermittelt worden unter dem Gesichtspunkt, daß sich darunter sowohl solche von „neutraler“ Wertigkeit (z. B. die Worte „Telefon“, „Schrank“, „Giraffe“) als auch solche mit „Tabu-Charakter“ (z. B. das Wort „Scheiße“) befinden sollten.[1]

Ferner wurde beachtet, daß alle Worte aus derselben Anzahl von Buchstaben bestehen, da kurze Worte (z. B. „Hut“) erwiesenermaßen leichter erkannt werden als längere Worte (z. B. „Handschuh“), und zwar auch bei gleicher Geläufigkeit bzw. gleichem Bekanntheitsgrad. Außerdem wurde Sorge dafür getragen, daß die benutzten Worte nicht nur hinsichtlich ihrer strukturellen Merkmale (z. B. Wortlänge), sondern auch hinsichtlich ihres Bekanntheitsgrades vergleichbar waren. So werden beispielsweise die Worte „Kindergarten“ oder „Bilderrahmen“ unter tachistoskopischen Versuchsbedingungen leichter erkannt (exakter: früher verbalisiert) als etwa die Worte „Abseitsfalle“ oder „Schizothymie“, obwohl alle die gleiche Wortlänge aufweisen.

Durch diese Vorkehrungen sollte abgesichert werden, daß eventuell feststellbare Unterschiede in der „Wahrnehmbarkeit“ der Stimuli nicht durch „autochthone“ Parameter erklärt werden könnten.

Wenn sich nun herausstellt, daß bei dieser Versuchsanordnung das Wort „Scheiße“ (wie auch alle anderen „Tabu-Worte“) erst bei höheren Darbietungsintensitäten oder -zeiten von den Vpn exakt wiedergegeben (vermeintlich „erkannt“) wird als das Wort „Telefon“ (und alle übrigen „neutralen“ Worte), so scheint es zunächst naheliegend, diese experimentelle Feststellung im Sinne der perceptual-defense-Hypothese zu deuten und den ermittelten Unterschied der Wahrnehmungsschwellen über die bloße Deskription hinaus explikativ auf einen (postulierten) verursachenden Prozeß der Wahrnehmungs-Abwehr zurückzuführen. Es scheint, als würden tabuierte Reizinhalte zeitweilig vom Prozeß der bewußten Wahrnehmung ferngehalten.

Daß sie aber dennoch dem Organismus nicht völlig unzugänglich waren, scheinen die gleichzeitig registrierten psychogalvanischen Reaktionen zu beweisen, die dem Experimentator Beleg dafür sind, daß innerhalb des Organismus emotionale Prozesse

---

[1] Da die überwiegende Zahl der einschlägigen Untersuchungen im angloamerikanischen Sprachraum durchgeführt wurden, hätte sich eine Exemplifizierung anhand der sog. „Four-letter words“ in weit höherem Maße angeboten; sie wäre wahrscheinlich (für den sprachkundigen Leser) auch überzeugender ausgefallen.

stattgefunden haben, die nur durch den Tabu-Charakter der „kritischen" Stimuli ausgelöst werden konnten.

Dabei wird auf seiten der Vp explizit keine sonderliche Motivation angenommen, die Einfluß auf die interne Gültigkeit der Ergebnisse ausüben könnte; allenfalls wird implizit eine „neutrale" oder auch „ehrliche" Motivation unterstellt.

Aber bereits das von Orne (1959, 1962) in die Diskussion getragene Konzept der „guten" Vp, welche sich an den demand-Charakteristiken der Experimentalsituation orientiert, ihrerseits Hypothesen (im Sinne von idiosynkratischen Vermutungen über den jeweiligen Versuchszweck) entwickelt und sodann in Konkordanz mit den Hypothesen (im Sinne von tentativen Gesetzesformulierungen) des Experimentators (re-)agiert, läßt eine Interpretation der Befunde im Sinne der perceptual-defense-Hypothese fraglich erscheinen, zumindest, was die nicht-autonomen, der kognitiven Kontrolle der Vp unterworfenen Verbal-Reaktionen anbetrifft.

Um in dem oben begonnenen Beispiel fortzufahren, würde die Vp zunächst bei jeder einzelnen Reizdarbietung Hypothesen darüber anstellen, um welches Wort es sich im jeweiligen Einzelfall handelte. In den frühesten aktualgenetischen Stadien ihrer Eindrücke wird sie anfänglich gar nichts wahrnehmen, bei erneuter und verlängerter Darbietung sodann den diffusen Eindruck eines Schriftzuges gewinnen und die etwaige Wortlänge abschätzen können; bei weiterer Verbesserung der Wahrnehmungsbedingungen werden zu irgendeinem Zeitpunkt auch einzelne Buchstaben deutlich, die als Anhaltspunkt für das jeweils zu benennende Wort dienen können. Diese Anhaltspunkte sind jedoch zunächst noch derart vage, daß sie für die Vp zwar nicht mehr beliebige, aber immer noch eine Mehrzahl verschiedener Verbal-Reaktionen zulassen. Angesichts des subjektiven Perzeptums (z. B. „S.....e") scheidet einerseits eine Vielzahl von Möglichkeiten aus (z. B. „Schauspielprobe", weil dieses Wort zu lang ist; „Augensalbe", weil dieses Wort nicht mit dem Buchstaben „S" beginnt etc.). Andererseits läßt das Perzeptum „S.....e" aber immer noch eine Vielzahl von gleichermaßen plausiblen Nennungen zu, z. B. „Straße,", „Schelle", „Sonate" etc.

Im Verlauf der zunehmend eindeutiger werdenden Reizdarbietungen stellt sich auf seiten der Vp zwangsläufig ein Prozeß der fortschreitenden Konvergenz ihrer Hypothesen ein. Angesichts dessen, was die Vp im Verlauf der voraufgegangenen Darbietungen (subjektiv) einwandfrei identifizieren konnte, verbleiben schließlich nurmehr die Möglichkeiten „Scheibe", „Scheide", „Scheine", „Scheiße" und „Scheite"; sie entschließt sich letztlich zur Nennung des Wortes „Scheibe".

Wenn der Vl ihr daraufhin mitteilt, daß dies nicht zutrifft und er nunmehr die nächsthöhere Darbietungszeit einstellen werde, wird irgendwann der Zeitpunkt erreicht sein, wo die Vp (im Normalfall) nicht mehr umhin kann, aufgrund ihres subjektiven Perzeptums die Überzeugung zu gewinnen, daß es sich bei dem dargebotenen Stimulus unzweifelhaft um das Wort „Scheiße" gehandelt hat, was sie dann auch entsprechend verbalisiert.

Spätestens nach dem Vollzug dieser „Experimentalhandlung" vollzieht die Vp jedoch eine weitere Art, „Hypothesen" zu entwickeln: sie muß (spätestens) von diesem

Zeitpunkt an vermuten, daß offenbar in dem Experiment, an dem sie gerade unmittelbar beteiligt ist, auch „solche" Wörter eine Rolle spielen. Neben den „Hypothesen", wie sie sich zuvor bei der jeweiligen Reizdarbietung einstellten, kommen nun auch „Hypothesen" über die mutmaßliche Zielsetzung des gerade durchgeführten Versuchs auf. Dabei dürfte das offenkundige und bei psychologischen Experimenten nicht gerade übliche Auftreten einer gehäuften Anzahl von Worten aus dem Bereich der Fäkalsprache in hohem Maße den Rahmen der Möglichkeiten einschränken, der von der Vp im Hinblick auf den mußmaßlichen Versuchszweck noch als plausibel erachtet wird. Zu den demand-Charakteristiken, die ihr diesbezüglich als Anhaltspunkt dienen, dürften für die meisten Vpn auch die angelegten Elektroden zählen.

Angesichts dieser Indizien wäre zu erwarten, daß die Hypothesen der Vp zu der Vermutung konvergieren, daß es in diesem Versuch offenbar darum geht, bestimmte Andersartigkeiten ihrer Reaktionen bei der „einen" bzw. bei der „anderen" Art von Worten zu ermitteln, wobei es naheliegend wäre, daß das besondere Interesse des Vl der Klasse der Tabu-Wörter zukommt. Es wäre kaum verwunderlich, wenn angesichts der bei diesem Paradigma obwaltenden demand-Charakteristiken die meisten Vpn zu Vermutungen gelangen, die sich mit den tatsächlichen Hypothesen des Vl decken bzw. zumindest mit diesen korrelieren.

Unter diesen Umständen würde somit eine „gute" Vp sensu Orne dazu tendieren, die (mutmaßlichen) Hypothesen des Vl durch ihr Verhalten zu bestätigen: sie würde also durch bewußt (!) falsche Nennungen und/oder absichtlich (!) verzögerte Identifikationen nach vorherigen Darbietungen eines der Tabu-Wörter zu einem Datenmuster beitragen, das einer Interpretation im Sinne der perceptual-defense-Hypothese nicht entgegensteht.

Wie bereits erwähnt, sind diese alternativen Erklärungsprinzipien jedoch miteinander konfundiert und normalerweise analytisch nicht mehr zu trennen.

Noch anders hingegen stellt sich die Interpretation des „Abwehr-Effekts" unter dem oben bereits angeführten Aspekt einer um ihre Bewertung durch den Vl besorgten, von dem Motiv der „evaluation apprehension" sensu Rosenberg (1965) geleiteten Vp dar.

Auch dieser Typus von Vpn würde mit den Verbalisierungen dem Vl gegenüber im Anschluß an die jeweilige Exposition von Tabu-Wörtern sehr zurückhaltend sein, wenngleich aus einer gänzlich andersartigen Motivationslage heraus: war dieses zögernde Verhalten bei Orne's „guter" Vp motiviert durch die Geneigtheit, die antizipierten Erwartungen des Vl zu bestätigen und somit der Forschung „einen Dienst zu erweisen", so zögert Rosenbergs „bewertungs-bedachte" Vp, um zu vermeiden, vor dem Vl „in einem schlechten Licht" dazustehen; dies wäre durchaus zu befürchten, wenn sie sich auf dem Gebiet der Fäkalsprache als besonders versiert ausweisen würde oder gar nach Darbietung eines neutralen Stimulus voreilig mit der Nennung eines Tabu-Wortes reagieren würde.

Anhand der oben ausgeführten Beispiele zeigt sich somit, daß drei grundverschiedene Vp-Motivationen zu ein und demselben Datenmuster führen würden; der Vl würde feststellen, daß die kritischen Tabu-Stimuli durchweg höhere Wahrnehmungs-Schwellen aufweisen als die neutralen

Wortreize; er würde weiter feststellen, daß im Anschluß an die Darbietungen der tabuierten Worte höhere PGR-Werte gemessen wurden als nach Exposition der neutralen Stimuli. Somit könnte dieses Datenmuster in allen Fällen im Sinne von „Wahrnehmungs-Abwehr" gedeutet werden: Der Forscher könnte – bei oberflächlicher Betrachtung – zu der Schlußfolgerung gelangen, daß die emotional besetzten Worte „schlechter wahrgenommen" werden. Bei weniger voreiliger Interpretation müßte er jedoch zu der Formulierung gelangen: die Tabu-Reize werden „später verbalisiert". Und wie aufgezeigt werden konnte, können überdies drei völlig verschiedene Vp-Motivationen für diesen Befund verantwortlich sein, die miteinander konfundieren und ex post analytisch nicht mehr zu trennen sind.

Wenn jedoch im Rahmen der voraufgegangenen Ausführungen der response-suppression-Hypothese der Vorzug eingeräumt wurde, obwohl (zumindest unter bestimmten Voraussetzungen) auch eine „bewertungsbedachte" Vp mit den fraglichen Resultaten kompatibel wäre, so beruht die Favorisierung dieser Interpretation nicht allein auf Plausibilitätsüberlegungen sowie dem in der Theorienbildung gebotenen Ökonomieprinzip, sondern auch auf der Tatsache, daß etwa von Sigall et al. (1970) belegt werden konnte, daß bei geeigneter Versuchsanordnung, bei welcher – anders als im vorliegenden Fall – die alternativen Vp-Motivationen zu einem Zielkonflikt für die Vpn und somit zu disjuncten Reaktionen führen mußten, im Zweifelsfall das Motiv der „evaluation apprehension" dominiert.

Daß die oben angeführte Einschränkung vorsichtigerweise gemacht werden muß, beruht auf folgender Überlegung. Es ist nicht auszuschließen, daß eine um ihre Bewertung besorgte Vp eine gänzlich andere Zielsetzung hinter der Versuchsanordnung vermutet, etwa die, daß angesichts der erschwerten Wahrnehmungsbedingungen möglichst früh Wahrnehmungsurteile abgegeben werden sollen, wobei es aus der Sicht des Vl weniger wichtig ist, ob diese Urteile zutreffen oder nicht. Sofern sich also eine Vp unter dem Gesichtspunkt von „Spontaneität", „Couragiertheit" oder ähnlichen Kriterien bewertet wähnt, würde sie also zu einem gänzlich anderen, im Grenzfall sogar „komplementären" Datenmuster beitragen und das vorherige „Abwehr-Phänomen" in ein „Vigilanz-Phänomen" umkehren.

Abgesehen von dem zuletzt geschilderten Sonderfall sind jedoch die in den einschlägigen Versuchsanordnungen notwendigerweise vorliegenden demand-Charakteristiken insgesamt weit eher geeignet, eine Interpretation im Sinne der Reaktions-Hemmungs- bzw. Reaktions-Vermeidungs-Hypothese (response suppression) zu unterstützen. Bereits die visuelle Vorgabe der Reize läßt für die Vp kaum Zweifel daran, daß das jeweilige

Experiment etwas mit Wahrnehmung zu tun hat – es sei denn, die Vp wäre dermaßen versuchserfahren (sophisticated) und skeptisch zugleich, daß sie bereits in diesen Operationen ein Schein- oder Ablenkungs-Manöver vermuten würde. Daß die Reizdarbietungen darüber hinaus tachistoskopisch erfolgen, ist in hohem Maße geeignet, auf seiten der Vp die Vermutung zu induzieren, daß ihre individuelle Sehtüchtigkeit, ihr Reaktionsvermögen oder ähnliches für den Vl (bzw. für die Forschungsfrage) von Belang ist. Das zusätzliche Anlegen von Elektroden an bestimmte Körperpartien mag der naiven (oder nun nicht mehr gar so naiven) Vp ferner signalisieren, daß „emotionale", „inner-psychische" Vorgänge ebenfalls ins Spiel kommen und daß auf diese Weise Sachverhalte registriert werden sollen, die ihr selbst gar nicht zugänglich sind.

Das erstmalige Auftreten eines Tabu-Wortes macht ihr schließlich (spätestens zu dem Zeitpunkt, da ihr „richtige" Antwort vom Vl als solche bestätigt wird) klar, daß hier offenbar zweierlei Arten von Stimuli involviert sind, und der nachfolgende bzw. damit einhergehende Diskriminations- bzw. Begriffsbildungsprozeß auf seiten der Vp dürfte ihr im weiteren Ablauf der Expositionen keine Mühe bereiten, zu dem zutreffenden Eindruck oder zumindest zu „korrelierten Hypothesen" (Adams 1957) zu gelangen, daß ihr teilweise „normale", teilweise aber auch „andere" – welche idiosynkratischen Bedeutungen hiermit auch immer assoziiert sein mögen – Wörter dargeboten werden.

Die damit herausgeforderte Beurteilung und Entscheidung, welches Verhalten angesichts dieses „Aufforderungs-Charakters" (Lewin 1929) das „adäquateste" sei, dürfte weder den „guten", kooperativen Vpn Ornes noch den „ehrlichen" Vpn Fillenbaums noch den „bewertungsängstlichen" Vpn Rosenbergs sonderliche Probleme bereiten. Die theoretischen Probleme lägen unter diesen Voraussetzungen angesichts dermaßen obwaltender demand-Charakteristiken gar nicht einmal in der Interpretation der Abwehr-Befunde, sondern vielmehr in dem unter diesen Umständen weitaus schwieriger zu erklärenden, gegenteiligen Phänomen der „selektiven Vigilanz", welches in einer Reihe von Untersuchungen ebenfalls festgestellt wurde.

Letzteres ließe sich allenfalls – allerdings ex post – im Sinne einer „negativistischen" Vpn-Motivation deuten, wie sie von Cook et al. 1970 (vgl. auch Weber & Cook 1972) in die diesbezüglichen Betrachtungen eingebracht wurde. Dies wiederum würde voraussetzen, daß die Vpn angesichts der vorliegenden demand-Charakteristiken die Vl-Hypothese als solche (in zutreffender Weise) erkannt haben und sich konträr zu den mutmaßlichen Erwartungen des Vl verhalten (vgl. hierzu den „screwyou-effect“ bei Masling 1966), oder aber sie besitzen aufgrund eigener Versuchserfahrung bzw. aufgrund von Mitteilungen voraufgegangener Versuchsteilnehmer (vgl. hierzu den „scuttlebutt-effect“ bei Taub & Farrow 1973; Farrow et al. 1974) ein größeres Maß an Informationen als andere, „naive“ Vpn und setzen ihren Ehrgeiz darein, durch andere als vom Vl (mutmaßlich) erwartete Reaktionsweisen das Experiment zu sabotieren. Eine solche Motivation könnte aus einer bloßen Opposition gegen die „Versuchskaninchen-Rolle“ resultieren, insbesondere, wenn die Teilnahme am Experiment mehr oder minder „erzwungen“ bzw. durch indirekten äußeren Druck erfolgte (z. B. Rosenthal & Rosnow 1975). Sie kann aber ebensogut aus Erfahrungen in früheren Experimenten herrühren, zumal solchen, in denen die Vp Täuschungsmanövern erlegen ist (z. B. Stricker 1967; McGuire 1969; Christensen 1977), welche für sie durch nachfolgendes „debriefing“ offenkundig wurden; und nicht zuletzt können auch im jeweiligen Experiment realisierte, durch die ergangenen Instruktionen bedingte Einschränkungen des persönlichen Entscheidungs- und Verhaltensspielraums geeignet sein, eine solche „Reaktanz“ (Brehm 1966) zu induzieren.

Eine solche Deutung von Abwehr- wie auch Vigilanz-Befunden mag zwar auf den ersten Blick plausibel erscheinen, sie ist jedoch – zugestandenermaßen – zumindest streckenweise eklektizistisch, zumal sie auf einer post-hoc- und nicht auf einer ex-ante-Argumentation basiert, wenngleich zu ihrer Rechtfertigung hinzuzufügen ist, daß eine konträre Re-Interpretation der vorliegenden Ergebnisse (selbst im nachhinein) nur schwerlich mit annähernd gleicher Plausibilität vorgetragen werden könnte. Außerdem wird die hier vertretene Interpretation durch einige (wenngleich nur beiläufig erhobene) empirische Belege gestützt (z. B. Brand 1978, 205 ff), wohingegen eine gegenteilige Argumentation jeglicher empirischen Grundlage entbehren würde.

Insofern berechtigen die vorausgegangenen Ausführungen zu dem Fazit, daß die experimentellen Ergebnisse zur perceptual-defense-Hypothese und – sofern hier sporadisch erwähnt – zur „unterschwelligen“ Wahrnehmung insgesamt durchaus im Rahmen einer orthodoxen Wahrnehmungstheorie interpretierbar sind. Die „Besonderheiten“ im Sinne einer „sozialen“ Wahrnehmung lassen sich restfrei in den jeweils realisierten spezifischen Randbedingungen aufklären, die u. a. darin begründet sind, daß die abhängigen Variablen, die zum Zwecke eines diesbezüglichen Nachweises als relevant erachtet wurden, eben in *sozialen Situationen* erhoben wurden. Diese aber bringen es notabene mit sich, daß nicht allein wahrnehmungsbedingte, „autochtone“ Reaktionen evoziert wurden, sondern auch Response-Phänomene, die ausschließlich oder zumindest wesentlich aus der sozialen Interaktions- und sozialen Kontroll-Situation resultieren und zusammenfassend in eben *jener* Vp-Motivation bedingt sind, sich in derartigen Situationen nicht als bloßer Response-Lieferant im Sinne eines *Re-Aktors* zu gerieren, sondern als „sozialer“ (bzw. sozialisierter) Interaktionspartner im Sinne eines Akteurs, der auch eigene Hypothesen, Motive und Intentionen entwickelt und diesen gemäß handelt. Von daher wäre durchaus zu erwägen, den Begriff *„soziale Wahrnehmung“* aufzugeben bzw. umfassender zu konzipieren als „soziale *Kognition*“ (z. B. Tagiuri 1969).

5. „Unterschwellige“ Wahrnehmung, „unbewußtes“ Lernen und Vp-Motivation

Es wurde bereits erwähnt, daß die heute gängige Taxonomie von experimentellen „Störeffekten“ (Gniech 1976) wie Vl-Einflüssen, demand-Charakteristiken und Vp-Motivationen *nicht* im Bereich der „sozialen Wahrnehmung“ ihren Ursprung nahm, obgleich dies aufgrund der Voraussetzungen, die das Paradigma bot, sehr wohl möglich gewesen wäre. Um so bezeichnender ist es jedoch, daß die „Sozialpsychologie des (sozial-) psychologischen Experiments“ (z. B. Friedman 1967; Miller 1972; Bungard & Lück 1974; Timaeus 1974; Mertens 1975; Gniech 1976; Harré & Secord 1976) wesentliche Ansatzpunkte im Bereich des „learning without awareness“ (Miller 1940) bzw. des „verbalen Konditionierens“ fand – einem Paradigma[1], welches nicht nur etwa gleichzeitig Bedeutung erlangte (ausgehend von Greenspoon 1951/52; Taffel 1952), sondern darüber hinaus durch völlig analoge methodische Probleme gekennzeichnet ist, worauf nur auffallend selten hingewiesen wurde (z. B. Holzkamp 1972; Koeppler 1972; Brand 1978).

Diese Analogie ist im wesentlichen darin zu sehen, daß in beiden Paradigmata die erfolgreiche Kontrolle der (mangelnden) Bewußtheit der Vpn und die Entwicklung diesbezüglich valider Operationalisierungen das eigentliche Kernproblem darstellt, dessen Bewältigung wiederum von zentraler Bedeutung für die aus den Befunden abzuleitende Theorienbildung ist.

Die Parallele setzt sich darin fort, daß auch bezüglich des „verbal operant conditioning (without awareness)“ relativ frühzeitig erhebliche Zweifel an

[1] Vgl. hierzu den Beitrag von Bay im vorliegenden Band.

der „mangelnden“ Bewußtheit der Vpn aufkamen, wobei sich ferner erwies, daß mit zunehmender Stringenz der diesbezüglichen Kontrolltechniken die vormals spektakulären Befunde zunehmend schwanden (vgl. z. B. Spielberger & DeNike 1966; Dawson & Reardon 1973; Page 1973). Es zeigt sich somit in beiden Paradigmen, daß die Spektakularität der Ergebnisse gar nicht in der vermeintlich mangelnden Bewußtheit der Vpn zu sehen ist, sondern vielmehr in der mangelnden experimentellen Kontrolle dieser Bewußtheit.

Angesichts dieser offenkundigen Analogien kann es kaum überraschen, daß die von Dulany – der sich zuvor (1957) ebenfalls mit den Phänomenen der Wahrnehmungs-Abwehr und Vigilanz befaßt hatte – im Rahmen des Konditionierungs-Paradigmas entwickelte Unterscheidung von „reinforcement hypotheses“, „behavioral hypotheses“ und „behavioral intentions“ (Dulany 1961, 1962) auf die experimentellen Versuchsanordnungen der social-perception-Forschung – und namentlich auf das Paradigma der Wahrnehmungs-Abwehr – unmittelbar anwendbar ist und in diesem Rahmen seinen heuristischen Wert gleichermaßen unter Beweis stellt.

Den „reinforcement hypotheses“ von Probanden im Konditionierungs-Experiment entsprächen im vorliegenden Zusammenhang Hypothesen der Vpn über (zumindest) zwei Stimulusklassen, die – wie bereits dargelegt – aufgrund des recht eindeutig diskriminierbaren Charakters der Tabu-Wörter im Verlauf des Experiments recht bald ihre subjektive Bestätigung erfahren dürften. Die Wirkungsweise der zu erwartenden „behavioral hypotheses“ scheint hingegen weniger eindeutig antizipierbar: einige der vorliegenden demands sind geeignet, die Vermutung nahezulegen, daß der Vl erwartet, daß auf die beiden Stimulusklassen differentiell reagiert wird; andere wiederum lassen aber auch die subjektive Situationsinterpretation zu, daß im vorliegenden Experiment die Sehschärfe, das Reaktionsvermögen, der Wortschatz oder gar die „Ehrlichkeit“ des Probanden ermittelt werden soll – was etwa die mit einem „Lügendetektor“ assoziierbare Meßapparatur suggerieren könnte. Erst im Rahmen der (mit subjektiver Unsicherheit behafteten) Beantwortung dieser Fragen vermag die Vp „behavioral intentions“ zu entwickeln, deren Richtung und Ausprägung wiederum weitestgehend abhängig ist von den genannten Vp-Motivationen und deren Interaktion mit den subjektiv zu treffenden Entscheidungen über den mutmaßlichen Versuchszweck.

Ähnliche Überlegungen ließen sich gleichermaßen auch unter Zugrundelegung des Modells von Rosnow & Aiken (1973) bzw. Rosenthal & Rosnow (1975) oder auch der Flußdiagramme von Mertens (1975, 51; 1977, 76) anstellen. Dabei ist jedoch nicht zu übersehen, daß diesen

Modellen zunächst lediglich insofern ein heuristicher Wert zukommt, daß sie geeignet sind, in *abstrakter* Weise das komplexe Bedingungsgefüge zu strukturieren und aufzuzeigen, aus welch vielfältigen Bedingungskonstellationen Artefakte jeweils resultieren können; sie sind jedoch nicht eo ipso geeignet, im *konkreten* Einzelfall ein Urteil darüber zu fällen oder gar zu prognostizieren, wann ein artifizielles Ergebnis jeweils vorliegt.

Eine solche Zielsetzung wäre aber auch bereits deshalb zum Scheitern verurteilt, weil ja auch der Vp – selbst für den Fall, daß sie die dem Experiment zugrunde liegende(n) Hypothese(n) des Vl richtig erkannt hat – letztlich die Ungewißheit bleibt, ob der Vl nun deren *Verifikation* oder *Falsifikation* erwartet, denn selbst bei völlig identischen Versuchsanordnungen sind diese beiden Alternativen denkbar, so daß weder die „gute“ noch die „negativistische“ Vp sich jemals sicher sein kann, daß sie mit der von ihr gewählten Verhaltensstrategie „ihr“ Ziel auch tatsächlich realisiert (vgl. z. B. Adair & Schachter 1972; McGinley et al. 1975).

Insofern ist der Zustand keineswegs dermaßen desolat, daß es letztlich der Willkür der Vpn anheim gestellt wäre, ob eine Hypothese experimentell gestützt oder falsifiziert bzw. ob ein valider Befund erzielt oder aber ein Alpha- oder Beta-Fehler begangen wird. Vielmehr besteht durchaus die Möglichkeit, daß das Grundprinzip des experimentellen Vorgehens unversehrt bleibt, wonach allein der Forscher die Kontrolle über die experimentellen Bedingungen, (aber) einschließlich der artefakt-begünstigenden Variablen in der Hand behält, und es gilt lediglich, hierfür geeignete Methoden zu entwickeln und – sofern vorhanden – diese auch zu applizieren!

6. Möglichkeiten der Artefakt-Vermeidung

Wenn es also gilt, die artefakt-trächtigen Randbedingungen der experimentellen Laborforschung zu eliminieren, so müßte die an diesem Punkt der Erörterungen womöglich erwartete Empfehlung dahin gehend lauten, die Laborsituation gänzlich zu meiden und auf Feld-Experimente bzw. nicht-reaktive Meßverfahren auszuweichen – so jedenfalls lautet die geläufigste und nahezu stereotype Alternativdevise, sobald labor-bedingte Artefakte thematisiert werden (z. B. Webb et al. 1966; Bickman & Henchy 1972; Gniech 1976).

Die Plausibilität einer derart „rigorosen“ Alternative ist zweifelsohne evident, aber sie gilt eigentlich nur für diejenigen (sozialpsychologischen) Phänomene, die unter Laboratoriumsbedingungen nur sehr schwierig zu realisieren sind wie etwa aggressives Verhalten, sofern selbiges nicht auf äußerst rudimentäre Formen, die für den Experimentator ethisch noch vertretbar sind, reduziert werden soll (vgl. Aronson & Carlsmith 1968; Page & Scheidt 1971).

Aus ebenderselben Begründung ergibt sich jedoch im vorliegenden Falle eine diametral konträre Empfehlung: Da es sich hier um sozialpsychologisch relevante Phänomene handelt, die außerhalb (!) des Labors nur äußerst schwierig unter kontrollierten Bedingungen zu realisieren sind – individuelle Wahrnehmungsschwellen lassen sich beispielsweise *nur* im Laboratorium ermitteln –, spricht allein dieser Umstand für die Unverzichtbarkeit von Laborexperimenten im Bereich der social-perception-Forschung.

Dies muß nun keineswegs bedeuten, daß damit eine Perpetuierung artifizieller oder auch nur artefakt-verdächtiger Resultate auf diesem Forschungsgebiet präjudiziert oder gar postuliert würde, denn schließlich offeriert jedes Artefakt – vorausgesetzt, daß es als solches erkannt und nachgewiesen wurde – auch die Möglichkeit seiner „Nutzbarmachung" (McGuire 1969), und die Nutzanwendung diesbezüglich gewonnener Erkenntnisse besteht im Minimalfall in der Kontrolle, im Optimalfall in der Vermeidung und Verhinderung von Artefakten durch konsequente Umsetzung gewonnener Einsichten im Rahmen des experimentellen Vorgehens.

Für das hier exemplarisch behandelte (angebliche) Phänomen der „Wahrnehmungs-Abwehr" sind die operationalen Voraussetzungen zur Vermeidung diesbezüglicher Artefakte sogar schon seit mehr als 20 Jahren verfügbar; sie wurden – da in einer offenbar als wesensfremd betrachteten und daher unbekannt gebliebenen Disziplin entwickelt – lediglich nicht zur Kenntnis genommen! Gemeint ist die bereits Mitte der 50er Jahre entwickelte „Theory of Signal Detection" (z. B. Tanner & Swets 1954; Swets 1964), die das methodische Instrumentarium bereitstellt, das gerade im Falle von Wahrnehmungsexperimenten existierende Kernproblem zu lösen und mittels einer geeigneten (wenngleich aufwendigen!) Versuchsanordnung zwischen sensorisch bedingten und response-bedingten Determinanten der Vp-Reaktionen eindeutig zu unterscheiden. Überzeugende Beispiele hierfür bieten z. B. die Untersuchungen von Bernstein & Eriksen (1965), Trimble & Eriksen (1966) und Jennings & George (1970), die im vorliegenden Zusammenhang nicht weiter expliziert werden können, aber dennoch verweisend erwähnt werden sollen.

Allerdings ist einzuräumen, daß das vorangehend in exemplarischer Weise behandelte Phänomen der Wahrnehmungs-Abwehr nur *eines* der

Themen der sozial-perception-Forschung darstellt, wobei zwar analoge Überlegungen zur Artefaktträchtigkeit der jeweils eingebrachten Befunde auch für andere Phänomene der „sozialen Wahrnehmung“ gelten (z. B. Rosenthal & Persinger 1962; Rosenthal et al. 1963; Page 1968; Blake & Heslin 1971; Straits et al. 1972; Burkhart 1976), daß aber die Heranziehung der Methoden der „Theory of Signal Detection“ nicht in jedem Einzelfall ein „Allheilmittel“ für das gesamte Spektrum der Thematiken der diesbezüglichen Forschung darstellen kann.

Diese Einschränkung zwingt aber dennoch nicht zur grundsätzlichen Abkehr von der Laborforschung, denn im Rahmen der fortschreitenden Sensibilisierung für die Meta-Perspektive der „Sozialpsychologie des (sozial-)psychologischen Experimentierens“, die in den letzten Jahren zu einer beachtlichen Akkumulierung der diesbezüglichen Publikationen geführt hat (z. B. Rosenthal 1966; Rosenthal & Rosnow 1969, 1975; Badia et al. 1970; Jung 1971; Adair 1973; Timaeus 1974; Kruglanski 1975; Gniech 1976; Mertens 1975, 1977; Silverman 1977; Gergen 1978), ist eine Vielzahl von weiteren konstruktiven Vorschlägen unterbreitet worden, von denen viele auch *innerhalb* des Labors zu realisieren sind. An vorrangiger Stelle wäre im vorliegenden Zusammenhang die Verwendung verbesserter (wenngleich aufwendiger) Kontroll-Designs zu nennen (z. B. Campbell & Stanley 1966; Wuebben 1968; Cook & Campbell 1976) wie auch die zusätzliche Verwendung von Skalen und post-experimentellen standardisierten Explorationen zur Messung der Einstellungen und Motivationen der Vpn (z. B. Levin 1961; Adair 1970; Page 1973; Weber & Riddell 1975; Flay & Hamid 1977).

Daß ungeachtet dessen bestimmte Fragestellungen zur sozialen Wahrnehmung und Kognition zweckmäßigerweise auch *außerhalb* des Labors untersucht werden können und sollen (und mitunter auch *nur* dort sinnvoll zu untersuchen sind), wird durch die hier vorgetragene Argumentation keineswegs negiert, zumal auch diese Alternative ein *experimentelles* Vorgehen nicht von vornherein ausschließt. Vielmehr sollte hier lediglich demonstriert werden, daß (auch in der Sozialpsychologie!) eine experimentelle Laborsituation nicht a priori zu konfundierten Kausalbeziehungen, kontaminierten Erklärungsweisen und artifiziellen Befunden führen muß.

Wenn schließlich darüber hinaus die „Paradigma-Krise“ im Sinne von Kuhn (1962) für die (Sozial-)Psychologie als insofern noch gravierender dargestellt wird, daß ihre Forschungsergebnisse den Kriterien der „Repräsentanz“ bzw. „Relevanz“ nur unzureichend genügen (Holzkamp 1964, 1970, 1972, 1977) und diese sich in stärkerem Maße „anhand ihrer

Wirksamkeit bei der Lösung praktischer Probleme legitimieren müssen“ (Mertens & Fuchs 1978, 188), so ist die Berechtigung dieser Kritiken zwar keineswegs grundlegend zu bestreiten, aber auch diese Argumente zwingen keinesfalls zur Aufgabe des eingeschlagenen Paradigmas, sondern fordern eher um so mehr zur konstruktiven Bewältigung der Krise im Sinne von McGuire (1969) und zur konsequenten Nutzbarmachung der daraus resultierenden Einsichten heraus (vgl. auch Gergen 1978).

Die wesentlichsten Voraussetzungen für die Einleitung einer Konsolidierungs-Phase – sofern diese nicht schon im Gange ist – scheinen durchaus bereits gegeben zu sein, und unter der Erwartung, daß die kritischen Stimmen, die im Rahmen der „Artefaktforschung“ zunehmend auch aus den „eigenen Reihen“ lautwerden, nicht auf Dauer überhört werden können, dürfte auch die Phase der „Höflichkeit im sozialwissenschaftlichen Forschungsbetrieb“ (Lück & Bungard 1978), die derzeit noch durch weitgehendes Ignorieren der Artefakt-Nachweise gekennzeichnet ist, sehr bald ihrem Ende zustreben. Insofern könnte auf die „Artefaktforschung“ – von Maschewsky (1977, 165) als „‚new look‘ der Methodologie“ bezeichnet – ähnliches zutreffen wie es selbst Holzkamp (1976) für die „new-look-Experimente“ des Bruner-Postman-Kreises gelten läßt indem er ihnen (immerhin) einen „gewissen psychologie-geschichtlichen Rang“ (1976, 220) zuerkennt, so daß der Zeitpunkt der Bewältigung der „Paradigmakrise“ nur noch eine Frage der Zeit sein dürfte, ohne daß dabei das experimentelle Paradigma aufgegeben werden muß. Die oftmals vorgeschlagene Zuflucht zu nicht-experimentellen Alternativen dürfte hingegen nur ein scheinbarer Ausweg sein, deren Paradigmakrise noch bevorsteht, sobald sie einer ähnlich gründlichen Analyse und Kritik unterworfen werden.

Literatur

Adair, J. G.: Pre-experiment attitudes toward psychology as a determinant of experimental results: Verbal conditioning of aware subjects. Proc. 78th Ann. Conv. Amer. Psychol. Assoc. 5 (1970), 417-418.

Adair, J. G.: The human subject: The social psychology of the psychological experiment. Boston 1973.

Adair, J. G. & Schachter, B. S.: To cooperate or to look good? The subjects' and experimenters' perceptions of each others' intentions. J. Exp. Soc. Psychol. 8 (1972), 74-85.

Adams, J. K.: Laboratory studies of behavior without awareness. Psychol. Bull. 54 (1957), 383-405.

Allport, F. H.: Theories of perception and the concept of structure. 7th ed., New York 1966.

Aronson, E. & Carlsmith, J. M.: Experimentation in social psychology. In: G. Lindzey

& E. Aronson (eds.): The handbook of social psychology. 2nd ed., Vol. 2. Reading, Mass. 1968, 1-79.

Badia, P., Haber, A. & Runyon, R. P. (eds.): Research problems in psychology. Reading, Mass. 1970.

Barber, P. J. & Rushton, J. P.: Experimenter bias and subliminal perception. Brit. J. Psychol. 66 (1975), 357-372.

Bergius, R.: Sozialpsychologie. Hamburg 1976.

Bernstein, I. H. & Eriksen, C. W.: Effects of ‚subliminal' prompting on paired-associate learning. J. Exp. Res. Pers. 1 (1965), 33-38.

Bickman, L. & Henchy, T. (eds.): Beyond the laboratory: Field research in social psychology. New York 1972.

Blackwell, H. R.: Psychophysical thresholds. Experimental studies of methods of measurement. Engn. Res. Bull. No. 36, University of Michigan, Ann Arbor 1953.

Blake, B. F. & Heslin, R.: Evaluation apprehension and subject bias in experiments. J. Exp. Res. Pers. 5 (1971), 57-63.

Blum, G. S.: An experimental reunion of psychoanalytic theory with perceptual vigilance and defense. J. Abnorm. Soc. Psychol. 49 (1954), 94-98.

Boardman, W. K.: Utilization of word structure in pre-recognition responses. J. Personal. 25 (1957), 672-682.

Brand, H. W.: Die Legende von den „geheimen Verführern". Kritische Analysen zur unterschwelligen Wahrnehmung und Beeinflussung. Weinheim 1978.

Brehm, J. W.: A theory of psychological reactance. New York 1966.

Bricker, P. D. & Chapanis, A.: Do incorrectly perceived tachistoscopic stimuli convey some information? Psychol. Rev. 60 (1953), 181-188.

Bruner, J. S.: Personality dynamics and the process of perceiving. In: R. R. Blake & G. V. Ramsey (eds.): Perception: An approach to personality. New York 1951, 121-147.

Bruner, J. S. & Goodman, C. C.: Value and need as organizing factors in perception. J. Abnorm. Soc. Psychol. 42 (1947), 33-44.

Bruner, J. S. & Postman, L.: Emotional selectivity in perception and reaction. J. Personal. 16 (1947a), 69-77.

Bruner, J. S. & Postman, L.: Tension and tension release as organizing factors in perception. J. Personal. 15 (1947b), 300-308.

Bruner, J. S. & Postman, L.: Perception, cognition, and behavior. J. Personal. 18 (1949), 14-31.

Bungard, W. & Lück, H. E.: Forschungsartefakte und nicht-reaktive Meßverfahren. Stuttgart 1974.

Burkhart, B. R.: Apprehension about evaluation, paralanguage cues and the experimenter-bias effect. Psychol. Rep. 39 (1976), 15-23.

Byrne, D. & Sheffield, J.: Response to sexually arousing stimuli as a function of repressing and sensitizing defenses. J. Abnorm. Psychol. 70 (1965), 114-118.

Campbell, D. T. & Stanley, J. C.: Experimental and quasi-experimental designs for research. Chicago 1966.

Carpenter, B., Wiener, M. & Carpenter, J. T.: Predictability of perceptual defense behavior. J. Abnorm. Soc. Psychol. 52 (1956), 380-383.

Chodorkoff, B. & Chodorkoff, J.: Perceptual defense: An integration with other research findings. J. gen. Psychol. 58 (1958), 75-80.

Christensen, L.: The negative subject: Myth, reality, or a prior experimental experience effect? J. Pers. Soc. Psychol. 35 (1977), 392-400.

Cook, T. D. & Campbell, D. T.: The design and conduct of quasi-experiments and true experiments in field settings. In: M. D. Dunnette (ed.): Handbook of industrial and organizational psychology. Chicago 1976, 223-326.

Cook, T. D., Bean, J. R., Calder, B. J. Frey, R., Krovetz, M. L. & Reisman, S. R.: Demand characteristics and three conceptions of the frequently deceived subject. J. Pers. Soc. Psychol. 14 (1970), 185-194.

Dawson, M. E. & Reardon, P.: Construct validity of recall and recognition postconditioning measures of awareness. J. Exp. Psychol. 98 (1973), 308-315.

Dixon, N. F.: Subliminal perception. The nature of a controversy. London 1971.

Dulany, D. E., Jr.: Avoidance learning of

perceptual defense and vigilance. J. Abnorm. Soc. Psychol. 55 (1957), 333-338.

Dulany, D. E., Jr.: Hypotheses and habits in verbal ‚operant conditioning', J. Abnorm. Soc. Psychol. 63 (1961), 251-263.

Dulany, D. E., Jr.: The place of hypotheses and intentions: An analysis of verbal control in verbal conditioning. In: C. W. Eriksen (ed.): Behavior and awareness. Durham 1962, 102-109.

Eriksen, C. W.: The case for perceptual defense. Psychol. Rev. 61 (1954), 175-182.

Eriksen, C. W.: An experimental analysis of subception. Amer. J. Psychol. 69 (1956a), 625-634.

Eriksen, C. W.: Subception: Fact or artifact? Psychol. Rev. 63 (1956b), 74-80.

Farrow, J. M., Farrow, B. J., Lohss, W. E. & Taub, S. I.: Note on scuttlebutt effect among college students. Percept. Mot. Skills 39 (1974), 353-354.

Fillenbaum, S.: Prior deception and subsequent experimental performance: The ‚faithful' subject. J. Pers. Soc. Psychol. 4 (1966), 532-537.

Fillenbaum, S. & Frey, R.: More on the „faithful" behavior of suspicious subjects. J. Personal. 38 (1970), 43-51.

Flay, B. R. & Hamid, P. N.: Artifact in social psychological research: The subject's view. New Zealand Psychologist 6 (1977), 84-96.

Freeman, J. T.: Set or perceptual defense? J. Exp. Psychol. 48 (1954), 283-288.

Freeman, J. T.: Set versus perceptual defense: A confirmation. J. Abnorm. Soc. Psychol. 51 (1955), 710-712.

Friedman, N.: The social nature of psychological research: The psychological experiment as a social interaction. New York 1967.

Gergen, K. J.: Experimentation in social psychology: A reappraisal. Eur. J. Soc. Psychol. 8 (1978), 507-527.

Gniech, G.: Störeffekte in psychologischen Experimenten. Stuttgart 1976.

Goldiamond, I. & Hawkins, W. F.: Vexierversuch: The log relationship between word-frequency and recognition obtained in the absence of stimulus words. J. Exp. Psychol. 56 (1958), 457-463.

Goldstein, M. J.: A test of the response probability theory of perceptual defense. J. Exp. Psychol. 63 (1962) 23-28.

Goldstein, M. J.: Perceptual reactions to threat under varying conditions of measurement. J. Abnorm. Soc. Psychol. 69 (1964), 563-567.

Goldstein, M. J., Himmelfarb, S. Z. & Feder, W.: A further study of the relationship between response bias and perceptual defense. J. Abnorm. Soc. Psychol. 64 (1962), 56-62.

Graumann, C.-F.: ‚Social Perception'. Die Motivation der Wahrnehmung in neueren amerikanischen Untersuchungen. Z. exp. ang. Psychol. 3 (1955), 605-661.

Greenspoon, J.: The effect of verbal and non-verbal stimuli on the frequency (of members) of two verbal response classes. Unpubl. doctoral dissertation, Indiana University 1951/1952.

Harré, R. & Secord, P. F.: Experimentation in social psychology. In: L. H. Strickland, F. E. Aboud & K. J. Gergen (eds.): Social psychology in transition. New York 1976, 51-67.

Hochberg, J. E. & Gleitman, H.: Towards a reformulation of the perception-motivation dichotomy. J. Personal. 18 (1949) 180-191.

Holzkamp, K.: Theorie und Experiment in der Psychologie. Berlin 1964.

Holzkamp, K.: Zum Problem der Relevanz psychologischer Forschung für die Praxis. Psychologische Rundschau 11 (1970), 1-22.

Holzkamp, K.: Kritische Psychologie. Vorbereitende Arbeiten. Frankfurt 1972.

Holzkamp, K.: Sinnliche Erkenntnis – Historischer Ursprung und gesellschaftliche Funktion der Wahrnehmung. Frankfurt 1973, 3., rev. Aufl. 1976.

Holzkamp, K.: Die Überwindung der wissenschaftlichen Beliebigkeit psychologischer Theorien durch die Kritische Psychologie (Teil 2). Z. Sozialpsychol. 8 (1977), 78-97.

Howes, D.: On the interpretation of word frequency as a variable affecting speed of recognition. J. Exp. Psychol. 48 (1954), 106-112.

Howes, D. H. & Solomon, R. L.: A note on McGinnies' ‚Emotionality and perceptual

defense‘. Psychol. Rev. 57 (1950), 229-234.
Howes, D. H. & Solomon, R. L.: Visual duration threshold as a function of word-probability. J. Exp. Psychol. 41 (1951), 401-410.
Howie, D.: 1952. Perceptual defense. Psychol. Rev. 29 (1952), 308-315.
Irle, M.: Lehrbuch der Sozialpsychologie. Göttingen 1975.
Israel, J.: Sozialpsychologie: Theorie – Probleme – Versuche. Stuttgart 1976.
Jennings, L. B. & George, S. G.: The Spence-Holland theory of subliminal perception: A reexamination. Psychol. Rec. 20 (1970), 495-504.
Jung, J.: The experimenter's dilemma. New York 1971.
Koeppler, K.: Unterschwellig wahrnehmen – unterschwellig lernen. Stuttgart 1972.
Kragh, U.: Precognitive defensive organization with threatening and non-threatening peripheral stimuli. Scand. J. Psychol. 3 (1962), 65-68.
Kruglanski, A. W.: The human subject in the psychology experiment: Fact and artifact. In: L. Berkowitz (ed.): Advances in experimental social psychology. Vol. 8, New York 1975, 101-147.
Kuhn, T. S.: The structure of scientific revolutions. Chicago 1962.
Lazarus, R. S. & McCleary, R. A.: Autonomic discrimination without awareness: A study of subception. Psychol. Rev. 58 (1951), 113-123.
Levin, S. M.: The effects of awareness on verbal conditioning. J. Exp. Psychol. 61 (1961), 67-75.
Levine, R. I., Chein, I. & Murphy, G.: The relation of the intensity of a need to the amount of the perceptual distortion. J. Psychol. 13 (1942), 283-293.
Lewin, K.: Die Entwicklung der experimentellen Willenspsychologie und die Psychotherapie. Leipzig 1929.
Lück, H. E. & Bungard, W.: Artefakte und die Höflichkeit im sozialwissenschaftlichen Forschungsbetrieb. Gruppendynamik 9 (1978), 2-10.
Maschewsky, W.: Das Experiment in der Psychologie. Frankfurt 1977.
Masling, J.: Role-related behavior of the subject and psychologist and its effects upon psychological data. Nebraska Symposium on Motivation 14 (1966), 67-103.
McClelland, D. C. & Atkinson, J. W.: The projective expression of needs: I. The effect of different intensities of the hunger drive on perception. J. Psychol. 25 (1948), 205-222.
McGinley, H., Kaplan, M. & Kinsey, T.: Subject effects and demand characteristics. Psychol. Report 36 (1975), 267-278.
McGinnies, E.: Emotionality and perceptual defense. Psychol. Rev. 56 (1949), 244-251.
McGuire, W. J.: Suspiciousness of experimenter's intent. In: R. Rosenthal & R. L. Rosnow (eds.): Artifact in behavioral research. New York 1967, 13-57.
McIntosh, S. P.: 1961. Perceptibility of emotional and nonemotional stimuli with a forced-choice method. Diss. Abstr. 21 (1961), 2784-2785.
Mertens, W.: Sozialpsychologie des Experiments: Das Experiment als soziale Interaktion. Hamburg 1975.
Mertens, W.: Aspekte einer sozialwissenschaftlichen Psychologie. München 1977.
Mertens, W. & Fuchs, G.: Krise der Sozialpsychologie? Zur Krisendiskussion über die theoretischen und methodischen Grundlagen der Sozialpsychologie. München 1978.
Miller, A. G. (ed.): The social psychology of psychological research. New York 1972.
Miller, J. G.: The role of motivation in learning without awareness. Amer. J. Psychol. 53 (1940), 229-239.
Murdock, B. B., Jr.: Perceptual defense and threshold measurements. J. Personal. 22 (1954), 565-571.
Neisser, U.: An experimental distinction between perceptual process and verbal response. J. Exp. Psychol. 47 (1954), 399-402.
Nelson, S. E.: Psychosexual conflicts and defenses in visual perception. J. Abnorm. Soc. Psychol. 51 (1955), 427-433.
Nothman, F. H.: The influence of response conditions on recognition thresholds for tabu words. J. Abnorm. Soc. Psychol. 65 (1962), 154-161.

Orne, M. T.: The nature of hypnosis: Artifact and essence. J. Abnorm. Soc. Psychol. 58 (1959), 277-299.

Orne, M. T.: On the social psychology of the psychological experiment: With particular reference to demand characteristics and their implications. Amer. Psychologist 17 (1962), 776-783.

Page, M. M.: Modification of figure-ground perception as a function of awareness of demand characteristics. J. Pers. Soc. Psychol. 9 (1968), 59-66.

Page, M. M.: On detecting demand awareness by postexperimental questionnaire. J. Soc. Psychol. 91 (1973), 305-323.

Page, M. M. & Scheidt, R. J.: The elusive weapons effect: Demand awareness, evaluation apprehension, and slightly sophisticated subjects. J. Pers. Soc. Psychol. 20 (1971), 304-318.

Postman, L.: Toward a general theory of cognition. In: J. H. Rohrer & M. Sherif (eds.): Social psychology at the crossroads. New York 1951, 242-272.

Postman, L., Bronson, W. C. & Gropper, G. L.: Is there a mechanism of perceptual defense? J. Abnorm. Soc. Psychol. 48 (1953), 215-224.

Postman, L., Bruner, J. S. & McGinnies, E.: Personal values as selective factors in perception. J. Abnorm. Soc. Psychol. 43 (1948), 142-154.

Rosenberg, M. J.: When dissonance fails: On eliminating evaluation apprehension from attitude measurement. J. Pers. Soc. Psychol. 1 (1965), 28-42.

Rosenthal, R.: On the social psychology of the psychological experiment: The experimenter's hypotheses as unintended determinant of experimental results. Amer. Scientist 51 (1963), 268-283.

Rosenthal, R.: Experimenter effects in behavioral research. New York 1966.

Rosenthal, R. & Persinger, G. W.: Let's pretend: Subject's perception of imagery experimenters. Percept. Mot. Skills 14 (1962), 407-409.

Rosenthal, R., Persinger, G. W., Vikan Kline, L. & Mulry, R. C.: The role of the research assistant in the mediation of experimenter bias. J. Personal. 31 (1963), 313-335.

Rosenthal, R. & Rosnow, R. L. (eds.): Artifact in behavioral research. New York 1969.

Rosenthal, R., Rosnow, R. L.: The volunteer subject. New York 1975.

Rosenzweig, S.: The experimental situation as a psychological problem. Psychol. Rev. 40 (1933), 337-354.

Rosnow, R. L. & Aiken, L. S.: Mediation of artifacts in behavioral research. J. Exp. Soc. Psychol. 9 (1973), 181-201.

Secord, P. F. & Backman, C. W.: Social psychology. New York 1964.

Sigall, H., Aronson, E. & Van Hoose, T.: The cooperative subject: Myth or reality? Journal of Exp. Soc. Psychol. 6 (1970), 1-10.

Silverman, I.: The human subject in the psychological laboratory. New York 1977.

Spielberger, C. D. & DeNike, L. D.: Descriptive behaviorism versus cognitive theory in verbal operant conditioning. Psychol. Rev. 73 (1966), 306-326.

Spinner B., Adair, J. G. & Barnes, G. E.: A reexamination of the faithful subject role. J. Exp. Soc. Psychol. 13 (1977), 543-551.

Straits, B. C., Wuebben, P. L. & Majka, T. J.: Influences on subjects' perceptions of experimental research situations. Sociometry 35 (1972), 499-518.

Stricker, L. J.: The true deceiver. Psychol. Bull. 68 (1967), 13-20.

Swets, J. A. (ed.): Signal detection and recognition by human observers. New York 1964.

Taffel, C.: Conditioning of verbal behavior in an institutionalized population and its relation to ‚anxiety level'. Unpubl. doctor's thesis, Indiana University 1952.

Tagiuri, R.: Person perception. In: G. Lindzey & E. Aronson (eds.): The handbook of social psychology. 2nd., Vol. 3. Reading, Mass. 1969, 395-449.

Tajfel, H.: Social and cultural factors in perception. In: G. Lindzey & E. Aronson (eds.): The handbook of social psychology. 2nd ed., Vol. 3. Reading, Mass. 1969, 315-394.

Tanner, W. P., Jr. & Swets, J. A.: A decision-making theory of visual detection. Psychol. Rev. 61 (1954), 401-409.

Taub, S. I. & Farrow, B. J.: Reinforcement

effects on intersubject communication: The scuttlebutt effect. Percept. Mot. Skills 37 (1973), 15-22.

Timaeus, E.: Experiment und Psychologie: Zur Sozialpsychologie psychologischen Experimentierens. Göttingen 1974.

Trimble, R. & Eriksen, C. W.: ‚Subliminal cues' and the Müller-type illusion. Perception & Psychophysics 1 (1966), 401-404.

Voor, J. H.: Subliminal perception and subception. J. Psychol. 41 (1956), 437-458.

Walker, R. E.: The behavior of experimental subjects. In: W. A. Hunt (ed.): Human behavior and its control. Cambridge 1971, 51-74.

Webb, E. J., Campbell, D. T., Schwartz, R. F. & Sechrest, L.: Unobtrusive measures: Nonreactive research in the social sciences. Chicago 1966.

Weber, S. J. & Cook, T. D.: Subject effects in laboratory research: An examination of subject roles, demand characteristics, and valid inference. Psychol. Bull. 77 (1972), 273-295.

Weber, S. J. & Riddell, J. C.: An examination of postexperimental questionnaires used to assess awareness. Repres. Res. Soc. Psychol. 6 (1975), 1-6.

Wuebben, P. L.: Experimental design, measurement, and human subjects: A neglected problem of control. Sociometry 31 (1968), 89-101.

Zajonc, R. B.: Response suppression in perceptual defense. J. Exp. Psychol. 64 (1962), 206-214.

Verbale Konditionierung – Plädoyer gegen eine black-box-Vp

Rolf H. Bay

Der Versuch, sprachliches Verhalten über den systematischen Einsatz von Verstärkern zu beeinflussen, wurde erstmals von Thornedike & Rock (1934) sowie von Irwin et al. (1934) unternommen. Derartige Studien erregten aber erst seit Mitte der 50er Jahre wissenschaftliche Aufmerksamkeit, als Greenspoon (1955), Taffel (1955) und Verplanck (1955) in Umsetzung der Skinnerschen Theorie des operanten Konditionierens (1948, 1953) auf sprachliches Verhalten das Paradigma „verbale Konditionierung" (VC) begründeten. Da die von den Autoren verwandten Versuchsanordnungen in der Folgezeit bevorzugt eingesetzt wurden, sollen sie kurz dargestellt werden.

Greenspoon forderte seine Versuchspersonen (Vpn) auf, spontan Worte zu nennen, wobei der Versuchsleiter (Vl) Substantive im Plural mit „hmm" kommentierte. Taffel bat seine Vpn mit einem Verb im Imperfekt und einem Personalpronomen einen Satz zu bilden, immer beginnend mit dem Personalpronomen. Der Vl kommentierte Sätze die mit „Ich" oder „Wir" begannen mit „gut". Verplanck versuchte Meinungen bestimmten Inhaltes in einer normalen Gesprächssituation durch Verstärkung zu konditionieren. Als Verstärker dienten sowohl verbale als auch non-verbale Aktivitäten des Vl.

Die Grundkonstellation verbaler Konditionierungsversuche stellt sich also wie folgt dar:

- die Vp soll, meist auf vorgegebenes Stimulusmaterial, spontan verbale Äußerungen (Responses) emittieren;
- vom Vl werden bestimmte Äußerungen für eine Verstärkung ausgewählt (Reaktionsklasse);
- die Verstärkung (Reinforcement) erfolgt unmittelbar nach solchen Äußerungen, die die Reaktionsklasse repräsentieren.

Als Ergebnis des Konditionierungsvorganges wird – je nachdem ob positives oder negatives Reinforcement appliziert wurde – eine erhöhte bzw. verminderte Auftrittswahrscheinlichkeit solcher Äußerungen postuliert, die die Reaktionsklasse repräsentieren.

In einer Vielzahl von Studien – nach Lanyon & Drotar (1967) alleine 200 Untersuchungen zwischen 1953 und 1964 – wurde diese Vorgehensweise repliziert und auf unterschiedlichste Reaktionsklassen angewandt, z. B. Äußerungen über Charaktermerkmale (Moos 1963), Kindheitserinnerungen (Quay 1959), prodemokratische Antworten (Singer 1961). Auch die verwandten Reinforcement-Stimuli repräsentierten verschiedene Qualitäten, z. B. „hmm" , „gut", „ja", „Kopfnicken", „Lichtreflexe" etc. (vgl. zur Variation eingesetzter Reaktionsklassen und Reinforcement-Stimuli die Sammelreferate von Adams 1957; Krasner 1958 und Salzinger 1959). Angesichts der vorliegenden Befunde kam Timaeus zu der Feststellung: „Da es also möglich war, die verschiedensten Reaktionsklassen durch die Strategien des Vl zu beeinflussen, kann die Allgemeinheit des Phänomens wohl als gesichert angesehen werden" (1967, 156).

Nun stellt sich die Frage, wo es denn bei derartigen Konditionierungsexperimenten einen Zusammenhang zur Artefaktproblematik gibt. Auf den ersten Blick scheint es hier keine Beziehung zu geben, denn der Begriff „Konditionierung" läßt eine Einordnung in den Problembereich „Lerntheorien" vermuten und hier hat man bekanntlich divergierende Theorien, deren Unterschiede auf diverse Annahmen über die Natur menschlichen Lernens zurückgeführt werden. Hier treten also unterschiedliche „Paradigmen" in Konkurrenz (vgl. Kendler 1968).

Bemüht man sich in einem zweiten Blick um die Einordnung des Paradigmas „Verbale Konditionierung" in einen forschungstheoretischen Rahmen, so kommt die Artefaktproblematik dadurch zum tragen, daß die Beeinflussung des verbalen Verhaltens von Vpn überwiegend – sofern sie nicht therapeutisch orientiert ist – in speziell hergestellten experimentellen Situationen erfolgte. Silverman (vgl. 1977, 53) meint deshalb auch, daß es nicht um die Frage gehe, ob verbale Konditionierung existiere oder nicht, sondern ob eine Beantwortung dieser Frage sinnvoll in einem experimentellen Kontext möglich ist.

Die Konzeptualisierung und Überprüfung der Theorie des operanten Konditionierens erfolgt in experimentellen Situationen, was dazu führt, daß die Ergebnisse auch unter methodologischen Aspekten beurteilt werden müssen. Erkenntnisse der VC-Forschung sind insofern unter Hinzunahme von Konzepten aus dem Forschungsbereich „Artefaktforschung" zu interpretieren. Dies war keineswegs von Beginn an der Fall. In der Retrospektive läßt sich die Forschungsaktivität in drei Hauptphasen einteilen:

Phase 1 (ab 1950 bis ca. 1960) war gekennzeichnet durch die Bemühungen zum Nachweis operanter Konditionierungsgesetzmäßigkeiten auf verbales Verhalten von Versuchspersonen.

Phase 2 (von 1960 bis 1968) war geprägt durch die Auseinandersetzung behavioristischer und kognitiver Forscher um die sogenannte „Awareness-Problematik" (Bewußtheit) und damit einhergehender meßtheoretischer Fragen.

Phase 3 (von 1968 bis zu Gegenwart) zeichnet sich insbesondere durch die Einbeziehung der Ergebnisse aus dem Forschungsbereich „Sozialpsychologie des Experiments" zur Erklärung verbaler Konditionierungsprozesse aus. In dieser Phase wird die Artefaktdiskussion zunehmend forciert.

Es soll nun nachfolgend anhand der Phaseneinteilung die Diskussion der Befunde erfolgen.

1. Befunde aus behavioristischer Perspektive

In der ersten Phase verbaler Konditionierungsexperimente ging es im wesentlichen um die Frage der Anwendbarkeit der Theorie des „operanten Konditionierens" von Skinner auf verbale Reaktionen von Vpn. So war denn auch der theoretische Ausgangspunkt bei Greenspoon, eine experimentelle Situation zu schaffen, die, in Analogie zu Konditionierungsversuchen mit Tieren, den Nachweis der operanten Konditionierung im Bereich des verbalen Verhaltens ermöglichen sollte (vgl. 1962, 511). Postuliert wurde demzufolge ein Lernen ohne „awareness" (Bewußtheit). Konditionierung ohne „awareness" ist die zentrale Forderung, will man die theoretischen Annahmen Skinners auch für das verbale Verhalten verifizieren. Für das Verhalten der Vp heißt das, daß ihre Reaktion nur auf den Verstärker hin erfolgt, im übrigen aber der Zusammenhang zwischen der Verstärkung durch den Vl und dem produzierten Response von ihr unentdeckt bleibt. Analog zu den tier-experimentellen Befunden wurde davon ausgegangen, daß kognitive Prozesse der Vp den Konditionierungsprozeß nicht beeinflussen.

Um sicherzustellen, daß das Auftreten verstärkter Responses der Theorie des „operant conditioning" entsprach, mußten solche Vpn, die „awareness" über die Response-Reinforcement-Kontingenz erlangt hatten, herausgefunden werden. Zu diesem Zweck fragte man die Vpn im Anschluß an die experimentelle Prozedur, ob sie den Zusammenhang mit der Verstärkung bemerkt hätten. Vpn, die aufgrund der post-experimentellen Befragung „awareness“ berichteten, wurden bei Greenspoon (immerhin 13%) von der weiteren Datenanalyse ausgeschlossen, weil nicht sein darf, was nicht sein kann (ähnlich bei Sidowski 1954; Binder et al. 1957; Kanfer & Karas 1959; Leventhal 1959 und Getter 1966). Mit den verbleibenden Vpn ohne „awareness“ wies er nach, daß diejenigen, die mit „hmm“ verstärkt wurden, einen signifikanten Zuwachs bei Substantiven im Plural gegenüber einer nicht verstärkten Kontrollgruppe hervorbrachten. Eine andere Experimentalgruppe, deren Äußerungen vom Vl mit „huh-uh“ kommentiert wurden, zeigte eine signifikante Reduzierung in der Reaktionsklasse. Für die Verstärkung von „Nicht-Plural-Äußerungen“ trat der Effekt nur noch für den Verstärker „hmm“ auf, nicht jedoch bei „huh-uh“. Offensichtlich läßt dies Rückschlüsse auf divergierende Reinforcement-Stimulus-Bewertungen durch die Vp zu.

Mandler & Kaplan (1956) betonten bereits die Wichtigkeit der subjektiven Bewertung des Reinforcement-Stimulus durch die Vp. Solche Vpn, die „hm“ positiv bewerteten, erlangten signifikant bessere Konditionierungswerte in der Greenspoon-Versuchsanordnung, als jene mit negativer Bewertung. Krasner (1958) kam nach einer zusammenfassenden Bewertung von 46 Untersuchungen zu folgenden Ergebnissen:

In nur 12 Studien wurden keine Konditionierungseffekte erzielt.

In über der Hälfte aller Studien war keine Vp mit „awareness“ vorzufinden.

In allen Studien zusammengenommen waren ungefähr 5% der Vpn als „aware“ im Sinne der Definition des Vl identifiziert.

Angesichts derartig „eindeutiger“ Befunde, erschien sowohl die Generalisierbarkeit des Konditionierungsvorganges als auch die These des „learning without awareness“ evident, wenngleich die Befunde von Mandler & Kaplan sowie Taffel (über den Einfluß der Persönlichkeitsvariable „Angst“ auf die Konditionierbarkeit) an einer streng behavioristischen S-R-Theorie Zweifel aufkommen ließen.

Neben den bisher aufgeführten Laborexperimenten wurden VC-Strategien auch im Rahmen der *Interviewforschung* angewandt, sowohl im Labor als auch im Feld (vgl. z. B. Field 1955; Hildum & Brown 1956; Verplanck 1955; Salzinger & Pisoni 1960; Rogers 1960). Die Resultate schienen generell für eine Konditionierung ohne awareness zu sprechen, jedoch ist bei der Vorgehensweise z. T. erhebliche Kritik anzubringen. In den Feldstudien (Field, Salzinger & Pisoni) wurden naturgemäß keine awareness-Befragungen durchgeführt, insofern ist es problematisch, vom Verhalten der Respondenten monokausal auf Konditionierungseffekte zu schließen. In den Laborinterviews wurde die Dimension „awareness“ zwar erfaßt, über die Meßmethode und die Ergebnisse erfolgten allerdings keine oder nur unzureichende Angaben. Interessant ist jedoch die Feststellung, daß in den Feldstudien die „Verstärkung“ bei den Respondenten eine Aktivitätserhöhung bewirkte, die sich in höheren Antwortquoten und längeren Statements niederschlug (Field 1955; später auch Marquis 1970). Derartige Phänomene wurden mehr oder weniger als Bestätigung des Konditionierungsparadigmas aufgefaßt, wobei es jedoch fraglich ist, ob der applizierte Verstärker vom Befragten auch als solcher aufgefaßt wird. Verbale Stimuli (wie z. B. „hm“) dienen in Interviews wesentlich dazu, die Redefrequenz zu erhöhen, sind also „Verbalisierungsverstärker“ und müssen keineswegs als inhaltsbezogen wahrgenommen werden (Matarazzo et al. 1964).

Insgesamt stellte sich die Situation gegen Ende 1960 so dar, daß die Untersuchungen sowohl im Labor als auch im Feld als Beweis für den behavioristischen Standpunkt einer Konditionierung ohne „awareness“ aufgefaßt wurden. Diese Auffassung kolportierte man auch als gesicherten Erkenntnisstand in sozialpsychologischen Lehrbüchern. Selbst namhafte Vertreter der Artefaktforschung sahen in VC-Strategien den Mediationsmechanismus für Vl-Erwartungseffekte (Rosenthal 1964).

2. Kritikpunkte der kognitiv orientierten Forscher

In der zweiten Forschungsphase von 1960-1968 erfuhr die Begründung, daß solche Konditionierungseffekte auf einer quasi-automatischen, unbewußten Reaktion der Vp beruhen, heftige Kritik (Tatz 1960; Levin 1961; Dulany 1961, 1962, 1968; Spielberger 1962; Spielberger & Levin 1962; Farber 1963, Lanyon 1964).

Levin charakterisierte die Ergebnisse der S-R-Theoretiker als „ein Artefakt der insensitiven Interviewprozedur“ (1961, 67 f). Er modifizierte in einer Taffel-Versuchsanordnung den Umfang der post-experimentellen Befragung. Wurden bisher lediglich bis zu vier, relativ unspezifische Fragen gestellt, so stellte er den Vpn 16 Fragen, einschließlich der bisher üblichen vier unspezifischen Items. Nach der traditionellen Kurzform des Awareness-Interviews waren 2 von 60 Vpn „aware“; die erweiterte Befragung identifizierte zusätzlich 16 Vpn mit „awareness“. Die nachfolgend dargestellte Abbildung verdeutlich die unterschiedlichen Lernkurven der Vpn-Gruppen (vgl. 1961, 71)). Konditionierungseffekte zeigten lediglich Vpn mit „awareness“, während solche ohne „awareness“ nicht zu Probanden der Kontrollgruppe differierten. Die Bedeutung der „awareness“ wird noch eklatanter, wo Vpn nur bezüglich eines Personalpronomens (entweder „Ich“ oder „Wir“) Bewußtheit erlangten und auch nur für diese Reaktionsklasse konditionierten.

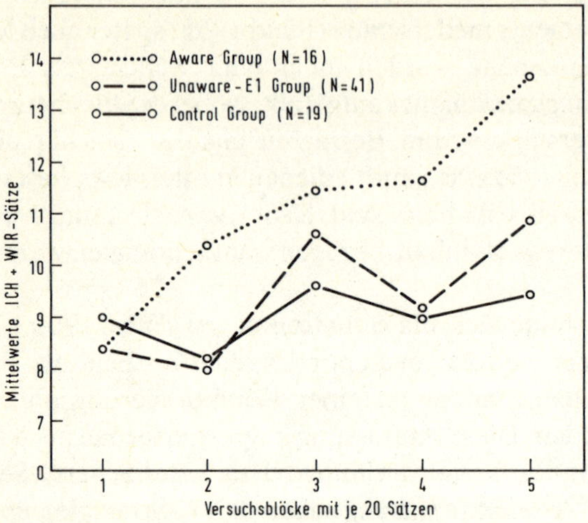

Abb. 1. Mittelwerte der Ich- und Wir-Sätze für „aware“ und „unaware“ Vpn nach extensivem Interview (E1) und Kontrollgruppe.

Dulany (1961, 1962) kam mit der Greenspoon-Versuchsanordnung zu ähnlichen Resultaten wie Levin, allerdings lieferte er in seiner Arbeit einen umfassenden theoretischen Rahmen zur Bewertung der awareness-Problematik. Zwar konnte keine Vp eine korrekte Response-Reinforcement-Kontingenz berichten, aber 11 Vpn bestätigten eine Assoziation zwischen Vl-hm und Substantiven im Plural. Diese Vpn konditionierten signifikant höher als jene in der Kontrollgruppe und die als „no-associative hypothesis“ qualifizierten Vpn.

In der Auseinandersetzung mit den bisherigen Ergebnissen zur VC kritisierte Dulany insbesondere die Einschätzung der „awareness“ durch Forscher aus dem behavioristischen Lager. „In der Literatur zur verbalen Konditionierung wurde awareness zumeist als ein zu ignorierender Störfaktor angesehen oder als ein Artefakt, das bei einem besseren Design zu vermeiden gewesen wäre“ (Dulany 1962, 112 f).

Awareness ist für Dulany im wesentlichen Resultat der kognitiven Prozesse der Vpn, die sich aus korrekten oder korrelierenden Hypothesen über den Sinn und Zweck des Experiments aus verbalen Berichten der Vp herleitet. Korrelierende Hypothesen sind solche Kognitionen, die die Vp als komplementäre Situationsdeutung aus Vl-Reaktion und geforderter Experimentalleistung entwickelt. Hypothesen der Vp klassifiziert er in dreifacher Hinsicht (vgl. 1962, 106 ff):

a) reinforcement-hypothesis (awareness über Verteilung und Signifikanz der Verstärkung);
b) behavioral-hypothesis (awareness über das, was der Experimentator von der Vp erwartet);
c) behavioral-intentions (Intention, das zu tun, was der Experimentator erwartet, wobei dies als „self-instructionalset" aufgefaßt wird).

Der Zusammenhang zwischen den genannten Hypothesen ist wie folgt zu sehen: „Es sind die behavioral-intentions, die die Äußerung verstärkter Reaktionen verursachen, wobei behavioral-intentions abhängig sind von behavioral-hypothesis und diese wiederum sind ihrerseits abhängig von reinforcement-hypothesis" (Insko & Cialdini 1969, 333). Für die Taffel-Versuchsanordnung bestätigte sich diese Beziehungskette. Behavioral-intentions korrelierten signifikant höher mit der Konditionierungsrate, was für reinforcement-hypothesis in nur geringem Umfang zutraf.

Die Arbeiten von Levin (1961) und Dulany (1961, 1962) zeigen, daß das „learning-without-awareness-Konzept" der frühen VC-Forscher als Artefakt der insensitiven post-experimentellen Befragung und der Vernachlässigung situativer Deutungsleistungen seitens der Vp zu betrachten ist. Spielberger formulierte aus der Sicht einer kognitiven Lerntheorie die These, daß in VC-Experimenten nichts anderes als „Bewußtheit" über den Reaktions-Verstärkungs-Zusammenhang gelernt wird (vgl. 1962, S. 99). Spielberger & Levin (1962) stellten fest, daß nur Vpn mit „awareness" Konditionierungseffekte zeigten, ein Leistungszuwachs nur für Reaktionsklassen mit „awareness" vorlag und zudem der genannte Leistungszuwachs mit dem von den Vpn berichteten Zeitpunkt der „awareness" zusammenfiel (vgl. dazu auch DeNike 1964 und DeNike & Leibovitz 1969, die die Relation von Awareness-Zeitpunkt und „performance gains" nachdrücklich verifizierten). In einer Reihe weiterer Experimente wurde ein Kranz möglicher kognitiver Variablen identifiziert, die den verbalen Konditionierungsprozeß als komplexe soziale Situation erscheinen ließen. Wirksam wurde dabei neben „awareness" der Faktor „attitude toward the reinforcement" (Einstellung gegenüber der Verstärkung). Spielberger et al. (1962), Spielberger et al. (1963), Spielberger et al. (1966), Doherty & Walker (1966) sowie Lichtenstein & Craine (1969) demonstrierten überzeugend, daß die Motivation der Vp, Reinforcement zu erhalten, innerhalb der Vpn mit „awareness" zu signifikant unterschiedlichen Konditionierungsraten führte.

Den kognitivistischen Standpunkt zusammenfassend, haben Spielberger und Ko-Autoren nachgewiesen (vgl. Spielberger 1965), daß
a) kognitive Prozesse, wie Hypothesen, Ideen etc. existieren,
b) sie, obgleich nicht direkt beobachtbar, aus Berichten der Vp nach dem Experiment ermittelt werden können und
c) kognitive Prozesse verbales Verhalten ändern, unterstützt durch die Motivation, Reinforcement zu erhalten.

Eine kognitive Interpretation verbaler Konditionierung betrachtet die Leistung der Vp als ein komplexes Resultat ihrer Hypothesen und Motive (vgl. Spielberger 1965, 164). Hier wurde also bereits auf die Faktoren hingewiesen, die auch die Artefaktforschung als bedeutsam identifizierte, nämlich kognitive und motivationale Prozesse seitens der Vp, die ihr Experimentalverhalten determinieren.

Farber (1963) diskutierte die Frage, daß sowohl Vpn mit „awareness" als auch ohne „awareness" Konditionierungseffekte zeigten, aber Vpn mit „awareness" im Regelfall signifikante Leistungssteigerungen erreichten, wobei bemerkenswert ist, daß nicht alle Vpn dieser Kategorie derartige Effekte produzierten. Man darf also vermuten, daß die Variable „awareness" allein keine hinreichende Erklärung für Konditionierung bietet. Farber befragte Vpn mit „awareness" hinsichtlich ihrer Verhaltensstrategie nach Entdeckung des Verstärkungszusammenhanges und stellte fest, daß 17 entsprechende konforme und 21 nicht-konforme Verhaltensabsichten äußerten. Die Konditionierungsrate der „konformen" Gruppe lag signifikant über der der „nicht-konformen" Gruppe, die hinsichtlich der VC-Rate der Vp-Gruppe ohne „awareness" glich.

Motivationale Komponenten im Sinne von „behavioral intentions" determinieren demzufolge die Verhaltensweise der Vp derart, daß „... the things people say to themselves determine the rest of the things they do" (Farber 1963, 196).

Resümieren wir die aufgeführten Untersuchungen, so wird folgendes deutlich:

1. Die Konstruktion einer Vp-Rolle im Sinne behavioristischer Theorienbildung als quasi-automatisch reagierender Organismus auf externe Stimuli, scheint für VC-Experimente nicht begründbar.
2. Offensichtlich tritt die Vp als aktiver Interpretator der vom Vl konstituierten Experimentalsituation auf.
3. Experimentalleistungen einer Vp werden in VC-Versuchen wesentlich bedingt durch kognitive, interne Stimuli, die als intervenierende Variablen zwischen Vl-Reinforcement-stimulus und Vp-Response fungieren.
4. Die situative Strukturierungsleistung der Vp manifestiert sich in deren korrekter oder korrelierender Hypothese über den vermeintlichen Sinn der Prozedur.

5. Neben diesen Hypothesen scheinen bedeutsam die Motive der Vp, entsprechend der vermeintlichen Hypothese zu agieren. Farbers Konformitätsmotiv und Spielbergers Motiv der Bewertungszuwendung durch den Vl weisen auf die Variationsbreite potentieller motivationaler Zustände hin, werden jedoch von den Autoren in keinen weiteren theoretischen Bezugsrahmen integriert.

3. Hypothesenbildung der Vp

Betrachtet man nun im Bewußtsein des Stellenwertes der Vp-Hypothese die Literatur bis 1968 (soweit verfügbar), so finden sich nur vereinzelt Hinweise darauf, inwieweit Hypothesen der Vp den Interpretationsrahmen der VC-Situation abstecken. Leventhal (1959) berichtet, daß die Hälfte seiner Vpn folgende korrelierende Hypothesen äußerten: 20 Vpn vermuteten einen Reaktions- oder Schnelligkeitstest, 20 sahen Persönlichkeitserforschung im Vordergrund stehen, 15 entdeckten als Ziel einen Intelligenztest und 12 deuteten die Situation als Egozentrismus-Test. Es erfolgt leider keine extensive Datenanalyse daraufhin, wie Hypothesen der Vp und Wahl der Responseklasse zusammenhängen. Weiterhin fehlt die Frage nach der Verhaltensintention im Zusammenhang mit der Situationsdeutung. Dennoch wird deutlich, daß die Situationsdefinition der Vp die Manipulation der unabhängigen Variable wirkungslos machen kann.

Wir haben in einer eigenen VC-Versuchsreihe (Taffel-Versuchsanordnung mit 157 Vpn) insgesamt 31 unterschiedliche Hypothesen über den Versuchszweck feststellen können. In der folgenden Tabelle sind die Hypothesen zusammengefaßt dargestellt.

Tabelle 1. Hypothesen der Vpn

Hypothese	Vpn mit „awareness“	Vpn ohne „awareness“
Untersuchungsziel erkannt	17	—
Persönlichkeitstest	6	8
Ich-Bezogenheit u./o. Sozialverhalten	21	10
Leistungstest (Schnelligkeits-, Spontaneitäts- u. Sprachtest)	7	15
sonstige Hypothesen	31	39
keine Angabe/weiß nicht	1	2
Summe	83	74

In den sonstigen Hypothesen sind solche Äußerungen wie Häufigkeit von Pronomen, Rolle von Vp testen, Geschlechtsrollenidentifikation über

Wahl der Pronomen, Beziehung Uni-Studium etc. enthalten. Wichtig ist die Tatsache, daß unabhängig von „awareness" die Vpn nahezu vollständig eine Hypothese zum Experiment entwickelten. Dies spricht für die Annahme eines Vp-Typus, der als aktiver und mitgestaltender Interpretator des experimentellen Geschehens auftritt.

Hall (1960) induzierte per Instruktion in einer Versuchsanordnung nach Taffel als Untersuchungsziel einerseits die Bedeutung „verbaler Intelligenztest" (Ich-Bezug), andererseits „Brauchbarkeit der Prozedur testen" (Aufgaben-Bezug). Nur die Gruppe „Ich-Bezug" zeigte signifikante Konditionierungsleistungen und ebenfalls die höchste Awareness-Quote. Keine Unterschiede bestanden zwischen Kontrollgruppe und Gruppe „Aufgaben-Bezug". Vpn der Kontrollgruppe definierten in einigen Fällen die Situation ebenfalls in Richtung ich-bezogene Testsituation, was sich jedoch hinsichtlich der Konditionierung nicht auswirkte.

Weiss (1955) gab per Instruktion sowohl das Verstärkungsprinzip als auch das Ziel (Schnelligkeitstest) an. Unter der Bedingung „Schnelligkeitstest" ergab sich kein signifikanter Unterschied bei Kenntnis bzw. Unkenntnis des Verstärkungsprinzips. Lediglich eine völlig uninformierte Gruppe erreichte hoch-signifikante Konditionierungswerte. Die spezifische Situationshypothese „Schnelligkeitstest" führte offensichtlich trotz Kenntnis der Verstärkung zu erheblichen Leistungsbeeinträchtungen.

Ekman et al. (1963) betonen ebenfalls die Wichtigkeit der subjektiven Situationsinterpretation. Per Instruktion wurde induziert, daß im Test „Einfühlung" (empathy) oder das Ausmaß persönlicher Probleme gemessen werden sollte. Vpn mit „awareness" konditionierten unter der Instruktion „Einfühlung" hoch-signifikant gegenüber der Experimentalgruppe „persönliche Probleme". „Wenn die Vp glaubt, daß mit der verstärkten Reaktion etwas Unangenehmes oder Unerwünschtes verbunden ist, dann führt dies bei zunehmender awareness dazu, daß die Vp den Gebrauch verstärkter Reaktionen unterdrückt (1963, 389).

Katkin et al. (1966) untersuchten den Einfluß des Vl-Status auf die Konditionierungsleistung in einer Taffel-Versuchsanordnung. Der Status des Vl beeinflußte nicht die „awareness", wohl aber die Leistungskurven der Vpn. Bei Vln mit hohem Status emittierten „aware" Vpn signifikant weniger Ich- und Wir-Sätze als bei niedrigem Vl-Status. Befragt nach ihren Hypothesen, wurde von den Vpn in der statushohen Bedingung insbesondere Konformität, Egozentrismus etc. als Untersuchungsziel genannt. Einige Vpn gaben an, bewußt solche Personalpronomen gewählt zu haben, die keinen Rückschluß auf ihre Persönlichkeit zuließen.

Angesichts derartiger Äußerungen wird deutlich, daß Vp-Motivationen bisher in viel zu geringem Umfange zur Interpretation laborexperimenteller Befunde über VC herangezogen wurden. Die Motive der Vp scheinen Quantität und Qualität der Experimentalleistung zu beeinflussen.

Nun ist die Eindeutigkeit der Befunde kognitivistisch orientierter Forscher nicht unwidersprochen geblieben. Greenspoon & Brownstein (1967) kritisierten die wenig standardisierten Methoden zur awareness-Messung (vgl. hierzu die Vorgehensweisen von Sidowski 1954; Matarrazzo et al. 1960; Levin 1961; DeNike 1964; Klein & Wiener 1966; Weinstein & Lawson 1963; um nur einige zu nennen). Befürchtet wurde unter anderem, daß extensive Meßverfahren sozusagen qua Instrument „awareness" induzieren und darüber hinaus die Variabilität der Antworten Interpretationen im Sinne der Vl-Erwartungshaltung begünstigen könnten. Diese mehr technischen Fragen werden überlagert von theoretischen Anmerkungen.

Maltzman (1966) warf insbesondere Spielberger vor, letztlich mit Verhaltensdaten (postexperimentelle Interviewergebnisse) epistemologische Interpretationen von Verhalten (Konditionierungsrate) zu betreiben. Sowohl Behavioristen als auch Kognitivisten erheben postexperimentelle Daten, jedoch interpretieren Behavioristen beide im Sinne beobachtbarer Objektivationen in gleicher Richtung. Für Maltzman ist klar, daß „awareness im Sinne der kognitiven Psychologen keinen heuristischen Wert hat. Im Gegenteil, dieser Faktor ist lediglich eine Quelle für Ambiguitäten. Die Psychologie kann auch ohne solch ein ‚Ding an sich' arbeiten" (1966, 163).

Zwei Faktoren haben sich bis jetzt als Moderatorvariablen bezüglich der Konditionierung von Vpn in VC-Experimenten herauskristallisiert, zum einen der Faktor „awareness", zum anderen die Motivation oder Verhaltensintention der Vp. Es ermangelt jedoch eines theoretischen Gesamtrahmens, in den die aufgeführten Variablen sinnvoll integriert sind.

4. Demand characteristics und Vp-Motivationen

Aufbauend auf dem Standpunkt der kognitiv orientierten Forscher erfolgte nun ab etwa 1968 in der dritten Forschungsphase unter Einbeziehung der Konzeptionen des Forschungsbereichs „Sozialpsychologie des psychologischen Experiments" verstärkt eine inhaltlich theoretische Diskussion verbaler Konditionierungsexperimente. Hierbei spielte das von Orne (1962) formulierte Konzept der „demand characteristics" eine wesentliche Rolle. Diese schon relativ früh verfügbare Konzeption wurde von Page

(1970, 1972) und Page & Lumia (1968) zur Erklärung der verbalen Konditionierungsvorgänge adaptiert. Page (1970) geht konform mit den kognitiven Theoretikern (Dulany, Spielberger) in der Interpretation der VC-Situation als Problemlösungssituation, in der Vpn Hypothesen darüber testen, wann der Versuchsleiter mit „gut" reagiert. Als erklärungsbedürftig, und von den Kognitivisten in ihren Formulierungen nicht berücksichtigt sah er die Frage, aufgrund welcher Motivation Vpn überhaupt Hypothesen testen und Lerneffekte zeigen, obwohl das ja gar nicht von ihnen verlangt wurde und warum die Entdeckung der Verstärkungskontingenz zwangsläufig den folgerichtigen Gebrauch des verstärkten Pronomens beeinflussen könnte (vgl. 1970, 288).

Um jene „Erklärungslücke" der kognitiven Theoretiker zu schließen, griff Page auf das Konzept „demand characteristics" zurück. Demgemäß interpretierte er die Situation wie folgt (vgl. 1972, 372):

1. Die VC-Situation ist aus der Sicht der VP eine Problemlösungsaufgabe.
2. Was die Vp anfänglich lernt, ist die korrekte oder korrelierende Hypothese über die Vl-Verstärkung (diese definiert Page als „contingency awareness").
3. Hat die Vp „contingency awareness", so erfolgt im nächsten Schritt die Entwicklung einer „performance hypothesis" gegenüber dem Vl. Page prägte hierfür den Begriff „demand awareness" und meinte damit, ob die Vp glaubt, daß der Vl den häufigen Gebrauch der Pronomen „Ich" oder „Wir" zu beeinflussen versucht (vgl. 1970, 295).
4. „Demand awareness" alleine erklärt nun noch nicht, warum ungefähr die Hälfte der Vpn (vgl. Page & Lumia 1968) die Hypothese des Vl bestätigen, die restlichen aber nicht. Ein zusätzliches theoretisches Konstrukt ist hierzu notwendig und neben „demand awareness" ist „Bereitwilligkeit" (compliance) der zweite bedeutsame psychologische Faktor (vgl. Page 1972, 371).
5. In der Ambiguität der Versuchssituation, hervorgerufen durch die Entdeckung des eigentlichen Versuchszieles (demand awareness) im Vergleich zur Zieldefinition des Vl (Coverstory oder Instruktion), entscheidet nun das von Rosenberg (1965, 1969) diskutierte Motiv „Bewertungsangst" (evaluation apprehension) über das reale Experimentalverhalten der Vp.

Die Variable „Bewertungsangst" ist in ihrer Wirkung auf die Verhaltensintention der Vp so zu deuten, daß die Vp nach Entdeckung des eigentlichen Untersuchungszieles dann konform geht, wenn sie hierin eine Form der positiven Selbstdarstellung sieht, und insofern glaubt, vom Vl positiv bewertet zu werden.

Page (1971) hat in einem VC-Experiment versucht, den Zusammenhang von Kooperation und dem Konstrukt „evaluation apprehension" (EA) zu verifizieren, indem Bewertungsangst als unabhängige Variable manipuliert wurde. 30 Vpn wurde Bewertungsangst durch Ausfüllen von Subskalen (Angst, Neuotizismus) des MMPI induziert, die gleichgroße Kontrollgruppe brauchte keine derartigen Persönlichkeitsfragebögen auszufüllen. 22 Vpn der EA-Gruppe und 21 der Kontrollgruppe waren „demand aware" (kein Unterschied zwischen den Gruppen), jedoch zeigte sich bezüglich der Kooperation ein signifikanter Unterschied. Nur 6 Vpn der EA-Gruppe berichteten über Kooperation, während dies 11 Vpn der Kontrollgruppe angaben. Konditionierungseffekte zeigten nur die 17 kooperativen Vpn, hingegen bestanden keine Unterschiede zwischen der Kontrollgruppe und der „aware-uncooperative-Gruppe". Bewertungsangst reduzierte also nach dieser Studie die Kooperationsbereitschaft. Befragte man die 22 Vpn in der EA-Gruppe, so zeigte sich, daß 14 Vpn eine auf Bewertungsangst bezogene Hypothese äußerten, die restlichen aber nicht (1971, 88). Von diesen 14 Vpn berichtete nur eine Vp kooperativ gewesen zu sein, im Vergleich zu fünf Vpn der Gruppe, die keine EA-Induzierungseffekte angab.

Vergleicht man die Ergebnisse dieser Untersuchung mit den theoretischen Ausführungen von Page (1970, 1972), so sind einige kritische Anmerkungen bezüglich des Erklärungswertes des Konstrukts „Bewertungsangst" erforderlich.

Bewertungsangst sieht Page theoretisch als Motiv, günstig vom Vl bewertet zu werden – was demzufolge Kooperation implizieren müßte –; empirisch zeigte sich jedoch der inverse Effekt (EA reduzierte die Kooperationsbereitschaft signifikant). Bemerkenswert ist, daß 43 von 60 Vpn „demand awareness" erlangten, was bedeutet, daß sie das Untersuchungsziel vollständig erkannt haben müssen. Nun kamen aber von den 22 „demand-aware"-Vpn der EA-Gruppe 14 zu einer Bewertungsangst betonenden Interpretation des Geschehens. Dies ist insofern verwunderlich, als offensichtlich keine Deckungsgleichheit von „demand awareness" und Situationsdefinition vorliegt, was aber vom Konzept der awareness-Qualität eigentlich gegeben sein müßte. Man darf vermuten, daß hier operationale Unstimmigkeiten vorliegen, denn „demand awareness" bedeutet – streng angewandt – eine Entweder-Oder-Entscheidung.

Die sicherlich sinnvolle Differenzierung in „contingency" und „demand awareness" müßte dazu führen, daß eine spezifische Art von Vp-Hypothese, nämlich das wahre Untersuchungsziel, dadurch repräsentiert würde. Wenn aber, wie in diesem Falle, zusätzlich noch andere Hypothesen über den Versuchszweck genannt wurden, dann zeigt das, daß eine Hypothesenkonfiguration vorliegt, innerhalb derer die awareness-Hypothese nur eine Teilkognition darstellt. Es kann also zu unzulässigen Schlußfolgerungen führen, orientiert man sich ausschließlich am awareness-Kriterium. Leider erfolgt bei Page keine Aussage über die Hypothesenbildung der 21 „demand-aware"-Vpn der Kontrollgruppe sowie der restlichen 8 Vpn der EA-Gruppe. Er schlußfolgert, daß Bewertungsangst die Kooperationsbereitschaft reduziert, was sich in einer der Kontrollgruppe vergleichbaren Konditionierungsrate manifestiert. Ebenso kann das Ergebnis aber auch als Ausdruck einer negativistischen Motivation angesehen werden, insbesondere, wenn man bedenkt, daß die Induzierung über Ausfüllen von Persönlichkeitsskalen erfolgte und mangelnde Kooperation hier als reaktantes Verhalten gegenüber einer Persönlichkeitsausforschung interpretierbar ist.

Page hat sicherlich mit der Einbeziehung von Vp-Motivationskonstrukten aus dem Bereich der Sozialpsychologie des Experiments einen Schritt in die richtige Richtung getan, wenngleich solche komplexen Phänomene wie Kooperation oder Reaktanz nicht monokausal mit Bewertungsangst zu erklären sind; hierzu bedarf es der Integration aller vorhandenen Motivationskonstrukte, z. B. good subject, negativistic subject etc. (vgl. Einleitungsartikel).

Interessant sind die Ergebnisse einer anderen Studie von Kingsbury et al. (1975). Sie unternahmen ebenfalls den Versuch, das Konstrukt „Bewertungsangst" in einem VC-Experiment zu validieren. Analog der Vorgehensweise von Page versuchte man, den Vpn „Bewertungsangst" zu induzieren, indem sie entweder einen Intelligenztest oder einen Persönlichkeitstest (ähnliche Items wie bei Page 1971) ausfüllten. In der Kontrollgruppe applizierte man einen Fragebogen zum Verbraucherverhalten. Im anschließenden VC-Experiment zeigten alle Gruppen Konditionierungseffekte, jedoch in unterschiedlichem Ausmaß. Die höchste Rate an Ich-Sätzen wies die Vpn-Gruppe auf, die vorher einen Intelligenztest ausgefüllt hatte, die niedrigste Rate erlangten die Vpn der Induzierungsbedingung „Persönlichkeitstest". Der Verlauf der Lernkurven wurde nun von den Autoren als Bestätigung des Motivationskonstruktes „Bewertungsangst" aufgefaßt, zumal beide Experimentalgruppen die Untersuchungssituation als gleichermaßen bewertungsangsterregend einstuften.

Es ist sicherlich begrüßenswert, die Eindrucksbildung der Vpn ex post zu erfassen, nur setzt man sich begründeten Reaktivitätsvorwürfen aus, wo der Vp ein Itemkatalog vorgelegt wird, der inhaltlich nur konstruktbezogene Statements umfaßt. Insofern ist denn auch die Interpretation der Lernkurven nicht mehr eindeutig gegeben. Für die Vpn-Gruppe „Persönlichkeitstest" ist die gleiche alternative Erklärungsmöglichkeit denkbar, die schon bei der Page-Studie (1971) erörtert wurde, nämlich, daß die experimentelle Leistung einer negativistischen Motivation entsprechen könnte. Leider nehmen die Autoren keine Vergleiche hinsichtlich der

Kooperations-Verweigerungs-Dimension vor und machen auch keine Angaben über die Konditionierungsrate bei „unawareness“, was die Vergleichbarkeit zur Untersuchung von Page einschränkt. Interessant ist die Tatsache, daß in beiden Studien auf eine negativistische Motivation als alternative Erklärung nicht zurückgegriffen wurde. Möglicherweise berührt die Vorstellung, daß ein gewisses Potential an negativistisch reagierenden Vpn vorhanden sein könnte bei Sozialwissenschaftlern einen wunden Punkt. Es sind kaum Studien auffindbar, in denen die negativistische Motivation experimentell untersucht wurde.

Christensen (1977) überprüfte die Wirkung einer negativistischen Motivation, indem er in einem VC-Experiment verschiedene Formen von Argwohn induzierte. Eine Versuchsgruppe erhielt vor dem Experiment eine Information dahingehend, daß in psychologischen Experimenten häufig eine Manipulation bzw. Täuschung der Vp erfolgt. Eine andere Vpn-Gruppe nahm an einem Experiment teil und wurde danach über die darin vorgenommene Täuschung aufgeklärt. Auf die Konditionierungsrate im anschließenden VC-Versuch hatte dies den Effekt, daß Vpn mit „awareness“ aus der Bedingung „konkrete Manipulationserfahrung“ nicht konditionierten und sich im Niveau von einer Kontrollgruppe, die keine Verstärkung erhielt, nicht unterschieden. Dagegen wiesen die Vpn der Bedingung „Information über Manipulation“ die höchste Konditionierungsrate auf.

Der Autor schlußfolgerte daraus, daß eine negativistische Motivation als Konsequenz auf eine vorhergehende negative Erfahrung im Experiment aktualisiert wurde. Wird aber lediglich auf manipulative Absichten hingewiesen, interpretiert die Vp dies als Aufrichtigkeit und kooperiert. Denkbar ist aber auch, daß Vpn mit „awareness“ als Reaktion auf die Entdeckung des Untersuchungszieles besonders hoch konditionierten und darin ebenso eine negativistische Reaktion zu sehen ist. Eine solche Überlegung wurde nicht in Erwägung gezogen, vermutlich deshalb, weil aus der Sicht des Forschers die Reaktionsweise zur negativistischen Motivation eindimensional nur als Inhibition der verstärkten Responses aufgefaßt wurde.

Goldstein et al. (1972) untersuchten die Wirkung der „good-subject“-Motivation. Ihre Ausgangsüberlegung dabei war, daß eine entscheidende Variable in der Freiwilligkeit oder Unfreiwilligkeit der Teilnahme zu sehen ist. Der Hälfte der Vpn in jeder Bedingung wurde „awareness“ induziert. Als Ergebnis zeigte sich, daß vorherige Informationen über die Response-Reinforcement-Kontingenz keinen Effekt erzielten. Hinsichtlich der Variable „Freiwilligkeit“ jedoch bestand ein signifikanter Unterschied zwischen den Probanden. Freiwillige Vpn konditionierten signifikant höher als unfreiwillige und berichteten ferner stärkere Intentionen, verstärkte Personalpronomina zu äußern. Überraschenderweise lag kein signifikanter „Awareness-Effekt" vor, was die Autoren dazu veranlaßt, sowohl die Form der „Awareness-Messung" nach Dulany als auch die Taffel-Prozedur als brauchbar für die VC-Problematik zu bezweifeln.

Dem ist entgegenzuhalten, daß in fast allen Studien des Taffel-Typs „awareness" als Einflußfaktor wirkte, die Generalisierung aufgrund eines einzelnen Befundes also nicht unproblematisch ist. Ähnliches gilt bezüglich der Variable „Freiwilligkeit", denn Kennedy & Cormier (1971) konnten keinen „Volunteer-Effekt" nachweisen. Schließlich bleibt auch hier mangels genauer Kenntnis der Vp-Hypothesen die Frage, inwieweit bessere Konditionierungsleistungen freiwilliger Vpn auf die Motive „gute Vp" oder „Bewertungsangst" zurückzuführen sind.

Die vorliegenden Befunde weisen trotz einiger anzubringender Kritikpunkte auf die generelle Wirkungsmöglichkeit motivationaler Faktoren hin. Sie zeigen aber auch, daß forschungstechnisch enorme Probleme bei der gültigen Identifizierung und Induzierung von Motivationskonstrukten vorhanden sind. Zum Teil liegt das einfach daran, daß die Motivationskonstrukte untereinander bislang schwierig abzugrenzen sind bzw. eine hinreichende operationale Basis fehlt. Daraus ergibt sich u. a. die Schwierigkeit, „Motivationstypen" experimentell zu manipulieren, denn was der Vl als motivationale Induzierung definiert, unterliegt zunächst der kognitiven Kontrolle der Vp und muß nicht motivational im Sinne der Induzierung wirken. Hierin liegt eine Schwäche aller zitierten Studien, weil nicht oder nicht zufriedenstellend die post-experimentelle Erfassung der Eindrucksbildung der Vp erfolgte. Nicht zufriedenstellend ist insbesondere die einseitige Ausrichtung auf die „awareness", obwohl daneben andere Hypothesen existieren, die für die Aktualisierung von „Motivmustern" entscheidend sein könnten.

5. Schlußfolgerungen

Betrachtet man abschließend die Forschungsaktivität im Bereich „VC", so lassen sich einige Konsequenzen für die zukünftige Tätigkeit aus forschungstheoretischer und forschungstechnischer Perspektive formulieren.

Aus forschungstheoretischer Sicht geht es in erster Linie um die Konzeptualisierung der Vp-Rolle. Die vielfältigen Ergebnisse der zweiten und dritten Forschungsphase lassen die Schlußfolgerung zu, daß die Definition einer Vp als passiver, quasi automatisch auf externe Stimuli reagierender Organismus, inadäquat ist. Vielmehr tritt die Vp als aktiver Interpretator des experimentellen Geschehens auf und entwickelt auf Grund der subjektiven Situationsinterpretation entsprechende Handlungsstrategien. Die Annahme einer derartigen Konzeptualisierung führt zwangsläufig zur Infragestellung des behavioristischen S-R-Modells.

Mahoney (1977) hat aus der Sicht der kognitiven Lerntheoretiker überzeugend dargestellt, daß das nichtvermittelnde S-R-Modell weite Bereiche des individuellen Verhaltens nicht erklären kann. Er plädiert für die Annahme eines mediationalen Modells, in welchem zwischen Stimulus und Response kognitive Aktivitäten als transformierende Größen einbezogen sind. Anhand der Befunde zu fünf Forschungsbereichen versuchte er nachzuweisen, daß das black-box-Modell zu unangemessenen Aussagen führt. Mahoney führt dabei u. a. auch „Bewußtheit" (1977, 52 ff) als ein Forschungsgebiet auf, in dem nichtmediationale Modelle zu kurzschlüssigen Erkenntnissen führen. Bewußtheit zeigte sich auch in der VC-Forschung als die Variable, die offensichtliche Verstärkungsprozesse als kognitiv determiniertes Lernverhalten erklärbar machte.

Die Verlagerung vom S-R-Modell zum mediationalen Modell bringt zwangsläufig eine Schwerpunktverschiebung im forschungstechnischen, empirischen Vorgehen, denn nun kommt der Erfassung von Vp-Hypothesen, Motivmustern etc. besondere Bedeutung zu. Da es sich hierbei immer um private Ereignisse handelt, über die nur die Vp Auskunft geben kann, steht die Anwendung postexperimenteller Meßverfahren (z. B. Nachbefragungen) im Vordergrund. Man sollte sich jedoch der Tatsache bewußt sein, daß diese Verfahren z. T. den gleichen Reaktivitätserscheinungen unterliegen wie das Experiment selbst, die post-experimentelle Phase also ebenso kognitiver Interpretationen und Hypothesenbildungen ausgesetzt ist. Die Einbeziehung nicht-reaktiver oder weniger reaktiver Meßverfahren, z. B. durch Einsatz von vorinstruierten Schein-Vpn (stooges), könnte in Kombination mit herkömmlichen Befragungen zu einer solideren Datenbasis führen. Insgesamt liegen hier im Bereich VC-Forschung zur Zeit die größten Probleme. Theoretische Konstrukte sind ausreichend vorhanden (siehe Motivationskonstrukte), was fehlt, sind inhaltliche und wirkungsbezogene Konkretisierungen.

Literatur

Adams, J. K.: Laboratory studies of behavior without awareness. Psychol. Bull. 54 (1957), 383-395.

Binder, A., McConnell, D. & Sjoholm, N. A.: Verbal conditioning as a function of experimenter characteristics. J. Abnorm. Soc. Psychol. 55 (1957), 309-314.

Christensen, L.: The negative subject: Myth, reality, or a prior experimental experience effect? J. Pers. Soc. Psychol. 35 (1977), 392-400.

DeNike, L. D.: The temporal relationship between awareness and performance in verbal conditioning. J. Exp. Psychol. 68 (1964), 521-529.

DeNike, D. L. & Leibovitz, M. P.: Accurate anticipation of reinforcement in verbal conditioning, in: J. Personal. 37 (1969), 158-170.

Doherty, M. A. & Walker, R. E.: The relationship of personality characteristics, awareness, and attitude in a verbal conditioning situation, J. Personal. 34 (1966), 504-516.

Dulany, D. E.: Hypotheses and habits in verbal „operant conditioning". Journal of Abnorm. Soc. Psychol. 63 (1961), 251-253.

Dulany, D. E.: The place of hypotheses and intentions: An analysis of verbal control in verbal conditioning. J. Personal. 30 (1962), 102-129.

Dulany, D. E.: Awareness, rules, and propositional control: A confrontation with S-R behavior theory. In: Dixon, T. R. & Horton, D. L. (eds.): Verbal behavior and general behavior theory. Englewood Cliffs, N. J. 1968, 340-387.

Ekman, P., Krasner, L. & Ullmann, L. P., Interaction of set and awareness as determinants of response to verbal conditioning. J. Abnorm. Soc. Psychol. 66 (1963), 387-389.

Farber, I. E.: The things people say to themselves. Amer. Psychologist, 18 (1963), 185-197.

Field, J. B.: The Effects of praise in a public opinion poll. Public Opinion Quarterly, 19 (1955), 85-91.

Getter, H.: A personality determinant of verbal conditioning. J. Personal. 34 (1966), 397-405.

Goldstein, J. H., Rosnow, R. L., Goodstadt, B. & Suls, J. M.: The „good subject" in verbal operant conditioning research. J. Exp. Res. Pers. 6 (1972), 29-33.

Greenspoon, J.: The reinforcing effect of two spoken sounds on the frequency of two responses. Amer. J. Psychol. 68 (1955), 409-416.

Greenspoon, J.: Verbal conditioning and clinical psychology. In: Bachrach, A. J. (ed.): Experimental foundations of clinical psychology. New York 1962, 510-553.

Greenspoon, J. & Brownstein, A. J.: Awareness in verbal conditioning. J. Exp. Res. Pers. 2 (1967), 295-308.

Hall, W. E.: The effects of set and reinforcement in verbal conditioning. J. Gen. Psychol. 63 (1960), 239-248.

Hildum, D. C. & Brown, R. W.: Verbal reinforcement and interview bias. J. Abnorm. Soc. Psychol. 53 (1956), 108-111.

Irwin, F. W., Kauffman, K., Prior, G. & Weaver, H. B.: On ‚learning without awareness of what is being learned'. J. Exp. Psychol. 17 (1934), 823-827.

Insko, C. A. & Cialdini, R. B.: A test of three interpretations of attitudinal verbal reinforcement. J. Pers. Soc. Psychol. 12 (1969), 333-341.

Kanfer, F. H. & Karas, S. C.: Prior experimenter-subject interaction and verbal conditioning. Psychol. Rep. 5 (1959), 345-353.

Katkin, E. S., Risk, R. T. & Spielberger, C. D.: The effects of experimenter status and subject awareness on verbal conditioning. J. Exp. Res. Pers. 1 (1966), 153-160.

Kendler, H. H.: Some specific reaction to general S-R theory. In: Dixon, T. R. & Horton, D. L. (eds.): Verbal behavior and general behavior theory. Englewood Cliffs, N. J. 1968, 388-403.

Kennedy, J. J. & Cormier, W. H.: The effects of three methods of subject and experimenter recruitment in verbal conditioning research. J. Soc. Psychol. 85 (1971), 65-76.

Kingsbury, S. J., Stevens, D. P. & Murray, E. J.: Evaluation apprehension in verbal conditioning: A test of four subject effects models. J. Pers. Soc. Psychol. 32 (1975), 217-277.

Klein, B. & Wiener, M.: Awareness in the „learning without awareness“ paradigm. J. Exp. Res. Pers. 1 (1966), 145-152.

Krasner, L.: Studies in the conditioning of verbal behavior. Psychol. Bull. 55 (1958), 148-170.

Lanyon, R. I.: Verbal conditioning and awareness in a sentence-construction task. Amer. J. Psychol. 77 (1964), 472-473.

Lanyon, R. I. & Drotar, D.: Verbal conditioning: Intelligence and reported awareness. J. Exp. Res. Pers. 2 (1967), 234-238.

Leventhal, A. M.: The effects of diagnostic category and reinforcer on learning without awareness. J. Abnorm. Soc. Psychol. 59 (1959), 162-166.

Levin, S. M.: The effects of a wareness on verbal conditioning. J. Exp. Psychol. 61 (1961), 67-75.

Lichtenstein, E. & Craine, W. H.: The importance of subjective evaluation of reinforcement in verbal conditioning. J. Exp. Res. Pers. 3 (1969), 214-220.

Mahoney, M. J.: Kognitive Verhaltenstherapie. Neue Entwicklungen und Integrationsschritte, München 1977.

Maltzman, I.: Awareness: Cognitive psychology vs. behaviorism. J. Exp. Res. Pers. 1 (1966), 161-165.

Mandler, G. & Kaplan, W. K.: Subjective evaluation and reinforcing effect of a verbal stimulus. Science 124 (1956), 582-583.

Marquis, K. H.: Effects of social reinforcement on health reporting in the household interview. Sociometry 33 (1970), 203-215.

Matarazzo, J. D., Saslow, G. & Pareis, N. E.: Verbal conditioning of two response classes: Some methodological considerations. J. Abnorm. Soc. Psychol. 51 (1960), 190-206.

Matarazzo, J. D., Wiens, A. N., Saslow, G., Allen, B. V. & Weitman, M.: Interviewer mm-hmm and interviewee speech durations. Psychotherapy: Theory, research and practice 1 (1964), 109-114.

Moos, R. H.: The retention and generalization of operant conditioning effects in a interview situation. J. Abnorm. Soc. Psychol. 66 (1963), 52-58.

Orne, M. T.: On the social psychology of the psychological experiment: With particular reference to demand characteristics and their implications. Amer. Psychologist 17 (1962), 776-783.

Page, M. M.: Demand awareness, subject sophistication and the effectiveness of a verbal „reinforcement“. J. Personal. 38 (1970), 287-301.

Page, M. M.: Effects of evaluation apprehension on cooperation in verbal conditioning. J» Exp. Res. Pers. 5 (1971), 85-91.

Page, M. M.: Demand characteristics and the verbal operant conditioning experiment. J. Pers. Soc. Psychol. 23 (1972), 372-378.

Page, M. M. & Lumia, A. R.: Cooperation with demand characteristics and the bimodal distribution of verbal conditioning data. Psychonomic Science 12 (1968), 243-244.

Quay, H.: The effect of verbal reinforcement on the recall of early memories. J. Abnorm. Soc. Psychol. 59 (1959), 254-257.

Rogers, M. J.: Operant conditioning in a quasi-therapy-setting. J. Abnorm. Soc. Psychol. 60 (1960), 247-252.

Rosenberg, M. J.: When dissonance fails: On eliminating evaluation apprehension from attitude measurement. J. Pers. Soc. Psychol., 1 (1965), 28-42.

Rosenberg, M. J.: The conditions and consequences of evaluation apprehension. In: Rosenthal, R. & Rosnow, R. L. (ed.): Artifact in behavioral research, New York und London 1969, 279-349.

Rosenthal, R.: The effect of the experimenter on the results of psychological research. In: Maher, B. A. (ed.): Progress in experimental personality research, Vol. 1. New York 1964, 79-114.

Salzinger, K.: Experimental manipulation of verbal behavior: A review. J. Gen. Psychol. 61 (1959), 65-94.

Salzinger, K. & Pisoni, S.: Reinforcement of verbal affect responses of normal subject during the interview. J. Abnorm. Soc. Psychol. 60 (1960), 127-130.

Sidowski, J. B.: Influence of awareness of

reinforcement on verbal conditioning. J. Exp. Psychol. 48 (1954), 355-360.
Silverman, I.: The human subject in the psychological laboratory. New York u. a. 1977.
Singer, R. D.: Verbal conditioning and generalization of prodemocratic responses. J. Abnorm. Soc. Psychol. 63 (1961), 43-46.
Skinner, B. F.: Verbal Behavior, Cambridge, Mass. 1948.
Skinner, B. F.: Science and human behavior. New York 1953.
Spielberger, C. D.: The role of awareness in verbal conditioning. In: Eriksen, Ch. W. (ed.): Behavior and awareness. Durham, N. C. 1962, 73-101.
Spielberger, C. D.: Theoretical and epistemological issues in verbal conditioning. In: Rosenberg, S. (ed.): Directions of psycholinguistics, New York 1965, 149-200.
Spielberger, C. D. & Levin, S. M.: What is learned in verbal conditioning? J. verbal Learn. verbal Behav. 1 (1962), 125-132.
Spielberger, C. D., Levin, S. M. & Shepard, M.: The effects of awareness and attitude toward reinforcement on the operant conditioning of verbal behavior. J. Personal. 30 (1962), 106-121.
Spielberger, C. D., Berger, A. & Howard, K.: Conditioning of verbal behavior as a function of awareness, need for social approval, and motivation to receive reinforcement. J. Abnorm. Soc. Psychol. 67 (1963), 241-246.
Spielberger, C. D., Bernstein, I. H. & Ratliff, R. G.: Information and incentive value of the reinforcing stimulus in verbal conditioning. J. Exp. Psychol. 71 (1966), 26-31.
Taffel, C.: Anxiety and the conditioning of verbal behavior. J. Abnorm. Soc. Psychol. 51 (1955), 496-501.
Tatz, S. J.: Symbolic activity in ‚learning without awareness'. Amer. J. Psychol. 73 (1960), 239-247.
Thornedike, E. L. & Rock, R. T. Jr.: Learning without awareness of what is being learned or intent to learn it. J. Exp. Psychol. 17 (1934), 1-19.
Timaeus, E.: Verbale Konditionierung und Personvariablen. Z. exp. ang. Psychol. (1967), 155-184.
Verplanck, W. S.: The control of the content of conversation: Reinforcement of statements of opinion. J. Abnorm. Soc. Psychol. 51 (1955), 668-676.
Weinstein, W. K. & Lawson, R.: The effect of experimentally-induced „awareness" upon performance in free-operant verbal conditioning and on subsequent tests of „awareness". J. Psychol. 56 (1963), 203-211.
Weiss, R. L.: The influence of „set for speed" on learning without awareness. Amer. J. Psychol. 68 (1955), 425-431.

Gefangen im Gefangenendilemma?
Zur Sozialpsychologie der experimentellen Spiele

Wolfgang Manz

1. Der Stellenwert des Gefangenendilemmaspiels

Das Gefangenendilemmaspiel (Prisoner's Dilemma Game, PDG) hat seinen festen Platz in den Lehrbüchern der Sozialpsychologie erworben. Sei es als ausgezeichnetes Beispiel für „mathematische Modellierung in der Sozialpsychologie" (Autorenkollektiv 1979, 379 ff, bes. 401-417), sei es kritischer als „arg strapaziertes" Forschungsparadigma (Irle 1975, 420) oder als ausführlich referiertes Forschungsfeld der experimentellen Sozialpsychologie im Kontext der dyadischen Interaktion bei Herkner (1975). Bei diesen Verweisen auf deutschsprachige Lehrbücher könnte man es belassen; der Herkunft des Spieles entsprechend ist es nicht überraschend, daß sich amerikanische Lehrbücher schon sehr viel früher damit befaßten: so Brown (1965) im Zusammenhang mit seiner Diskussion von Panikreaktionen und massenpsychologischen Phänomenen und Jones und Gerard (1967) in ihrer an Thibaut und Kelley (1959) orientierten systematischen Darstellung der Interaktionsbeziehungen in Zweiergruppen.

Aber auch im praktischen Anwendungsbereich ist es wiederzufinden. Auf seinen Nutzen im Bereich der experimentalpraktischen Ausbildung der Psychologen hat Manz (1972) hingewiesen, unter den gruppendynamischen Verfahren hat es seit Antons (1973) seinen festen Platz. Auch für die Entwicklung von Curriculumelementen für Soziales Lernen wurde es – wenn auch erfolglos – herangezogen (Gold et al. 1973). Ebenso hat die Friedensforschung es für sich reklamiert (Dornette & Pulkowski 1974).

Wissenschaftsgeschichtlich ist es ein Lehrbuchbeispiel für das, was Kuhn (1962) paradigmatische Forschung nennt, worauf Irle (1975, 420) besonders hinweist. Aus einer anderen Disziplin, der Wirtschaftswissenschaft, genauer der mathematischen Spieltheorie herkommend, wurde es auf Vorschlag der Spieltheoretiker selbst aus der formalen Analyse entlassen, weil es sich einer spieltheoretisch rationalen Analyse widersetzte. Es wurde den Experimentalpsychologen anempfohlen, um pragmatisch-empirisch zu erforschen, wie ein solches theoretisches Dilemma im praktischen Verhalten gelöst werde. Die experimentelle Sozialpsychologie griff das Modell begeistert auf, da hier ein Prototyp echter Interaktion zweier Versuchspersonen vorlag, der dem bisherigen Ansatz einer einseitig gesteuerten Interaktion Vl/Vp bzw. Helfer(stooge)/Vp überlegen schien.

In der Folge entwickelte sich ein solcher Boom von Veröffentlichungen, das PDG betreffend, daß einige Zeitschriften einen zeitweiligen Veröffentlichungsstopp verhängen mußten, andere Zeitschriften hingegen eigene Sparten für „gaming“ einrichteten.

Zugleich mit dieser Mode erhoben sich kritische Stimmen, die eine Sackgasse in diesem Forschungsansatz zu erkennen glaubten, wie Nemeth (1970, 1972), der die Brauchbarkeit des PDG als Modell für Verhandlungssituationen bezweifelte, oder wie Plon (1967, 1972, 1974), der den gesamten spieltheoretischen Ansatz und damit auch die experimentellen Spiele der Sozialpsychologie als ahistorisch und deshalb bar jeder Anwendungsmöglichkeit auf interpersonale Konflikte ablehnte und sie einem allgemeinen Ideologieverdacht unterstellte. Demgegenüber betonen marxistische Sozialpsychologen die praktische Brauchbarkeit der experimentellen Spiele nicht nur für Diagnostik und Behandlung, sondern auch für die theoretische Weiterentwicklung der Sozialpsychologie (Autorenkollektiv 1979).

So zeigt sich das Gefangenendilemmaspiel als fester Grundbestandteil der sozialpsychologischen Lehre und als ein Forschungsgegenstand von umstrittenem Wert. Neuere Veröffentlichungen nehmen zu diesem Ansatz im Zusammenhang mit der Diskussion der Austauschtheorien (Thibaut und Kelley, Homans) wieder ausführlich Stellung und rücken das zeitweilig in den Hintergrund getretene PDG wieder in den Vordergrund der Diskussion; so Chadwick-Jones (1976, 73-93) und besonders Thibaut und Kelley in der Neubearbeitung ihres klassischen Ansatzes von 1959 (Thibaut & Kelley 1978, 93 ff, 129 ff) sowie Eiser (1978).

Die auch in anderen Bereichen der Sozialpsychologie gestellte Frage nach möglichen Artefakten liegt also auch in diesem offenbar immer noch wichtigen Bereich der experimentellen Sozialpsychologie nahe und soll im folgenden erörtert werden.

2. Das Prisoner's-Dilemma-Game: eine kurze Vorstellung

Luce und Raiffa (1957) formulierten in anekdotischer Einkleidung das sogenannte Gefangenendilemma als ein Beispiel für ein Zwei-Personen-Nichtnullsummenspiel im Zusammenhang mit ihrer Einführung in die mathematische Theorie der Spiele. Rapoport und Orwant (1962) führen es dann in einer systematischen Übersicht über experimentelle Untersuchungen zum Verhalten naiver Vpn in spieltheoretisch konzipierten Entscheidungssituationen als wichtiges Beispiel auf. Die ursprüngliche Version erzählt die Geschichte von zwei Personen, die als dringend tatverdächtig in Einzelhaft gehalten werden. Der Staatsanwalt kann beide mangels Beweisen nicht zwingend überführen. In dieser Situation macht er den beiden Gefangenen einzeln klar, daß jeder von ihnen nur zwei Alternativen habe: er könne sich schuldig bekennen oder nicht. Wenn beide Gefangene nicht gestehen, dann könne er, der Staatsanwalt, sie wegen eines geringfügigen Vergehens – wie z. B. unerlaubten Waffenbesitzes – zu einer nicht sonderlich hohen Strafe verurteilen. Geständen beide, so könne er sie in Anbetracht der Geständigkeit nicht mit der zulässigen Höchststrafe anklagen, sondern würde mildernde Umstände geltend machen. Wenn aber nur einer gestehe und der andere leugne, dann könne er den Geständigen zum Zeugen der Anklage machen und so gut wie straffrei ausgehen lassen, während den Nichtgeständigen die volle Schwere des Gesetzes treffen würde (Luce & Raiffa 1957, 95). In dieser auf die amerikanische Rechtspflege zugeschnittenen Version erscheint der Zeuge der Anklage als eine selbstverständliche Einrichtung. Der unserem Strafrechtswesen fremde Gedanke der Straffreiheit bei Geständigkeit auf Kosten der anderen bereitet erfahrungsgemäß Vpn in Deutschland einige Schwierigkeiten, dieses Dilemma überhaupt als realistisch zu akzeptieren.

2.1 Erläuterung der Auszahlungsmatrix

In der Tradition der experimentellen Spiele wird den Vpn das Problem am Beispiel einer Auszahlungsmatrix erläutert, wie sie in der mathematischen Spieltheorie verwendet wird. Abbildung 1 zeigt eine solche Darstellungsweise.

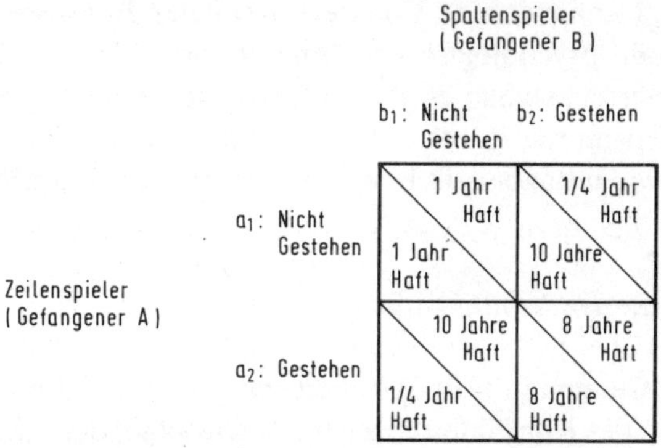

Abb. 1. Die Auszahlungsmatrix des sogenannten Gefangenendilemmas (Prisoner's Dilemma Game).

Die beiden Partner werden hier als Zeilenspieler (Gefangener A) und Spaltenspieler (Gefangener B) bezeichnet. Ihre jeweiligen Handlungsalternativen a_i bzw. b_i werden den Zeilen bzw. Spalten der Auszahlungsmatrix zugeordnet. Die Wahl einer der Handlungsmöglichkeiten wird auch als Strategie bezeichnet. In den Feldern der Matrix sind für beide Spieler die Ergebnisse eingetragen, die sich für beide ergeben, wenn der Zeilenspieler eine bestimmte Zeile und der Spaltenspieler eine bestimmte Spalte ausgewählt hat. Unterhalb der Diagonale jeder Zelle steht das Ergebnis – die Auszahlung – für den Zeilenspieler (Gefangener A); oberhalb der Diagonale steht das Ergebnis – die Auszahlung – für den Spaltenspieler (Gefangener B).

Eine Analyse der Auszahlungsmatrix aus der Sicht des Zeilenspielers A zeigt, daß die Alternative a_2 immer vorzuziehen ist, gleichgültig, ob der Zeilenspieler b_1 oder b_2 wählt: wählt B die Alternative b_1, dann ist für A ein Vierteljahr Haft besser als ein Jahr Haft; wählt B aber b_2, dann sind für A acht Jahre Haft immer noch „besser" als zehn Jahre. In diesem Sinne ist für A die Strategie a_2 die dominierende Strategie, d.h. eine Strategie, die unter allen erdenkbaren Ausgängen die besseren Ergebnisse bringt. Eine gleichartige Analyse aus der Sicht des Gefangenen B ergibt in ähnlicher Weise, daß für ihn die dominierende Strategie b_2 ist. Folgen beide Spieler dem Rationalitätsprinzip der Spieltheorie, so resultiert als Ergebnis ein beiderseitiges Geständnis (a_2, b_2); damit erreichen beide jedoch ein schlechteres Ergebnis als sie bei „nicht-rationaler" Wahl, also bei beiderseitigem Nichtgestehen, hätten erreichen können. In dieser Diskrepanz zwischen dem spieltheoretisch rationalen Verhalten mit dem schlechteren Ergebnis und dem nicht-rationalen Verhalten mit dem besseren Ergebnis liegt das Dilemma für die Spieltheorie, die hier keine rationale Lösung anbieten kann. Für handelnde Vpn liegt in solchen Entscheidungssituationen eine Vielzahl psychologischer Momente vor, die viele Konfliktmöglichkeiten aufwerfen, so daß es gerechtfertigt erscheint, die Klasse solcher Spiele als mixed-motive-games, d. h. als Spiele mit gemischten, sowohl ambivalenten wie antagonistischen Motiven zu charakterisieren.

2.2 Variablen in der Konfliktsituation

Rapoport und Chammah (1965) haben mit griffigen Formulierungen die Besonderheiten des Konfliktes bezeichnet. Die Wahl der Alternative a_1/b_1 bezeichnen sie als Strategie der Kooperation, die Wahl der Alternative a_2/b_2 Strategie des Treubruchs (cooperative vs. defective), weil hier offenbar jeder den anderen durch Verrat verkauft. Entsprechend nennen sie die vier alternativen Auszahlungen *Belohnung* (R) für Kooperation, *Bestrafung* (P) für mangelndes Vertrauen in die guten Absichten des anderen, *Versuchung* (T) zum Ausnutzen des anderen, zum Treubruch und *Reinfall-Prämie* (S) für den Gutgläubigen, der hereingelegt wurde. Abbildung 2 zeigt zusammenfassend diese Umschreibungen und die formalen Beziehungen zwischen den vierAuszahlungen für ein PDG.

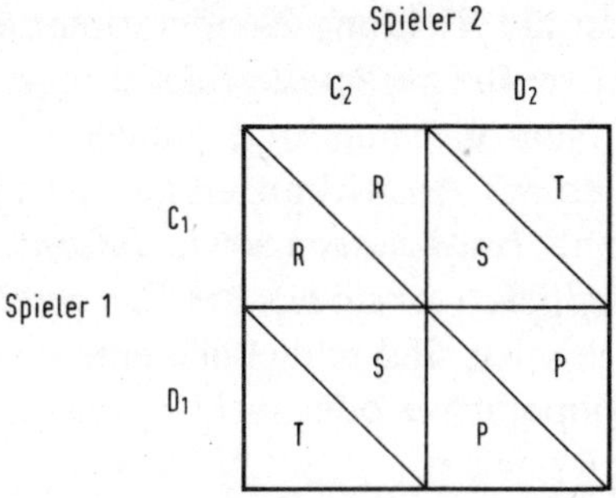

Abb. 2. Die formalen Bedingungen für ein PDG nach Rapoport und Chammah (1965).
C steht für kooperative Strategie (**c**ooperative)
D steht für nicht-kooperative Strategie (**d**efective)
R = **R**eward – Belohnung für kooperative Wahl
T = **T**emptation – Versuchung, den anderen hereinzulegen
S = **S**ucker's pay-off – „Belohnung“ für den angeschmierten Spieler
P = **P**unishment – Strafe für den Versuch, den anderen hereinzulegen, bzw. für mangelndes Vertrauen

Bedingungen:
(1) $2 . R > S + T > 2 . P$
(2) $T > R$
(3) $T > S$
(4) $P > S$

Es wird deutlich, daß neben der allgemeinen Bereitschaft zu Kooperation oder Wettbewerb die Vertrauenswürdigkeit des Partners und die eigene Vertrauensbereitschaft wichtige Motive sind, die die Wahl der alternativen Strategien C oder D bestimmen. Damit wird gleichfalls deutlich, daß folgende Variablengruppen sich der experimentellen Analyse mit diesem einfachen Spiel sozusagen aufdrängen:

a) *Die strukturellen Verhältnisse der Auszahlungsmatrix,* also die relative Größe der Versuchung (T) im Verhältnis zur Belohnung für Kooperation (R) bzw. zur Strafe für mangelnde Kooperationsbereitschaft (P) fallen zunächst ins Auge. Die Variation dieser strukturellen Aspekte, worunter auch die absolute Höhe der Beträge der Auszahlungen und ihr realer oder fiktiver Wert als Punkte oder Geldbeträge fallen, haben Rapoport und Chammah (1965) ausführlich untersucht und dabei verschiedene Indizes der „Grausamkeit" oder „Schärfe" des Konfliktes herausgearbeitet und deren Auswirkung auf die abhängige Variable – Prozentsatz der kooperativen Wahlen C – untersucht.

b) *Persönlichkeitsvariablen* oder *Einstellungen der Vpn* als Teilnehmer an solchen Entscheidungen sowie *Geschlecht, soziale Herkunft* und ähnliche Kategorien, die in die Richtung Kooperationsbereitschaft, Toleranz, Ambiguitätstoleranz bzw. die gegenteilige Richtung des Macchiavellismus, der Intoleranz, des Neurotizismus und ähnlichem gehen, sind andere unabhängige Variablen mit Auswirkungen auf das Spielverhalten.

c) *Vorstellungen* und *Erwartungen* sowie *Informationen über die Einstellungen und mutmaßlichen Absichten des Partners* und ihre Auswirkungen auf die eigenen Wahlen sind schließlich eine dritte Variablengruppe, die die Häufigkeit kooperativer oder nicht-kooperativer Strategiewahlen bestimmen können.

d) Die Tatsache, daß die beiden Gefangenen im Modellversuch und die Vpn in der Experimentalsituation nicht in Kommunikation treten dürfen, eröffnet den Blick auf eine weitere Variablengruppe: die *Kommunikationsmöglichkeiten zwischen den Partnern* vor oder nach der Entscheidung bzw. während fortlaufender Entscheidungssequenzen, seien sie direkter oder indirekter Art.

Die experimentellen Untersuchungen rund um das PDG und ähnlicher Spiele bewegten sich im Rahmen dieser grob skizzierten Variablen. Sie werden in ähnlicher Weise zusammenfassend bei Dornette und Pulkowski (1974) referiert und nach ähnlichen Gesichtspunkten von Nemeth (1970, 1972) kritisch analysiert.

Das Ergebnis der fast kaum zu überblickenden Einzeluntersuchungen ergibt – wie so oft beim Fehlen einer entsprechenden integrierenden Theorie – kein klares Bild. Zahlreiche erwartete und unerwartete, plausible und weniger plausible Zusammenhänge und Abhängigkeiten zwischen den genannten Variablengruppen haben der Kritik an dieser Art zu experimentieren zahlreiche Angriffspunkte gegeben, bestätigen andererseits jedoch die von Kuhn (1962) genannte Implikation paradigmatischer Forschung: die Verfolgung eines solchen Ansatzes in systematischer Weise erbringt neben einigem Korn auch sehr viel Spreu. Erst die Abwendung von bzw. Umdeutung eines solchen Paradigmas läßt oft überraschende neue Einsichten gewinnen. Es hat den Anschein, daß die PDG-Forschung an einem solchen Punkt angekommen ist. In besonderer

Weise konstruktiv haben solche kritischen Einwände die von Kelley und Mitarbeitern inspirierten Untersuchungen berücksichtigt (Kelley et al. 1970; McNeel, McClintock & Nuttin 1967; Apfelbaum 1966, 1967; Kelley & Stahelski 1970 a, 1970 b).

Geht die ursprüngliche Fassung des Gefangenendilemmas von einer einmaligen, nicht wiederholbaren Entscheidung der beiden Gefangenen aus, so hat die experimentelle Umsetzung des Beispiels zumeist eine Folge wiederholter Entscheidungen dieser Art nach jeweiliger Kenntnisnahme der Entscheidung des Partners und damit ein weiteres dynamisches Moment ins Spiel gebracht. Ähnlich wie in den Analysen der Anspruchsniveausetzungen nach Hoppe und Lewin läßt sich an solchen Entscheidungssequenzen die Dynamik der Entstehung von Vertrauen und Mißtrauen, Kooperationsbereitschaft oder Wachsamkeit und Vergeltungstaktik untersuchen. Hier lagen schon für Rapoport und Chammah (1965) die Hoffnungen, durch die Analyse solcher Entscheidungssequenzen mathematische Modelle der Interaktion formulieren zu können, und hier sehen auch Hiebsch und Vorweg die noch nicht ausgeschöpfte potentielle Fruchtbarkeit des PDG (Autorenkollektiv 1979).

3. Die Ansatzstellen für Artefaktbildungen in der Tradition der PDG-Untersuchungen

3.1 Das Kommunikationsverbot

Die große Anziehungskraft des PDG-Formats liegt in der scheinbar grandiosen Einfachheit, mit der die Grundstrukturen von interpersonalen Konflikten und Verhandlungssituationen zu einer einfachen und scheinbar eindeutigen Wahlhandlung zwischen zwei wohldefinierten alternativen Reaktionen bei genau spezifizierten Handlungskonsequenzen reduziert wurden. Und es hat etwas Faszinierendes, wenn – wie Rapoport und Chammah (1965) in ihrer einflußreichen Monographie zeigten – die Prozentsätze kooperativer Wahlen in Abhängigkeit von Variationen der Auszahlungsmatrix vorhersagbar variieren.

Kritik an der Validität solcher Ergebnisse wird bereits am Kommunikationsverbot der Versuchspersonen angesetzt, das ja ein wesentlicher Bestandteil der Dilemmasituation ist. Die technische Durchführung der meisten Experimente erfolgte tatsächlich unter „Einzelhaftbedingungen“: die Vpn sitzen typischerweise in den Vpn-Zellen psychologischer Laboratorien, den sog. „cubicles“, aus denen sie nur über Tastendruck ihre

Reaktionen abgeben und über Signallampen Informationen entgegennehmen können. Allenfalls die Stimme des Vl ist Mittler zwischen beiden „interagierenden" Partnern. Nemeth (1970, 1972) hat nachdrücklich darauf hingewiesen, daß Alltagskonflikte und -verhandlungen nicht unter solchen restriktiven Bedingungen stattfinden, und daher die Generalisierbarkeit der Befunde solcher Laborexperimente auf Alltagssituationen gleich Null sei. Kelley und seine Mitarbeiter haben in den zahlreichen Untersuchungen sehr bald explizit standardisierte und damit der experimentellen Kontrolle zugängliche Kommunikationsmöglichkeiten eingebaut, um den Einfluß von Vorankündigungen, Absichtserklärungen, Versprechungen und Täuschungsmanövern der Vpn mit zu erfassen (vgl. zusammenfassend Kelley et al. 1970).

Vl-Effekte wurden im Kontext dieser Kommunikationssituation bereits in einer eigens dazu angestellten Untersuchung dingfest gemacht. Gallo und Dale (1968) berichten, daß sie erfolgreich den Prozentsatz kooperativer Wahlen durch absichtsvolle Vl-Einflußnahme auf die Vpn mittels nicht-verbaler Kommunikation manipulieren konnten. Die Leiterinnen dieses Experimentes ließen durch Blickzuwendung, Nicken und Modulation der Stimme bei der Ankündigung der jeweiligen Ergebnisse der einzelnen Spieldurchgänge erkennen, daß sie kooperative bzw. nicht-kooperative Wahlen für jeweils angemessen hielten. Die Autoren folgern aus der erfolgreichen Einflußnahme, daß möglicherweise in vielen der zahlreichen PDG-Experimente solche Vl-Effekte als unbeabsichtigte Wirkungen eingetreten sind, zumal die Studentinnen in ihrem Versuch in einer Nachbefragung keine „awareness" zeigten. Die Autoren vermuten daher, daß die Diskrepanz der Befunde in der PDG-Literatur auch mit solchen mangelhaften Kontrolletechniken für Vl-Effekte zusammenhängen können.

Daß auch kontrolliert eingefügte Kommunikation von den Vpn unterlaufen werden kann, belegt eine Untersuchung von Pilisuk et al. (1967). Durch die besondere Aufmerksamkeit eines Vl wurde in einem Experiment, das kontrollierte Kommunikationsmöglichkeiten begrenzter Art zuließ, um den Einfluß von Versprechungen und Täuschungsmanövern zu untersuchen, beobachtet, daß die Vpn daneben unerlaubte Kommunikationsmöglichkeiten im experimentellen Verfahren entdeckt hatten, die sie weitaus effektiver zur Täuschung der Partner einsetzten als die offiziellen Kommunikationskanäle. Ein Teil der Experimentalhandlung verlangte von den Vpn das Umdrehen hölzerner Spielmarken auf einer Kartonunterlage, um ihre kooperative Wahl (Abrüstung) oder nicht-kooperative Wahl (Aufrüstung) dem Vl zu signalisieren. Durch geräuschvolles Umdrehen der Spielmarken und vorsichtiges, geräuschvermeidendes Zurückdrehen wurden die Partner effektiv getäuscht. Die Autoren der Arbeit ziehen daraus u. a. den Schluß, daß diese Störfaktoren auf der Vpn-Seite es erforderlich machen, sie mindestens ebenso gründlich zu kontrollieren wie die Vl-Effekte.

3.2 Die Mehrdeutigkeit der Reaktionen bei wiederholten Wahlen

Auch in einem weiteren Sinne ist das Kommunikationsverbot der PDG-Situation Ursache für Störquellen. Es wurde bereits darauf hingewiesen, daß im Unterschied zu der einmaligen, nicht wiederholbaren Situation der beiden Gefangenen in der Anekdote die Vpn in den Spielexperimenten zu wiederholten Malen (bis 300mal und mehr) ihre Wahlen zwischen den beiden Alternativen mit den echten oder simulierten Partnern durchführen mußten. In einer Folge von Wahlhandlungen hat die einzelne Entscheidung aber eine Vorgeschichte und eine Signalwirkung in die Zukunft. Jede ausgeführte Wahl ist gleichzeitig eine Botschaft an den Partnern. Sie kann Angebot zur künftigen Kooperation, sie kann Vergeltungsmaßnahme für nicht erwiderte Kooperationsangebote, sie kann Verärgerung, Rache, Mißtrauen und vieles andere mehr ausdrücken. Aber diese symbolische Befrachtung der Reaktionen ist nicht eindeutig, weil weder Sender noch Empfänger ihre Mutmaßungen über die symbolische Bedeutung der voraufgegangenen Handlung überprüfen können. Die prinzipielle Mehrdeutigkeit der durch die Wahlen signalisierten Intentionen machen das PDG zu einer typischen Situation mit hoher Ambiguität.

In gleicher Weise ist natürlich der auswertende Vl in der Schwebe hinsichtlich der Deutung, die er den Wahlen gibt. Wenn er bei der Auswertung den Prozentsatz der „kooperativen" bzw. „kompetitiven" Wahlen berechnet, dann nimmt er die in die Benennung hineingelegten Intentionen ungefragt als gegeben hin, wenn er sie so verrechnet. Die einzelnen Wahlen in einer Kette von Wahlhandlungen sind aber nach dem oben Ausgeführten nicht eindeutig operationalisierte Meßgrößen, sondern prinzipiell mehrdeutig. Darauf haben bereits Rapoport und Chammah (1965) hingewiesen und versucht, aus der Analyse von Reaktionssequenzen die Bedeutung der Wahlen zu präzisieren. Eine solche Auswertung führt natürlich zu sehr viel komplexeren Modellen und ist nicht mit der gleichen Intensität durchgeführt worden, wie die anderen Untersuchungen, die mit zusammengefaßten Prozentraten operieren.

3.3 *Die Mehrdeutigkeit der abstrakten Problemsituation*

In solchen Auswertungen entscheidet sich der jeweilige Forscher für eine eher behavioristische oder kognitive Grundauffassung der Vpn. Auf die Konsequenzen solcher impliziten Auffassung der Vpn haben Kelley et al. (1962) hingewiesen.

In ihrer Replikation der Experimente zur „minimalen sozialen Situation" von Sidowski et al. (1956) haben sie nachweisen können, daß eine strikt behavioristische Auffassung Versuchsergebnisse produziert, die nicht interpretierbar sind, weil wichtige Variablen der Situation, die durch die kognitive Verarbeitung der Vpn entstehen, nicht berücksichtigt werden. Sidowski et al. hatten in einer Situation, die dem PDG sehr ähnlich ist, zwei Personen so miteinander in ihren Reaktionen verkoppelt, daß jede jeweils die Ergebnisse der Reaktionen der anderen Person kontrollieren konnte. Wie Abbildung 3 zeigt, liegt hier eine gegenseitige Ergebniskontrolle (fate control) im Sinne von Thibaut und Kelley (1959) vor. Unter Annahme einfacher lerntheoretischer Prinzipien folgerten Sidowski et al. (1956), daß die zunächst nach Zufallserweiterung resultierende Verteilung der Wahlen auf rechts und links in Richtung des Überwiegens der belohnenden Reaktion (links) ansteigen würde. In den 25 Minuten der

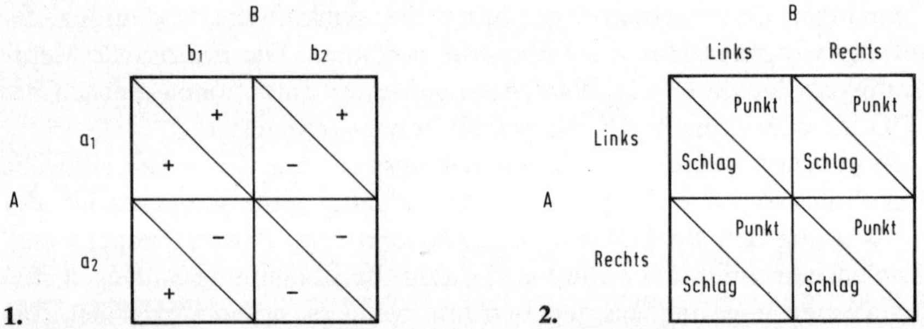

Abb. 3. Die „minimale soziale Situation" nach Sidowski et al. (1956).
1. Darstellung gegenseitiger Ergebniskontrolle (fate control sensu Thibaut und Kelley 1959).
+ steht für eine positive Auszahlung, bzw. ein subjektiv positiv bewertetes Ergebnis
− steht für eine negative Auszahlung bzw. für ein subjektiv negativ bewertetes Ergebnis
2. Matrixdarstellung der Reaktions- und Ergebnisverknüpfung in dem Experiment zur minimalen sozialen Situation nach Sidowski et al. (1956).
Jede der beiden Vpn A bzw. B konnte zwischen zwei Tasten „Links" oder „Rechts" als Reaktionen wählen und erhielt als Ergebnisrückmeldung einen Punkt gutgeschrieben (Punkt) oder einen elektrischen Schlag (Schlag). Die Vpn waren unter gegenseitiger Ergebniskontrolle, wie ein Vergleich der beiden Matrizen zeigt.

aufeinanderfolgenden Versuche stieg in der Tat der Anteil der belohnenden Reaktionen bei beiden Vpn auf 70% an. Und das, obwohl die Vpn keinerlei Information über den Mechanismus der Verknüpfung hatten. Die scheinbar automatische Wirkung der Verstärkung auch bei interaktionsartig verknüpften Handlungssequenzen schien belegt.

Als Sidowski (1957) in einer Wiederholung des Experiments die Vpn über die Struktur der Situation aufklärte, zeigte dieses Verständnis der Vpn keine Änderung der Ergebnisse. In den Untersuchungen von Kelley et al. (1962) und Rabinowitz et al (1966) konnte aber überzeugend nachgewiesen werden, daß die einfache Unterstellung einer kognitiven Verarbeitung der Situation zu einer grundsätzlichen Änderung der Versuchsordnung zwingen müßte. Wenn man den Vpn in dieser Situation nur die ganz simple Strategie des „win-stay, loose-change" (bei positivem Ergebnis bleibe bei der zuvor gewählten Alternative, bei negativem Ergebnis wähle die andere Alternative!) unterstellte, muß man für die Vorhersage der Reaktion der Vpn wissen, ob die Reaktionen simultan oder sukzessiv erfolgen. Für diese beiden Fälle ergeben sich nämlich dann entgegengesetzte Voraussagen über das Einpendeln auf eine kooperative Lösung oder das Einschnappen in eine Situation ständiger gegenseitiger Bestrafung. Indem die Autoren den Vpn nicht automatisches Reagieren unterstellten, sondern strategische Überlegungen zugestanden, ergab sich als Konsequenz zwingend die Berücksichtigung anderer situativer Momente.

Die Experimente konnten deutlich machen, daß eine kognitive Auffassung der Vpn zu präziseren Vorhersagen und genauerem Experimentieren führt.

Die dahinterstehende allgemeine Frage, ob nicht eine zu große Vereinfachung der Experimentalsituation zu uninterpretierbaren Ergebnissen führe, ist hier positiv beantwortet worden. Diese Frage ist auch für die extreme Vereinfachung der PDG-Situation zu stellen. Die Mehrdeutigkeit abstrakter Problemdefinitionen läßt eine einfache Umsetzung in ein psychologisches Experiment nicht zu, weil in dieser mehrdeutigen Situation die Vpn sich ihren Teil hinzudenken und so für sich die Situation vereindeutigen und sinnhaft machen, damit aber Variablen in den Versuchsplan importieren, die der Vl nicht im Griff hat. Grob formuliert könnte man sagen, je weniger eindeutig die Anweisungen des Experiments sind, je unverständlicher, fremder und je ungeklärter der Versuchszweck für die Vpn ist, desto stärker treten subjektive Situationsdefinitionen bei den Vpn auf, die im besten Fall nur die Fehlervarianz erhöhen, aber in vielen Fällen auch systematisch mit den Versuchsbedingungen kovariieren können, so daß dann echte Artefaktbildungen zu erwarten sind.

3.4 Das Problem der inhaltlichen Einkleidung

3.4.1 Die Definition der Situation

Am Beispiel der inhaltlichen Einkleidung des Gefangenendilemmaspiels läßt sich dieses Dilemma des Experimentierens verdeutlichen. Es beginnt mit der Frage, ob das Spiel um Punkte oder Pfennige geht. Das Spielen um Punkte mit symbolischem Gewinn oder um echten Gegenwert in Form von Pfennigen oder Teilbeträgen davon verleitet zu einer unterschiedlichen Situationsdefinition, die schon McClintock und McNeel (1966) in ihrer Neukonstruktion des „maximizing differences game" berücksichtigen. Die Wahl der nichtkooperativen Strategie beim PDG ist in der Zielsetzung mehrdeutig: Will man damit möglichst viel – wenn auch auf Kosten des anderen gewinnen? Oder will man auf jeden Fall besser sein als der andere – egal was es kostet? Diese Möglichkeit zum ruinösen Wettbewerb ist in den üblichen PDG-Strukturen nämlich mitenthalten. Es zeigte sich sehr bald, daß das Spiel um Punkte stärker solchen ruinösen Wettbewerb provoziert als das Spiel um Geld. Diese Erfahrung entspricht der Alltagsdeutung und ist vielleicht noch nicht überraschend. Wie aber wirkt die Konkretisierung des gleichen formalen Konflikts, wenn man ihn einmal als „Spiel", als „interpersonalen Konflikt", als „Marktsituation eines Duopols", als „Abrüstungsverhandlung" einkleidet?

Pilisuk et al. (1965) glauben nachgewiesen zu haben, daß solche als Verständnishilfe fungierende konkretere Einkleidung der PDG-Matrizen keine systematischen Auswirkungen auf das Verhalten der Spieler hätten. Sie stellten ein PDG-Spiel als Modell einer Abrüstungsverhandlung vor, bei der die kooperative Strategie Abrüstungsmaßnahmen bedeutete, die kompetitive Strategie dagegen Aufrüstung. Sie fanden, daß entsprechende Einstellungs- und Persönlichkeitsmaße, mit denen man die Vpn als „Friedenstauben" oder „Kriegsfalken" klassifizieren konnte, keinen Vorhersagewert für das aktuelle Spielverhalten hatten. Sie schlossen daraus, daß solche inhaltlichen Einkleidungen irrelevant seien. Dies ist jedoch nicht zwingend, denn ebensogut kann die mangelnde Validität der verwendeten Skalen die Ursache für das mißlungene Experiment sein.

Ein wirklicher Test auf die Wirkung der Einkleidungen, und damit auf den gesamten Bezugsrahmen, in dem die Situation von den Vpn gesehen wird, führte jedoch bei Holz (1969) und Eiser und Bhavnani (1974) zu signifikanten Unterschieden und belegte, daß die Vpn nicht auf die abstrakte Matrix, sondern auf den damit signalisierten Kontext reagieren. Läßt man diesen Kontext undefiniert, kann man nicht sicher sein, welche

Hinweisreize aus der Situation des Experiments die Vpn dazu veranlassen, sich die abstrakte Matrix in dieser oder jener Interpretation zu konkretisieren. Damit ist aber genau das eingetreten, was oben als Import nicht kontrollierter Variablen seitens der Vpn bezeichnet wurde.

Auf Anregung des Verfassers untersuchte Holz (1969) in seiner Diplomarbeit den Einfluß eines durch Konkretisierung der Entscheidungsalternativen veränderten situativen Bezugsrahmens auf das Verhalten im PDG. Vier Gruppen von Vpn spielten an der gleichen Matrix gegen einen simulierten Partner, der eine gemäßigte „tit-for-tat" (Wie du mir, so ich dir)-Strategie spielte.

Matrix und Simulationsbedingungen waren dem Vorgang von Pylyshyn et al. (1966) nachgebildet, die Wahl- und Rückmeldung erfolgte unter apparativer Kontrolle mit dem bei Manz (1972) beschriebenen Gerät (der Simulator reagierte auf die Wahlen der Vpn nach dem Prinzip des „Wie du mir, so ich dir", wobei allerdings nicht nur die jeweils unmittelbar voraufgegangene Reaktion, sondern auch die durchschnittliche Tendenz aus den letzten 5-10 Wahlen berücksichtigt wurde).

Die Experimentalbedingungen variieren die Instruktion und die Benennung der Entscheidungsalternativen. Die Vpn der ersten Gruppe sollten sich in die Rolle eines Staatspräsidenten versetzen, dessen Entscheidungsalternativen in fortlaufenden Verhandlungen mit einem anderen Staatspräsidenten in Abrüstung (kooperative Wahl) oder Aufrüstung (kompetitive Wahl) bestanden. Eine zweite „Verkaufsleitergruppe" führte Preisverhandlungen mit einem Konkurrenzanbieter. Die kooperative – weil für beide Verhandlungspartner unter den spezifizierten Marktbedingungen gewinnbringendere – Alternative hieß: Preis heraufsetzen. Die kompetitive – weil zu ruinösem Wettbewerb führende – Alternative hieß: Preis herabsetzen. Einer „Spielergruppe" wurde die Alternative Rot bzw. Grün als Wahlmöglichkeit angeboten, und eine neutrale Kontrollgruppe spielte ganz ohne inhaltliche Konkretisierung der Auszahlungen der Matrix. Nach fünfzig Spielzügen charakterisierten die Vpn mit Hilfe von Eigenschaftslisten die Spielweise ihrer vermeintlichen Gegenspieler. Es zeigte sich ein signifikanter Einfluß der so geänderten Rahmenbedingungen auf die Kooperationsrate sowohl insgesamt wie auch unter Berücksichtigung der sequentiellen Abhängigkeiten der Wahlen und auf die Stereotypisierung der Gegenspieler. Im wesentlichen gehen die signifikanten Unterschiede auf die „Präsidentengruppe" zurück.

Eiser und Bhavnani (1974) konnten in einer ähnlich angelegten Untersuchung mit einer anderen Matrix dieses Ergebnis replizieren. Ihre Variation des situativen Rahmens bestand darin, daß sie den Vpn-Gruppen unterschiedliche Erläuterungen über den Zweck solcher Versuche gaben. Die entsprechenden Abschnitte der Instruktion variierten dahin, daß in einem Fall (Wirtschaftsverhandlungen) solche Spiele zur Simulation wirtschaftlicher Prozesse verwendet würden; einer zweiten Gruppe wurde gesagt, es sollten internationale Verhandlungen simuliert werden, einer dritten Gruppe schließlich wurde bedeutet, daß mit solchen Spielen interpersonelle Konflikte simuliert werden sollten. Die Kontrollgruppe spielte das Spiel ohne weitere Erläuterung. Die Varianzanalyse der durchschnittlichen Kooperationsraten zeigten, daß internationale Verhandlungen und interpersonale Interaktionen größere Kooperationsraten erzielten im Vergleich zur Simulation von Wirtschaftsverhandlungen bzw. zur Kontrollgruppe. Die Autoren unterstreichen in der Diskussion ihrer Befunde die Bedeutung der subjektiven Interpretation der Situation durch die Vpn als wesentlichen Faktor für die resultierende Kooperationsbereitschaft.

Daß in den meisten Untersuchungen der Situationsrahmen nicht spezifiziert und damit der Deutung der Vpn überlassen wurde, mag zu den unklaren Befunden der PDG-Forschung beigetragen haben. Sie könnte auch eine Ursache für das Rätsel des Fehlschlags der unbedingten Kooperationsbereitschaft sein. Studien, in denen eine Partnerstrategie der unbedingten Kooperation durch fortgesetzte Wahl der kooperativen Alternative als experimentelle Variable eingeführt wurden, zeigten nämlich, daß ein solches Verhalten eher Ausbeutung als gleichfalls kooperative Wahl bei den Vpn erzeugte (Bixenstine et al. 1963; Lave 1965; Solomon 1960; Swingle und Gillis 1968; Whitworth und Lucker 1969).
Der Fehlschlag, Kooperationsbereitschaft durch Kooperationsangebote zu induzieren, hängt mit der Mehrdeutigkeit der durch die Wahlen ausgetauschten Informationen zusammen. Dies konnte experimentell nachgewiesen weden. Evans und Crumbaugh (1966) veränderten die Darbietungsweise der PDG-Matrix wie in Abbildung 4 dargestellt.

Die zweite Darstellung der Abbildung 4 ist im Effekt der Matrixform äquivalent. Wenn beide Spieler für „Gib dem Partner 3 Punkte“ optieren, resultiert eine gemeinsame kooperative Wahl; wenn einer für „Gib mir einen Punkt“, der andere für „Gib dem Partner 3 Punkte“ optiert, dann resultiert ein Ergebnis von 0 bzw. 4 Punkten. Die so erhaltenen Auszahlungen lassen aber für die Vpn sehr viel eindeutiger die Absichten der Partner – ob altruistisch oder selbstsüchtig – erkennen. Pruitt (1967) konnte das Ergebnis von Evans und Crumbaugh (1966) bestätigen, daß mit der eindeutigeren Kommunikationssituation die Kooperationsbereitschaft ansteigt.

3.4.2 Laboruntersuchungen und Felduntersuchungen

In seinem kritischen Sammelreferat hatte Nemeth (1972) versucht, verschiedene Aspekte der Laborsituation für das Phänomen des nicht erwiderten, unbedingten kooperativen Verhaltens festzumachen. Neben Instruktionsvariablen, die stillschweigend oder ausdrücklich zur Ausbeutung ermutigen oder Reziprozitätsnormen suspendieren bzw. die eine unbedingte Kooperation des Partners als unverständlich oder verrückt erscheinen lassen, sieht er dieses Verhalten vor allen Dingen durch die Geheimhaltung der Identität der Partner und durch die Einengung der Kommunikationskanäle verursacht.

Ein Feldexperiment von Dorris (1972) versucht, diese Variable dadurch in den Griff zu bekommen, daß eine normale Alltagssituation mit bekannten Normen und Selbstverständlichkeiten aufgesucht wird, um die Reaktion auf ein unbedingtes Kooperationsangebot zu untersuchen. Die unwissentlichen „Vpn“ dieses Experiments waren Münzhändler in verschiedenen Distrikten von Los Angeles, deren Geschäfte auf die Versuchs-

		Vp B: C	Vp B: D
Vp A	C	3,3	4,0
	D	0,4	1,1

Abb. 4. Die Darbietung eines zerlegten PDG bei Evans und Crumbaugh (1966)[1].

1. Die PDG-Matrix in der gewohnten Darstellung
2. Die Darbietung der Wahlmöglichkeiten für die Vpn in der zerlegten Form
   Wahlmöglichkeit für A:
   C: „Gib mir einen Punkt“
   D: „Gib dem Partner drei Punkte“
   Wahlmöglichkeit für B:
   C: „Gib mir einen Punkt“
   D: „Gib dem Partner drei Punkte“
   Die Kombinationsmöglichkeiten dieser Wahlen von A und B ergeben im Effekt die Auszahlungen der Matrix oben

[1] nach Nemeth 1972, 221.

bedingungen eines vierfaktoriellen Versuchsplans verteilt wurden Der erste Faktor variierte die Art des Appells an den Münzhändler, dem seltene Münzen von einem Laien zum Verkauf angeboten wurden. Ein neutraler Appell wurde einem moralischen Appell gegenübergestellt, in dem die Vertrauenswürdigkeit des Händlers – sein guter Ruf – und die Notlage des Anbieters betont wurden. Der zweite Faktor variierte das Modellverhalten eines anderen Verkäufers, bei dem ein früheres Angebot vom Anbieter eingeholt worden war. Die cover-story sollte den Händlern glaubhaft machen, daß ein anderer Händler vorher entweder ein ehrliches Angebot gegeben hatte oder aber versucht hatte, den unwissenden Anbieter zu übertölpeln. Die beiden anderen Faktoren des Versuchsplans kontrollierten die Größe der Geschäfte und die Vl. Die für den Vergleich zwischen Labor- und Feldbedingungen wichtigsten Ergebnisse der Studie lassen sich wie folgt zusammenfassen: Unter den Bedingungen des Feldexperiments, bei denen die Gründe für die unbedingte Kooperation des vertrauensvollen Anbieters einsichtig und nicht außergewöhnlich erschienen, wo der Kontext des „Experiments" für die Vpn deren normale Alltagssituation und die üblichen Rollenverständnisse voraussetzten, und wo schließlich die vollen Kommunikationsmöglichkeiten in verbaler und nicht-verbaler Hinsicht gegeben und ausgenutzt wurden, zeigte es sich in der Tat, daß kein ausbeuterisches Verhalten auftrat im Gegensatz zu den Laborexperimenten.

Was in diesen Einzelbeispielen deutlich wurde – die Bedeutung des interpretativen Rahmens für das eigentliche Experiment – machen Alexander und Weil (1969) zu einem generellen Ansatzpunkt einer Kritik an den PDG-Spielen. Aus der Sicht des symbolischen Interaktionismus folgern sie, daß die Vpn in solchen Spielsituationen sich so verhalten, daß sie eine für sie günstige „situative Identität" konstruieren. Weil die Zielstruktur des PDG mehrdeutig ist, können die Vpn ihrer Teilnahme am Experiment sehr verschiedene Ziele und Motivationen unterlegen: sie können das Verlangen zeigen, als „gute Spieler" zu erscheinen, sie können den Eindruck vertrauensvoller, zuverlässiger Partner erwecken wollen. Da die offiziellen Aufgabenregeln in den meisten Fällen die Zielstruktur der Spielsituation nicht präzisieren, sind die Vpn gezwungen, nach situativen Hinweisreizen zu suchen, die ihnen die Auswahl zwischen verschieden denkbaren Interpretationsrahmen ermöglichen. Das ist im Kern die Kritik von Alexander und Weil (1969).

In ihrem Versuch bemühen sie sich, durch Vorführen eines Modellspiels, in dem die jeweils gewinnenden bzw. verlierenden Partner eine unterschiedliche Bewertung erfuhren, den Interpretationsrahmen der Vpn präziser zu definieren. In ihrer Diskussion und Kritik an den vorgängigen Spielen betonen sie aber, daß nicht die Spielsituation als solche unbrauchbar sei, daß nur die bisherige naive Verwendung ohne Berücksichtigung der attributiven Gesichtspunkte für die mageren Ergebnisse der PDG-Forschung verantwortlich sind. Sie fordern, daß eine phänomenologische Analyse der Experimentalsituation aus der Sicht der Vpn die naive Unterstellung ersetzen soll, nach der vorausgesetzt werde, daß die Vpn die Situation so auffassen würden, wie der Experimentator sie definiere.

4. Die Transformation der Auszahlungsmatrix – ein neuer Ansatz?

In die gleiche Richtung zielt auch die Kritik von Kelley und Thibaut (1978), die die naive Verwendung spieltheoretischer Konzepte beklagen.

Beide Autoren hatten in ihrer früheren Veröffentlichung von 1959 das Instrument der Ergebnismatrizen als theoretisches Werkzeug in ihre Analysen eingebracht. Schon damals haben sie sich von einer allzu simplen Interpretation der Ergebnismatrizen distanziert und betont, daß die aufgeführten zahlenmäßigen Eintragungen keine einfachen Nutzenfunktionen widerspiegeln, sondern komplizierten subjektiven Prozessen unterliegen. Ihre an der Adaptationstheorie orientierte und der Grenznutzentheorie verpflichtete Diskussion der Vergleichsniveaus (comparison level CL und comparison level for alternatives CL_{alt}) machen den Anspruch

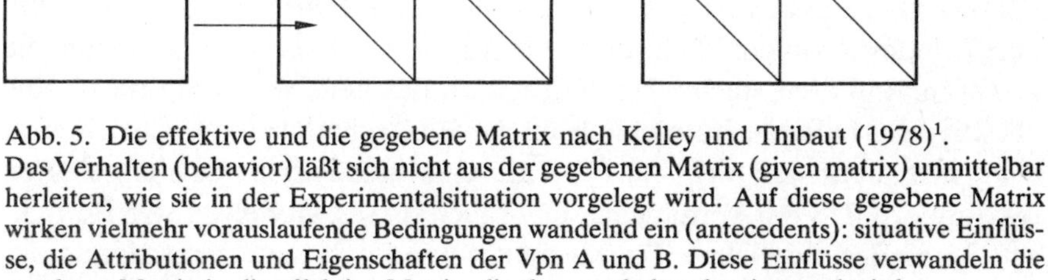

Abb. 5. Die effektive und die gegebene Matrix nach Kelley und Thibaut (1978)[1]. Das Verhalten (behavior) läßt sich nicht aus der gegebenen Matrix (given matrix) unmittelbar herleiten, wie sie in der Experimentalsituation vorgelegt wird. Auf diese gegebene Matrix wirken vielmehr vorauslaufende Bedingungen wandelnd ein (antecedents): situative Einflüsse, die Attributionen und Eigenschaften der Vpn A und B. Diese Einflüsse verwandeln die gegebene Matrix in die effektive Matrix, die dann verhaltensbestimmend wird.

[1] nach Kelley & Thibaut 1978, 17.

deutlich, solche Ergebnismatrizen als Momentaufnahmen dynamischer Prozesse, nicht jedoch als statische Größen zu verstehen.

In ihrer neuesten Veröffentlichung unterstreichen sie diesen Ausgangspunkt und gehen in ihrer neuen Unterscheidung zwischen einer *effektiven* und einer *gegebenen* Matrix ganz besonders auf die Transformationsprozesse ein, die solche Ergebnismatrizen im Zuge der Interaktion erfahren. Wie Abbildung 5 zeigt, ist die *gegebene Matrix,* die der Vl in eine Situation einführt, der kognitiven Verarbeitung der Vpn anheim gegeben. Vorauslaufende Bedingungen des Gesamtkontextes und der einzelnen Personen beeinflussen die Wahrnehmungsweise dieser Matrix und bewirken, daß die *gegebene Matrix* in die *effektive Matrix* umgewandelt wird. Nur letztere kann sinnvollerweise als vernünftiges Voraussageinstrument für das Verhalten angesehen werden. An einem theoretischen Beispiel machen sie deutlich, daß besonders dann, wenn die Interaktion zu wiederholten Malen stattfindet, die Wahlmöglichkeiten für die beiden Personen in verschiedener Weise umdefiniert werden können. Abbildung 6 illustriert einen solchen Transformationsprozeß.

Die beiden Personen A und B können nach Kenntnisnahme der Matrix I ihre Situation so umdefinieren, daß aus dem 2×2- ein 2×3-Spiel wird: zusätzlich zu den gegebenen Möglichkeiten, immer a_1 zu wählen bzw. immer a_2 zu wählen, könnte Person A zwischen der Wahl von a_1 und a_2 abwechseln. Wenn Person B bei ihren Möglichkeiten, immer b_1 oder immer b_2 zu wählen, verbleibt, resultiert die Matrix II (vgl. Abbildung 6), in der nun das Ergebnis A(3)/B(1) für beide Partner ein zufriedenstellendes darstellt. Diese Neudefinition der Wahlen erzeugt also einen neuen Satz von Ergebnissen. Matrix II erscheint somit sehr viel eher verhandlungsfähig als Matrix I. Wenn dazu im Gespräch auch noch die Kriterien der Wahl in der Matrix II diskutiert werden, dann kann eine Sicht des Problems herauskommen, die durch die Auszahlung der Matrix III richtig charakterisiert ist: die Kooperation beider Spieler gegen den Vl durch die Wahl der Alternativen B(1)/A(3) schafft eine völlig veränderte Situation, sie löst in der Tat das Problem. Gerade auch für den Fall des PDG zeigen die Autoren, daß eine solche Transformation der gegebenen Matrix in eine effektive das Dilemma tatsächlich aus der Welt schaffen kann. Auch hier ist die Konsequenz, daß nicht das PDG als schlechtes Paradigma abzuschaffen sei, sondern daß der vernünftige Gebrauch dieses Modells unter Berücksichtigung der möglichen Transformationen durch die Attributionen der Vpn neue Einsichten öffnet. Diesen Möglichkeiten widmen sie sich in den folgenden Kapiteln, wobei vor allen Dingen die Attributionstheorie und die Theorie der Selbstdarbietung die eigentlichen sozialpsychologischen

Fragestellungen wieder hineinbringen in die Analyse von Interaktionsprozessen, die unter rigoroser Experimentalkontrolle aus den Labors herausdefiniert wurden.

Es wiederholt sich an diesem Beispiel also das Schicksal paradigmatischer Forschung, so wie es von Kuhn (1962) dargestellt wurde: Intensive

Matrix I

		A	
		a_1	a_2
B	b_1	0,6	6,0
	b_2	0,0	0,0

Matrix II

		A		
		(1)	(2)	(3)
B	(1)	0,6	6,0	3,3
	(2)	0,0	0,0	0,0

Matrix III

		A		
		(1)	(2)	(3)
B	(1)	0,0	0,0	6,6
	(2)	0,0	0,0	0,0

Abb. 6. Illustration des Transformationsprozesses nach Kelley und Thibaut (1978)[1].

Matrix II entsteht durch Neudefinition der Wahlmöglichkeiten durch die Vpn:

Person A (1) wählt immer a_1
(2) wählt immer a_2
(3) wählt abwechselnd a_1 und a_2

Person B (1) wählt immer b_1
(2) wählt immer b_2

Matrix III entsteht durch Neugewichtung der Ergebnisse der veränderten Matrix II

---

[1] Kelley und Thibaut 1978, 18.

und einseitig auf ein bestimmtes Paradigma ausgerichtete Forschung bringt nicht notwendig kumulierende Ergebnisse. Es mag sich bei stetiger Verfolgung des Paradigmas eine Sackgasse eröffnen, aus der nur eine Neudefinition der Problemsicht herausführt. Es scheint, daß mit dem neuen Ansatz von Kelley und Thibaut (1978) eine solche theoretische Neuformulierung des Problems gelungen ist.

Literatur

Alexander, C. N. jr. & Weil, H. G.: Players, persons and purposes: Situational meaning and the Prisoner's Dilemma Game. Sociometry *32,* (1969) 121-144.

Antons, K.: Praxis der Gruppendynamik. Göttingen 1973.

Apfelbaum, E.: Études experimentales de conflict: les jeux experimentaux. L'Année Psychologique *66,* (1966), 599-621.

Apfelbaum, E.: Représentations du partenair et interaction à propos d'un delemme du prisonnier. Psychologie Française *12,* (1967) 287-295.

Autorenkollektiv unter Leitung von Hiebsch, H. und Vorwerg, M.: Sozialpsychologie. Berlin (Ost) 1979.

Bixenstine, V. E., Potash, H. M. & Wilson, K. V.: Effects of level of cooperative choice by the other player on choices in a Prisoner's Dilemma Game. J. Abnorm. Soc. Psychol. *66,* (1963) 308-313.

Brown, R.: Social Psychology. New York 1965.

Chadwick-Jones, J. K.: Social Exchange Theory: Its structure and influence in social psychology. Europ. Monogr. in Social Psychology, Nr. 8, London 1976.

Dornette, W. & Pulkowski, H. B: Konfliktspiele. Experimentelle Spiele in der Psychologie. München 1974.

Dorris, J. W.: Reactions to unconditional cooperation: A Field study emphasizing variables neglected in laboratory research. J. Pers. Soc. Psychol. *22,* (1972) 387-397.

Eiser, J. R.: Cooperation and competition between individuals. In: Tajfel und Frazer (Hrsg.): Introducing Social Psychology. Harmondsworth 1978, 151-175.

Eiser, J. R. & Bhavnani, K. K.: The effect of situational meaning of the behaviour of subjects in the Prisoner's Dilemma Game. Eur. J. Soc. Psychol. *4,* (1974) 93-97.

Evans, G. W. & Crumbaugh, C. M.: Effects of Prisoner's Dilemma format on cooperative behavior. J. Person. Soc. Psychol. *3,* (1966) 486-488.

Gallo, P. S. & Dale, I. A.: Experimenter bias in the prisoner's dilemma game. Psychonomic Science *13,* (1968) 340.

Gold, V., Wagner, M., Ranftl, W. L., Vogel, M., & Weber, I.: Kinder spielen Konflikte. Zur Problematik von Simulationsverfahren für soziales Lernen. Neuwied 1973.

Herkner, W.: Einführung in die Sozialpsychologie. Wien 1975.

Holz, D.: Der Einfluß des Bezugsrahmens auf das Entscheidungsverhalten. Diplomarbeit Köln 1969.

Irle, M.: Lehrbuch der Sozialpsychologie. Göttingen 1975.

Jones, E. J. & Gerard, H. B.: Foundations of social psychology. New York 1967.

Kelley, H. H., Thibaut, J. W., Radloff, R. & Mundy, D.: The development of cooperation in the minimal social situation. Psychological Monographs *76,* No. 19 (1962).

Kelley, H. H., Shure, G. H., Deutsch, M., Faucheux, C., Lanzetta, J. T., Moscovici, S., Nuttin, J., Rabbie, J. M. & Thibaut, J. W.: A comparative experimental study of negotiation behavior. J. Pers. Soc. Psychol. *16,* (1970) 411-438.

Kelley, H. H. & Stahelski, A. J.: Social interaction basis of cooperator's and competitor's beliefs about others. J. Pers. Soc. Psychol. *16,* (1970 a), 66-91.

Kelley, H. H. & Stahelski, A. J.: The inference of intentions in a mixed-motive game. J. Exp. Soc. Psychol. *6,* (1970 b) 401-419.

Kelley, H. H. & Thibaut, J. W.: Interpersonal Relations. A Theory of Interdependence. New York 1978.

Kuhn, T. S.: The Structure of Scientific Revolution. Chicago 1962.

Krývohlavý, J.: Zur Anwendung der Methoden der experimentellen Spiele in der psychologischen Praxis. In: Hiebsch, H. & Sprung, L. (Hrsg.): Aufgaben, Perspektiven und methodologische Grundlagen der marxistischen Psychologie in der DDR. Berlin (Ost) 1973.

Krývohlavý, J.: Zwischenmenschliche Konflikte und experimentelle Spiele. Bern 1974.

Lave, L. B.: Factors affecting cooperation in the Prisoner's Dilemma. Behavioral Science *10,* (1965) 26-38.

Luce, R. D. & Raiffa, H.: Games and Decisions. Introduction and Critical Survey. New York 1957.

Manz, W.: Ein einfaches Gerät zur Durchführung von Zwei-Personen-Matrix-Spielen. Zeitschrift der experimentellen und angewandten Psychologie *19,* (1972) 130-140.

McClintock, C. G. & McNeel, S. P.: Reward and score feedback as determinants of cooperative game behavior. J. Pers. Soc. Psychol. *4,* (1966) 606-613.

Nemeth, C.: A critical analysis of research utilizing the Prisoner's Dilemma Paradigm for the study of bargaining. Advances in Experimental Social Psychology *6,* (1972) 203-234.

Nemeth, C.: Bargaining and reciprocity. Psychol. Bull. *74,* (1970) 297-308.

Pilisuk, M., Potter, K. P., Rapoport, A. und Winter, J.: War hawks and peace doves: Alternate resolutions to experimental conflicts. J. Conflict Resolution *9,* (1965) 491-508.

Pilisuk, M., Brandes, B. & van den Hove, P.: Deceptive sounds: Illicit communication in the laboratory. Behav. Sci. *21,* (1967) 515-523.

Plon, M.: Problèmes théoriques et experimentaux posés par l'emploi des „jeux", dans l'étude de conflits interpersonelles. Bulletin du C.E.R.P. *16,* (1967) 393-433.

Plon, M.: Sur quelques aspects de la rencontre entre la psychologie sociale et la théorie des jeux. Pensée *161,* (1972) 53-80.

Plon, M. & Preteceille, E.: La théorie des jeux et la jeu de l'idéologie. Pensée *166,* (1974) 36-68.

Pruitt, D.: Reward structure and cooperation: The decomposed Prisoner's Dilemma Game. J. Pers. Soc. Psychol. *7,* (1967) 21-27.

Pylyshyn, Z., Agnew, N. & Illingworth, J.: Comparison of individuals and pairs as participants in a mixed-motive-game. Journal of Conflict Resolution *10,* (1966) 211-219.

Rabinowitz, L., Kelley, H. H. & Rosenblatt, R. M.: Effects of different types of interdependence and response conditions in the minimal social situation. J. Exp. Soc. Psychol. *2,* (1966) 169-197.

Rapoport, A. & Chammah, M.: Prisoner's Dilemma: A study in conflict and cooperation. Ann Arbor 1965.

Rapoport, A. & Orwant, C.: Experimental games: A review. Behav. Sci. *7,* (1962), 1-37.

Sidowski, J. B.: Reward and punishment in a minimal social situation. J. Exp. Psychol. *54,* (1957) 318-326.

Sidowski, J. B., Wykoff, L. B. & Tabory, L.: The influence of reinforcement and punishment in a minimal social situation. J. Abnorm. Soc. Psychol. *52,* (1956) 115-119.

Solomon, L.: The influence of some types of power relationships and game strategies upon the development of interpersonal trust. J. Abnorm. Soc. Psychol. *61,* (1960) 223-230.

Steele, M. W. & Tedeschi, J. T.: Matrix indices and mixed motive games. J. Conflict Resolution *11,* (1967).

Swingle, P. G. & Gillis, J. S.: Effects of the emotional relationships between protagonists in the Prisoner's Dilemma. J. Person. Soc. Psychol. *8,* (1968) 160-165.

Terhune, K. W.: Motives, situation and interpersonal conflict within Prisoner's Dilemma. Journal of Person. Soc. Psychol. monograph supplement *8,* part 2, (1968).

Thibaut, J. W. & Kelley, H. H.: The social psychology of groups. New York 1959.
Whitworth, R. H. & Lucker, W. G.: Effective manipulation of cooperation with college and culturally disadvantaged populations. Proceedings of the 77th Annual Convention of the America Psychological Association. *4,* (1969) 305-306.

Zur Artefaktproblematik in der Arbeits- und Betriebspsychologie

Friedhelm Nachreiner

1. Artefakte in anwendungsorientierten Disziplinen – Artefakte mit Konsequenzen

Vergleicht man die Bedeutung der Artefaktproblematik in den sogenannten „Grundlagendisziplinen" mit der Bedeutung, die diesem Problem im Rahmen einer „angewandten" oder besser anwendungsorientierten Disziplin wie der Arbeits- und Betriebspsychologie zukommt – oder zukommen sollte –, so wird deutlich, daß hier einige gravierende Unterschiede bestehen. Während Artefakte in den Grundlagendisziplinen prinzipiell einkalkulierbare und korrigierbare Irrtümer darstellen, die in der Regel kaum direkte Auswirkungen für einen weiteren Personenkreis als die mit der Problemstellung betroffenen Forscher haben, können Artefakte im Rahmen einer anwendungsorientierten Disziplin gravierende Auswirkungen für einen erheblich weiteren Kreis von Personen haben, die durch die Anwendung der „falschen" Erkenntnisse direkt in ihrem Verhalten und Erleben betroffen sind, ohne daß diese Personen selber an der Produktion der Artefakte beteiligt gewesen wären.

So kann etwa eine auf Artefakten basierende Gestaltung von Arbeitsbedingungen zur Verschlechterung der Leistungsfähigkeit oder Leistungsbereitschaft, zu erhöhter Beanspruchung, zu Über- oder Unterforderungserlebnissen, zu Unzufriedenheit, gesundheitlichen Risiken, oder gar zu Fehlhandlungen und Unfällen mit direkten Schädigungen der von den Arbeitsgestaltungsmaßnahmen Betroffenen führen. Weiterreichende Konsequenzen sind denkbar, wenn die von derartigen Arbeitsgestaltungsmaßnahmen Betroffenen bei ihrer Arbeitstätigkeit Einfluß nehmen auf das Wohlergehen anderer Personen und/oder Verantwortung tragen für Entscheidungen mit weitreichenden ökonomischen Konsequenzen, wie z. B. Piloten, Fluglotsen, Beschäftigte in Meßwarten der chemischen Industrie oder in Steuerständen von Walzenstraßen in der Stahlindustrie.

Zwar sind auch hier die Irrtümer prinzipiell korrigierbar, jedoch können bis zur Korrektur erhebliche und z. T. irreversible Schädigungen anderer Personen als der für die Artefakte verantwortlichen Forscher eingetreten sein. Nicht zuletzt aus diesem Grund verlangt das Betriebsverfassungsgesetz von 1972 in den §§ 90 und 91, daß „*gesicherte* arbeitswissenschaftliche Erkenntnisse" bei der Arbeitsgestaltung zu berücksichtigen sind. Für den Arbeits- und Betriebspsychologen ergeben sich daher neben den methodischen und inhaltlichen Problemen auch noch juristische Aspekte der Artefaktproblematik.

2. Die Hawthorne-Studien – ein klassisches Beispiel

Trotz dieser nach unserer Ansicht stärkeren Relevanz der Artefaktproblematik in anwendungsorientierten Disziplinen scheint uns das Bewußtsein um diese Probleme hier ausgesprochen gering ausgeprägt; obwohl etwa gerade im Rahmen der Arbeits- und Betriebspsychologie mit den Hawthorne-Studien (Roethlisberger & Dickson 1939) ein klassisches Beispiel für die Artefaktträchtigkeit von Untersuchungen vorliegt, und zwar in mehrfacher Hinsicht. Ausgangspunkt der Hawthorne-Studien waren Fragen der Wirkungen physischer Arbeitsbedingungen, wie Arbeitsplatzbeleuchtung und Arbeitszeitgestaltung, hier insbesondere Probleme der Pausenwirkung. Aufgrund mangelnder hypothesenrelevanter Kovariation zwischen den Veränderungen der physischen Arbeitsbedingungen und der Arbeitsleistung – selbst bei Verschlechterung der Beleuchtungsverhältnisse oder des Pausenregimes stieg die Arbeitsleistung nach Ansicht der Autoren, bzw. blieb unverändert – schlossen die Autoren, daß die gefundenen Leistungssteigerungen nicht auf die Veränderungen der physischen Arbeitsbedingungen zurückzuführen seien. Vielmehr ist nach Roethlisberger und Dickson (1939, 183) als unbeabsichtigte, aber zwangsläufige Konsequenz des experimentellen Untersuchungsansatzes, mit dessen Hilfe mögliche Störvariablen ausgeschaltet werden sollten, eine neue, experimentell nicht kontrollierte (Stör-)variable in die Untersuchung eingeführt worden. Im Vergleich zur normalen Arbeitssituation entstand in den Versuchsgruppen eine Arbeitssituation mit Experimentalcharakter und veränderten sozialen Beziehungen zwischen Versuchspersonen, Führungskräften und Forschern. Diese aus dem experimentellen Vorgehen resultierenden Verbesserungen des sozialen Klimas mit ihren Auswirkungen auf die Motivation und die Einstellungen der Versuchspersonen sind nach Roethlisberger und Dickson für die Veränderungen in den abhängigen Variablen verantwortlich. Nicht die kontrollierten Veränderungen in den unabhängigen Variablen Beleuchtungsstärke und Arbeits-Pausendauer haben danach einen Effekt auf die abhängigen Variablen ausgeübt, sondern die sich aus der Experimentalsituation ergebenden unkontrollierten Veränderungen der ‚menschlichen Beziehungen'. Dieser Effekt ist im Rahmen der Arbeits- und Betriebspsychologie als *Hawthorne*-Effekt bekannt geworden. In methodischer Hinsicht stellt er den Fall einer nicht ausschließbaren Drittverursachung dar. Die nicht kontrollierte Drittvariable wird hier sogar nachträglich als die entscheidende unabhängige Variable in das Erklärungsmodell eingeführt.

Die in Teilbereichen auftretende Kovariation zwischen Veränderungen der physischen Arbeitsbedingungen und Veränderungen der Leistung ist nach der Interpretation von Roethlisberger und Dickson als Artefakt zu betrachten, da die tatsächlich wirksamen Arbeitsbedingungen die sozialen Beziehungen in der Arbeitsgruppe sind. Roethlisberger und Dickson kommen zu dem Schluß, daß die physischen Arbeitsbedingungen und die ökonomischen Interessen der Arbeiter von geringerer Bedeutung sind als die zwischenmenschlichen Beziehungen zwischen Führungskräften und Mitarbeitern (Management and the Worker – so der Titel ihrer Publikation). Diese Schlußfolgerungen sehen sie durch die Ergebnisse der weiteren Untersuchungen als bestätigt an.

Sykes (1965) und Carey (1967) haben die von Roethlisberger und Dickson (1939) sowie Whitehead (1938) publizierten Ergebnisse der Hawthorne-Studien daraufhin noch einmal kritisch analysiert. Sie weisen nach, daß die von Roethlisberger und Dickson vorgenommene Interpretation der Bedingungszusammenhänge keineswegs zwingend ist. So ergibt sich aus den Analysen von Sykes (1965), daß sehr wohl ökonomische Interessen der Versuchspersonen, z. B. das Interesse an einer höheren Entlohnung, für die erhaltenen Ergebnisse verantwortlich gewesen sein könnten. Der von Roethlisberger und Dickson postulierte Zusammenhang zwischen sozialem Klima und Leistung wäre danach als Artefakt anzusehen.

Aber auch die Interpretation von Sykes, wonach die ökonomischen Interessen der Versuchspersonen für die Ergebnisse verantwortlich sind, erscheint nicht stichhaltig, weil aufgrund der Anlage und Durchführung der Studien eine eindeutige Interpretation von Wirkungszusammenhängen unmöglich ist (vgl. Carey 1967). Damit schafft jede Interpretation, die hier deutliche Wirkungszusammenhänge postuliert, Artefakte; etwa im Sinne von McGuire (1969), wonach des Einen Haupteffekt des Anderen Artefakt darstellt.

Die ursprüngliche Interpretation der Ergebnisse durch Roethlisberger und Dickson, wonach die sozialen Beziehungen für die Leistungssteigerungen verantwortlich gewesen sein sollen, hat in der Folge der Hawthorne

Studien zu einer starken Verschiebung der Forschungsaktivitäten zugunsten der ‚Human Relations' geführt. Untersuchungen zu ökonomischen, technologischen und physischen, d. h. nicht-sozialen Arbeitsbedingungen wurden dagegen von der Arbeits- und Betriebspsychologie vernachlässigt. Dies hat zu bis heute lückenhaften Kenntnissen in diesen Bereichen geführt. So erfolgt Arbeitsgestaltung auch heute noch z. T. nach Daumenregeln statt auf der Basis gesicherter arbeitswissenschaftlicher Erkenntnisse.

3. Artefakte = f (?)

Damit ergibt sich die Frage, wer eigentlich für die Produktion von Artefakten verantwortlich ist; – die angewandten Forschungsmethoden und -techniken, wie z. B. das Laborexperiment, die zwangsläufig zu Artefakten führen sollen, weil die strukturellen Bedingungen von Forschungsmethode und Alltagsrealität nicht übereinstimmen (vgl. dazu Chapanis 1967, Holzkamp 1970, sowie Herrmann 1979, 67), – oder die Versuchspersonen mit ihren Reaktionen auf die Forschungssituation, ihren Perzeptionen, Motivationen und Hypothesen, – oder die Versuchsleiter mit Versuchsleiter(erwartungs)effekten, hypothesenrelevantem Verhalten in der Versuchs- oder Vorversuchssituation, – oder aber der für die Untersuchung verantwortliche Forscher, der einen Satz von Ergebnissen falsch interpretiert, wenn seine Untersuchung von ihrer Anlage und Durchführung Mängel bezüglich der internen, externen, statistischen oder Konstruktvalidität aufweist (vgl. dazu Cook & Campbell 1976, 1979).

Derartige Validitätsmängel in allen vier obengenannten Bereichen lassen sich bei den Hawthorne-Studien sehr leicht nachweisen, weshalb sie von Carey (1967) als wissenschaftlich wertlos bezeichnet werden. Bei dieser Beurteilung wird man Carey wohl weitgehend zustimmen müssen, wenn man einmal von den aus den Studien hervorgegangenen Anstößen zur verstärkten Forschung im Bereich interpersoneller Beziehungen und der Möglichkeit ihrer Verwendung als Negativbeispiel experimenteller betriebspsychologischer Untersuchungsmethodik absieht.

Artefakte sind, wie die Ergebnisse der Hawthorne-Studien belegen, falsch interpretierte Fakten; falsch deswegen, weil Forscher einen Wirkungszusammenhang zwischen unabhängigen Variablen – in ihrem Sinne – und abhängigen Variablen als durch die Ergebnisse belegt annehmen, die tatsächlich wirksamen unabhängigen Variablen aber, etwa aufgrund der Beurteilung der Untersuchungssituation durch die Versuchspersonen und ihre Reaktionen auf eben diese Beurteilung ihrer Situation, andere sind (vgl. dazu auch den Beitrag von Wiendieck in diesem Band). Artefakte sind daher eher als Spezialfall der Bedrohung der internen Validität und insbesondere der Konstruktvalidität, im Sinne von Cook und Campbell (1976), zu betrachten. Das bedeutet, daß Artefakte nicht das notwendige Produkt einer bestimmten Methode sind, etwa des Laborexperimentes (vgl. dazu auch Fromkin & Streufert 1976), die sich durch den Einsatz anderer Methoden, etwa des Feldexperimentes oder sogenannter ‚nichtreaktiver' Verfahren (Webb et al. 1966), oder durch einen anderen Forschungsansatz, wie beispielsweise die Aktionsforschung, vermeiden ließen, sondern daß Artefakte aus der inadäquaten Handhabung (irgend)einer Methode durch den Forscher resultieren.

Im folgenden soll versucht werden, diese Thesen anhand einiger Beispiele aus den Problemfeldern Arbeitsstrukturierung, Vigilanzforschung, Belastung und Beanspruchung, Schichtarbeit sowie Führung zu belegen. Dabei geht es uns weder um Vollständigkeit noch um eine bis ins Detail gehende Darstellung von artefaktgefährdeten Forschungsschwerpunkten oder gar von Einzeluntersuchungen aus dem Bereich der Arbeits- und Betriebspsychologie. Für detailliertere Informationen muß auf die angegebene Literatur verwiesen werden. Vielmehr geht es uns um exemplarische Hinweise darauf, daß sehr verschiedene Problemfelder aus dem Bereich der Arbeits- und Betriebspsychologie mit Artefakten belastet sein könnten und daß Artefakte mit den verschiedensten Methoden produziert werden können. Wir sehen uns auch nicht in der Lage, definitiv zu entscheiden, was Fakten und was Artefakte in diesem Gebiet sind; wir halten dies auch nicht für unsere Aufgabe. Die Beurteilung, ob es sich bei bestimmten Ergebnissen um Artefakte handelt, soll und muß nach unserem Verständnis von Artefakten dem jeweiligen Leser vorbehalten bleiben. Für die Auswahl der Beispiele war ferner maßgebend, daß wir in den genannten Problemfeldern über eigene Forschungserfahrung verfügen. Der unseres Erachtens besonders artefaktträchtige Bereich ‚Arbeitszufriedenheit' wird in diesem Band von Wiendieck gesondert behandelt, er wird daher hier nicht mehr explizit aufgegriffen.

4. Beispiele

4.1 Arbeitsstrukturierung

Als artefaktträchtig erscheinen etwa die in den letzten Jahren durchgeführten Betriebsexperimente zur Arbeitsstrukturierung bzw. zu sogenannten ‚Neuen Formen der Arbeitsgestaltung' (vgl. dazu Davis & Cherns 1975, Gaugler et al. 1977, Hertog 1978, Ulich et al. 1973, Warr 1976). Zu welchen Effekten derartige neue Formen der Arbeitsorganisation wie systematischer Arbeitsplatzwechsel, Aufgabenerweiterung, Aufgabenbereicherung oder teilautonome Gruppenarbeit führen, muß bis heute als kaum beantwortbar angesehen werden, da kontrollierte Experimente weitgehend fehlen. In bester Tradition der Hawthorne-Studien und unter Mißachtung einfachster methodischer Grundprinzipien wurde auch bei diesen in der letzten Zeit durchgeführten ‚Experimenten' weitgehend auf die Verwendung von Kontrollgruppen verzichtet. Forschungsorientierte Versuchsanlagen, die eine Zuordnung von Maßnahmen und Effekten ermöglichen würden, fehlen fast vollständig (vgl. Cummings & Salipante 1976), so daß bei den berichteten Ergebnissen über positive Reaktionen der von derartigen Arbeitsstrukturierungsmaßnahmen Betroffenen die Wirksamkeit von Hawthorne-Effekten nicht ausgeschlossen werden kann (Ulich 1972). Mit anderen Worten: Nicht die Art der Veränderung in den Arbeitsbedingungen oder der Arbeitsorganisation kann zu den berichteten Reaktionen geführt haben, sondern die Wahrnehmung der Betroffenen, daß etwa Wissenschaftler und Vertreter des Betriebes sich um ihre Belange kümmern, um ihre Arbeitsbedingungen zu verbessern. Dabei setzen wir voraus, daß die untersuchten Variablen reliabel und valide erfaßt und die Beziehungen zwischen ihnen, soweit das bei den zugrunde liegenden Versuchsplänen überhaupt möglich ist, genau analysiert sind; was jedoch offensichtlich häufig nicht der Fall ist (Ulich 1972, Gaugler et al. 1977, Cummings & Salipante 1976).

Bei einer Vielzahl der vorgelegten Studien ergeben sich neben Bedrohungen der Konstruktvalidität durch invalide Operationalisierungen der abhängigen wie der unabhängigen Variablen Bedrohungen der externen Validität durch Populationsspezifität oder Bedrohungen der Validität des statistischen Schlusses durch unzuverlässige Meßinstrumente bei Vorher/Nachher-Vergleichen sowie Probleme der nicht ausschließbaren Drittverursachung, und damit Probleme der internen Validität der durchgeführten ‚Experimente' (vgl. Cook & Campbell 1976). Bei dieser Lage scheint uns auch der Vorschlag der konvergenten Validierung durch mehrere Untersuchungen mit ähnlichen Ergebnissen nicht weiterzuhelfen. Die Zusammenfassung mehrerer invalider Untersuchungen mit ähnlichen Ergebnissen führt unseres Erachtens nicht zu validen Ergebnissen. Dies trifft für den hier diskutierten Bereich besonders deswegen zu, weil in der Regel nur Untersuchungen mit positivem Ausgang publiziert werden. Studien mit negativen Ergebnissen, die nach inoffiziellen Informationen aber ganz sicher vorliegen, erscheinen dagegen kaum in der Literatur; Schätzungen der Dunkelziffer nicht publizierter Studien belaufen sich auf bis zu 90% (Cummings & Salipante 1976).

Offensichtlich scheint diese Problematik einige Anwender nicht zu stören, wenn etwa von Hertog (1978, 151 ff) argumentiert wird, wichtig seien die Effekte; welche spezifischen Variablen letztlich dafür verantwortlich seien, sei weniger bedeutsam. Wir halten eine derartige Argumentation selbst unter einer rein anwendungsorientierten Perspektive nicht für akzeptabel, wenn man Arbeitsstrukturierung verantwortbar betreiben möchte. Unter einer forschungsorientierten Perspektive erscheint sie uns völlig indiskutabel. Wichtig erscheinen uns in diesem Problemfeld daher kontrollierte Experimente bzw. quasi-experimentelle Ansätze (vgl. Cook & Campbell 1979), die den derzeitigen methodischen Standards genügen und eine Analyse oder Kontrolle von Hawthorne-Effekten ermöglichen, etwa indem derartige Probleme oder Störmöglichkeiten explizit in den Versuchsplan als weitere Kontrollbedingungen aufgenommen werden (vgl. Nachreiner et al. 1977).

Als weiteres Problem wurde oben schon die valide oder invalide Operationalisierung der abhängigen und der unabhängigen Variablen angesprochen. So stellt sich häufig die Frage, ob bzw. inwieweit die verwendeten Meßinstrumente den zu erfassenden Meßgegenstand tatsächlich erfassen. Sind beispielsweise durch Arbeitsstrukturierungsmaßnahmen tatsächlich Monotonie- und Sättigungserlebnisse verringert worden, wenn die Werte der Nachbefragung günstiger ausfallen als die der Vorbefragung? Auch dann noch, wenn man berücksichtigt, daß Skalen zur Erfassung von Monotonie- und Sättigungserlebnissen relativ hoch mit Arbeitszufriedenheitsmaßen korrelieren bzw. daß sie zu einem großen Teil die evaluative Komponente der Einstellung zur Arbeit erfassen? Oder spiegelt sich in der Vorher-Nachher-Differenz lediglich eine – unter Umständen durch Hawthorne-Effekte bedingte – Veränderung der Bewertung der Gesamtarbeitssituation wider, obwohl unter den neugestalteten Arbeitsbedingungen Monotonie- und Sättigungserlebnissen unvermindert fortbestehen? Nach unseren eigenen Erfahrungen mit derartigen Skalen (Nachreiner & Ernst 1978, Böckenholt et al., im Druck) scheint hier

Skepsis angebracht. Auf einen von Arbeitsstrukturierungsstudien unabhängigen Validitätsnachweis der verwendeten Verfahren kann nicht verzichtet werden, wenn man Artefakte ausschließen will.

4.2 Vigilanzforschung

Als weiterer Bereich experimenteller Forschung im Rahmen der Arbeitspsychologie, der in der letzten Zeit in den Verdacht der Artefaktträchtigkeit gekommen ist, muß der Problembereich Vigilanzforschung angesehen werden. Ausgangspunkt der Forschungsaktivitäten in diesem Bereich war neben industriellen Monotonieproblemen die Feststellung der englischen Radarüberwachung im 2. Weltkrieg, daß die Zahl der gemeldeten Radarkontakte mit der Wachdauer eines Beobachters abnahm. Etwa 50% der Kontaktmeldungen entfielen jeweils auf die ersten 30 Minuten der Wachdauer eines Beobachters, während die restlichen Kontaktmeldungen sich auf die verbleibende Wachdauer von ca. 100 Minuten verteilten. Dies rasche Absinken der Wachsamkeitsleistung im ersten Teil der Wachdauer, das sogenannte Vigilanzdekrement, wurde zum Kernproblem der experimentellen Vigilanzforschung (Jerison & Pickett 1963). Aufbauend auf den Untersuchungen von Mackworth (1950), der die ersten systematischen Versuche zur Simulation und Analyse dieses Phänomens unternahm, wurden in der Folgezeit die Bedingungen für den im Labor reproduzierbaren Effekt des Absinkens der Wachsamkeitsleistung über die Zeit untersucht. Ein typisches Ergebnis für eine derartige Untersuchung, wie sie bis heute in großer Zahl vorliegen (vgl. Mackie 1977), zeigt die Abbildung 1.

Nun mehren sich in der letzten Zeit kritische Stimmen, die das Vigilanzdekrement für mehr angenommen denn bestätigt halten (Teichner 1974) und die die Übertragbarkeit der experimentellen Ergebnisse auf die Praxis von Überwachungs- und Kontrolltägtigkeiten anzweifeln (Belt 1971, Chapanis 1967, Craig & Colquhoun 1975, Elliott 1960, Jerison & Pickett 1963, Kibler 1965, Smith & Lucaccini 1969, Nachreiner 1977).

Die Kernpunkte der Kritik lassen sich dabei in drei Gruppen einordnen. Zunächst wird von mehreren Autoren angezweifelt, ob das Dekrement in der Praxis oder in realitätsnah simulierten Situationen tatsächlich auftritt (Elliott 1960, Smith & Lucaccini 1969, Teichner 1974), da ein stichhaltiger Nachweis dafür fehle. Eigene Erfahrungen aus Untersuchungen an Arbeitsplätzen mit Überwachungs- und Kontrolltätigkeiten (z. B. Nachreiner et al. 1975) haben in keinem Fall ein Dekrementproblem erkennen

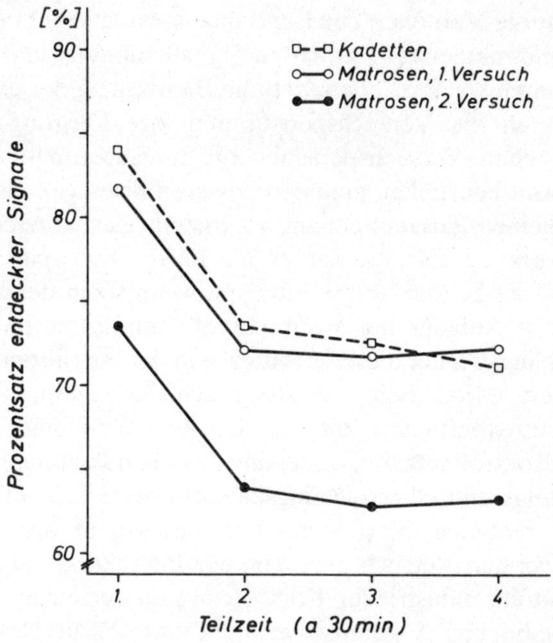

Abb. 1. Verlauf der Entdeckungsleistung in einem zweistündigen Vigilanzversuch (nach Mackworth 1950).

lassen. Hier soll nicht ausgeschlossen oder bestritten werden, daß sich die Leistung bei Daueraufmerksamkeitsaufgaben mit der Zeit verändert, z. B. als Folge von Ermüdung; was fehlt, ist der Beleg für das rasche Absinken der Aufmerksamkeit während der Anfangsphase der Überwachungstätigkeit. Auch die Ergebnisse der englischen Radarüberwachung sind anders als durch ein rasches Absinken der Aufmerksamkeit interpretierbar (vgl. z. B. Craig 1978).

Eine zweite Gruppe von Argumenten bezieht sich auf die unterschiedlichen Aufgabencharakteristika von Vigilanzexperimenten und praktischen Überwachungsaufgaben (Craig & Colquhoun 1975, Kibler 1965, Nachreiner 1977) sowie auf die unterschiedliche Motivation von Versuchspersonen in Experimenten und Operateuren in der Praxis (Jerison & Pickett 1963, Smith & Lucaccini 1969).

Die dritte Gruppe von Argumenten zielt darauf ab, daß durch die Laboruntersuchung selbst einige entscheidende Variablen verändert werden (Chapanis 1967, Belt 1971, Nachreiner 1977), etwa die Wahrnehmung der Aufgabe durch die Versuchsperson, die Produktion von Hypothesen über die Aufgabe und das geforderte Verhalten, sowie die Motivation zur

Reaktion auf die Variablen der Experimentalsituation. In einer Untersuchung zum Zusammenhang zwischen Signalhäufigkeit und Entdeckungsleistung konnten wir feststellen, daß die Beurteilung der experimentellen Situation durch die Versuchsperson und ihre Leistung in Beziehung zueinander stehen. Versuchspersonen, die das Experiment als relevant für die Arbeitswelt beurteilen, erzielten bessere Leistungen als Versuchspersonen, die keinen Zusammenhang zu irgendwelchen Arbeitssituationen herstellen konnten (Nachreiner et al. 1976). Lucaccini et al. (1968) erzielten bessere Entdeckungsleistungen, wenn sie in der Instruktion die experimentelle Aufgabe als ‚anspruchsvoll' einführten, im Vergleich mit einer Bedingung, bei der dieselbe Aufgabe in der Instruktion als ‚monoton' charakterisiert wurde. Belt (1971) verglich die Leistung in einem ‚typischen Vigilanzexperiment' mit den Leistungen in einer realitätsnäher simulierten Kontrollaufgabe, wobei die kritischen Parameter Signalhäufigkeit, Signalfolge und Überwachungsdauer in beiden Experimenten gleich waren. Die realitätsnähere Simulation bestand in der Kontrolle von Kugeln, wobei den Versuchspersonen per Instruktion nahegelegt wurde, sich in die Rolle industrieller Kontrolleure zu versetzen. Während Belt unter der Bedingung ‚Vigilanzexperiment' das übliche Dekrement in der Entdeckungsleistung fand, produzierten dieselben Versuchspersonen unter der Bedingung ‚Kontrollaufgabe' kein Dekrement und eine insgesamt höhere Entdeckungsleistung. Die Korrelation zwischen den Leistungen derselben Versuchsperson unter den beiden Bedingungen (Vigilanzexperiment vs. Kontrollaufgabe) unterschied sich nicht signifikant von Null. Belt berichtet über eine starke Bevorzugung der ‚Kontrollaufgabe' durch die Versuchspersonen, da sie diese Aufgabe als realitätsnäher, interessanter und sinnvoller wahrnahmen, was Belt einerseits auf den durch die Instruktion vermittelten Bezugsrahmen und zum anderen auf die unterschiedlichen Aufforderungscharaktere der Aufgaben zurückführt. Aufgrund der unterschiedlichen Aufgabencharakteristik bei Belt könnte jedoch argumentiert werden, daß die Aufgaben unterschiedliche Schwierigkeitsgrade hatten. Es kann daher nicht ausgeschlossen werden, daß das Ausbleiben des Dekrements und die insgesamt höhere Gesamtleistung unter der Bedingung Kontrollaufgabe auf eine geringere Schwierigkeit dieser Aufgabe im Vergleich zur Vigilanzaufgabe zurückzuführen ist und nicht auf eine veränderte Beurteilung der Experimentalsituation durch die Versuchspersonen.

In eigenen Experimenten zu diesem Problem (Nachreiner 1977) konnten wir zeigen, daß selbst bei identischer Aufgabenstruktur die Einbettung einer Aufgabe in ein Experiment und zum anderen in einen für die

Versuchsperson bedeutsamen Kontext die Ergebnisse derartiger Überwachungsaufgaben beeinflussen kann. Wir hatten dazu einstündige Vigilanzaufgaben zunächst unter den üblichen experimentellen Bedingungen mit Bezahlung nach Leistung im Versuch durchgeführt. Mit einer weiteren Gruppe von Versuchspersonen haben wir dann exakt dieselbe Aufgabe durchgeführt, wobei diese Versuchspersonen allerdings glaubten, an einem – unbezahlten – Selektionstest für die Stelle einer studentischen Hilfskraft teilzunehmen, deren spätere Aufgabe angeblich darin bestehen sollte, bioelektrische Potentiale in Belastungsversuchen zu überwachen. Die Ergebnisse der akustischen Versuchsreihe zeigt Abbildung 2.

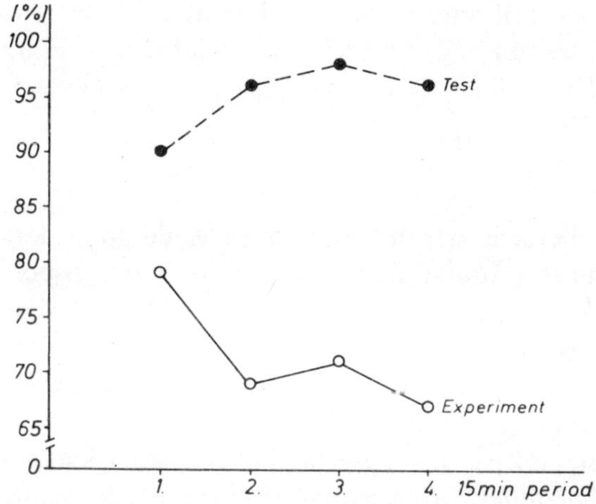

Abb. 2. Prozentsatz entdeckter Signale in einem akustischen Vigilanzversuch unter Experimental- vs. Test-Bedingungen (nach Nachreiner 1977).

Während die ‚Experimental'-Gruppe das übliche Dekrement von der ersten zur zweiten 15-Minuten-Periode zeigt und sich dann auf ein relativ konstantes Niveau einpendelt, zeigt die ‚Test'-Gruppe eine insgesamt höhere Entdeckungsleistung und keinerlei Dekrement.

Interpretiert man mit Smith und Lucaccini (1969) das Dekrement als durch ein Nachlassen der Motivation in der sonst eintönigen, anregungsarmen Experimentalsituation bedingt, die keinerlei Konsequenzen für die experimentellen Versuchspersonen nach sich zieht, und berücksichtigt man die Tatsache, daß Vigilanzexperimente üblicherweise mit nicht intrinsisch motivierten Versuchspersonen in extrem anregungsarmen Experimentalsituationen durchgeführt werden, dann ist die Vermutung nicht von der Hand zu weisen, daß ein großer Teil der vorliegenden Ergebnisse zum

Vigilanzdekrement Artefakte der Experimentalsituation darstellen. Artefakte allerdings deshalb, weil die Experimentatoren unberücksichtigt lassen, daß durch die nicht adäquate Übertragung der Realbedingungen in Laborbedingungen Einflußgrößen wirksam werden, die mit der eigentlich interessierenden Fragestellung nichts mehr zu tun haben. Daß Vigilanzdekremente in Laborexperimenten unter bestimmten Bedingungen auftreten, ist ein Faktum; daraus zu schließen, daß sie auch in der Praxis bei Überwachungstätigkeiten auftreten müssen, könnte ein Artefakt sein. Aus den Ergebnissen von Vigilanzversuchen abgeleitete Maßnahmen für die Gestaltung der Arbeitsbedingungen bei Überwachungs- oder Kontrolltätigkeiten – etwa die, zusätzliche reaktionsfordernde Signale in den Überwachungsprozeß einzubauen –, könnten in der Praxis zu nicht beabsichtigten leistungsmindernden oder gefährlichen Folgen führen.

4.3 Belastung, Beanspruchung, Streß

Einen Problembereich, der in besonderem Maße unter derartigen Wahrnehmungs- und Interpretationsproblemen der Versuchspersonen ‚leidet', stellt die Streßforschung, und im engeren arbeitswissenschaftlichen Bereich die Belastungs- und Beanspruchungsforschung dar. Während bei physischer Arbeit eine enge Korrespondenz zwischen der Höhe der – vom Vl gesetzten – Belastung und den Beanspruchungsreaktionen der Vpn festzustellen ist, lassen sich bei psychischer Belastung kaum derartige klare Beziehungen herstellen; offensichtlich sind hier Modelle unzureichend, die von einer *unmittelbaren* Belastungs-Beanspruchungswirkung ausgehen. Wichtig erscheint bei psychischer Belastung vielmehr die Annahme *mittelbarer* Wirkungszusammenhänge (vgl. Hacker 1973) und zwar vermittelt durch kognitive Prozesse, wie etwa über die Einschätzung der Anforderungen durch die Arbeitsaufgabe einerseits und der eigenen Möglichkeiten ihrer Bewältigung andererseits. Damit wird deutlich, daß die subjektive Wahrnehmung und Beurteilung der Belastungssituation zur entscheidenden Determinante für die Reaktionen wird. Experimentelle Untersuchungen zur psychischen Belastung sehen sich daher der Schwierigkeit ausgesetzt, neben der Manipulation bzw. Kontrolle der angenommenen Belastungsvariablen diese der direkten Beobachtung oder Messung nicht zugängliche Variable der Belastungsbeurteilung ebenfalls zu kontrollieren oder zu manipulieren.

Dies muß bei experimentellen Streßuntersuchungen, insbesondere im Labor, zu einer gewissen Künstlichkeit und damit zu einer Artefaktgefahr führen. Die Versuchspersonen sind sich der Tatsache bewußt, an einem Experiment teilzunehmen, woraus sie schließen können, daß sie vor zumindest extremen Graden der Belastung durch schmerzhafte oder schädigende Bedingungen geschützt sind, und daß sowohl die Gewinne wie die Verluste in Konsequenz des Verhaltens in der Experimentalsituation auf eben diese experimentelle Situation beschränkt sind (McGrath 1976, 1355). Eine zeitlich bereits weiter zurückliegende Studie von Berkun et al. (1962) hat diese These sehr deutlich belegt. Bei ihren Untersuchungen im militärischen Bereich zeigte sich, daß die Versuchspersonen sowohl bei den Leistungsvariablen wie bei den physiologischen Variablen nur dann Streßwirkungen erkennen ließen, wenn sie die Situation als Bedrohung – in diesem Fall ihrer physischen Unversehrtheit – wahrnahmen. Damit wird aber fraglich, ob das zentrale Konzept der psychologischen Streßforschung, die Wahrnehmung einer Bedrohung (Lazarus 1966), experimentell überhaupt adäquat operationalisiert werden kann, zumindest was relativ höhere Grade an Streß betrifft (vgl. McGrath 1970).

Aber auch Feldstudien in ‚natürlichen' Settings, wie sie z. B. reale Arbeitsplätze darstellen, weisen hier Grenzen auf. Obwohl derartige Untersuchungsfelder ein größeres Potential an persönlichen Konsequenzen für das Individuum bieten, darf nicht übersehen werden, daß Individuen sich ihre Settings, in denen sie agieren, z. T. so aussuchen und sich diesen bzw. diese sich selbst so anpassen, daß für sie akzeptable oder bewältigbare Ausprägungen von Streß zu erwarten sind. Dieses präventive Coping sowie die vorausgehenden Selektions- oder Selbstselektionsprozesse, wie sie etwa Hertog (1978) bei Fließbandarbeitern beschreibt und wie sie von Schichtarbeitern bekannt sind, finden jedoch in der Regel statt, bevor ein Untersucher mit seiner Untersuchung ansetzt, so daß das Potential für ‚echten' Streß unter Realbedingungen nicht immer während der Untersuchungsphase realisiert wird (McGrath 1976). Dies scheint uns insbesondere beachtenswert, jedenfalls stärker als bislang üblich, wenn Ergebnisse von Belastungs- und Beanspruchungsuntersuchungen an realen Arbeitsplätzen dargestellt und interpretiert werden. Es könnte sein, daß Ergebnisse wie ‚keine besonderen Belastungen' oder ‚Unterforderung' Artefakte darstellen, die auf Nichtberücksichtigung derartiger methodischer Probleme durch den Untersucher zurückzuführen sind. Der Einsatz oder auch Nicht-Einsatz von Arbeitsgestaltungsmaßnahmen auf der Basis derartiger Artefakte könnte gravierende Konsequenzen haben, die nicht sofort evident sind, sondern erst längerfristig wirksam werden. Nicht zuletzt aufgrund der hier dargestellten methodischen Probleme erscheint die Interpretation der vorliegenden Ergebnisse zur Streßforschung so schwierig; die Unterscheidung von Fakten und Artefakten erweist sich hier als besonders kritisch.

4.4 Schichtarbeit

Wir hatten bereits unter Bezug auf die Studie von Berkun et al. (1962) darauf hingewiesen, daß auch sogenannte ‚harte' Daten wie Leistungs- und physiologische Variablen nicht per se von der Artefaktgefahr ausgeschlossen sind, nur weil sie etwa in direkterem Zusammenhang mit der Reizsituation stünden als beispielsweise Fragebogendaten. Geht man davon aus, daß die Artefakte durch den Forscher bei der Anlage und Interpretation der Untersuchung verursacht werden, so gilt dies natürlich auch bei der Verwendung physiologischer Variablen.

So erscheinen uns die Ergebnisse zur physiologischen Adaptation an wechselnde Arbeits- und Erholungszeiten im Rahmen experimenteller Schichtarbeit keineswegs eindeutig. Wenn etwa aus den Ergebnissen aus Schichtarbeitsversuchen mit unterschiedlicher Schichtwechselperiodik, die mit Studenten ohne jegliche Schichtarbeitserfahrung durchgeführt wurden, der Schluß gezogen wird, eine physiologische Anpassung an wechselnde Arbeits- und Erholungszeiten sei nicht möglich (Knauth 1975), so kann nicht ausgeschlossen werden, daß das Ergebnis ein Artefakt der Versuchsanlage ist. Die Ergebnisse belegen, daß eine derartige Adaptation bei Studenten ohne Schichtarbeitserfahrung kurzfristig nicht wahrscheinlich ist; ob dies für erfahrene Schichtarbeiter ebenfalls gilt, kann nach den durchgeführten Versuchen nicht beurteilt werden. Zwar spricht einiges für die Annahme dieser Hypothese, etwa daß das Zeitbewußtsein als einer der entscheidenden menschlichen Zeitgeber für biorhythmische Prozesse (Aschoff 1971) auch bei erfahrenen Schichtarbeitern durch die Schichtarbeit nicht verändert wird. Wenn das Zeitbewußtsein aber einer der entscheidenden Zeitgeber ist, so weist dies andererseits darauf hin, daß die Regelung der biorhythmischen Prozesse nicht völlig autonom erfolgt, sondern daß hier, wie im Bereich Belastung und Beanspruchung, kognitive Prozesse moderierend wirksam werden. Es scheint nicht ganz unwahrscheinlich, daß konkrete Erfahrungen mit Schichtarbeit und den durch sie gestellten Problemen einer physiologisch und sozial abnormen Lebensführung sich auf derartige kognitive Prozesse auswirken. Dies könnte jedoch zu Veränderungen der Adaptationsfähigkeit in Abhängigkeit von der Schichtarbeitserfahrung führen. Ferner zeigen Ergebnisse zu anderen physiologischen Adaptationsvorgängen, wie beispielsweise zur Klimaadaptation, daß diese Adaptation trainierbar ist (Wenzel 1970). Es kann daher nicht ausgeschlossen werden, daß die nicht ausschließbare Bedingungs-Populations-Interaktion in Experimenten mit schichtarbeitsunerfahrenen Studenten, die eine Bedrohung der externen Validität darstellen würde (Cook & Campbell 1976), zu Artefakten führt, sobald die Ergebnisse aus derartigen Experimenten auf die Zielpopulation der Schichtarbeiter generalisiert werden. Ergänzende Studien an erfahrenen Schichtarbeitern, sowohl in Labor- wie in Feldstudien – hier sei jedoch an die oben dargestellten Probleme von Untersuchungen in natürlichen Settings, insbesondere die der Fremd- und Selbstselektion erinnert – könnten diesen Verdacht ausräumen (vgl. auch Knauth 1975, 204). Und er sollte ausgeräumt werden, bevor aus den Ergebnissen Konsequenzen für eine Schichtplangestaltung gezogen werden, die zu nicht intendierten Konsequenzen für die Schichtarbeiter, ihre Familien, ihre Freunde und das soziale System führen könnten. Die Erfüllung dieser Forderung nach Untersuchungen bei erfahrenen Schichtarbeitern erscheint uns deshalb so dringend, weil die Ergebnisse der wenigen bisher bei dieser Population durchgeführten Untersuchungen (z. B. Reinberg et al. 1975, Akerstedt et al. 1977, Patkai et al. 1977, Folkard et al. 1978, Knauth et al., im Druck) keineswegs einheitlich, geschweige denn eindeutig sind (vgl. auch Folkard & Monk 1979, Rutenfranz et al. 1979).

Am Beispiel Schichtarbeit läßt sich ferner zeigen, daß nicht nur Labor- oder Feldexperimente potentielle Artefaktquellen darstellen, sondern auch Fragebogenuntersuchungen. Eines der am häufigsten zu findenden Ergebnisse in der Literatur zu diesem Thema besagt, daß Schichtarbeiter mit überwältigender Mehrheit ihr eigenes Schichtsystem bevorzugen und anderen Schichtsystemen eher skeptisch gegenüberstehen bzw. diese ablehnen. Dies wird dann in der Regel als Beharrungstendenz oder Widerstand gegen Veränderungen interpretiert. Die Ergebnisse selbst mögen als Fakten so zunächst einmal richtig sein. Befragt man jedoch Schichtarbeiter, die nicht nur ihr eigenes Schichtsystem mit seinen Vor- und Nachteilen, sondern aus eigener Erfahrung oder aus Beobachtungen an Kollegen oder aus deren Berichten andere Schichtsysteme und deren Vor- und Nachteile kennen, so ergeben sich andere Fakten (Nachreiner & Rutenfranz 1975); und zwar derart, daß nun nicht mehr bedingungslos das eigene Schichtsystem bevorzugt wird. Aus einer Gruppe mit einem anhand verschiedener Kriterien als günstiger beurteilten Schichtsystem entschieden sich in der von uns durchgeführten Befragung 96% für ihr derzeitiges System, was die sonst angegebenen Präferenzen des eigenen Schichtsystems noch übertrifft. Aus der Gruppe mit einem als ungünstiger beurteilten Schichtsystem – übrigens eines der gebräuchlichsten in der Bundesrepublik – entschieden sich dagegen nur 47% für ihr derzeitiges Schichtsystem, der Rest optierte für andere Systeme. Das Ergebnis, wonach Schichtarbeiter stets ihr eigenes Schichtsystem bevorzugen und resistent gegen Veränderungen sind, kann demnach wohl als Artefakt angesehen werden.

Über interessante Ergebnisse zum Aufforderungscharakter von Befragungen zum Thema Schichtarbeit und Gesundheit berichtet Dirken (1966). Schichtarbeiter berichten nach den üblichen Ergebnissen bei Befragungen mittels Fragebogen oder freiem Interview über mehr und häufigeres Vorkommen verschiedener Krankheitssymptome, insbesondere dann, wenn die Untersuchung in einem für die Befragten erkennbaren Zusammenhang zum Thema Schichtarbeit steht. Dagegen fand Dirken bei seiner Untersuchung, bei der er jeglichen Hinweis auf die Schichtarbeitsproblematik vermied, keine bedeutsamen Unterschiede in der Häufigkeit bestimmter Beschwerden zwischen Schichtarbeitern und Nichtschichtarbeitern. Diese Ergebnisse lassen vermuten, daß durch eine für die Befragten offensichtliche oder vermutete Einbettung der Untersuchung in einen bestimmten Problemkreis Hypothesen und entsprechende Reaktionen der Befragten generiert werden, bzw. Interessen der Befragten die Antworten beeinflussen können. Unsere eigenen Untersuchungen (Nachreiner & Rutenfranz 1975) bei den Beschäftigten in einem beliebten, aber nur mit Ausnahmegenehmigung möglichen Schichtsystem lassen ähnliches vermuten. Die insgesamt sehr günstigen Angaben zu diesem Schichtsystem können unter Umständen z. T. mit darauf zurückgeführt werden, daß die Befragten – in diesem Fall irrtümlich – vermuteten, die Befragung stehe im Zusammenhang mit einer intendierten Abschaffung dieses Schichtsystems, was sie zu überzogen positiven Stellungnahmen motiviert haben könnte. Insofern ist nicht auszuschließen, daß die von uns gefundene erheblich günstigere Beurteilung dieses Schichtsystems durch die darin Beschäftigten teilweise artifiziell ist.

4.5 Führung

Die mangelnde Berücksichtigung der Betroffenheit der Beteiligten dürfte auch in einem anderen Problembereich der Arbeits- und Betriebspsychologie verantwortlich für die Produktion von Artefakten sein, der Analyse von Beziehungen zwischen Führungsverhalten und seinen Effekten. Dies scheint insbesondere in Felduntersuchungen der Fall, in denen die

Erfassung des Führungsverhaltens mit Hilfe standardisierter Fragebogen erfolgt, auf denen Mitarbeiter oder Vorgesetzte das Führungsverhalten des zu erfassenden Vorgesetzten ‚beschreiben' sollen. Die Beschreibung erfolgt in der Regel auf zwei Dimensionen, die als interpersonelle Orientierung und als Aufgabenorientierung charakterisiert werden können, gelegentlich erfolgt eine Aufgliederung in mehr Dimensionen (z. B. Fittkau-Garthe 1970). Diese Verfahren zur Erfassung des Führungsverhaltens haben sich, folgt man den Autoren derartiger Fragebogen (vgl. z. B. Halpin & Winer 1957, Fleishmann 1953, 1957, und für den deutschen Sprachraum Tscheulin & Rausche 1970, Fittkau-Garthe 1970, Fittkau-Garthe & Fittkau 1971), als valide Instrumente zur Erfassung des Führungsverhaltens von Vorgesetzten in Organisationen bewährt. Als Beleg für diese Behauptung werden in der Regel die Ergebnisse eindimensionaler Varianzanalysen angeführt, bei denen sich signifikante F-Werte zwischen den beschriebenen Vorgesetzten bei den einzelnen Dimensionen ergaben. Ferner werden dazu Korrelationen zwischen den Werten des Führungsverhaltens und sogenannten Kriterienvariablen, wie Arbeitszufriedenheit, Zufriedenheit mit dem Vorgesetzten und Erfolgsbeurteilungen durch höhere Vorgesetzte angegeben, die z. T. bei denselben Personen erhoben wurden wie die Beschreibungen des Führungsverhaltens.

Nun sind, wie wir an anderer Stelle ausführlich dargestellt haben (Nachreiner 1978), eindimensionale Varianzanalysen kaum geeignet, den Nachweis der Validität zu führen. Abgesehen davon, daß aus den F-Werten nicht eindeutig hervorgeht, welche Varianzanteile auf die Beschriebenen und welche auf die Beschreibenden entfallen, stellt die Übereinstimmung verschiedener Beschreibender lediglich eine notwendige, aber noch keine hinreichende Bedingung für die Validität der Verfahren dar, sofern diese das Vorgesetztenverhalten beurteilerunabhängig erfassen sollen.

Bei den berichteten Korrelationen mit sogenannten Effektivitätskriterien fällt jedoch eine deutliche Beurteilerabhängigkeit auf (vgl. Korman 1966). Werden die Vorgesetzten von ihren Mitarbeitern beschrieben, ergeben sich regelmäßig relativ hohe Korrelationen zwischen den den Vorgesetzten zugeschriebenen Werten auf der Dimension ‚Mitarbeiterorientierung' und den Zufriedenheitswerten der Mitarbeiter (z. B. Fittkau-Garthe 1970), bei der Beurteilung durch höhere Vorgesetzte finden sich dagegen höhere Korrelationen zwischen ‚Aufgabenorientierung' und Leistungsbeurteilung (vgl. auch die Übersicht bei Neuberger 1976, 152 f). Abgesehen davon, daß die kriterienbezogene Validierung unangebracht sein dürfte, da sie zu viele theoretische Zwischenschritte enthält, läßt sich bei der feststellbaren Beurteilerabhängigkeit der Korrelationen vermuten, daß die erhaltenen Meßwerte des Führungsverhaltens ebenfalls nicht beurteilerunabhängig sind, und damit – zumindest nicht allein – dem beschriebenen Vorgesetzten als Meßwerte für sein Verhalten zugeschrieben werden können.

Diesem Problem sind wir an anderer Stelle nachgegangen (Nachreiner 1978). Wir konnten zeigen, daß die mit Fragebogen zur Beschreibung des Vorgesetztenverhaltens erhaltenen Meßwerte zunächst und vor allem charakteristisch für den Beurteiler sind und nicht für den beschriebenen Vorgesetzten. Dessen beurteilerunabhängiger Anteil an der Gesamtinformation kann als minimal bezeichnet werden. Wir sind daher zu dem Schluß gekommen, daß Fragebogen zur Beschreibung des Vorgesetztenverhaltens invalide zur Erfassung des Führungsverhaltens sind. Eher erfassen sie die Einstellung des Beurteilers dem Beurteilten gegenüber. Insoweit wäre es zunächst ein Artefakt, die erhaltenen Meßwerte den beschriebenen Vorgesetzten als Meßwerte ihres Verhaltens zuzuordnen. Dies ist auch dann nicht gerechtfertigt, wenn es sich zum Ausgleich individueller Verzerrungen um Mittelwerte über verschiedene Beurteiler handelt. Diese Mittelwerte können lediglich eine mittlere Einstellung kennzeichnen. Als weitere Artefakte wären dann die Beziehungen zwischen dem so festgestellten ‚Führungsverhalten' und den Effektivitätskriterien anzusehen, „die vielfach berichtete positive Korrelation zwischen ‚C' (gemeint ist die Dimension Consideration = Mitarbeiterorientierung, F. N.) und Zufriedenheit wäre demnach nur ein Artefakt, weil ‚C' in Wirklichkeit Zufriedenheit mißt" (Neuberger 1976, 147). Vergleicht man die Subskala ‚Vorgesetzte' des ‚Arbeitsbeschreibungsbogen' (Neuberger & Allerbeck 1978), die die Zufriedenheit mit dem Vorgesetzten erfassen soll, mit der Subskala ‚Freundliche Zuwendung' des ‚Fragebogen zur Vorgesetzten-Verhaltens-Beschreibung' (Fittkau-Garthe & Fittkau 1971), die das Vorgesetztenverhalten erfassen soll, so wird deutlich, daß hier eine weitestgehende Ähnlichkeit besteht. Beide Verfahren beruhen auf derselben psychologischen Grundlage, der interpersonellen Urteilsbildung. Es ist daher wohl nicht verwunderlich, wenn beide denselben Meßgegenstand erfassen: Zufriedenheit. Es wäre dagegen sehr sonderbar, wenn mit demselben (oder so weitgehend ähnlichen) Verfahren je nach Intention des Autors/Anwenders unterschiedliche Meßgegenstände valide erfaßt werden könnten. Ähnliche Überlegungen lassen sich für die Dimension ‚Aufgabenorientierung' bei der Beschreibung durch höhere Vorgesetzte anstellen.

Das bedeutet aber, daß die Befragten, die ‚objektiv' Auskunft über das Führungsverhalten der von ihnen beschriebenen Personen geben sollen, eben dies nicht tun. Statt dessen liefern sie interpretierte Beschreibungen oder Beurteilungen, und zwar interpretiert oder beurteilt auf dem Hintergrund ihrer persönlichen Wertvorstellungen und Interessen. Die festgestellten Zusammenhänge zwischen ‚Führungsverhalten' und ‚Effektivitätskriterien' spiegeln damit aber lediglich Konsistenzen im Urteilsverhalten der Beurteiler wider – die als solche durchaus von Interesse sein mögen –, liegen jedoch auf einer völlig anderen Ebene als der, auf die man mit der Analyse eigentlich abzielt. Interpretationen dieser im kognitiven System der Beurteiler bestehenden Konsistenzen als beurteilerunabhängige, objektive, real existierende Kontingenzen zwischen tatsächlichem Führungsverhalten und hypothetisch damit zusammenhängenden Effekten sind jedoch als Artefakte zu betrachten.

Daß die ‚persönliche Betroffenheit', wie Sodeur (1972) vermutet, einen entscheidenden Einfluß auf das Zustandekommen der Meßwerte in Fragebogen zur Erfassung des Vorgesetztenverhaltens ausübt, läßt sich durch Feld- (Lennerlöf 1968) und Labor- (Ilgen & Fujii 1976) Untersuchungen belegen, in denen zusätzliche Meßwerte von unbeteiligten Beobachtern erhoben wurden. Bei Lennerlöf bildeten die Fragebogendaten der Betroffenen in der Faktorenanalyse aller Verhaltens- und Effektivitätsdaten einen eigenen Faktor, dessen Variablen kaum Ladungen auf anderen Faktoren aufwiesen. Die Werte der unbeteiligten Beobachter wiesen dagegen deutliche Beziehungen zu anderen Variablen auf. Ilgen & Fujii (1976) konnten zeigen, daß die Beschreibung des Führungsverhaltens durch die Geführten unabhängig von dem von unbeteiligten Beobachtern registrierten Führungsverhalten des Führers den Geführten gegenüber ist; die entsprechenden Korrelationen betrugen .09 für die Dimension Mitarbeiterorientierung und .04 für die Dimension Aufgabenorientierung.

Interessant ist bei Ilgen & Fujii in diesem Zusammenhang, daß zwischen den unbeteiligten Beobachtern eine wesentlich größere Übereinstimmung bei der Beschreibung des Führungsverhaltens gefunden wurde als unter den Geführten. Dies muß ebenfalls als Hinweis dafür interpretiert werden, daß die Werte der vom Führungsverhalten Betroffenen aufgrund eben dieser Betroffenheit stärker subjektiv gefärbt sind. Eine derartige subjektive Färbung bedeutet jedoch, daß diese Werte einem subjektiven Verarbeitungsprozeß unterlegen haben und insofern bereits Reaktionen auf das Führungsverhalten darstellen. Das bedeutet aber gleichzeitig, daß diesen Werten im Rahmen der Analyse von Effekten des Führungsverhaltens nicht der Status unabhängiger, sondern vielmehr der abhängiger Variablen zugeschrieben werden muß. Stellt man nun Beziehungen zwischen derartigen Meßwerten und anderen als abhängig betrachteten Variablen her, selbst wenn es sich dabei nicht um Beurteilungsmerkmale handelt und selbst wenn diese nicht von denselben Personen erhoben wurden, so werden bei einer derartigen Analyse lediglich Beziehungen zwischen verschiedenen abhängigen Variablen hergestellt, nicht aber, wie intendiert und interpretiert, zwischen abhängigen und unabhängigen Variablen.

Die daraus resultierenden Artefakte sind damit auch hier nicht bedingt durch die Reaktivität der Methode oder die Betroffenheit der Befragten, sondern durch die Nichtberücksichtigung derartiger Probleme bei der Anlage der Untersuchung und der Interpretation ihrer Ergebnisse durch den Forscher.

5. Konsequenzen

Wenn Artefakte, wie die hier angeführten Beispiele belegen, nicht das Produkt einer bestimmten Methode sind, sondern aus der inadäquaten Handhabung jedweder Forschungsmethode durch den Forscher resultieren können, dann erscheint es wenig sinnvoll, bestimmte Methoden zu diskriminieren oder sie durch andere ersetzen zu wollen; denn auch diese Ersatzmethoden dürften durch falsche Handhabung zu Artefakten führen. Es erscheint daher nicht ausgeschlossen, daß die Artefaktforschung durch Konzentration auf bestimmte Methoden wie das Laborexperiment, das zugegebenermaßen die offensichtlichsten, interessantesten und am besten kontrollierbaren Ansatzpunkte der Artefaktproblematik bietet, selbst Artefakte erzeugt – die Artefaktträchtigkeit des Laborexperimentes wäre danach als Artefakt der Artefaktforschung zu betrachten.

Das bedeutet jedoch nicht, daß es irrelevant wäre zu wissen, wie Probanden in Forschungssituationen auf diese reagieren; zur Vermeidung von Artefakten erscheinen uns derartige Kenntnisse dringend erforderlich. Das Problem scheint jedoch vielmehr zu sein, welche Schlüsse aus diesen Erkenntnissen zu ziehen sind. So kann man aus der Tatsache, daß die Wahrnehmung der Situation als Forschungssituation offensichtlich Einfluß auf das Verhalten der Probanden ausübt, die Konsequenz ziehen, durch die Anlage der Untersuchung diese Wahrnehmung zu verhindern (zu versuchen), etwa durch nichtreaktive Verfahren (Webb et al. 1966). Es mag sein, daß damit unter bestimmten Bedingungen bestimmte Artefaktgefahren vermieden werden können, eine Garantie für Artefaktfreiheit scheint uns jedoch damit nicht gegeben, abgesehen davon, daß derartige Methoden nicht generell einsetzbar sind.

Andererseits kann man aus den vorliegenden Ergebnissen zur Artefaktproblematik die Konsequenz ziehen, durch explizite Einbeziehung der Probanden in den Forschungsprozeß die Subjekt–Objekt-Trennung zwischen Forscher und Proband zu überwinden zu versuchen, etwa um im Sinne der Aktionsforschung (Clark 1972, Stiegler 1977) mit einem neuen Forschungsparadigma anzusetzen; wobei man davon ausgeht, daß Probanden, die nicht mehr Objekte, sondern Subjekte des Forschungsprozesses sind und diesen selbst mitbestimmen, nicht mehr zur Produktion von Artefakten motiviert sein sollten (Argyris 1976). Selbst wenn man diese Annahme teilt, scheint uns die Gefahr von Artefakten damit aber nicht ausgeschlossen. Auch bei einer Konstellation Forscher – (beteiligter) Betroffener, bei der die ‚Probanden' nicht mehr Objekte des Forschungsprozesses sind, lassen sich soziale Einflußprozesse, insbesondere im Sinne von Einfluß durch zugeschriebene Expertise, wohl kaum umgehen, so daß, worauf uns einige Ergebnisse aus der Aktionsforschung hinzuweisen scheinen, die Gefahr von Artefakten im Sinne von self-fulfilling prophecies der Forscher droht.

Eine weitere mögliche Konsequenz besteht schließlich darin, das – sicherlich ergänzungsbedürftige – Wissen um die Reaktionen der Probanden auf die Forschungssituation von vornherein bei der Planung, Anlage, Durchführung, Auswertung und Interpretation von Untersuchungen angemessen mit zu berücksichtigen, mit welcher Methode auch immer diese Untersuchungen durchgeführt werden mögen. Für Laborexperimente könnte das bedeuten, daß limitierende Faktoren explizit in das Untersuchungsvorhaben eingeführt werden, etwa im Sinne der ‚boundary variables' von Fromkin & Streufert (1976).

Da keiner der hier genannten Ansätze sicher gegen Artefakte sein dürfte, entsprechend unserer These, daß Artefakte aus der inadäquaten Handhabung von Methoden durch Forscher resultieren, scheint uns die beste Absicherung gegen Artefakte in deren expliziter Problematisierung – insbesondere auch in der Ausbildung von Wissenschaftlern –, sauberem Nachdenken, einem der Fragestellung angemessenen Einsatz geeigneter Methoden und kritischer – insbesondere auch selbstkritischer – Prüfung der Ergebnisse und der daraus abgeleiteten Interpretationen zu liegen. Eine derartige Vorgehensweise scheint uns besonders im Rahmen anwendungsorientierter Disziplinen angemessen und notwendig, und zwar bevor aus den Ergebnissen – ggf. vorschnelle – praktische Maßnahmen mit ggf. weitreichenden Konsequenzen für in der Regel andere Personen abgeleitet werden.

Literatur

Akerstedt, T., Patkai, P. & Dahlgren, K: Field studies of shiftwork. II: Temporal patterns in psychophysiological activation in night workers alternating between night and day work. Ergonomics 20 (1977), 621-631.

Argyris, C.: Problems and new directions for industrial psychology. In: Dunnette, M. D. (ed.): Handbook of industrial and organizational psychology. Chicago 1976, 151-184.

Aschoff, J.: Eigenschaften der menschlichen Tagesperiodik. In: Rutenfranz, J. & Singer, R. (Hrsg.): Aktuelle Probleme der Arbeitsumwelt. Schriftenreihe Arbeitsmedizin, Sozialmedizin, Arbeitshygiene, Band 38, Stuttgart 1971, 21-43.

Belt, J. A.: The applicability of vigilance research to a simulated industrial inspection task. Dissertation, Texas Techn. Univ. 1971.

Berkun, M. M., Bialek, H. M., Kern, R. P. & Yagi, K.: Experimental studies of psychological stress in man. Psychological Monographs; General and Applied, 76 (1962), 534.

Böckenholt, U., Bröking, M., Ernst, G., Marten, U. & Nachreiner, F.: Monotonie- und Sättigungserlebnisse – Indikatoren der Qualität des Arbeitslebens? In: Kleinbeck, U. & Ernst, G. (Hrsg.): Zur Psychologie der Arbeitsstrukturierung. Bern (im Druck).

Carey, A.: The Hawthorne studies: A radical criticism. American Sociological Review 32 (1967), 403-416.

Chapanis, A.: The relevance of laboratory studies to practical situations. Ergonomics 10 (1967), 557-577.

Clark, P. A.: Action research and organizational change. London 1972.

Cook, T. D. & Campbell, D. T.: The design and conduct of quasi-experiments and true experiments in field settings. In: Dunnette, M. D. (ed.): Handbook of industrial and organizational psychology. Chicago 1976, 223-326.

Cook, T. D. & Campbell, D. T.: Quasi-Experimentation. Design & analysis issues for field settings. Chicago 1979.

Craig, A.: Is the vigilance decrement simply a response adjustement towards probability matching? Human Factors 20 (1978), 441-446.

Craig, A. & Colquhoun, P.: Vigilance: A review. In: Drury, C. G. & Fox, J. G. (eds.): Human reliability in quality control. London 1975, 71-87.

Cummings, T. G. & Salipante, P. F.: Research-based strategies for improving work life. In: Warr, P. (ed.): Personal goals and work design. London 1976, 31-42.

Davis, L. E. & Cherns, A. B. (eds.): The quality of working life. Vol. I, II. New York 1975.

Dirken, J. M.: Industrial shiftwork: decrease in well-being and specific effects. Ergonomics 9 (1966), 115-124.

Elliott, E.: Perception and alertness. Ergonomics 3 (1960), 357-364.

Fittkau-Garthe, H.: Die Dimensionen des Vorgesetztenverhaltens und ihre Bedeutung für die emotionalen Einstellungsreaktionen der unterstellten Mitarbeiter. Dissertation, Hamburg 1970.

Fittkau-Garthe, H. & Fittkau, B.: Fragebogen zur Vorgesetzten-Verhaltens-Beschreibung (FVVB). Göttingen 1971.

Fleishmann, E. A.: The description of supervisory behavior. Journal of Applied Psychology 37 (1953), 1-6.

Fleishmann, E. A.: A leader behavior description for industry. In: Stogdill, R. M. & Coons, A. E. (eds.): Leader behavior: Its description and measurement. Bureau of Business Research, Research Monograph No. 88, Ohio State University, Columbus, Ohio 1957, 103-119.

Folkard, S., Monk, T. H. & Lobban, M. C.: Short and long term adjustment of circadian rhythm in ‚permanent' night nurses. Ergonomics 21 (1978), 785-799.

Folkard, S. & Monk, T. H.: Shiftwork and performance. Human factors 21 (1979), 483-492.

Fromkin, H. L. & Streufert, S.: Laboratory experimentation. In: Dunnette, M. D. (ed.): Handbook of industrial and organizational psychology. Chicago 1976, 415-465.

Gaugler, E., Kolb, M. & Ling, B.: Humanisierung der Arbeitswelt und Produktivität. 2. Aufl., Ludwigshafen 1977.

Hacker, W.: Allgemeine Arbeits- und Ingenieurpsychologie. Berlin (Ost) 1973.

Halpin, A. W. & Winer, B. J.: A factorial study of the leader behavior descriptions. In: Stogdill, R. M. & Coons, A. E. (eds.): Leader behavior: Its description and measurement. Bureau of Business Research, Research Monograph No. 88, Ohio State University, Columbus, Ohio 1957, 39-51.

Herrmann, T.: Psychologie als Problem. Stuttgart 1979.

Hertog, F. J. den: Arbeitsstrukturierung. Bern 1978.

Holzkamp, K.: Zum Problem der Relevanz psychologischer Forschung für die Praxis. Psychologische Rundschau 21 (1970), 1-22.

Ilgen, D. R. & Fujii, D. S.: An investigation of the validity of leader behavior descriptions obtained from subordinates. Journal of Applied Psychology 61 (1976), 642-651.

Jerison, H. J. & Pickett, R. M.: Vigilance: A review and reevaluation. Human Factors 5 (1963), 211-238.

Kibler, A. W.: The relevance of vigilance research to aerospace monitoring tasks. Human Factors 7 (1965), 93-99.

Knauth, P.: Kriterien für die Beurteilung verschiedener Schichtwechselformen. Dissertation, Darmstadt 1975.

Knauth, P., Emde, E., Rutenfranz, J. & Smith, P.: Re-entrainement of body temperature in experimental and field studies of shiftwork. Int. J. Chronobiology, (im Druck).

Korman, A. K.: ‚Consideration', ‚Initiating Structure', and organizational criteria – a review. Personnel Psychology 19 (1966), 349-361.

Lazarus, R. S.: Psychological stress and the coping process. New York 1966.

Lennerlöf, L.: Supervision: Situation, individual, behavior, effect. Swedish Council for Personnel Administration, Report No. 57, Stockholm 1968.

Lucaccini, L. F., Freedy, A. & Lyman, J.: Motivational factors in vigilance: The effects of instructions on performance in a complex vigilance task. Perceptual and Motor Skills 26 (1968), 783-786.

Mackie, R. R. (ed.): Vigilance: Theory, operational performance and physiological correlates. New York 1977.

Mackworth, N. H.: Researches on the measurement of human performance. MRC Special Report 268, H.M. Stationary Office, Medical Research Council, 1950; ebenfalls in: Sinaiko, H. W. (ed.): Selected papers on human factors in the design and use of control systems. New York 1961.

McGrath, J. E.: Major methodological issues. In: McGrath, J. E. (ed.): Social and psychological factors in stress. New York 1970, 41-57.

McGrath, J. E.: Stress and behavior in organizations. In: Dunnette, M. D. (ed.): Handbook of industrial and organizational psychology. Chicago 1976, 1351-1396.

McGuire, W. J.: Suspiciousness of experimenter's interest. In: Rosenthal, R. & Rosnow, R. L. (eds.): Artifact in behavioral research. New York 1969, 13-57.

Nachreiner, F.: Experiments on the validitiy of vigilance experiments. In: Mackie, R. R. (ed.): Viglance: Theory, operational performance, and physiological correlates. New York 1977, 665-678.

Nachreiner, F.: Die Messung des Führungsverhaltens. Bern 1978.

Nachreiner, F., Klimmer, F., Knauth, P., Lange, W. & Rutenfranz, J.: Untersuungen über leistungsbegrenzende Bedingungen bei einer optischen Kontrollaufgabe. Int. Archiv für Arbeitsmedizin 34 (1975), 247-268.

Nachreiner, F. & Rutenfranz, J.: Sozialpsychologische, arbeitspsychologische und arbeitsmedizinische Erhebungen in der chemischen Industrie. In: Nachreiner, F., Frielingsdorf, R., Romahn, R., Knauth, P., Kuhlmann, W., Klimmer, F., Rutenfranz, J. & Werner, E.: Schichtarbeit bei kontinuierlicher Produktion. Forschungsbericht Nr. 141 der Bundesanstalt für Arbeitsschutz und Unfallforschung, Dortmund, Wilhelmshaven 1975.

Nachreiner, F., Obliers, R. & Rutenfranz, J.: Zur Frage einer Abhängigkeit der Vigilanzleistung von der Reizereignisrate. Studia psychologica 18 (1976), 26-40.

Nachreiner, F., Brand, G., Ernst, G. & Rutenfranz, J.: Zur Kontrolle von Hawthorne-Effekten in Feldexperimenten. Zeitschrift für Arbeitswissenschaft 32 (3NF) (1977), 172-175.

Nachreiner, F. & Ernst, G.: Monotony and satiation as a person situation interaction. Vortragsmanuskript zum Symposium ‚Problems of performance and stress in occupational monotony' auf dem 19. Internationalen Kongreß für Angewandte Psychologie, München 1978.

Neuberger, O.: Führungsverhalten und Führungserfolg. Berlin 1976.

Neuberger, O. & Allerbeck, M.: Messung und Analyse von Arbeitszufriedenheit. Bern 1978.

Patkai, P., Akerstedt, T. & Petterson, K.: Field studies of shiftwork. I: Temporal patterns in psychophysiological activation in permanent night workers. Ergonomics 20 (1977), 611-619.

Reinberg, A., Chaumont, A.-J. & Laporte, A.: Circadian temporal structure of 20 shift workers (8-hour shift-weekly rotation): An autometric field study. In: Colquhoun, P., Folkard, S., Knauth, P. & Rutenfranz, J. (eds.): Experimental studies of shiftwork. Forschungsbereicht des Landes Nordrhein-Westfalen No. 2513. Opladen 1975, 142-165.

Roethlisberger, F. J., Dickson, W. J.: Management and the worker. An account of a research program conducted by the Western Electric Company, Hawthorne Works, Chicago. Cambridge, Mass. 1939.

Rutenfranz, J., Knauth, P. & Angersbch, D.: Shiftwork research issues. Paper presented at a symposium sponsored by the National Institute for Occupational Safety and Health and the Office of Naval Research ‚Variations in work-sleep schedules: Effects on health and performance' San Diego, Cal., Sept. 19-23, 1979.

Smith, R. L. & Lucaccini, L. F.: Vigilance research: Its application to industrial problems. Human Factors 11 (1969), 149-156.

Sodeur, W.: Wirkungen des Führungsverhaltens in kleinen Formalgruppen. Meisenheim am Glan 1972.

Stiegler, B.: Kooperationsformen bei arbeitnehmerorientierter Aktionsforschung. Zeitschrift für Arbeitswissenschaft 32 (3NF) (1977), 129-134.

Sykes, A. J. M.: Economic interest and the Hawthorne researches. Human Relations 18 (1965), 253-263.

Teichner, W. H.: The detection of a simple visual signal as a function of time of watch. Human Factors 16 (1974), 339-353.

Tscheulin, D. & Rausche, A.: Beschreibung und Messung des Führungsverhaltens in der Industrie mit der deutschen Version des Ohio-Fragebogens. Psychologie und Praxis 14 (1970), 49-64.

Ulich, E.: Arbeitswechsel und Aufgabenerweiterung. REFA-Nachrichten 25 (1972), 265-275.

Ulich, E., Groskurth, P. & Bruggemann, A.: Neue Formen der Arbeitsgestaltung. Frankfurt 1973.

Warr, P. (ed.): Personal goals and work design. London 1976.

Webb, E. J., Campbell, D. T., Schwartz, R. D. & Sechrest, L.: Unobtrusive measures: Nonreactive research in the social sciences. Chicago 1966.

Wenzel, H. G.: Klimatische Arbeitsbedingungen. In: Mayer, A. & Herwig, B. (Hrsg.): Handbuch der Psychologie. Band 9: Betriebspsychologie. 2. Aufl., Göttingen 1970, 302-322.

Whitehead, T. N.: The industrial worker. London 1938.

Arbeitszufriedenheit: Ein Kunstprodukt der Sozialforschung?

Gerd Wiendieck

1. Vorüberlegung: Sind Artefakte methodenspezifisch?

Es ist verständlich, daß sich die Artefaktforschung insbesondere in dem Bereich der sozialwissenschaftlichen Forschung entfaltete, der durch einen hohen Grad an Realitätsferne und Künstlichkeit geprägt wird. Diese Beschreibung trifft zunächst einmal auf Laborexperimente zu, deren Kerngedanke gerade darin besteht, die interessierenden unabhängigen Variablen von dem Geflecht der Faktoren zu befreien, in das sie innerhalb der ‚natürlichen' Situation normalerweise eingebettet sind, gleichsam um sie idealtypisch isoliert auf ihre eigentliche Wirkung hin zu untersuchen. Dieser Gedanke übersieht freilich, daß eine Figur nie ohne Grund, und Stimuli nie ohne Kontext dargeboten bzw. wahrgenommen werden können. Folglich werden Stimuli nicht vom störenden Kontext befreit, sondern lediglich in einen anderen störenden, diesmal künstlichen, Kontext eingefügt. Die Vp reagiert also nicht lediglich auf isolierte Stimuli, die ihr gegenübertreten, sondern auf eine Konfiguration von Variablen innerhalb einer bestimmten Situation, zu der sie selbst mit all ihren Interpretationsschemata, Motiven, Erfahrungen und Befürchtungen ja auch gehört. Hierin unterscheidet sich die Vp eigentlich in nichts von irgendeiner anderen Person. Stets agiert oder reagiert man innerhalb eines Feldes von Variablen, von denen einzelne freilich dominanter sein mögen als andere, aber beziehungslos oder isoliert sind sie deswegen nicht. Ist es bei dieser feldtheoretisch orientierten Sichtweise eigentlich sinnvoll – obgleich semantisch naheliegend – bestimmte Methoden – nämlich solche, die durch das Artifizielle ihrer Konstruktion geprägt sind – als artefaktverdächtig zu brandmarken, anderen jedoch einen Validitätsbonus einzuräumen? Es erhebt sich also die Frage, was ein Artefakt ist, und wer oder was es verursacht. Als Artefakt wird gemeinhin die Tatsache bezeichnet, daß die Vp auch auf andere als die vom Forscher berücksichtigten Variablen reagiert, so daß eine Zurechnung des Vp-Verhaltens lediglich auf jene in der Untersuchungssituation applizierten bzw. manipulierten unabhängigen Variablen erschwert, wenn nicht gar unmöglich gemacht wird. Wird diese

Zuordnung dennoch versucht, so kann dies das Meßergebnis oder genauer gesagt, die daraus gezogenen Schlußfolgerungen ungültig machen. Das jedoch heißt, daß nicht das Experiment oder ein anderes Datenerhebungsinstrument qua Methode Artefakt produziert, sondern der Forscher, der das Verhalten der Vp misinterpretiert, indem er die Komplexität der Realität in höherem Grade reduziert, segmentiert und variablen-analytisch auflöst als die Vp es tut. Artefakte stellen also das Ergebnis einer mangelnden Übereinstimmung der Wirklichkeitsinterpretationen zwischen Forscher und Subjekt dar. Dies ist ein Isomorphieproblem und Artefakte sind nicht methoden- sondern forscherspezifisch. Der Schlüssel zum Verständnis der Artefaktproblematik liegt demnach in der Frage: Warum interpretiert der Forscher die Realität anders als die in dieser Realität agierende Vp? Möglicherweise sind Forscher und Vp anderen Sozialisationsbedingungen ausgesetzt gewesen, stammen vielleicht aus unterschiedlichen Schichten oder vertreten unterschiedliche Interessen oder Wertvorstellungen. Dementsprechend wäre die Minimierung von Artefakten weniger ein testtheoretisches oder methodisches Problem, sondern ergäbe sich als Folge einer Verbesserung des Verständnisses des Forschers für die Lebenssituation der von ihm untersuchten Population. Dieser Gesichtspunkt ist vielleicht nicht so offenkundig bei jenen psychologischen Studien, wo Akademiker (Vl) andere Akademiker (studentische Vp) in minimalen sozialen Situationen bei kurzfristigen sinnentleerten Aufgaben ohne reale Konsequenzen untersuchen; wohl aber springt dieser Gesichtspunkt überdeutlich ins Auge, wenn anwendungsorientierte psychologische Forschung sich anschickt, Aussagen über die Angemessenheit eines zentralen Lebensraumes einer großen Zahl von Menschen zu machen, wie dies bei den Studien zur Arbeitszufriedenheit der Fall ist. Es wäre also fatal, die Artefaktdiskussion ganz in den Disput um die Angemessenheit der Laborforschung einzubinden. Die fruchtbaren Impulse dieser Auseinandersetzung müssen aus den Labors hinausgetragen werden, und zwar dorthin, wo die Konsequenzen engstirniger Forschung ertragen werden müssen.

2. Arbeitszufriedenheit: Ein aktuelles Anliegen

Das Konzept der Arbeitszufriedenheit hat innerhalb der anwendungsorientierten Disziplin ‚Arbeitspsychologie‘ eine zentrale Stellung erlangt. Die Zahl der einschlägigen Publikationen, die Barret bereits 1972 auf über 4000 schätzte, ist in den letzten Jahren auf eine schier unüberschaubare

Fülle angewachsen. Diese Forschungsintensität reflektiert allerdings weniger wissenschaftlich-theoretische als vielmehr organisatorisch-praktische Relevanz, denn psychologische Theorien, für die Arbeitszufriedenheit die zentrale abhängige, also erklärungsbedürftige Variable ist, sind kaum auffindbar. Vielmehr wird Arbeitszufriedenheit überwiegend als motivationale Kategorie (Neuberger 1974, 140) aufgefaßt, die den Schlüssel zum Abbau organisatorisch dysfunktionalen Arbeitnehmerverhaltens (Fluktuation, Absentismus etc.) bzw. zur Förderung der Arbeitsleistung selbst liefert. Arbeitszufriedenheit wird hierbei als notwendige, aber nicht hinreichende Voraussetzung zur Produktivität verstanden. Dieser Gesichtspunkt wurde bereits 1938 von Barnard (1938, 55 ff) betont, indem er darauf hinwies, daß die Effektivität einer Organisation von der Mitarbeitsbereitschaft ihrer Mitglieder abhinge, wobei diese wiederum durch die Fähigkeit der Organisation bestimmt wird, die Bedürfnisse der Mitarbeiter zu befriedigen (Effizienz). Der gleiche Grundgedanke findet sich auch bei psychologischen Führungstheorien (z. B. Fleishman & Harris 1962), die darlegen, daß die Berücksichtigung der Bedürfnisse der Geführten den Gruppenzusammenhalt als Voraussetzung für Leistungsfähigkeit der Gruppe fördern. Auch Lenksi (1977, 71) greift auf diesen Gedanken zurück, wenn er in seiner Theorie der sozialen Ungleichheit bei der Aufstellung seines ersten Verteilungsgesetzes davon ausgeht, daß zur Aufrechterhaltung einer kontinuierlichen gesellschaftlichen Produktivität zunächst die Bedürfnisse der kooperativ Arbeitenden befriedigt werden müssen. Diesen Sichtweisen ist gemeinsam, daß Zufriedenheit instrumentell als Produktivitätsvoraussetzung gesehen wird. Nur vereinzelt wird dagegen Arbeitszufriedenheit gedeutet als eigenständig anzustrebendes, der Würde des Menschen entsprechendes Ziel (Bunz et al. 1974, 2), als der psychischen Gesundheit und zweckfreien Leistungsfähigkeit dienende Voraussetzung (Kohn & Schooler 1973, 117; Maslow 1954) oder als Grundbedingung sozialer Harmonie (Mayo 1965, 128) bzw. demokratisch offener gesellschaftlicher Verhältnisse (Sheppard & Herrick 1972, 89).

Es ist dabei allerdings nicht immer klar, ob Zufriedenheit auch um den Preis eventueller Produktivitätsrückgänge erstrebt wird, oder ob zumindest die Aufrechterhaltung der Produktivität die limitierende Bedingung für zufriedenheitsfördernde Maßnahmen darstellt, wie es ja bereits bei den frühen norwegischen Humanisierungsexperimenten von Thorsrud & Emery (1970) der Fall war (vgl. Bihl 1973, 21).

Wenn wir davon ausgehen, daß die Mehrzahl der Arbeitszufriedenheitsstudien konkreten organisatorischen Zielen dient, so ist damit nicht gemeint, daß eine Veränderung gesellschaftlicher Wertvorstellungen in

Richtung auf eine Betonung der Wichtigkeit zufriedenstellender Arbeit z. B. durch eine angemessene Berücksichtigung der Bedürfnisse der Arbeitenden, nicht ebenfalls einen Anstoß zur Erforschung der Arbeitszufriedenheit gegeben hätte. Nur, und dies scheint mir beachtenswert zu sein, hat weniger die Veränderung der gesellschaftlichen Werte als solche diesen Forschungsimpuls gegeben, als vielmehr ihre Auswirkung auf den Arbeitenden und dessen Reaktionen am Arbeitsplatz: In einem allgemeinen Klima der Forderung nach Humanität und Demokratie (am Arbeitsplatz) werden heutzutage Arbeitssituationen als unzureichend erlebt und evtl. durch Leistungsrestriktionen subjektiv verarbeitet, die frühere Generationen als angemessen akzeptiert und ohne Murren erduldet haben, mithin also kaum Anlaß zu arbeitspsychologischen Zufriedenheitsuntersuchungen gaben.

Es muß also davon ausgegangen werden, daß eine Wechselwirkung besteht zwischen gesellschaftlichen Wertvorstellungen hinsichtlich der Gestaltung der Arbeit und individueller Interpretation der konkreten Arbeitssituation sowie entsprechendem Verhalten am Arbeitsplatz. Die generellen Wertvorstellungen liefern den allgemeinen Interpretationshintergrund, auf dem die eigene Arbeitssituation gedeutet wird. Diese Sichtweise, die davon ausgeht, daß Arbeitszufriedenheitsuntersuchungen ohne Bezug zu gesellschaftlichen Strukturen aussagearm bleiben (Wiendieck 1977, 427) stützt sich z. B. auf die Hypothesentheorie der sozialen Wahrnehmung (Bruner 1957, Postman 1951). Sie legt dar, daß die interpretative Wahrnehmung konkreter Ereignisse nicht allein durch diese Stimuli selbst, sondern auch durch allgemeine Erwartungen z. B. infolge gesellschaftlicher Wertorientierungen geprägt werde. Aber auch speziellere arbeitspsychologische Untersuchungen zeigen diesen Zusammenhang. So konnte Euler (1977, 110) nachweisen, daß generelle Arbeitszufriedenheit durchaus vereinbar ist mit einer gewissen Zahl von Einzelerlebnissen der Unzufriedenheit am Arbeitsplatz. Erst wenn die Diskrepanz zwischen positiver Einstellung und der Zahl der ärgerlichen Anlässe eine kritische Grenze erreicht, schlägt die generelle Zufriedenheit in Unzufriedenheit um, und führt nun dazu, daß auf diesem neuen pessimistisch getönten Hintergrund sich die Zahl der wahrgenommenen Einzelärgernisse deutlich erhöht. Plötzlich werden Ereignisse als unzumutbar erlebt, die vorher gar nicht wahrgenommen oder positiver interpretiert worden waren.

3. Zufriedenheitsäußerungen aus Furcht vor Sanktionen?

Unsere überlegungen machen deutlich, daß Meßergebnisse einer hohen Allgemeinzufriedenheit mit der Arbeit nicht notwendig als Indikator dafür genommen werden können, daß die Betroffenen keinerlei Beschwerden gegenüber Einzelaspekten ihrer Arbeit oder Arbeitssituation mehr haben (Neuberger 1974, 157). Denn obgleich die allgemeine Frage: „Sind Sie mit Ihrem Arbeitsplatz zufrieden?" von 70-80% der Befragten bejaht wird, (Lepsius 1960, 42 f; Kern & Schumann 1977, 208; Robinson 1969; Bunz et al. 1974) äußerte trotz generell hoher Zufriedenheit fast jeder Zweite den Wunsch nach einem anderen Arbeitsplatz (Euler 1977, 126). Die Aussage zufrieden zu sein, reflektiert also nicht lediglich die subjektive Interpretation der eigenen Arbeit, sondern wird sicherlich auch durch Vermutungen hinsichtlich der Verwertung solcher Angaben durch den Forscher bzw. dessen Auftraggeber beeinflußt. Dunette & Henemann (1965) konnten zeigen, daß allein die Besorgnis über mangelnde Anonymität einer Betriebsbefragung sich als Angstgefühl niederschlägt und bei generell verringerter Auskunftsbereitschaft positiv getönte Aussagen induziert. Vermutlich spielt die Angst als potentieller Unruhestifter oder unmotivierter Arbeiter zu gelten und mit entsprechenden Sanktionen rechnen zu müssen, eine entscheidende Rolle. Dieser Effekt zeigte sich bereits sehr deutlich bei den Hawthorne-Studien. Es ist auffallend, aber nicht verwunderlich, daß in den über 21 000 Arbeiterinterviews, die von Werksangehörigen (!) durchgeführt (aber nur etwa zur Hälfte detailliert analysiert) wurden, kaum Kritik am Unternehmen auftauchte und vor allem das Thema ‚Gewerkschaft' so gut wie nie erwähnt wurde. Die Forscher halten es daher für völlig ausreichend, diesen sozialpolitisch brisanten Gesichtspunkt in der Antwortkategorie „Sonstige Kommentare" verschwinden zu lassen und innerhalb des monumentalen Forschungsberichtes von über 600 Seiten nur einmal kurz zu erwähnen (Roethlisberger & Dickson 1939, 240). Es fragt sich dann jedoch, warum die Western Electric Company bald nach diesen Erhebungen ca. 26 000 US-$ für Spionage ausgab, wie Gilson (1940) nachgewiesen hatte. Sie bemerkt dazu, daß ihr aus jener Zeit kein Spionagefall bekannt geworden sei, bei dem nicht die Furcht des Management vor organisierten Arbeitern bzw. der Gewerkschaftsbewegung eine Rolle gespielt hätte. Gilson (1940) stellt daher die kritische Frage, ob denn diese Interviewtechnik die geeignete Methode gewesen sei, die Ursachen dessen zu finden, was Mayo (1939) „unmotiviertes Aufbegehren und Haßgefühl" (futile strive and hatreds) genannt hat. Diese Einstellung, Unzufriedenheit, Kritik und Protest als

Folge individuellen Fehlverhaltens zu deuten, und die Existenz struktureller Konflikte zu leugnen, hat Mayo zwar später den Vorwurf einer ans ‚Unglaubliche grenzenden Naivität' (Dahrendorf 1974, 265) eingetragen, hatte aber damals vermutlich die befragten Arbeitnehmer beeinflußt, im eigenen Interesse Zufriedenheit vorzugeben, um sich nicht dem Vorwurf auszusetzen, undankbare und gesellschaftlich verachtete Störenfriede zu sein. Mayos Sichtweise mag einerseits der damals herrschenden Norm entsprochen und somit sozial erwünschte Zufriedenheitsäußerungen provoziert haben, zum anderen mag die Hawthorne-Studie durch diese Sichtweise so geprägt worden sein, daß die Befragten dies als Erwartung der Interviewer vermuteten und sich entsprechend verhielten. Die Asymmetrie der Interviewsituation (Scheuch 1967; Anger 1969), vor allem das tatsächliche Machtgefälle zwischen befragtem Arbeiter und befragendem Repräsentanten des Unternehmens sowie die Isolation des Befragten in der Untersuchsungssituation haben sicherlich diese Antworteinseitigkeit mitgefördert. Sofern überhaupt von den Befragten Kritik geübt wird, so betrifft sie gleichsam banale äußere Umstände der Arbeitssituation, so z. B. die Gestaltung der Umkleideräume oder der Spinde etc. Diese Kritik jedoch ist nach Meinung der Forscher nicht gerechtfertigt, da die objektiven Bedingungen gut gewesen seien, und sie ziehen daraus die Schlußfolgerung, daß Unzufriedenheitsäußerungen nicht unbedingt auf unzureichende Arbeitsbedingungen hinweisen (Roethlisberger & Dickson 1939, 248 f). Abgesehen davon, daß diese Schlußfolgerung auch bedeutet, daß von Zufriedenheitsäußerungen nicht auf gute Arbeitsbedingungen geschlossen werden kann, scheint mir eine andere Interpretation pausibler zu sein: Unzufriedenheit mit den Arbeitsbedingungen äußert sich unter den realen Machtverhältnissen – d. h. in einem konkreten Abhängigkeitsverhältnis – nicht unbedingt in offener Kritik der beanstandeten Verhältnisse, sondern kanalisiert sich in harmlosere zuweilen motiviert erscheinende ‚konstruktive' Kritik in anderen Bereichen. So konnte Sodeur (1968) zeigen, daß sich die Unzufriedenheit von Rekruten, je nach der Machtfülle des Vorgesetzten in unterschiedlich sichtbaren, d. h. sanktionslegitimierenden Verhaltensweisen niederschlägt. Ein Rekrut, der seine Position gegenüber dem militärischen Vorgesetzten als relativ stark empfindet, scheut sich nicht, sich dem belastenden Druck durch Krankmeldung zu entziehen, während sein machtloserer Kamerad eher unsichtbare, kognitive Mittel der Spannungsbewältigung wählt und seine für den Vorgesetzten nicht erkennbare Einstellung zum Militärischen ins Negative verändert. Es ist unmittelbar einleuchtend, daß man bei großer Abhängigkeit eher versucht, seine Unzufriedenheit ‚nicht sichtbar' auszudrücken als in Situationen größerer Autonomie. Offen geäußerte Zufriedenheit kann also durchaus auch als das Ergebnis eines starken Machtgefälles verstanden werden.

Die Nichtberücksichtigung der realen betrieblichen Machtverhältnisse durch die Hawthorne-Forscher verhinderte, daß z. B. ein vorsichtiges Taktieren und freiwillige Leistungsrestriktionen der im Akkord tätigen Arbeitnehmer als das verstanden wurden, was sie waren, nämlich als Versuch, die eigenen ökonomischen Interessen langfristig vor Bedrohung (Akkordsatzänderungen etc.) zu schützen. Sie führte statt dessen zu der fatalen ‚wissenschaftlich gesicherten Erkenntnis', daß Arbeitnehmer vorwiegend sozial, nicht jedoch ökonomisch-finanziell motiviert seien (vgl. dazu die Kritik der Hawthorne-Forscher durch Carey 1967 und insbesondere Sykes 1965). Diese on Unverständnis geleitete Interpretation wurde zur Grunddoktrin der ‚Human-Relations-Schule', deren Parteilichkeit und die Interessen des Arbeitnehmers negierender manipulatorischer Charakter insbesondere von Etzioni (1964, 44) entlarvt wurde. Dies ist ein deutliches Beispiel dafür, daß der realen betrieblichen Arbeitswelt entrückte Forscher nicht lediglich wissenschaftlich interessante Artefakte produzieren, sondern – wenn auch unbeabsichtigt – Tatbestände sozialer Ungleichheit schaffen, zumindest jedoch legitimieren und stabilisieren helfen.

Aber nicht nur dic konkreten betrieblichen Machtverhältnisse spielen eine Rolle, wenn es gilt, Arbeitnehmeraussagen oder -verhalten angemessen zu interpretieren. Auch die generell herrschenden sozialen Normen müssen entsprechend berücksichtigt werden, will man Fehldeutungen vermeiden. In einer Gesellschaft, die überwiegend an die Gültigkeit und Legitimität des Leistungsprinzips sowie die Verwirklichung der Chancengleichheit glaubt (vgl. Mayer & Müller 1976, 127 ff), mithin davon ausgeht, daß jeder seines eigenen Glückes Schmied sei, disqualifiziert sich ein Unzufriedener selbst als Versager (Linde 1967, 45; Kern & Schumann 1977, 209 f), so daß allgemeine Zufriedenheitsbekundungen ein Gebot positiver Selbstinterpretation (Kern & Schumann 1977, 210) oder die Folge gelungener Dissonanzreduktion (Wiendieck 1977, 425) sein können. Dies sind Prozesse, die innerhalb der laborbezogenen Artefaktdiskussion unter dem Stichwort der ‚evaluation apprehension' behandelt werden.

Aber nicht nur der Wunsch, vor sich selbst und vor anderen in ‚gutem Licht' zu erscheinen, beeinflußt die Zufriedenheitsaussage, sondern vermutlich auch die damit verbundene Neigung, eventuell unangenehmen Rückfragen vorzubeugen. Neuberger (1974, 157) hat darauf hingewiesen, daß die Aussage ‚unzufrieden sein' in unsērer Gesellschaft als erklärungsbedürftig gilt und mithin Nachfragen provoziert, denen sich der Unzufriedene gerade entziehen will.

4. Was ist ‚Arbeitszufriedenheit' und wie wird sie gemessen?

Wenn also Zufriedenheitsäußerungen mehrdeutig sind (vgl. auch Seashore 1975) so erhebt sich die Frage, was hier eigentlich gemessen wird, und ob dies übereinstimmt mit dem, was gemessen werden sollte. Diese Frage läßt sich erst beantworten, wenn geklärt ist, was mit dem Konzept ‚Arbeitszufriedenheit' gemeint ist. Da es zwar viele Definitionen des Begriffs Arbeitszufriedenheit (vgl. Bruggemann et al. 1975, 14 ff; Neuberger & Allerbeck 1978, 11 ff) aber nur wenige Explikationen des Konzeptes selbst gibt (z. B. Locke 1969), möchte ich die Antwort auf dem Umweg über eine Diskussion der vorherrschenden Meßverfahren anstreben. Dabei werde ich mich auf den Bedürfnisbefriedigungs-Fragebogen nach Porter (Porter 1961; Porter & Lawler 1968) sowie den Arbeitsbeschreibungsbogen (Smith et al. 1969) stützen. Der Arbeitsbeschreibungsbogen (ABB) wurde von Neuberger & Allerbeck (1978) nach sorgfältigen testtheoretischen Analysen für deutsche Verhältnisse adaptiert und erweitert.

Der *Bedürfnisbefriedigungsfragebogen* lehnt sich an die Überlegungen von Maslow (1954) an und unterstellt die Existenz von fünf relevanten Bedürfniskategorien: Sicherheitsbedürfnisse, Soziale Bedürfnisse, Ansehen, Autonomie und Selbstverwirklichung. Jeder dieser Bereiche wird in der Skala durch mehrere Items operationalisiert, wobei zu jedem Item jeweils drei gleich strukturierte Subfragen gestellt werden, die a) die tatsächliche Bedürfnisbefriedigung (Ist-Wert), b) die erwünschte Bedürfnisbefriedigung (Soll-Wert) und c) die Bedeutung des Bedürfnisses selbst messen. Zum Beispiel:

„Die Gelegenheit zu unabhängigem Denken und Handeln in meiner Führungsstellung"

a) Inwieweit ist sie jetzt vorhanden?
(min) 1 2 3 4 5 6 7 (max)

b) Inwieweit sollte sie vorhanden sein?
(min) 1 2 3 4 5 6 7 (max)

c) Wie wichtig ist sie für mich selbst?
(min) 1 2 3 4 5 6 7 (max)

Aus der Differenz von Ist- und Sollwert errechnet sich – zuweilen mit, zuweilen ohne Berücksichtigung des Gewichtsfaktors ‚Bedeutung' (vgl.

dazu Starcevich 1972) – die Zufriedenheit, wobei Zufriedenheit einen ausgeglichenen und Unzufriedenheit einen mehr oder weniger unausgeglichenen Vergleich bedeutet. Ein interessantes Teilproblem in diesem Zusammenhang ist die Frage, ob sich Unzufriedenheit unabhängig von der Richtung der Unausgeglichenheit einstellt. So haben Beer (1966) und Payne (1970) betont, daß die Ist-Werte mitunter höher eingestuft werden als die Soll-Werte. Es erscheint plausibel anzunehmen, daß jemand unzufrieden ist, wenn er weniger Verantwortung hat, als er für angemessen hält und daß er ebenfalls unzufrieden ist, wenn ihm mehr Verantwortung aufgebürdet wird, als er möchte. Zufriedenheit stünde demnach in einer kurvilinearen Beziehung zum Ergebnis des Vergleichprozesses. Es fragt sich jedoch, ob diese von der Theorie unterstellte Beziehung durchgängig angenommen werden kann.

So hat Sheppard (1973) gezeigt, daß ein ‚surplus' an Autonomie am Arbeitsplatz die Arbeitszufriedenheit weder erhöht noch verringert; ein Ergebnis, das in ähnlicher Form auch von Hackman & Lawler (1971) gefunden wurde. Und wie sieht es beim Gehalt aus? Ist es sinnvoll anzunehmen, daß die Zufriedenheit sinkt, wenn jemand mehr verdient, als er sich gewünscht hatte? Die Theorie des gerechten Gleichgewichts (equity), die auf der Theory der kognitiven Dissonanz (Festinger 1957) sowie der Theorie des sozialen Vergleichs (Festinger 1954) beruht, sagt „Ja", und experimentelle Studien zeigen, daß Versuchspersonen, die unter dem Eindruck stehen überbezahlt zu sein, ihre Arbeitsleistung erhöhen, und somit wieder ein gerechtes Gleichgewicht zwischen Arbeitseinsatz und Lohnhöhe herstellen (vgl. Adams 1963; Goodman & Friedman 1971). Dies mag kurzfristig richtig sein, ob es aber langfristig gilt, kann bezweifelt werden, da anderseits die Tendenz besteht, Erwartungen an der Realität zu orientieren, in diesem Fall also die Erwartung der Lohnhöhe nach oben zu verschieben, ohne daß ein erhöhter Arbeitseinsatz zur Erzielung des Gleichgewichts erforderlich wäre. Damit deutet sich bereits an, daß individuelle Ziele, Wünsche oder Erwartungen keine fixen Größen sind, sondern als beeinflußbar und variabel betrachtet werden müssen. Allein dies zeigt, daß zeitpunktbezogene Querschnittanalysen, wie sie gang und gäbe sind, dem dynamischen Gesichtspunkt solcher Entwicklungen nicht gerecht werden können.

Die Begründung für das aufwendige Meßverfahren des Bedürfnisbefriedigungs-Fragebogens liegt in dem Bestreben, zwischen rechnerisch ergebnisgleichen Zufriedenheiten, die sich jedoch aufgrund unterschiedlicher Ausgangsbedingungen ergaben, zu unterscheiden (Porter & Lawler 1968, 170). Es liegt in der Tat nahe, anzunehmen, daß sich qualitativ unterschiedliche Zufriedenheiten ergeben, je nachdem ob hochgespannte oder niedrige Erwartungen erfüllt werden. Aber genau dies scheint die Skala nicht zu leisten, wie Walter-Busch (1977, 32) in Anlehnung an die Ergebnisse von Roberts et al. (1971, 170) kritisiert. Dies setzte nämlich voraus, daß die Befragten aufgrund eines intersubjektiven Vergleichs über ein breites Spektrum von Arbeitsrollen zu einer ‚objektiven' Beurteilung ihrer Bedürfnisstärke sowie deren Befriedigungsgrad gelangten. Man würde dann erwarten, daß z. B. jemand, der selbständig und ohne Gegenzeichnung seines Vorgesetzten ein Paar Sicherheitshandschuhe von der Materialausgabe holen kann, seine Arbeitsautonomie als minimal einstuft, während etwa der Prokurist eines Großunternehmens die maximale Zahl 7 ankreuzen würde. Ein Vergleich über ein so breites Spektrum von Arbeitsrollen setzt einen Überblick voraus, den die meisten Arbeitnehmer aufgrund ihrer beruflichen Sozialisation wohl kaum gewinnen konnten. Im übrigen käme es in unserer Gesellschaft wohl einer Abwertung des Selbstbildes gleich, geringe Bedürfnisstärken in der Befragung auch als relative Anspruchslosigkeit zu erkennen zu geben. Und schließlich ist es nach der Theorie des sozialen Vergleichs (Festinger 1954) unwahrscheinlich, daß jemand seine Urteile nicht auf dem Hintergrund der eigenen bzw. vergleichbarer beruflicher Positionen trifft. Es erscheint fraglich, ob die Beantwortung der Frage nach der erwünschten Bedürfnisbefriedigung nicht stärker durch eine pragmatische und durch eigene Arbeitserfahrung geprägte Beurteilung dessen, was normalerweise von dieser Position erwartet werden kann, als durch die Vorstellung einer ‚fairen' Belohnung beeinflußt wird. Es besteht mithin Verwirrung darüber, was diese Skala eigentlich mißt (Imparato 1972, 398). So bleibt mit Walter-Busch (1977, 33) resignierend festzuhalten, »daß je nachdem ein und dasselbe Maß manifesten Zufriedenheitsverhaltens sehr Verschiedenartiges bedeuten kann".

Es fragt sich in der Tat, ob die numerisch gleich skalierte Zufriedenheit des sprichwörtlichen alten bescheidenen Mütterchens überhaupt vergleichbar ist mit der eines Mannes im Wohlstand. Ist es überhaupt sozialwissenschaftlich sinnvoll und sozialpolitisch zu rechtfertigen, ein subjektives Zufriedenheitsmaß zu entwickeln, das den sozialen Entstehungszusammenhang von Bedürfnissen, Zielen, Werten, Erwartungen usw. ausklammert, so als gäbe es keine schichtspezifischen Sozialisationseffekte, die den einzelnen trotz sozialer Benachteiligung mit seinem Los versöhnen? Diese Frage muß auch an das zweite hier zu besprechende Meßverfahren gestellt werden, den *Job Description Index bzw. Arbeitsbeschreibungsbogen* (ABB) nach Smith et al. (1969) bzw. Neuberger & Allerbeck (1978). Zwar vermeidet der ABB die Probleme der „merkwürdigen Skalentechnik" (Walter-Busch 1977, 31) des Bedürfnisbefriedigungs-Fragebogens sowie dessen Voraussetzung der „Fähigkeit zur Innenschau" (Neuberger 1974 b, 108) läuft jedoch ebenfalls in die Falle der Aussagearmut und qualitativen Mehrdeutigkeit der Skalenwerte. Bei der ursprünglichen Skalenform wurde der Befragte aufgefordert, anhand einer Liste vorgegebener Eigenschaften (z. B. schöpferisch, routinemäßig usw.) die „beste", die „schlechteste" und die „momentane" Arbeit zu schreiben, indem lediglich angegeben werden soll, ob die jeweilige Eigenschaft zutrifft (ja), nicht zutrifft (nein) bzw. gar nicht sinnvoll zur Beschreibung verwendet werden kann (?). Jeweils unterschiedliche Eigenschaftslisten sind für die Bereiche: Arbeit selbst, Vorgesetzter, Kollegen, Bezahlung und Beförderung und zusätzlich in der deutschen Version: Arbeitsbedingungen, sowie Organisation und Leitung, zu bearbeiten. Die dreifache Beantwortung eines Items ist jedoch umständlich, verwirrend und ermüdend. Überdies ist der Informationsgewinn sehr gering, da sich generell eine hohe intersubjektive Übereinstimmung in der Beurteilung der besten und der schlechtesten Arbeit herausgestellt hat, so daß Normantworten der erwünschten wie unerwünschten Arbeitscharakteristika erstellt werden können. Dementsprechend schlug bereits Smith (1969, 54) eine vereinfachte Skalenform vor, bei der lediglich die eigene momentane Arbeit bzw. die Arbeitssituation mit Hilfe der vorgegebenen Eigenschaftsworte zu beschreiben ist. Diese Angaben werden dann in der Auswertungsphase mit den jeweiligen Normantworten auf Übereinstimmung bzw. Diskrepanz verglichen und als Maß der Arbeitszufriedenheit interpretiert (vgl. Neuberger 1974, 111; Neuberger & Allerbeck 1978). In dieser Form wird die Skala auch im deutschen Sprachbereich eingesetzt.

Aufschlußreich ist nun die Frage, wie hoch die Interkorrelationen der beiden hier vorgestellten häufig verwandten Skalen ist, die ja beide vorgeben, ‚Arbeitszufriedenheit' zu messen. Imparato (1972, 401) ermittelte mäßig hohe Korrelationen zwischen den Einzelskalen des JDI und einem durch Summation ermittelten Gesamtwert des Bedürfnisbefriedigungsfragebogens. Die absolute Höhe der Koeffizienten schwankt zwischen den Werten .60 und .36. Herman & Hulin (1973, 122) fanden noch niedrigere Korrelationen. Auch die von Neuberger & Allerbeck (1978, 161) ermittelten Korrelationskoeffizienten zwischen den einzelnen Subskalen des ABB und anderen Meßverfahren, wie der Skala zur Messung der Arbeitszufriedenheit (SAZ) von Fischer & Lück (1972) und der ‚Gesichter-Skala' von Kunin (1955), klären durchschnittlich nur etwa 15% gemeinsamer Varianz. Neuberger (1974 b, 203) zieht den Schluß, daß hier verschiedene Konzeptionen von Arbeitszufriedenheit gemessen werden, wobei allerdings Kategorisierungen der Verfahren als einerseits ‚kognitiv orientiert und arbeitsbezogen' gegenüber ‚bedürfnisorientiert und personenbezogen' weder die qualitativen Unterschiede der verwendeten Zufriedenheitsmaße erhellt, noch den insgesamt schillernden Begriff der Arbeitszufriedenheit klar werden läßt.

Wenn sich also aufgrund der Skalen selbst bzw. ihrer Interkorrelationen kaum Klarheit über den Begriff der Arbeitszufriedenheit gewinnen läßt, so ist möglicherweise die Frage nach den Determinanten und Konsequenzen der so oder so ermittelten Arbeitszufriedenheitsmaße aufschlußreicher.

5. Arbeitszufriedenheitsmaße und ihre externe Validität

Arbeitszufriedenheit ist ein hypothetisches Konstrukt, das nicht direkt beobachtet werden kann, und daher meist indirekt auf dem Weg über verbale Äußerungen des Betroffenen erfaßt bzw. erschlossen wird. Dies setzt jedoch voraus, daß der Befragte überhaupt einen bestimmten Grad an Arbeitszufriedenheit aufweist, d. h. Arbeitszufriedenheit als isoliertes, einzeln zu erfassendes eindimensionales Konzept bestimmter quantitativer Ausprägung erlebt, auf Befragen mitteilt, und dies im Falle der Anwendung standardisierter Verfahren auch innerhalb der vorgegebenen semantischen Struktur tut. Sollten Zweifel bei einer der hier genannten Voraussetzungen bestehen, und mir scheint, daß alle diese Implikationen zumindest problematisierbar sind, so kann eine Validierung nur auf dem anspruchsvollen Umweg der Konstruktvalidität (Cronbach & Meehl 1955) erfolgen, was allerdings ein theoretisches Modell der kausalen Verknüpfung von Arbeitszufriedenheit mit seinen Ursachen und/oder Folgen voraussetzt. Dieses theoretische Konzept besteht jedoch nicht, zumindest nicht in der notwendigen Präzision, wohl aber gibt es mehr oder minder plausible Mutmaßungen, so zum Beispiel über die Beziehungen zwischen Arbeitszufriedenheit und Arbeitsverhalten. Schaut man die einschlägige Literatur durch (vgl. Zusammenstellungen bei Neuberger 1974, 143 ff), so fällt auf, daß zumeist arbeitgeberfreundliches Verhalten (Fluktuationsrate, Absentismus, Leistung etc.) als Außenkriterium für Arbeitszufriedenheit gewählt werden. Allerdings zeigen die empirischen Befunde nur geringe Korrelationen, verfügen also über keinen nennenswerten Erklärungswert. Zweifellos wird das Arbeitsverhalten über eine Reihe anderer Variablen (mit-)beeinflußt, die bei einfachen bivariaten Erhebungen unberücksichtigt bleiben, so daß Walter-Busch (1977, 24) den berechtigten Vorwurf der Forschungsnaivität erhob.

Wenn schon die Beziehungen zwischen Arbeitszufriedenheit und den „mutmaßlichen Konsequenzen“ gering sind, so kann man vielleicht vermuten, daß klarere Beziehungen zu den angenommenen Ursachen bestehen, wobei hier zwei Variablengruppen angenommen werden, nämlich zum einen die tatsächliche Arbeitssituation und zum anderen individuelle Bewertungsmaßstäbe. Benninghaus (1978, 516) kommt aufgrund einer entsprechenden Literaturdurchsicht zu folgender Schlußfolgerung: „Doch obwohl die plausible Annahme, daß die von einer beruflichen Tätigkeit ableitbare Zufriedenheit nicht nur eine Funktion objektiver Elemente der Arbeitssituation, sondern auch individueller Differenzen ist, jeder Originalität entbehrt, gibt es keine ausreichende empirische Forschung, die über das relative Gewicht der mutmaßlichen Determinanten der Arbeitszufriedenheit informierte“. Die wenigen Studien, die sich bemühen, diese beiden Ausgangsvariablen zu erfassen und deren interaktive Beziehung zur Arbeitszufriedenheit aufzudecken, werden von Salancik & Pfeffer (1977, 436) und Benninghaus (1978, 521) als mehrdeutig interpretiert. Seashore (1975) hat sich bemüht, den Varianzanteil der einzelnen Komponenten zu schätzen und gibt folgende grobe Aufteilung der Komponenten der Arbeitszufriedenheit:

Anteil objektiver Merkmale der Arbeitssituation	40%
Anteil relativ stabiler demographischer bzw. Persönlichkeitsmerkmale	30%
Anteil relativ instabiler demographischer bzw. Persönlichkeitsmerkmale	20%
Anteil des Meßfehlers	10%

Abgesehen davon, daß es sich hierbei, wie auch Seashore (1975) zugesteht, nur um eine grobe Schätzung handelt, bemängeln Böckenholt et al. (1979), daß diese Tabelle lediglich eine Aufspaltung in die Komponenten Person und Situation liefert, während die eigentlich relevante Kategorie der Interaktionseffekte völlig fehlt. Auch Neuberger & Allerbeck (1978, 23) betonen, daß größere Varianzanteile weder durch die Faktoren Person noch Situation allein, sondern nur über deren Interaktion erklärt werden können. Nachreiner et al. (1976) sowie Nachreiner & Ernst (1978) haben inzwischen in empirischen Untersuchungen zu Monotonieerlebnissen sowie zur Beurteilung unterschiedlich strukturierter Arbeitsabläufe den überragenden Einfluß dieser Interaktionskomponenten aufgezeigt.

Ein weiteres Problem, das insbesondere auch von der Arbeitsgruppe um Nachreiner (vgl. Böckenholt et al. 1979, sowie den Beitrag von Nachreiner in diesem Buch) hervorgehoben wird, betrifft die nach wie vor ungeklärte, aber wesentliche Frage nach den Beziehungen zwischen objektiven und subjektiven Beurteilungsmaßen der Arbeitssituation. Dies ist insofern bedeutsam, als in den hypothetischen, die Arbeitszufriedenheit determinierenden Vergleichsprozeß ja nur Werte eingehen, die zuvor bereits individuell selektiv und interpretativ verarbeitet waren. Es ist daher auch nicht verwunderlich, daß Arbeitnehmer zuweilen mit Arbeitsstrukturen zufrieden sind, die von vielen außenstehenden Beobachtern als unwürdig klassifiziert werden würden. Diese Befunde wurden insbesondere von Blood & Hulin (1967) sowie Hulin & Blood (1968) herausgestellt. Benninghaus (1978) wendet sich gegen den von diesen Forschern vertretenen Standpunkt, wonach Arbeiter, die infolge ihrer Herkunft und Sozialisationsgeschichte nicht die leistungsorientierten Mittelstandsnormen internalisiert haben, mit komplexen und anspruchsvollen Arbeitsaufgaben weniger zufrieden seien als mit einfachen, repetitiven und fremdbestimmten Tätigkeiten, die ihrer instrumentellen Arbeitsorientierung entsprächen, möglichst viel Geld bei geringem persönlichem Engagement zu erzielen (Blood & Hulin 1967, 285).

Benninghaus' Kritik richtet sich allerdings weniger gegen die prinzipielle Plausibilität dieser oder ähnlicher Interaktionsmodelle, als vielmehr gegen die daraus abgeleitete These, daß die Restrukturierung und Humanisierung anspruchsloser Arbeitsplätze in vielen Fällen ein müßiges Unterfangen sei, das weder die Arbeitszufriedenheit noch die Arbeitsleistung erhöhe.

Benninghaus (1978) versucht in einer eigenen Interviewstudie bei 100 Arbeitern der Automobilindustrie zu zeigen, daß unabhängig vom Aspirationsniveau der Arbeiter die Arbeitszufriedenheit im wesentlichen durch Strukturmerkmale der Arbeitsaufgabe (Restriktions- und Komplexitätsgrad) determiniert sei. Seine Daten zeigen, daß die Beziehungen zwischen Zufriedenheit und Arbeitsstruktur, nicht, wie von Blood & Hulin (1967) angenommen durch das Aspirationsniveau der Arbeiter modifiziert werden. Allerdings, und dies gesteht Benninghaus (1978, 544) selbstkritisch ein, ist die Operationalisierung der Variable Aspirationsniveau durch die Anzahl der besuchten Schulen nicht stringent, zumal zwischen Schulbesuch und Befragungszeitpunkt etliche Jahre verstrichen sein mögen. Etwaige Aspirationsunterschiede haben sich möglicherweise durch die tägliche Arbeitserfahrung nivelliert.

Euler (1977, 71 f) hebt aufgrund seiner Studien hervor, daß sich bereits nach wenigen Jahren der Betriebszugehörigkeit eine resignative Arbeitsorientierung einstellt. Allerdings verfügt Euler lediglich über Querschnittanalysen, deren Interpretation als Längsschnittdaten zu Artefakten führen kann. Unabhängig davon kann jedoch angenommen werden, daß Aspirationsunterschiede von Personen, die im wesentlichen aus der gleichen sozialen Schicht stammen, zu gering sind, um sich bei den hier verwandten relativ groben Meßverfahren statistisch signifikant auszuwirken. Wohl aber zeigen die Daten von Benninghaus (1978), daß die Arbeitszufriedenheit (allerdings gemessen durch ad-hoc konstruierte Ein-Item-Skalen) mit der Arbeitsstruktur korreliert sind: Arbeiter mit relativ vielseitigen und selbstbestimmten Arbeitsaufgaben bezeichnen sich signifikant als zufriedener, verglichen mit ihren Kollegen in anspruchsloseren Arbeitsplätzen. Allerdings sind die entsprechenden Korrelationskoeffizienten nur mäßig hoch, so daß die Strukturvariablen nur ca. 10-15% der Zufriedenheitsvarianz erklären. Dies ist immerhin deutlich mehr, als 3,5% erklärter Varianz, die Bunz et al. (1974, 43 ff) bei einer aufwendigen Studie von über 5000 Arbeitnehmern fanden, obgleich eine Fülle von Ausgangsvariablen (Struktur, Kontext, Demographia, Organisation etc.) in die multiple Analyse eingingen. Uns scheint angesichts dieser und der Fülle ähnlicher Ergebnisse (vgl. Zusammenstellung bei Bruggemann et al. 1975, 54 ff) sowie bei Berücksichtigung des zuweilen vernachlässigten Unterschieds zwischen statistischer Signifikanz und sozialer Relevanz (Kriz 1972) die vorsichtige Aussage angebracht, daß Arbeitszufriedenheit zwar durch Strukturmerkmale der Arbeit beeinflußt wird, daß der Einfluß dieses Faktors allein allerdings gering ist.

6. Das Konzept der Arbeitszufriedenheit in sozialpolitischer Bedeutung oder das Problem von Artefakten ‚höherer Ordnung'

Wenn nur eine schwache Beziehung zwischen der objektiven Arbeitsstruktur und der subjektiv erlebten Zufriedenheit besteht, wird es problematisch, Meßergebnisse von Zufriedenheitsbefragungen als Prüfstein der ‚Arbeitshumanität' zu werten, zumal man ja spätestens seit den Hawthorne-Experimenten weiß, daß Arbeitsleistung und Arbeitszufriedenheit selbst dann steigen können, wenn die Arbeitsbedingungen erschwert bzw. verschlechtert werden (vgl. Nachreiner et al. 1977). Dennoch wird dies immer wieder nahegelegt. So schreibt Neuberger (1974 b, 199) zum Schluß seines Buches, wo er die unterschiedlichen Konzeptionen von Arbeitszufriedenheit erörtert, daß man die spezifischen Eigenarten der verwendeten Meßverfahren berücksichtigen müsse, „wenn man Arbeitszufriedenheit als ein eigenständiges Organisationsziel auffaßt, bzw. als einen Maßstab, mit dem geprüft wird, ob Fortschritte auf dem Weg zur ‚Humanisierung der Arbeitswelt' gemacht wurden." Auch wenn ein so renommierter Forscher wie Neuberger eine so einfache Beziehung zwischen Zufriedenheit und Humanität des Arbeitslebens nicht annimmt, verleitet diese Formulierung doch zu einer zu oberflächlichen Interpretation komplexer Zusammenhänge.

Eine interessante Position nimmt Benninghaus (1978) ein, der Zufriedenheit nur dann als Maß der Arbeitshumanität akzeptiert, wenn Humanisierungsmaßnahmen tatsächlich zu Zufriedenheitserörterungen führen. Falls sich nämlich zeigen ließe, daß Arbeitsbereicherungen zur Unzufriedenheit führten, „wäre dann immer noch die Frage zu klären, ob diese Reaktion nicht darauf zurückzuführen wäre, daß diese Beschäftigten jahrelang restriktive Tätigkeiten ausübten, und es bliebe immer noch die Frage, ob man derartige Tätigkeiten zukünftigen Generationen zumuten soll." (Benninghaus 1978, 544) Offensichtlich läßt sich diese Frage nicht mehr auf der Basis subjektiver Zufriedenheitsmaße beantworten, sondern bedarf anderer Entscheidungskriterien. Ich halte die kritische Frage von Benninghaus für grundsätzlich berechtigt, sehe jedoch keinen Anlaß, sie nur dann zu stellen, wenn empirische Zufriedenheitsuntersuchungen den sozialpolitischen Vorstellungen des Forschers von einer humanen Arbeitswelt zuwiderlaufen. Solange wir nämlich nicht wissen, wie die komplexe Realität des Arbeitslebens kognitiv und emotional vom Betroffenen verarbeitet wird, und wie sich diese Verarbeitung in den Meßwerten empirischer Studien niederschlägt, halte ich es prinzipiell für nicht statthaft, diesen Daten den Wert eines ‚Sozialindikators' zuzuschreiben, der Auskunft darüber gibt, wie weit das sozialpolitische Ziel, mehr Humanität und Demokratie am Arbeitsplatz zu schaffen, bereits verwirklicht ist. Dies wäre ebenfalls eine Fehlinterpretation der Daten, die hier als Artefakt ‚höherer Ordnung' bezeichnet werden soll.

Ich möchte abschließend und resümierend die Zufriedenheitsforschung auch unter diesem Gesichtspunkt diskutieren, wobei es mir darauf ankommt, die Fragwürdigkeit und Begrenzheit eines Zufriedenheitsmaßes zu zeigen, das innerhalb einer kurzen empathiearmen Interviewsituation gewonnen wird, und in aller Regel jeden Bezug zur individuellen Sozialisationsgeschichte und zur übergeordneten gesellschaftlichen Situation vernachlässigt. Die dominante und hier zu kritisierende Konzeption läßt sich schematisch folgendermaßen veranschaulichen (vgl. Locke 1975, 316; Bruggemann et al. 1975, 52):

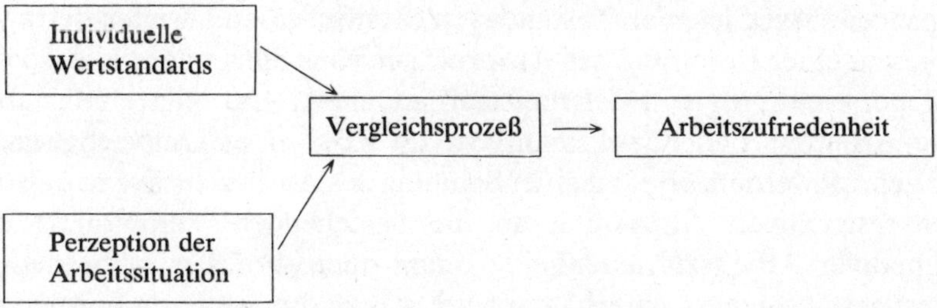

Die Diskussion soll dabei auf drei Problemkreise begrenzt werden:
1. Problem der Statik bzw. Dynamik des Modells
2. Problem der Genese individueller Wertstandards
3. Problem der angenommenen Kausalrichtung.

ad 1. Problem der Statik vs. Dynamik

Es stellt sich hier die Frage nach der Sinnhaftigkeit einer Konzeption, die Zufriedenheit als *Ergebnis* eines Prozesses bzw. einer zielgerichteten Handlung interpretiert. Diese Annahme ist trotz ihrer Plausibilität problematisch. Freud (1916) erläutert am Beispiel der dramatischen Gestalt des ‚Macbeth', daß Erfolg auch zu höchster Unzufriedenheit führen kann. Im übrigen ist denkbar, daß nicht das Ergebnis eines Verhaltens, sondern der Prozeß der Tätigkeit selbst, der ja mit der Zielerreichung zum Abschluß kommt, zufrieden macht. Zufriedenheit würde dann nicht vergangenheitsbezogen als Freude über bereits Erreichtes interpretiert, sondern zukunftsgerichtet als Chance zur Entwicklung und Selbstverwirklichung verstanden. Dieser insbesondere von Rogers (1976), Maslow (1965) und Fromm (1976) vertretene Zufriedenheitsbegriff wird von den besprochenen Skalen kaum berücksichtigt. Bruggemann et al. (1975, 132 ff) kommen diesem Begriff mit ihrem Konzept der ‚progressiven Arbeitszufriedenheit' nahe. Die Autoren entwickeln eine unter expliziter Berücksichtigung des Entwicklungsprozesses individueller Aspirationsniveaus aufschlußreiche Differenzierung verschiedener Bedeutung von Arbeitszufriedenheit, die freilich mit Hilfe der besprochenen zeitpunktbezogenen Meßverfahren nicht erfaßt werden können, so daß gleiche Skalenwerte außerordentlich unterschiedliche Bedeutung annehmen können, mithin nicht adäquat verstanden und interpretiert werden können. Die Autoren gehen von der traditionellen Annahme aus, daß generelle und spezifische auf die Arbeitssituation bezogene Bedürfnisse einen Soll-Wert ergeben, der mit allgemeinen und konkreten Merkmalen der Arbeitssituation verglichen wird. Im

Falle eines ausgeglichenen Zustandes ist es entscheidend, weiter zu fragen, ob dies zu einer Erhöhung des Anspruchsniveaus führt oder nicht, so daß entweder eine ‚progressive Arbeitszufriedenheit' oder aber eine ‚stabilisierte Arbeitszufriedenheit' resultiert. Im Falle eines Ungleichgewichts muß geprüft werden, ob es zu einer Senkung des Anspruchsniveaus, also zu einer resignativen Anpassung an die bestehenden Verhältnisse und ‚resignativer Arbeitszufriedenheit' kommt oder ob das nicht befriedigte Anspruchsniveau aufrechterhalten wird, was zu drei weiteren Formen der Arbeitszufriedenheit führen kann; je nachdem, ob eine Verfälschung der Situationswahrnehmung eintritt, die ‚Pseudo-Arbeitszufriedenheit' nach sich zieht, ob neue Problemlösungen versucht werden oder nicht, was entweder zu ‚konstruktiver' oder ‚fixierter Arbeitsunzufriedenheit' führt. Dieser differenzierte Ansatz läßt sich empirisch nur dann realisieren, wenn es gelingt, den Prozeßcharakter der Zufriedenheitsentwicklung, d. h. Bildung, Verarbeitung und Modifikation von Aspirationsniveaus, sowie der Situationsinterpretationen des Betroffenen innerhalb einer gegebenen bzw. ebenfalls wandelbaren Arbeitssituation nachzuzeichnen. Es fragt sich, ob das von Bruggemann (1976) entwickelte Verfahren dazu in der Lage ist. Diese Frage ist wohl klar zu verneinen, wenn wiederum Querschnittanalysen als Längsschnittdaten interpretiert werden. Ein empirisches Erhebungsverfahren, das diesem dynamisch differenzierten Konzept entspräche, könnte überdies wohl kaum per standardisiertem Interview verwirklicht werden, sondern erforderte offene und wiederholte sich über einen längeren Zeitraum erstreckende Gespräche in einer Atmosphäre gegenseitigen Verständnisses und Vertrauens.

Damit würde gleichzeitig ein weiterer, von Berger (1974, 125) hervorgehobener, Mangel der Zufriedenheitsmessung überwunden. Die traditionellen Meßverfahren bedeuten für ihn eine die bestehenden Machtverhältnisse konservierende Reduktion des Arbeiterbewußtseins auf ein verengtes emotionales Konzept, das kognitive Orientierungen ausschaltet. Auch Volmerg (1978, 162) hebt hervor, daß die üblicherweise angewandte Methode der standardisierten Befragung die Herrschaftsverhältnisse am Arbeitsplatz während der Befragungssituation repliziert: „Der über das Herrschaftswissen – Sinn und Zweck der Untersuchung, Verwendung von Techniken und Ergebnissen – verfügende Interviewer oder der anonyme Fragebogen drängen das Individuum in die Rolle des vereinzelten Unwissenden, in der es wie am Arbeitsplatz auf vorgegebene Reize nur reagieren soll." Den gleichen Gesichtspunkt betont Nord (1977, 1033). Er schlägt vor, den ‚job satisfaction approach' durch den ‚worker consciousness approach' zu ersetzen. Dabei werden Zufriedenheitsindikatoren nicht durch die Vorgabe der Freiheit ‚ja' oder ‚nein' zu sagen, teilnahmslos erfaßt. Es wird vielmehr der Versuch unternommen, einen Prozeß der Bewußtwerdung zu initiieren, in dessen Verlauf der Betroffene seine Position, gesellschaftliche Einbettung sowie seine Bedürfnisse und Ziele, gleichsam vom ideologischen Schleier bestehender Machtverhältnisse befreit, mit größerer Klarheit erkennt, um differenziertere, selbstbewußtere und damit bedeutsamere Aussagen machen zu können, die dann in weit höherem Maße gegen Fehlinterpretationen des Forschers resistent sind. Ein dergestalt erweitertes Konzept berührt auch den zweiten Problemkreis: Die Herkunft der individuellen Wertstandards.

ad 2. Zur Genese individueller Wertstandards

Während Locke (1967, 315) den Standpunkt vertritt, daß eine Analyse der Herkunft individueller Wertstandards für das Verständnis der Arbeitszufriedenheit unerheblich sei, da lediglich die Tatsache zähle, daß diese Standards existierten und als Bewertungsmaßstab der Arbeitssituation dienten, erweitert Korman (1971, 150 ff) diesen infolge seiner Restriktion sinnarmen Rahmen und diskutiert zwei mögliche Quellen des individuellen Wertsystems: Zum einen individuelle Bedürfnisse, zum anderen sozial normative Orientierungen. Korman (1970; 1971, 152) entwickelt die Hypothese, daß die jeweilige Stärke dieser Einflußgrößen durch das Selbstbild der Person bestimmt werden, wobei Personen mit hohem Selbstwertgefühl sich durch ihre Bedürfnisse leiten lassen, während weniger selbstsichere Individuen sozial-normativ orientiert seien. Diese nach meinem Dafürhalten nur unzureichende Erweiterung des restriktiven psychologistischen Konzepts von Locke (1967), trägt nicht wesentlich dazu bei, unser Verständnis von Arbeitszufriedenheit zu erhöhen, da die Abhängigkeit unserer Bedürfnisse und normativen Orientierungen, sowie des zwischen beiden vermittelnden Selbstbildes, von gesellschaftlichen Strukturen unberücksichtigt bleibt. (Wiendieck 1977, 425 f; 1979, 246). Bei Locke (1967) wie bei Korman (1970; 1971, 152) scheint ein der gesellschaftlichen Realität fremdes und differentielle Sozialisierungsprozesse negierendes Menschenbild durch, bei dem Individuen gleichsam als autonome festgefügte Einheiten gesehen werden, die halt mit diesem oder jenem Selbstbild ausgestattet sind, was bei zufriedenheitsfördernden Maßnahmen entsprechend berücksichtigt werden sollte. Hier läßt sich der gleiche, bereits besprochene kritische Einwand anbringen, den Benninghaus (1978) hinsichtlich der Argumentation von Blood & Hulin (1967) sowie Hulin & Blood (1968) geltend gemacht hat.

Zwei weitere Argumente, die die Notwendigkeit der Berücksichtigung der Verflechtung zwischen Individuum und Gesellschaft betonen, seien hier nur kurz erwähnt. Wiswede (1976) hat sich sehr kritisch mit der Idee einer präfixierten naturgegebenen Bedürfnisstruktur auseinandergesetzt und zeigt, daß selbst zum Verständnis der Verhaltenssteuerung durch physiologische Primärbedürfnisse ein Rückgriff auf soziale Wertsysteme unerläßlich sei, da die Bedürfnisse viel zu unspezifisch seien, um spezifische Reaktionen auszulösen (Wiswede 1976, 225). Eine Analyse der Bedürfnissteuerung ohne Bezug zur Sozialstruktur einer Gesellschaft bleibt demnach inhaltsleer. Auch Hondrich (1975, 31 f) unterstreicht diesen Gesichtspunkt, wenn er schreibt: „Es ist schwer vorstellbar, daß Bedürfnisse völlig unabhängig vom Sozialsystem entstehen. Alle Bedürfnisse sind sozial ‚verformte' Bedürfnisse, die unter anderen sozialen Bedingungen zwar eine andere Form oder einen anderen Differenzierungsgrad annehmen, sich aber niemals von sozialen Systemen völlig emanzipieren und ihm als unabhängige Kontrollinstanz gegenübertreten können". Die gleichen Überlegungen müssen im Hinblick auf das Konzept Selbstbild oder Identität angewandt werden. Es fragt sich in diesem Zusammenhang, ob Arbeitszufriedenheit ein sinnvolles Konzept ist, wenn nicht gleichzeitig die Beziehungen zwischen dem Arbeitsbereich und anderen Lebensinhalten, sowie deren Einfluß auf die Selbstbilddefinition beachtet werden. Die Produktionsweise industrieller Gesellschaften hebt die Einheit von Produktion und Konsumation auf und bietet damit zwei unterschiedliche Bereiche der Selbstbildfindung an: Arbeit und Konsum. Die für Mann und Frau (Brayfield et al. 1957) sowie für hierarchisch höher oder niedriger gestellte Arbeitnehmer (Kavanagh & Halpern 1977) unterschiedlich starken Zusammenhänge zwischen Arbeitszufriedenheit und Lebenszufriedenheit weisen auf das Problem der Bedeutungsrelativität der Arbeit als Quelle subjektiver Befindlichkeit hin. So fragt sich, welche Bedeutung das Konzept *Arbeits*-Zufriedenheit für Arbeitnehmer unqualifizierter Tätigkeiten hat, die „im Käfig der Konsumkultur bei guter Laune gehalten werden" (Habermas 1958, 230) und auf Fragen nach der Arbeitszufriedenheit positive Antworten geben. Ein differenzierteres Antwortverhalten setzt voraus, daß der Betroffene in der Lage ist, die externe Quelle seiner emotionalen Reaktionen zu identifizieren und zu benennen, und es fragt sich, ob er dazu in der Lage ist. Dies leitet zu dem drittgenannten Problembereich der Frage der Stimmigkeit der im Modell unterstellten Kausalrichtung.

ad 3. Das Problem der angenommenen Kausalrichtung

Attributionstheoretische Überlegungen (Kelley 1971) und hier insbesondere die Selbstwahrnehmungstheorie von Bem (1968) sowie die Experimente von Schachter & Singer (1962) sowie im industriellen Bereich von Staw (1975) legen die Vermutung nahe, daß wir je nach der Bedeutung der externen sozialen Situation der eigenen Befindlichkeit unterschiedliche Ursachen zuschreiben, wobei diese subjektiv zureichende Kausalanalyse freilich nicht objektiv richtig zu sein braucht. Farr (1977) versucht am Beispiel der umstrittenen 2-Faktoren Theorie der Arbeitszufriedenheit (Herzberg et al. 1959) nachzuweisen, daß die Autoren bei ihrer Dateninterpretation in die Falle des ‚attributional artefact' getappt seien (Farr 1977, 5 f). Die von Herzberg befragten Arbeitnehmer schilderten auf die Frage, welche Ereignisse bei ihnen zu einem außergewöhnlich guten Gefühl geführt hatten, im wesentlichen eigene Leistungen, während sie für Unzufriedenheit externe Umstände verantwortlich machten. Herzberg und seine Mitarbeiter (1959) interpretieren diese subjektive Deutung als Abbild realer Kausalverhältnisse, ohne zu berücksichtigen, daß Verteidigungsmechanismen bzw. der Wunsch nach Aufrechterhaltung eines positiven Selbstbildes das Antwortverhalten der Befragten beeinflußt haben könnte (Farr 1977, 8 ff). Demnach ließe sich die Kausalrichtung, wonach Zufriedenheit als Folge des kognitiven Vergleichsprozesses betrachtet wird, umdrehen, und man könnte argumentieren, daß einem gewissen Zufriedenheits- oder Unzufriedenheitsgrad Ursachen zugeschrieben werden, die subjektiv zufriedenstellend sind und in der jeweiligen Gesellschaft plausibel klingen. Es ist also denkbar, daß Mitarbeiter, die ein Gefühl der Unzufriedenheit aus ihnen selbst unbekannten Gründen erleben, dies innerhalb der gegenwärtig aktuellen Diskussion um die Humanisierung der Arbeitswelt durch den Hinweis ‚erklären', daß die Arbeitsaufgabe reizlos und die Autonomie gering sei. Man könnte sogar, wenn man die Befunde von Schachter & Singer (1962) spekulativ weiterinterpretiert, annehmen, daß selbst die Richtung der erlebten emotionalen Befindlichkeit, also die Frage, ob man zufrieden oder unzufrieden ist, unter der Kontrolle extern vermittelter Bedeutungsinterpretationen steht. All dies deutet wiederum auf die überragende Bedeutung des übergeordneten sozialen Systems hin, innerhalb dessen wir Erklärungen finden und als einleuchtend akzeptieren, ohne daß wir uns dabei des Einflusses bewußt sind, den soziale vermittelte Normen und Interpretationssysteme auf unser kognitives System ausüben.

7. Schlußbemerkung:

Wenn wir diese Überlegungen berücksichtigen, so läßt sich resümierend festhalten, daß der Begriff der Arbeitszufriedenheit außerordentlich vieldeutig ist und vermutlich mehr verdeckt als erhellt (Kudera et al. 1979, 46). Ein Skalenwert hoher Arbeitszufriedenheit kann eine Fülle unterschiedlicher Phänomene indizieren wie z. B.:

1. Angst, als potentieller Störenfried zu gelten, der innerhalb der bestehenden als nicht veränderbar erlebten Machtverhältnisse mit negativen Sanktionen rechnen muß.
2. Das Bestreben, ein positives Selbstbild vor sich selbst und anderen aufrecht zu erhalten als Folge der dominanten Leistungs- und Chancengleichheitsideologie unserer Gesellschaft.
3. Kognitive Flexibilität und erfolgreiche Dissonanzreduktion eines ursprünglichen Ungleichgewichts zwischen Aspiration und Realität durch Reduktion des Anspruchsniveaus.
4. Einen ‚erfolgreichen restriktiven' Sozialisationsprozeß, in dessen Verlauf man nur jene Bedürfnisse und Ziele entwickelt hat, die im Rahmen der vom sozialen System zugewiesenen Position befriedigt werden können.
5. Sozial normativ gesteuerte Zuschreibungsprozesse, in dessen Verlauf emotionale Gestimmtheiten als ‚arbeitsverursacht' erlebt werden, selbst dann, wenn dies nicht der kausalen Realität entspricht.
6. ‚Verfälschung' der Situationsinterpretation, wenn erlebte Unzufriedenheiten nicht durch eine Reduktion des Anspruchsniveaus abgebaut werden können.
7. Die Existenz dem individuellen Valenzsystem entsprechende Arbeitsstrukturen.

Solange es nicht gelingt, diese unterschiedlichen Bedeutungsinhalte identischer Skalenwerte zu differenzieren, sind Artefakte – d. h. Interpretationen, die sich stärker am Realitätsverständnis des Forschers als an der Lebenssituation des Betroffenen orientieren – nicht zu vermeiden.

Es fragt sich daher, ob es angesichts dieser Problematik nicht sinnvoller wäre, subjektive Zufriedenheitsmaße durch objektive Maße zu relativieren, wie dies im Bereich der Feststellung physischer Belastbarkeit am Arbeitsplatz geschieht. Hier könnten auch die Untersuchungen von Kornhauser (1965) wegweisend sein, der die Beziehungen zwischen objektiven Kriterien der Arbeitssituation und objektiven Kriterien psychischer Gesundheit analysiert hat. Es ist klar, daß damit allein die Artefaktproblematik nicht aus der Welt geschaffen ist, denn auch objektive Daten lassen sich fehlinterpretieren. Ich gehe jedoch davon aus, daß die Fehlinterpretationen und damit dic Artcfakte in dem Maße zurückgehen, wie andere alternative Sichtweisen bei der Beurteilung der Meßergebnisse Berücksichtigung finden.

Diese Forderung könnte allerdings auf den Widerstand der Betriebspsychologen stoßen, die gerade im Bereich der subjektiven Zufriedenheitsforschung ihr Arbeitsfeld sehen und dies aus Gründen der Aufrechterhaltung des eigenen Rollenverständnisses sowie der Sicherung der beruflichen Position nicht verlassen wollen, wie Stubbe (1979, 4) seinen eigenen Kollegen kritisch vorwirft. Es könnten sich aber auch größere gesellschaftlich dramatischere Auswirkungen ergeben, insofern als die Pufferwirkung der Zufriedenheitsforschung entfiele, die bislang zwischen den unversöhnlichen Wertsystemen einer produktionsorientierten und einer menschenorientierten Philosophie vermittelt hat, so daß antagonistische Interessen klarer hervorträten und ungemilderter aufeinanderprallten (Walter-Busch 1977, 235).

Literatur

Adams, S.: Towards an understanding of inequity. J. Abnorm. Soc. Psychol. 67 (1963), 427-436.

Anger, H.: Befragung und Erhebung. In: C. F. Graumann et al. (Hg.) Handbuch der Psychologie, Band 7: Sozialpsychologie, 1. Halbband, Göttingen 1969, 567-619.

Barnard, C.: The functions of the executive. Cambridge, Mass. 1938.

Barret, G.: Introduction zum Symposium ‚Research models of the future for industrial and organizational psychology'. Personnel Psychology 26 (1972), 1-17.

Beer, M.: Leadership, employee needs, and motivation. Columbus 1966.

Beer, M.: Needs and need satisfaction among clerical workers in complex and routine jobs. Personnel Psychology 21 (1968), 209-222.

Bem, D. J.: Self-Perception: An alternative interpretation of cognitive dissonance phenomena. Psychol. Rev. 74 (1967), 183-200.

Benninghaus, H.: Arbeitssituation und Arbeitszufriedenheit. Reaktionen von Industriearbeitern auf Merkmale ihrer Tätigkeit. Kölner Zeitschrift für Soziologie und Sozialpsychologie 30 (1978), 514-547.

Berger, H.: Untersuchungsmethode und soziale Wirklichkeit. Eine Kritik an Interview und Einstellungsmessung in der Sozialforschung. Frankfurt 1974.

Bihl, G.: Von der Mitbestimmung zur Selbstbestimmung. Das skandinavische Modell der selbststeuernden Gruppen. München 1973.

Blood, M. R. und Hulin, C. L.: Alienation, environment characteristics, and worker responses. Journal of Applied Psychology 51 (1967), 284-290.

Böckenholt, U.; Bröking, M.; Ernst, G.; Marten, U. & Nachreiner, F: Monotonie und Sättigungserlebnisse – Indikatoren d. Qualität des Arbeitslebens? Vortrag Symposium „Zur Psychologie der Arbeitsstrukturierung", März 1979, Dortmund.

Brayfield, A. H.; Wells, R. V. & Strate, M. W.: Interrelationship among measures of job satisfaction and general satisfaction. Journal of Applied Psychology 41 (1957), 201-205.

Bruggemann, A.: Zur empirischen Untersuchung verschiedener Formen der Arbeitszufriedenheit. Zeitschrift für Arbeitswissenschaft 30 (1976), 75-82.

Bruggemann, A.; Groskurth, P. & Ulich, E.: Arbeitszufriedenheit. Bern 1975.

Bruner, J. S.: On perceptional readiness. Psychol. 64 (1957), 123-152.

Bunz, A. R.; Jansen, R. & Schacht, K.: Qualität des Arbeitslebens. Soziale Kennziffern zu Arbeitszufriedenheit und Berufschancen. Herausgegeben vom Bundesministerium für Arbeit und Sozialordnung, Bonn 1974.

Carey, A.: The Hawthorne Studies: A radical criticism. American Sociological Review 32 (1967), 403-416.

Cronbach, L. J. & Meehl, P. E.: Construct validity in psychological tests. Psychol. Bull. 52 (1955), 177-193.

Dahrendorf, R: Die Funktion sozialer Konflikte. In: Dahrendorf, R. (Hg.) Pfade aus Utopia. Zur Theorie und Methode der Soziologie. München 1974, 263-277.

Dunette, M. D. & Heneman, H. G. Jr.: Influence of scale administror on employee attitude responses. Journal of Applied Psychology 40 (1956), 73-77.

Etzioni, A.: Modern organizations. Englewood Cliffs, New Jersey 1964.

Euler, H. P.: Arbeitskonflikt und Leistungsrestriktion im Industriebetrieb. Opladen 1973.

Euler, H. P.: Das Konfliktpotential industrieller Arbeitsstrukturen. Analyse der technischen und sozialen Ursachen. Opladen 1977.

Farr, R. M.: On the nature of attributional artefacts in qualitative research: Herzberg's two factor theory of work motivation. Journal of Occupational Psychology 50 (1977), 3-14.

Festinger, L.: A theory of social comparison processes. Human Relations 7 (1954), 117-140.

Festinger, L.: A theory of cognitive dissonance. Stanford 1957.

Fischer, L. & Lück H. E.: Entwicklung einer Skala zur Messung von Arbeitszufriedenheit (SAZ). Psychologie und Praxis 16 (1972), 64-76.

Fleishman, E. A. & Harris, E. F.: Patterns of leadership behavior related to employee grievances and turnover. Personnel Psychology 15 (1962), 43-56.

Freud, S.: Einige Charaktertypen aus der psychoanalytischen Arbeit. In: Gesammelte Schriften Bd. 5 (1916) 310 ff.

Fromm, E.: Haben oder Sein. Die seelischen Grundlagen einer neuen Gesellschaft. Stuttgart 1976.

Gaugler, E.; Kolb, M. & Ling, B.: Humanisierung der Arbeitswelt. Literaturanalyse, praktizierte Beispiele, Empfehlungen für die Praxis. Ludwigshafen 1977.

Gilson, M. B.: Book Review of Roethlisberger, F. und Dickson, W. Management and the worker. Cambridge (Mass.) American Sociological Review, July 1940.

Goodman, P. S. & Friedman, A.: An examination of Adam's theory of inequity. Administrative Science Quarterly 16 (1971), 271-288.

Habermas, J.: Soziologische Notizen zum Verhältnis von Arbeit und Freizeit. In: Funke, G. (Hg.): Konkrete Vernunft, Festschrift für Erich Rothacker, Bonn 1958, 219-231.

Hackman, J. R. & Lawler, E. E. III: Employee satisfaction and job charakteristics. Journal of Applied Psychology 55 (1971), 284.

Herman, J. B. & Hulin, C. L.: Managerial satisfaction and organizational roles: An investigation of Porter's need deficiency scales. Journal of Applied Psychology 57 (1973), 118-124.

Herzberg, F.; Mausner, B. & Snyderman, B. D.: The motivation ton work. 2. Aufl., New York 1959.

Hondrich, K. O.: Menschliche Bedürfnisse und soziale Steuerung. Reinbek 1975.

Hulin, C. L. & Blood, M. R.: Job enlargement, individual differences, and worker responses. Psychol. Bull. 69 (1968), 41-55.

Imparato, N.: Relationship between Porter's Need Satisfaction Questionnaire and the Job Descriptive Index. Journal of Applied Psychology 56 (1972), 397-405.

Kavanagh, M. J. & Halpern, M.: The impact of job level and sex differences on the relationship between life and job satisfaction. Academy of Management Journal 20 (1977), 66-73.

Kelley, H. H.: Attribution in social interaction. In: Jones, E. E.; Kanouse, D. E.; Kelley, H. H.; Nisbett, R. E.; Valins, S. &

Weiner, B. (Hg.): Attribution: Perceiving the causes of behaviour. Morristown, New Jersey 1971, 1-26.

Kern, H. & Schumann, M.: Industriearbeit und Arbeiterbewußtsein. Frankfurt 1977. (Erstausgabe 1970).

Kohn, M. L. & Schooler, C.: Occupational experience and psychological functioning: An assessment of reciprocal effects. American Sociological Review 38 (1973), 97-118.

Korman, A. K.: Towards a hypothesis of work behavior. Journal of Applied Psychology 54 (1970), 31-41.

Korman, A. K.: Industrial and organizational psychology. Englewood Cliffs, New Jersey 1971.

Kornhauer, A.: Mental health of the industrial worker. New York 1965.

Kriz, J.: Statistische Signifikanz und sozialwissenschaftliche Relevanz. Zeitschrift für Soziologie, 1 (1972), 47-51.

Kudera, W.; Mangold, W.; Ruff, K.; Schmidt, R. & Wentzke, T.: Gesellschaftliches und politisches Bewußtsein von Arbeitern. Frankfurt 1979.

Kunin, T.: The construction of a new type of attitude measure. Personnel Psychology 8 (1955), 65-77.

Lenski, G.: Macht und Privileg. Eine Theorie der sozialen Schichtung. Frankfurt 1977. (Amerikanische Originalausgabe 1966).

Lepsius, R. M.: Strukturen und Wandlungen im Industriebetrieb. Industriesoziologische Forschung in Deutschland. München 1960.

Linde, H.: Soziale Determinanten der Zufriedenheit. Ein Beitrag zur soziologischen Analyse von Zufriedenheitsäußerungen und -haltungen. In: Jürgensen, H. (Hg.): Jahrbuch für Sozialwissenschaften Bd. 18, 1967, Heft 1, 2.

Locke, E. A.: What is job satisfaction? Organizational Behavior and Human Performance 4 (1969), 309-336.

Maslow, A.: Motivation and personality. New York 1954.

Maslow, A.: Eupsychian Management. Homewood 1965.

Mayer, K. U. & Müller, W.: Soziale Ungleichheit, Prozesse der Statuszuweisung und Legitimitätsglaube. In: Hörning, K. H. (Hg.): Soziale Ungleichheit. Strukturen und Prozesse sozialer Schichtung. Darmstadt 1976, 109-134.

Mayo, E.: „Preface" zu Roethlisberger & Dickson 1939.

Mayo, E.: The social problems of an industrial civilization. London 1975. (Amerikanische Originalausgabe 1949).

Nachreiner, F.; Wucherpfennig, D.; Ernst, G. & Rutenfranz, J.: Zur Bevorzugung unterschiedlicher vorgegebener Arbeitsstrukturen durch Fließbandarbeiter. Zeitschrift für Arbeitswissenschaft 30 (1976), 193-203.

Nachreiner, F. & Ernst, G.: Monotony and satiation as a person-situation interaction. Vortragsmanuskript zum Symposium ‚Problems of performance and stress in occupational monotony" 19. Internationaler Kongreß für angewandte Psychologie, München 1978.

Nachreiner, F.; Brand, G.; Ernst, G. & Rutenfranz, J.: Zur Kontrolle von Hawthorne-Effekten in Feldexperimenten. Zeitschrift für Arbeitswissenschaft 32 (1977), 172-175.

Neuberger, O.: Theorien der Arbeitszufriedenheit. Stuttgart 1974 a.

Neuberger, O.: Messung der Arbeitszufriedenheit. Stuttgart 1974 b.

Neuberger, O. und Allerbeck, M.: Messung und Analyse von Arbeitszufriedenheit. Erfahrungen mit dem „Arbeitsbeschreibungsbogen (ABB)". Bern 1979.

Nord, W. R.: Job satisfaction reconsidered. Amer. Psychologist 32 (1977), 1026-1035.

Payne, R.: Factor analysis of a Maslow-type need satisfaction questionnaire. Personnel Psychology 23 (1970), 251-268.

Porter, L. W.: A study of perceived need satisfaction in bottom and middle management jobs. Journal of Applied Psychology 45 (1961), 1-10.

Porter, L. W. & Lawler, E. E. III: Managerial attitude and performance. Homewood 1968.

Postman, L.: Perception and learning. In: Koch, S. (Hg.): Psychology: A study of a science. Bd. 5: The process area, the person, and some applied fields. Their plan in psychology and in science. New York 1963.

Roberts, K.; Walter, G. & Miles, R.: A factor

analytic study of job satisfaction items designed to measure Maslow need categories. Personnel Psychology 24 (1971), 205-220.

Robinson, J. P.: Occupational norms and differences in job satisfaction: A summary of survey research evidence. In: Robinson, J. P.; Athanasiou, R. & Head, K. B. (Hg.) Measures of occupational attitudes and occupational characteristics. Ann Arbor 1969.

Roethlisberger, F. & Dickson, W.: Management and the worker, Cambridge, Mass. 1939.

Rogers, C. R.: Entwicklung der Persönlichkeit. Psychotherapie aus der Sicht eines Therapeuten. Stuttgart 1976. (Amerikanische Originalausgabe 1961).

Salancik, G. R. & Pfeffer, J.: An examination of need satisfaction models of job attitudes. Administrative Science Quarterly 22 (1977), 427-456.

Schachter, S. & Singer, J.: Cognitive, social, and physiological determinants of emotional state. Psychol. Rev. 69 (1962), 379-399.

Scheuch, E. K.: Das Interview in der Sozialforschung. In: R. König (Hg.): Handbuch der empirischen Sozialforschung, Bd. I. Stuttgart 1967, 136-196.

Seashore, S. E.: Defining and measuring the quality of working life. In: Davis, L. E. & Cherns, A. B. (Hg.): The Quality of working life. New York 1975, 105-118.

Sheppard, H. L.: Specialization: Autonomy and job satisfaction. Industrial Relations 12 (1973), 274-281.

Sheppard, H. L. & Herrick, N. Q.: Where have all the robots gone? Worker dissatisfaction in the 70's. New York 1972.

Smith, P. C.; Kendall, L. M. & Hulin, C. L.: The measurement of satisfaction in work and retirement: A strategy for the study of attitudes. Chicago 1969.

Sodeur, W.: Führungsstile, Spannungen und Spannungsbewältigung in militärischen Gruppen. Kölner Zeitschrift für Soziologie und Sozialpsychologie (Sonderheft 12) 20 (1968), 300-316.

Staw, B. M.: Attribution of 'causes' of performance: A general alternative interpretation of cross-sectional research on organizations. Organizational Behavior and Human Performance 13 (1975), 414-432.

Starcevich, M. M.: Job factor importance for job satisfaction and dissatisfaction across different occupational levels. Journal of Applied Psychology 56 (1972), 467-471.

Stubbe, H.: Zur systematischen Planung und Untersuchung menschengerechter Arbeitsgestaltung. Referat und Manuskript, Symposium: Zur Psychologie der Arbeitsstrukturierung. Dortmund 28. 3. 79-30. 3. 79.

Sykes, A. J.: Economic interest and the Hawthorne Studies: A comment. Human Relations 18 (1965), 253-286.

Thorsrud, E. & Emery, F. E.: Industrial democracy in Norway. Industrial Relations 2 (1970), 187-197.

Volmerg, U.: Identität und Arbeitserfahrung. Eine theoretische Konzeption zu einer Sozialpsychologie der Arbeit. Frankfurt 1978.

Walter-Busch, E.: Arbeitszufriedenheit in der Wohlstandsgesellschaft. Bern 1977.

Wiendieck, G.: Arbeitsleistung und Arbeitszufriedenheit. Eine kritische Übersicht. Gruppendynamik 8 (1977), 415-430.

Wiendieck, G.: The motivation of black workers, Some critical remarks. In: Jubber, K. (Hg.): South Africa. Industrial Relations and Industrial Sociology. Cape Town 1979, 231-250.

Wiswede, G.: Bedürfnisformung als sozialer Lernprozeß. Hauswirt. Wiss. 24 (1976), 223-227.

Untersuchung nonverbalen Verhaltens – Keine Artefakte?

Achim Engels

Innerhalb der traditionellen Sozialpsychologie haben nichtsprachliche Verhaltensweisen kaum explizite Beachtung als Untersuchungsgegenstand gefunden, obwohl sie implizit oft eine wesentliche Rolle spielten. Die Handhabung des Balesschen Kategoriensystems erfordert z. B. auch die Berücksichtigung von Mimik, Blickrichtung o. a., wenn die Kategorisierung der einzelnen verbalen Aussagen zweifelhaft ist. Oder bei der Operationalisierung bestimmter Personenmerkmale setzte man bei der Gestaltung der äußeren Erscheinung, der Kleidung oder gewissen Bewegungsformen an (z. B. für ‚Status' in der Untersuchung zur Imitation von Modellen – Lefkowitz et al. 1955), durch die eine bestimmte Beurteilung, Etikettierung des Verhaltensträgers, eine kognitive Repräsentation der unabhängigen Variablen auf seiten der Vp bewirkt werden sollte.

Nichtsprachliche Verhaltensweisen gerieten aber dann in der klassisch-experimentellen Sozialpsychologie, wenn auch mehr aus methodischen Gründen, doch in den 60er Jahren in den Blickwinkel der Forscher. Einerseits zeigten die Arbeiten von und im Anschluß an Rosenthal (1966), daß Vl mit Hilfe von Blickverhalten, Mimik, Sprechweise ihre Vpn auch unwissentlich oder unabsichtlich im Zusammenhang mit den eigenen Erwartungen und Hypothesen beeinflussen, zum anderen wird die Erfassung nichtsprachlichen Verhaltens der Vpn als ‚nonreaktive Messung' (vgl. Webb et al. 1966) empfohlen.

In Argyles ‚New Look' der Sozialpsychologie (1969) werden nichtverbale Verhaltenselemente innerhalb der sozialen Interaktion zum zentralen Thema, zum Kerngebiet der Sozialpsychologie (vgl. v. Cranach/Konau 1970). Argyle kritisiert die herkömmliche Sozialpsychologie als alltagsfremd, artifiziell, thematisch sehr eingeengt, theorielastig und von anderen Wissenschaften isoliert. Er fordert die Untersuchung des gesamten interaktiven Verhaltens, wie es sich in Alltagsbegegnungen beobachten läßt, hält eine sehr spezielle Theorienbildung für verfrüht, bevor nicht die Verhaltensphänomene bekannt sind, und stellt die Verbindung zu Arbeiten von Ethologen, Anthropologen, Soziologen etc. her. Methodisch gesehen, kritisiert er die Arbeit in vereinfachten Laborsituationen, weil damit unnatürliche Vp-Reaktionen provoziert würden; statt dessen empfiehlt er Untersuchungen im Feld (Beobachtung und Experiment), Sequenzanalysen normalen Verhaltens, bzw. die Rekonstruktion von natürlichen Situationen, wenn im Labor gearbeitet wird (1972).

Damit kritisiert Argyle die traditionelle Sozialpsychologie bezüglich der Methodik in ganz ähnlicher Weise, wie dies auch von der Artefaktforschung geschieht. Da er aber andererseits auch für Laborexperimente plädiert, er selbst auch bevorzugt im Labor arbeitet (1979, 22 ff), könnte man zu der Auffassung gelangen, daß derartige Studien (im Labor) keine Artefaktprobleme im herkömmlichen Sinne aufweisen. Dazu sollen im folgenden einige Überlegungen angestellt werden.

1. Zur NVK-Forschung

Zunächst einige Anmerkungen, die den Überblick über das sehr heterogene Arbeitsgebiet erleichtern.

Argyles ‚New Look' der Sozialpsychologie – die Analyse des sozialen Verhaltens in Termini der grundlegenden Interaktionselemente und die Einbeziehung biologischer und kultureller Ursprünge – ist im Prinzip mit einer Forschungsrichtung identisch, die sowohl innerhalb wie außerhalb der Wissenschaft besonders in den 70er Jahren einen Boom erlebte: Unter dem Etikett ‚Nonverbale Kommunikation' hat die Beschreibung und Analyse nichtsprachlicher Verhaltensweisen wie Mimik, Gestik, Blickverhalten, Sprechweise, Körperhaltung und -bewegung, interpersonelle Distanz allgemeines Interesse gefunden.

Zahlreiche Artikel und Monographien geben einen guten Überblick über diese als relativ jung geltende Forschungsrichtung, deren Anfänge jedoch unter dem Stichwort ‚Ausdruck' über Darwin bis in die griechische Klassik (vgl. Kirchhoff 1965) zurückreichen: z. B. Duncan 1969, Wiener et al. 1972, Knapp 1972, Weitz 1974, Harrison 1974, Harper et al. 1978; in deutscher Sprache: Argyle 1979 und Scherer/Wallbott 1979. Mit dem gemeinsamen Etikett, dem Begriff ‚Kommunikation', ist jedoch keineswegs auch ein gemeinsames Konzept, Forschungsprogramm o. ä. gemeint, im Gegenteil. Es werden mit sehr unterschiedlichen Methoden sehr vielfältige Fragestellungen verfolgt. Die Wahl des Begriffes ‚Kommunikation' erfolgt oft weniger aus konzeptionellen Gründen, sondern anscheinend mehr weil er gerade ‚in' ist. Leider entsteht so, eben weil der einzelne Forscher sein Konzeptverständnis nicht ausreichend expliziert, die Gefahr von Mißverständnissen, bzw. degeneriert der Begriff allmählich zu einem informationsarmen, alltagssprachlichen Schlagwort (zum Kommunikationsbegriff vgl. Soreno/Mortensen 1970, Merten 1976, Littlejohn 1978). Ob ‚Kommunikation' im Einzelfall das richtige Etikett ist oder ob nicht besser ‚nur' von Verhalten gesprochen würde, wäre sicher ein anderer Ansatzpunkt für eine Artefaktdiskussion. Diese würde dann auf der Ebene der impliziten oder expliziten konzeptionellen Bezugsgrößen der Forscher ausgetragen werden, was sicher nicht weniger wichtig wäre als die momentan gängige Artefaktdiskussion auf der Ebene der Forschungsmethode (vgl. Barbers ‚Investigator paradigm effect', 1976).

Vertreter ganz verschiedener Wissenschaftszugehörigkeit beschäftigen sich aus den unterschiedlichen inhaltlichen, methodischen und methodologischen Blickwinkeln ihrer Disziplinen mit Formen und Funktionen nichtsprachlichen Verhaltens. Meist wird im Anschluß an Duncan (1969) zwischen einem ‚structural' und einem ‚external variable approach' unterschieden:

„Eine Strategie besteht darin, Kommunikation als ein hoch organisiertes und in sich geschlossenes System wie Sprache zu untersuchen. Dieses System funktioniert nach einem bestimmten Satz von Regeln, und die Aufgabe des Forschers ist es, diese Regeln herauszuarbeiten. Ich werde dies den ‚structural approach' nennen.

Die andere Strategie besteht darin, die Auftretensrate spezifischer nonverbaler Verhaltensweisen zu verschiedenen externen Variablen in Beziehung zu setzen, wie z. B. der Interaktionssituation, den Persönlichkeitscharakteristika der Interaktionspartner oder den Reaktionen von Beurteilern der Interaktion. Ich werde dies den ‚external variable approach' nennen." (1969, 121, Übers. d. A. E.).

Den ‚structural approach' sieht Scherer (Scherer & Walbott 1979, 12) als eine linguistisch-anthropologisch orientierte Forschungsrichtung an, in der die Parallelität verbaler und nonverbaler Signale betont und vorwiegend linguistische Methoden und Beschreibungsansätze verwendet werden. Birdwhistell (1952, 1970) und Scheflen (1965) z. B. verzichten auf experimentelle Analysen und auf das ‚Argument der Zahl' und arbeiten z. T. in Einzelfall-Studien mit Hilfe hoch differenzierter Notationssysteme sprachanaloge Strukturen im Verhalten eines oder aller beteiligten Interaktionspartner (also auch Interaktionssequenzen) heraus.

Vertreter des symbolischen Interaktionismus (z. B. Goffman 1971, 1977) verfolgen ähnliche Zielsetzungen, wenn sie nach den sozialen Regeln suchen, denen die Organisation und Interpretation des Verhaltens in den verschiedenen Situationen unterliegen. Teilnehmende Feldbeobachtung und Analyse von Sekundär-Dokumenten (Biographien, Benimm-Regeln etc.) sind hier die Vorgehensweisen. Als methodologische Grundposition hinter solchen Fragestellungen und Untersuchungsverfahren steht die Auffassung, jedes Verhalten habe kommunikative Funktion, sei nur aus dem Kontext heraus zu verstehen, und der Forscher könne nur durch interpretierende Dokumentation statt durch statistische Analyse der Kontextbindung der Elemente Regel-Zusammenhänge herausarbeiten. Damit liegt dem ‚structural approach' mehr ein ‚interpretatives Paradigma' (Wilson 1973) zugrunde.

Der ‚external variable approach' verfolgt dagegen deutlich ein ‚normatives Paradigma': Ethologisch-psychologisch orientierte Forscher bevorzugen quantitativ-statistische und experimentelle Untersuchungsmethoden. Ethologen bemühen sich in naturalistischen Feldbeobachtungen und Feldexperimenten um die Beschreibung natürlicher Verhaltenseinheiten und Verhaltenssequenzen, um durch vergleichende Analysen von ‚Ethogrammen' des Menschen mit denen anderer Spezies die biologische Fundierung, funktionale und adaptive Aspekte kommunikativen Verhaltens aufzuzeigen (Blurton-Jones 1972, Morris 1978).

Psychologen greifen explizit oder implizit Traditionen der Ausdruckspsychologie auf, soweit diese naturwissenschaftlich-experimentell orientiert war, und bringen bestimmte Verhaltenskonfigurationen mit situativen Variablen oder Merkmalen der Beteiligten in Zusammenhang. Ebenso werden ‚Dekodierungen' untersucht, Bedeutungen, die Beobachter einzelnen Verhaltenskonfigurationen entnehmen, oder Attribuierungen, die aufgrund bestimmter Merkmale vorgenommen werden. Damit wäre eine Wende von einer Ausdrucks- zu einer Eindruckspsychologie vollzogen oder zur ‚Person Perception'-Forschung, um ein neueres sozialpsychologisches Etikett zu benutzen. Untersucht werden z. B. Blickverhalten (Anschauen bzw. gegenseitiges Anschauen/Blickkontakt – Dauer, Häufigkeit bzw. Blicklänge), Mimik, Gestik, Kopf-, Körperhaltungen und -bewegungen, Sprechweise (Tonfall, Lautstärke, Pausen etc.), interpersonelle Distanz, Aktionen, wie z. B. Berühren und nicht zuletzt die Handhabung der Dinge, mit denen man sich umgibt (Kleidung, Raumausstattung etc.). Dabei obliegt es dem Forscher, wie komplex er ‚seine' Verhaltenskonfiguration anlegt, ob er molekulare Verhaltensmerkmale herauspartialisiert oder komplexere Gestalten angeht, die mehrere Signalbereiche einbeziehen (Distanz + Blick + Mimik o. ä.). Ähnlich sieht es auf der Seite der externen Variablen aus: Geschlecht, Alter, die ganze Palette der Persönlichkeitsmaße der differentiellen Psychologie, das Spektrum der möglichen emotionalen Zustände, interpersonelle Einstellungen (Sympathie, Überlegenheit, Interaktionsbereitschaft), Rollenverteilung und Rollenwechsel

(z. B. Sprecher–Hörer-Rolle), Handlungsabsichten (Überreden wollen, Bestätigung suchen) und nicht zuletzt Variationen von situativen Bedingungen wie Gesprächsinhalt, Ort des Treffens etc.

Angesichts der Vielzahl untersuchter und untersuchbarer nonverbaler Verhaltenselemente und sozialpsychologisch relevant erscheinender Variablen kann es kaum verwundern, daß die Entwicklung von Theorien nicht weit fortgeschritten ist. Wohl kann man Versuche erkennen, durch post-hoc-Interpretationen und Integration einzelner Befunde Theorien herauszubilden (z. B. Merabian 1972 – Dreidimensionaler Bedeutungsraum nonverbalen Verhaltens; Argyle/Dean 1965 – Gleichgewichtsmodell interpersoneller Vertraulichkeit, dazu auch Patterson, 1976), deren Grad der Präzisierung und Erklärungswert jedoch unbefriedigend ist; über das Stadium der Deskription reichen sie noch nicht hinaus (vgl. Chapmans Kritik an Argyle/Dean 1965; Chapman 1975).

Scherer (Scherer & Wallbott 1979, 13) hält es für wenig realistisch, in diesem Bereich umfassende Theorien erwarten zu wollen. Eine Zunahme von prüfbaren Hypothesen mit weitergehendem Geltungsanspruch, d. h. über Situationen und Personengruppen hinweg, sähe er bereits als großen Fortschritt an.

Betrachtet man zusammenfassend die zuvor genannten Ansätze, stellt sich die Situation angesichts der hier zu diskutierenden Artefaktproblematik folgendermaßen dar: Innerhalb des ‚structural approach' können keine Artefaktprobleme im klassischen Sinne (Demandcharakteristika, Vp-Motivation, Vl-Effekte) entstehen, da die entsprechenden Untersuchungsverfahren ganz anders methodologisch fundiert sind. Deren eventuell sehr gravierenden Probleme stehen hier nicht zur Diskussion. In den folgenden Abschnitten sollen deshalb besonders wesentliche Fragen der Untersuchungsmethodik nach dem ‚external variable approach' aus der Perspektive der Artefaktforschung erörtert werden. Dabei erfolgt eine Beschränkung auf den ‚Enkodierungsaspekt', auf Untersuchungen, in denen der Forscher nonverbales Verhalten seiner Untersuchungspersonen registriert. Der ‚Dekodierungsaspekt', die Erfassung von Schlußfolgerungen zum Verhalten anderer, erfordert andere Überlegungen, die aus Raumgründen hier nicht dargestellt werden können (vgl. ansatzweise Ekman et al. 1972 zur Problematik von Beurteilungsstudien zum Gesichtsausdruck).

2. Mögliche Artefaktquellen

2.1 *Freiwillige und wissentliche Vp*

Zur exakten Erfassung und Analyse nonverbaler Verhaltensweisen ist es oft erforderlich, per Film- oder Video-Aufzeichnung, durch mehrfache Wiederholungen oder Zeitlupenwiedergabe sich schnell verändernder und sehr komplexer Verhaltenskonfigurationen für den Beobachter optimale Bedingungen herzustellen. Dies erfordert einen erheblichen technischen Aufwand und oft auch ganz bestimmte Kamerapositionen (bei Blickverhalten z. B. möglichst genau hinten über der potentiell angeschauten Person), so daß die Durchführung des Experiments in speziellen Untersuchungsräumen erforderlich ist. Die meisten Untersuchungen der experimentellen NVK-Forschung, bei denen es das Verhalten der Vpn genau zu beobachten gilt, finden dementsprechend in Laborräumen statt, die per Ein-Weg-Spiegel und Video-Anlagen optimale Verhaltensaufzeichnungen ermöglichen. Die Vpn nehmen meist wissentlich und freiwillig (sieht man einmal von der typischen Situation des amerikanischen College-Studenten ab) an einer Untersuchung teil; oft wird ihnen auch mitgeteilt, daß Aufzeichnungen gemacht würden; den speziellen Zweck des jeweiligen Experiments erfahren sie jedoch erst nachher.

Ein nicht unwesentliches Artefaktrisiko bei NVK-Experimenten könnte damit schon bei der Auswahl der Vpn bestehen. Die oft diskutierte Frage, ob Untersuchungen mit den Standard-Vpn der experimentellen Sozialpsychologie, Studenten der ersten Semester, tatsächlich generalisierbare Ergebnisse liefern, ist natürlich auch für die Untersuchung nonverbalen Verhaltens relevant. So hat gerade die NVK-Forschung gezeigt, daß verschiedene Gesten oder Verhaltensmuster stark kulturabhängig sind, ja teilweise in Formen und Funktionen gruppenspezifische Nuancierungen aufweisen. Ergebnisse aus Experimenten mit amerikanischen College-Studenten sollten jedenfalls sorgfältig geprüft werden, bevor sie z. B. auf alle Bevölkerungsschichten in Deutschland oder auch nur auf deutsche Studenten übertragen werden.

Noch wichtiger erscheint jedoch der Umstand, daß die meisten Vpn freiwillig an den Untersuchungen teilnehmen. Könnten mit der Variablen ‚Freiwilligkeit' bestimmte Konsequenzen im nichtsprachlichen Verhalten einhergehen?

Zum einen haben Rosenthal & Rosnow (1975) herausgefunden, daß freiwillige Vpn bestimmte Persönlichkeitsmerkmale in besonderem Maße aufweisen. Zum anderen hat gerade die NVK-Forschung ergeben, daß zwischen manchen Persönlichkeitsvariablen und nonverbalen Verhaltensweisen besonders enge Zusammenhänge bestehen (vgl z. B. für ‚self-disclosure' und Blickverhalten – Dietch & House 1975, Argyle & Cook 1975). Könnten also eventuell Rosenthal/Rosnows ‚higher need for social approval', ‚more sociable', ‚higher social class', ‚more intelligent', um nur die am besten gesicherten zu nennen (1975, 84 ff), systematische Konsequenzen haben? Abgesehen davon, daß diese Merkmale der freiwilligen Vp erst auf ihre Gültigkeit für unseren Kulturkreis geprüft werden müßten, scheinen sich jedoch hier Tendenzen abzuzeichnen, wenn man überlegt, daß die Absicht, Zustimmung zu erlangen hinsichtlich interpersoneller Distanz, Lächeln, Nicken, Gestik und Sprechweise Konsequenzen hat (Rosenfeld 1965, 166; Efran/Broughton 1966; Efran 1966). Auch stellt Mehrabian (1973) fest, daß höhere ‚Interaktionsbereitschaft' sich in speziellen nonverbalen Verhaltensweisen niederschlägt (vgl. seine Dimension ‚Responsiveness')!

Weiterhin könnte eingewendet werden, die Vpn verhielten sich nicht mehr natürlich, wenn sie wüßten, daß sie beobachtet würden bzw. an einer Untersuchung teilnähmen. Hier würden verschiedene Motivationen wirksam (‚good subject', ‚evaluation apprehension' etc.), die dazu führten, daß Vpn ihr Verhalten unabhängig von der konkreten experimentellen Aufgabe in eine bestimmte Richtung zu steuern versuchen (eben um z. B. einen guten Eindruck zu machen). Gemeinsame Vorbedingung für derartig gezielte Steuerungsversuche ist jedoch, daß a) die Person jeweils genau weiß, wie das entsprechend solcher Motivation zu zeigende Verhalten aussieht und b) sie selbst dieses Verhalten auch gezielt ausführen kann (vgl. Modell von Rosnow/Aiken 1973). Wenn es sich bei dem untersuchten Verhalten um das Drücken eines entweder roten oder blauen Knopfs handelt, mögen diese Bedingungen unter Umständen erfüllt sein; wenn es dagegen um nonverbale Mikroverhaltensweisen als AV geht, erscheinen erhebliche Zweifel berechtigt. Dabei kann man sich auf die Erfahrung stützen, daß nonverbale Verhaltensmomente dem Verhaltensträger oft nicht bewußt, geschweige denn von ihm kontrolliert oder beabsichtigt sind. Die Untersuchungen zu Vl-Erwartungseffekten sind gute Belege dafür.

Bedenkt man, wieviele verschiedene Verhaltensweisen in welch differenzierten Mikrokonfigurationen von den Forschern erfaßt werden, dann kann man mit einiger Sicherheit annehmen, daß die Person eine derart differenzierte Steuerleistung auch gar nicht erbringen kann: dazu dürften teilweise die physiologischen Voraussetzungen, aber auch die notwendige Aufmerksamkeitskapazität fehlen.

Einerseits kann man also erwarten, daß wegen der Spontaneität und Unwillkürlichkeit des nonverbalen Verhaltens für zentrale Konzepte der Artefaktforschung (gezielte Verhaltenssteuerung der Vp aufgrund von Hypothesenbildungen und speziellen Motivationen) in diesem Forschungsbereich kaum Ansatzmöglichkeiten bestehen. Andererseits aber muß als Konsequenz der Echtheit nonverbalen Verhaltens damit gerechnet werden, daß spontane emotionale oder kognitive Aspekte der individuellen Situationsdefinition sich im konkreten Verhalten niederschlagen: der Eindruck vom Schauplatz der Interaktion (spezielle, ungewohnte Räume mit ihrer konkreten Ausstattung), die Wahrnehmung und Beurteilung von Interaktionspartnern, Nervosität, emotionales Befinden etc. All dies hat, so die Ergebnisse eben gerade der NVK-Forschung, Auswirkungen auf nichtsprachliches Verhalten. Während in Experimenten mit einer Entscheidung zwischen rotem und blauem Knopf als untersuchter Vp-Reaktion solche situativen Momente meist weniger ins Gewicht fallen, spielen sie bei diesem Gegenstand eine nicht unwesentliche Rolle. Schon minimale Veränderungen der Untersuchungssituation, des Raumes können zu anderen ‚Atmosphären' führen, wodurch die Ergebnisse beeinflußt werden (vgl. Carr & Dabbs 1974 zu Beleuchtung und Blickverhalten). Dies bedeutet, daß die Repräsentativität der einzelnen Untersuchung relativ eingeschränkt ist und nur ein relativ geringer Generalisierungsspielraum für Ergebnisse solcher Experimente besteht.

Ob sich allerdings wirklich systematische Zusammenhänge zwischen einzelnen situativen Merkmalen und Situationsdefinitionen der Vpn ergeben, bleibt im Einzelfall zu prüfen. Wahrscheinlich bewirken die eventuellen absichtlichen Steuerungsversuche und die verschiedenen Situationseindrücke zusammen, daß die Verhaltensvarianz innerhalb der Vp-Stichprobe relativ groß ist. Derartige Effekte könnten somit zu Artefakten à la ‚Fehlertyp II' führen, daß nämlich Hypothesen verworfen werden müssen, obwohl sie unter gewissen Bedingungen zutreffen.

Abhilfe bezüglich potentieller Störeffekte durch bestimmte Situationsdefinitionen läßt sich zum einen durch eine Nachbefragung schaffen, die z. B. darauf ausgerichtet ist zu prüfen, ob die vom Vl gewollten Aspekte der Situationsdefinition auch tatsächlich von den Vpn realisiert worden sind (vgl. z. B. Engels' Untersuchung über die Auswirkung verschiedener Statusrelationen, Engels 1976). Bei der Auswertung der Daten wäre es dann legitim, sich auf die Ergebnisse der Vpn zu beschränken, die auch tatsächlich die anvisierte Situationsdefinition berichten. Zum anderen helfen Replikationen und Variationen der speziellen personellen und situativen Bedingungen unter Beibehaltung der Grundhypothese weiter.

Auch falls signifikante Ergebnisse bei bestimmten Variationen nicht mehr repliziert werden können, ergeben sich Hinweise auf in vorherigen Untersuchungen bedeutsame Situationselemente. Aus dieser Sicht wäre es dann auch eine sinnvolle Strategie, die übliche Forscher-Intention (Bringe signifikante Ergebnisse!) auf den Kopf zu stellen: Was muß man ändern, damit das Vp-Verhalten nicht mehr den vorher beobachteten (signifikanten) Trend aufweist? Auch ein ‚nicht signifikantes' Ergebnis kann so von Bedeutung sein – eine Überlegung, die bei der Bewertung und Publikation von Forschungsarbeiten berücksichtigt werden sollte.

2.2 Das Problem des ‚Interaktionspartners'

Im vorigen Abschnitt lag der Schwerpunkt auf Artefaktpotentialen, die sich aus der Vp selbst ergeben: Stichprobenprobleme, Auswirkungen von Situationsdefinitionen etc. Experimente zur nonverbalen Kommunikation oder zum Verhalten in Face-to-Face-Interaktionen sind jedoch logischerweise auf mehrere interagierende Personen in einer Untersuchungssituation angewiesen. Ein zweiter wesentlicher Bereich potentieller Artefakte kann somit bei der Lösung dieser Partnerproblematik vermutet werden. In der Forschungspraxis wird dieses Problem auf unterschiedliche Weise zu lösen versucht. Im Prinzip lassen sich 3 Formen unterscheiden:

1. Vorgestellter Partner oder Partner-Surrogat
2. Confederate als Partner
3. Andere Vpn als Partner.

Im folgenden sollen die Vorteile und möglichen Artefaktrisiken dieser drei Formen diskutiert werden.

Zu 1.: Je nachdem, welcher Verhaltensaspekt untersucht wird, bietet dieser Weg sehr ökonomische und anscheinend auch gut kontrollierbare Prozeduren an; außerdem lassen sich sehr gut experimentelle Variationen durchführen. Allerdings besteht hier leicht die Gefahr, daß relativ artifizielle Situationen, bzw. nur begrenzt aussagekräftige Ergebnisse zustande kommen.

Ein Beispiel für einen guten Einsatz dieser Technik liefert die Untersuchung von Lott und Sommer (1967) zum Problem des Zusammenhanges von interpersoneller Distanz und interpersoneller Statusrelation: Die Vp sollte zu einem Interview an einem rechteckigen Tisch mit 3 × 1 Stühlen Platz nehmen. Einer der an der Tischecke stehenden Stühle der Längsseiten (3) galt als „reserviert" durch den Interviewer, der an diesem Platz einige Utensilien hinterlassen hatte. Es stellte sich heraus, daß die Vpn in

Abwesenheit des Interviewers sich einen anderen Stuhl aussuchten, je nachdem ob der Interviewer als statushöher (Professor gegenüber Student als Vp) bzw. niedriger (Studienanfänger) oder als statusgleich angekündigt war. Der ausgewählte Stuhl war weiter entfernt von dem „reservierten“, wenn ein Professor oder Studienanfänger als Interviewer angesagt war gegenüber dem Fall, wo ein Studienkollege als Interviewer fungieren sollte. Daraus leiten die Autoren ab, daß Personen bei Statusgleichheit eine geringere Distanz voneinander einnehmen als bei ungleichem Status. Natürlich könnte man die Operationalisierungen von Statusrelation und Distanz noch diskutieren. Jedenfalls scheint die Lösung der Partnerprobleme durch „Utensilien eines Partners“ doch zu einer relativ natürlichen Situation führen.

Ganz anders sieht es bei dem Vorgehen von Mehrabian (1968 a, b) und Mehrabian und Friar (1969) aus: Versuchspersionen wurden gebeten, sich in Situationen zu versetzen, in denen es um Partner mit verschiedenen Merkmalen gehe und es darauf ankomme, sich so hinzustellen, wie man es in wirklichen Interaktionen mit diesen Partnern machen würde. Die Vpn befanden sich in einem 17 × 18 Fuß großen Raum, dessen Mobiliar (Tische + Stühle) entlang der Wände aufgestellt war. Außerdem stand ein leerer Hutständer gegenüber der Eingangstür, 2,5 Fuß von der Wand entfernt. Folgende Instruktion wurde der Vp zu lesen gegeben:

„Wir bemühen uns, die Verhaltensweisen zu untersuchen, über die Personen Gefühle untereinander mitteilen. Wir haben diese Instruktionen aufgeschrieben, so daß Sie ganz für sich ihnen folgen können, ohne daß jemand von uns dabei ist.

In diesem Raum befindet sich ein Kleiderständer. Stellen Sie sich bitte vor, daß dort, wo ungefähr der Kleiderständer sich befindet, eine Person mit dem Gesicht zur Türe steht (d. h. zur Vp. – A. E.). Sie erhalten in jedem Teil des Experimentes verschiedene Informationen über das Geschlecht, den Status und ihre Einstellung gegenüber dieser vorgestellten Person.

Nachdem die imaginäre Person beschrieben worden ist, besteht Ihre Aufgabe darin, sich in der Art hineinzustellen, als ob Sie wirklich mit dieser Person sprechen würden. Es ist erforderlich, daß Sie sich wirklich bemühen, sich so hinzustellen, als wären Sie wirklich mit der beschriebenen Person zusammen. Sie haben soviel Zeit, wie Sie brauchen um nachzudenken und um die Position einzunehmen, die Sie für die natürliche halten. Es steht Ihnen frei, sich überallhin im Raum zu begeben und jedwede Haltung einzunehmen – soweit Sie sie für die natürliche halten. Denken Sie daran, daß es um die Art zu stehen und nicht um den Gesichtsausdruck dabei geht. Um Ihnen zu helfen, nicht an Ihren Gesichtsausdruck zu denken, werden

Sie die Pappmaske tragen, die sich auf dem Tisch befindet. Wenn Sie jeweils die Informationen über die vorzustellende Situation gelesen haben, darüber nachgedacht haben und dahin gegangen sind, wo Sie stehen wollen, die Maske angezogen und die Haltung eingenommen haben, die Sie für richtig halten, sagen Sie ‚fertig'. Bleiben Sie in dieser Haltung, bis Sie 2× Klopfen an die Scheibe des Ein-Weg-Spiegels hören.

Sie sind jetzt bereit anzufangen. Auf dem Tisch hier liegt ein Stapel von 8 Karten. Jede Karte beschreibt eine unterschiedliche Situation. Für jede Situation werden Sie das Geschlecht der imaginären Person erfahren, ob Sie diese Person mögen oder nicht, und ob diese Person einen höheren oder niedrigeren Status als Sie selbst innehat."

Beobachter schätzten während der Zeit, in der die Vp auf das Klopfzeichen wartete, 11 verschiedene Merkmale der Körperhaltung, die interpersonelle Distanz ein und stellten fest, ob Blickkontakt bestand oder nicht. Die Daten wurden varianz- und faktorenanalytisch ausgewertet und sind die Grundlage für Mehrabians Theorie zum dreidimensionalen Bedeutungsraum nonverbalen Verhaltens (Mehrabian 1972).

Abgesehen davon, daß die Beobachterreliabilität bei .65 liegt und man sich natürlich fragt, ob das Anschauen eines Hutständers so ohne weiteres als Blickkontakt mit einer vorgestellten Person interpretiert werden kann, abgesehen davon, daß weiter unklar ist, ob diese Posen unbedingt sehr aussagekräftig sind, stimmt es doch nachdenklich, daß die Autoren zwar die Untersuchung von Argyle/Dean zitieren, jedoch keine Konsequenzen daraus ziehen. Argyle/Dean hatten Vpn aufgefordert, sich gegenüber 5 verschiedenen Objekten so hinzustellen „as close as is comfortable to see well". Die Objekte waren zunächst ein Buch, eine Kopfplastik und ein Foto eines Kopfes – drei Bedingungen, die hier nicht weiter interessieren sollen. In den beiden anderen Bedingungen sollten sich die Vpn gegen Michael Argyle selbst hinstellen. Abgesehen nun davon, daß Argyle keineswegs ein Allerwelts-Typ ist, sondern über eine interessante und markante Statur und Gesichtszüge verfügt, verblüfft der Unterschied zwischen den beiden Bedingungen. Wenn Argyle „was looking straight at the subject with a pleasant-to-neutral expression" stellten sich die Vpn weiter weg, als wenn Argyle die Augen geschlossen hatte! Mehrabian hätte also seine Vp instruieren müssen, ob die vorgestellte Person Blickkontakt aufnimmt oder nicht; daß sie den Kopf zur Vp gewendet haben soll, scheint nicht auszureichen, das hatte Argyle auch mit geschlossenen Augen. Andererseits wäre diese Unterlassung unerheblich, wenn er in einer Nachbefragung sich nach geöffneten oder geschlossenen Augen der vorgestellten Person erkundigt hätte und dann seine Aussagen zur Distanzregelung auf die

Distanzregelung gegenüber Personen mit offenen oder geschlossenen Augen beschränkt hätte. Wenn seine Vp sich jedoch Partner mit geschlossenen Augen vorgestellt hatten, dann hätten Mehrabians Beobachter nicht Blickkontakt der maskentragenden Vp mit den vorgestellten Personen an der Stelle des Hutständers registriert, sondern . . .

Vielleicht ist es wirklich besser, nach anderen Prozeduren zu suchen, auch wenn „vorgestellte Partner“praktisch sind. Sie sind immer zur Hand, man braucht ihre Merkmale nicht zu kontrollieren – kann es auch wohl kaum – und man kann ziemlich zügig viele Vpn den experimentellen Bedingungen unterwerfen, was nachher entsprechend „starke“ statistische Auswertungen möglich macht. Und das macht sich immer gut?

Zu 2.: Wenn also nicht so, wie aber dann? Schließlich sind Forschungsökonomie und Kontrolle doch schwerwiegende Argumente, die Reduktion der Komplexität von Interaktionen ist doch oft eine Voraussetzung dafür, daß Verhalten in Interaktionen überhaupt untersuchbar wird!

In solchen Situationen ist der ‚Confederate‘ die Lösung. Ein Helfer des Versuchsleiters übernimmt für alle oder eine Reihe von Vpn die Rolle des Interaktionspartners; je nach Interaktionssituation wird die Vp darüber instruiert, daß ihr Partner ein Helfer des Vl ist – wenn er die Rolle des Interviewers, die Vp die Rolle des Interviewten spielt – oder auch nicht – wenn es sich um eine „natürliche“ Unterhaltung handeln soll. Auf keinen Fall erfährt die Vp jedoch, daß der Confederate instruiert ist, sich entweder gegenüber allen Personen in einer bestimmten Weise konstant zu verhalten, oder bestimmte Verhaltensweisen nach einem Plan zu variieren hat. Sie soll den Eindruck haben, das Verhalten ihres Partners sei die spontane Verhaltensreaktion auf sie selbst bzw. auf die Gesamtsituation. Ziel dieser Technik ist es, durch Kontrolle oder kontrollierte Variationen des Verhaltens eines Partners gleiche bzw. angebbare experimentelle Bedingungen für alle Vpn herzustellen. Dabei ergeben sich jedoch Schwierigkeiten.

Zunächst einmal ist es fraglich, ob der Confederate tatsächlich sein Verhalten so kontrollieren oder variieren kann, wie es der Experimentator vorschreibt. Auch nach Hören gezielter Instruktionen oder einem gewissen Training gelten hier die gleichen Bedenken für gezieltes Rollenverhalten, wie sie oben schon bei der Diskussion der bewußten Verhaltenssteuerung der Vp geäußert wurden. So richtig ‚gleich‘ für alle Interaktionspartner wird der Confederate das wohl nicht hinbekommen in allen nonverbalen Einzelheiten. Andererseits ist es dann immer noch die Frage, ob das gleiche Verhalten von allen Vpn auch gleich ‚dekodiert‘ wird, ob also z. B. der Gesichtsausdruck von Michael Argyle (s. o.) wirklich für alle Vpn „pleasant-to-neutral“ war.

Noch komplizierter wird das mit dem Confederate jedoch, wenn man Vp-Verhalten in Abhängigkeit von situativen Bedingungen untersuchen will und der Confederate sich nach experimenteller Logik unter den variierten Bedingungen gleich verhalten muß. Untersuchungen zu Argyle/ Deans ‚Equilibrium Theorie' (1965) stehen in einem solchen Dilemma.

Vereinfachend gesagt, meint die Theorie, daß bei gleichem Grad interpersoneller Vertraulichkeit der Blickkontakt zwischen den Partnern zunimmt, wenn die Entfernung zwischen diesen beiden zunimmt. Zum anderen sagt die Theorie auch, daß bei gleicher Distanz mit zunehmender Vertraulichkeit Blickkontakt zunimmt, und bei gleichem Blickkontakt mit zunehmender Distanz die Vertraulichkeit abnimmt. Untersuchungen dazu laufen nun so ab: Eine Vp soll mit einem Confederate ein Gespräch führen. Der Confederate ist hinsichtlich seines Blickverhaltens auf ein bestimmtes Muster eingerichtet, das er über alle variierten Bedingungen beibehält. Variiert wird die interpersonelle Distanz. Gemessen wird Blicklänge, -häufigkeit und -dauer der Vp, bzw. entsprechendeVariationen des Blickkontaktes. Festgestellt wird meistens, daß mit zunehmender Distanz diese Blickdaten zunehmen. Problematisch ist nun folgendes: Wenn diese Regelmäßigkeit im Blickverhalten der Vp ‚normal' sein soll – das wollte man ja untersuchen, ob deren Blickverhalten sich mit zunehmender Distanz ändert – wieso gilt diese ‚Regel' nicht auch für das Verhalten des Confederates? Seine Blickzuwendung hätte, wenn sie ‚natürlich' sein sollte, sich auch mit zunehmender Distanz ändern müssen; da sie sich nicht geändert hat, das wollen wir im Sinne der gleichen Versuchsbedingungen hoffen, kann sie entweder nicht natürlich gewesen sein, oder die allgemeine Regel, die der Forscher herausgefunden hat, ist gar nicht so allgemein. Dies nun waren die Überlegungen unter der Bedingung, daß die Vertraulichkeit gleich war zwischen den Partnern; und wenn sich dies nun mit der Distanz geändert hätte . . .?

Dem kann man natürlich ausweichen, indem man keine wiederholten Messungen mit einem Partner-Paar macht, sondern Mittelwerte unterschiedlicher Vp-Gruppen der einzelnen Bedingungen vergleicht. Aber auch dann hätte sich ähnliches ergeben: 50% Blickzuwendung des Confederates bei 60 cm Distanz wird halt, wenn die Regel Distanz/Blick stimmt, von der Vp als viel oder sogar zuviel, und bei 3 m als wenig oder zu wenig erlebt – und wonach richtet sich ihr Verhalten – nach den 50% oder ihrem Eindruck davon? Wenn es also Regeln für nonverbales Verhalten gibt – muß der Conferderate sich danach verhalten; das Experiment soll aber erst diese Regeln sichern helfen; ist das nicht ein Dilemma?

Eben weil die Vpn das nonverbale Verhalten ihrer Partner beachten, dekodieren o. ä. (allgemeine Kernaussage der NVK-Forschung) und sich in ihrem Verhalten die entstandene interpersonelle Einstellung etc. niederschlägt, enkodiert wird (allgemeine Kernaussage der NVK-Forschung), ergeben sich hohe Artefaktrisiken aus dem Einsatz von Confederaten, wenn der Forscher hier nicht über den Rand des eigenen Experimentes hinaus Ergebnisse anderer Untersuchungen quasi als ‚Meta-Experimente' zur Absicherung heranzieht (Dekodierungsergebnisse als Information über die Wahrnehmung des Confederate-Verhaltens durch die Vp).

Duncan/Fiske (1977) schlagen zum Problem des Confederates vor, auf eine Kontrolle des Verhaltens zu verzichten. Da das Vp-Verhalten nicht planbar sei, der Confederate aber in natürlicher Weise auf die Vp reagieren müsse, könne auch das Verhalten des Confederates nicht vorher geplant werden. ‚Kontrolle' in einem weiteren Sinne könne nur dadurch ausgeübt werden, daß durch die Konstanz einer Person als Confederate eine gewisse Vergleichbarkeit hergestellt werde. Dementsprechend dürften dann die Ergebnisse der Untersuchung eigentlich nur für die Interaktion mit dieser Confederate-Person gültig sein, bzw. müßten Replikationen mit einer entsprechenden Stichprobe von Confederates durchgeführt werden. Je weniger Personen die Confederate-Rolle in einer Versuchsanordnung übernehmen, je größer wird ein gewisses Artefaktrisiko. Auf jeden Fall sollte der Forscher also potentielle Effekte seiner Confederates überprüfen (z. B. mindestens Geschlechtseffekte!).

Zu 3: Unter dem Gesichtspunkt des natürlichen Verhaltens ist die Arbeit mit zwei naiven Vpn sicher die beste Lösung. Allerdings sind damit die Möglichkeiten der experimentellen Manipulation bzw. Kontrolle der Interaktion durch den Forscher auf ein Minimum reduziert. Durch Vorauswahl der Vpn, Vorgabe des Interaktionsanlasses und Ausgestaltung des Schauplatzes der Begegnung können zwar vergleichbare Ausgangsbedingungen für zahlreiche Partner-Dyaden bereitgestellt werden, auf den Interaktionsverlauf hat der Forscher jedoch keinen Einfluß mehr. Durch die Vielzahl der möglichen Partnerkonstellationen und Situationsentwicklungen dürfte es nachher schwerfallen, genau herauszuarbeiten, welche Variable für welchen Effekt verantwortlich war.

Einen gewissen Ausweg scheint an dieser Stelle der Einsatz von Rollenspieltechniken anzubieten. Der Forscher bittet seine Vpn, sich in eine bestimmte Situation zu versetzen (eine der Vp möglichst vertraute), gibt nähere Informationen über die eigene Person, Handlungsabsichten, den Partner und die Beziehung zu ihm und fordert die Beteiligten auf, eine entsprechende Interaktion durchzuspielen. Zunächst wurde das Rollenspiel zwar mehr als methodische Alternative zur experimentellen Täuschung erwogen (vgl. Mertens 1975); neuere Diskussionen betonen jedoch den grundsätzlichen Vorteil der Untersuchung gespielter Interaktionen (vgl. die Beiträge zu ‚Role playing als a methodology for social research: A symposium' in ‚Personality and Social Psychology Bulletin' 1977, S. 454-522). Nach eigenen Erfahrungen kann so mit relativ geringem Aufwand und unter relativ gut kontrollierbaren Bedingungen relativ natürliches nonverbales Verhalten beobachtet werden (Engels 1976). Sind die zu spielenden Situationen der Vp vom eigenen Leib her bekannt, und hat sie sich mit der zunächst ungewohnten Aufgabe vertraut gemacht, können in puncto nonverbales Verhalten die gleichen Überlegungen geltend gemacht werden wie im vorigen Abschnitt, wo die Problematik der wissenden Vp erörtert wurde. Dabei handelt es sich bei der Frage ‚Wissen vs. Rollenspiel' nur um graduelle, keine prinzipielle Unterschiede. Besonders sinnvoll scheinen solche Verfahrensweisen zu sein, wenn der Forscher sich mit seiner Fragestellung noch mehr in der Erkundungsphase befindet und genauere Informationen für weitergehende Untersuchungen braucht.

3. Konsequenzen

In den oben angesprochenen Punkten, die exemplarisch herausgegriffen sind, wurde deutlich, daß auch bei laborexperimentellen Untersuchungen zum nonverbalen Verhalten mit Artefaktpotentialen gerechnet werden muß. Auch hier gilt: Je exakter die Kontrolle über die hergestellte Situation sein soll, desto größer ist die Gefahr, artifizielle Situationen herzustellen. Je realistischer die Labor-Situation ausgestaltet wurde, desto geringer sind die Kontrollmöglichkeiten, desto geringer wird letztlich die Generalisierbarkeit der Ergebnisse.

Labor-Experimente in der NVK-Forschung haben von der gestellten Aufgabe her relativ große Ähnlichkeit mit Feld-Experimenten; sieht man einmal von den merkwürdigen Praktiken Mehrabians oder Argyle & Deans (s. o.) ab, so ist deutlich die Tendenz festzustellen, die Vpn nur in solche Experimentalsituationen zu versetzen, die ihnen aus dem Alltag her bekannt sind, und wo ihr Verhaltensspielraum möglichst wenig eingeschränkt ist. Ungewöhnlich ist dann lediglich das Wissen um die Teilnahme an einer Untersuchung, ein Umstand, der zwar ohne weiteres Einfluß haben, wegen der geringeren Kontrollierbarkeit des nonverbalen Verhaltens jedoch eher nicht-systematische Effekte produzieren dürfte.

Nicht unwesentlich dafür, daß eine explizite Artefaktdiskussion um NVK-Experimente kaum stattgefunden hat, dürften zwei Momente sein (wohl kann in den Weiterentwicklungen der Versuchsanordnungen zu natürlicheren Situationen und dem Einsatz eines sich relativ spontan verhaltenden Confederates statt fiktiver Partner eine implizite Diskussion gesehen werden):

Zum einen ist die Forschungsrichtung über ein deskriptives Stadium noch nicht hinausgekommen. Man begnügt sich noch damit, Verhaltensvariationen als Reaktionen auf die Veränderung einzelner situativer oder personaler Merkmale zu konstatieren, stellt jedoch kaum Hypothesen auf, warum die Person entsprechend reagiert. Wenn auf diese Weise keine ‚psychologische' Hypothese Aussagen über Kognition oder Motivation der Vpn macht, kann auch die Formulierung von Untersuchungsergebnissen durch den Forscher nicht zu einem Artefakt geraten. Insofern nähere Erklärungen des Vp-Verhaltens nicht gegeben werden, kann das Außerachtlassen der Situationsdefinition der Vpn nicht zu falschen Erklärungen führen. Zum zweiten sind wirklich vollständige Replikationen sehr selten. Dadurch können abweichende Ergebnisse relativ leicht auf veränderte Versuchsbedingungen geschoben werden, was die Aufdeckung von möglicherweise bisher unberücksichtigten Effekten bestimmter situativer Momente natürlich erschwert.

Trotz aller Kritik an der experimentellen Laborforschung von seiten einer ‚Sozialpsychologie des Experiments' kann auf das Experiment als Methode nicht verzichtet werden; man muß jedoch auch die Grenzen sehen. Manche Fragestellungen lassen sich jedoch ohne weiteres im Labor untersuchen: Ekman (1976) untersuchte z. B. ‚Embleme', d. h. Gesten mit eindeutig kodierten Bedeutungen. Da er gerade situations- und personunspezifische Verhaltenszeichen herausarbeiten wollte, konnte er in einer völlig unnatürlichen Laborsituation seine Vpn bitten, die Körperhaltungen und Gesichtsausdrücke zu produzieren, über die man anderen Personen bestimmte Mitteilungen machen würde; phänomenal gleiche Bewegungsmuster verschiedener Vpn bei gleicher Mitteilungsabsicht konnten so als eindeutiges nonverbales Zeichen für den bestimmten Mitteilungsinhalt identifiziert werden, wenn in einem weiteren Untersuchungsschritt andere Vpn – ebenfalls in einer Laborsituation – den Bewegungsmustern die vorher ‚enkodierten' Mitteilungsinhalte wieder eindeutig zuordnen konnten, gewissermaßen richtig die Bewegungsmuster ‚dekodierten'. Ein Beispiel für ein ‚Emblem' ist der berühmte Vogel, den man jemandem zeigt; den versteht jeder, und die Bedeutung ist unabhängig von der Situation.

Welche Methode jeweils sinnvoll ist, muß der Forscher aufgrund der Fragestellung und nach sorgfältigem Abwägen zwischen Kontrollierbarkeit und Natürlichkeit selbst entscheiden, denn er selbst produziert mit seinen Aussagen die Artefakte, nicht die Methode. Insofern, als die NVK-Forschung sich zwar des Experiments bedient, ihm jedoch kein methodisches Primat einräumt, sondern sogar andere methodologische Grundvorstellungen mit ihren Ergebnissen in den Forschungsprozeß einbezieht, insofern betrifft die Krisendiskussion um das Expeciment zwar auch die NVK-Forschung, trifft sie jedoch nicht entscheidend: der als Ergebnis der Artefaktforschung geforderte Methodenpluralismus liegt in der NVK-Forschung schon vor. Dies ist das Ergebnis der heterogenen wissenschaftlichen Herkunft der Forscher, die aufgrund eines gleichen Untersuchungsgegenstandes zu interdisziplinärer Zusammenarbeit kommen (müssen). Vielleicht könnte darin ein wesentliches Element des ‚New Look' der Sozialpsychologie liegen?

In den letzten 10 Jahren scheint Argyles Auffassung von der Notwendigkeit des Umdenkens in der Sozialpsychologie wenig an Aktualität verloren zu haben. Graumann (1979) jedenfalls fordert schon nach innen zwischen ‚psychologischen' und ‚soziologischen' Sozialpsychologen mehr Zusammenarbeit und sieht in der gemeinsamen Beschäftigung mit der Kleingruppe eine Chance zur Wiedergewinnung des gemeinsamen Grundes, zur Überwindung eines historisch und institutionell stark verankerten Schismas in der Sozialpsychologie. Bei der Untersuchung nonverbalen Verhaltens in der sozialen Interaktion hat sich eine Forschungsrichtung entwickelt, die bereits Ansätze zu einer solchen Entwicklung gemacht hat, auch wenn (oder weil) sie sich noch zunächst um eine Beschreibung der relevanten Phänomene bemüht, und obwohl (oder weil) mit weniger anspruchsvollem Methodendenken zunächst relativ heterogene Fragestellungen bearbeitet werden.

Literatur

Argyle, M.: Social interaction, London 1969. Deutsch: Soziale Interaktion. Köln 1972.

Argyle, M.: Bodily communication, London 1975. Deutsch: Körpersprache und Kommunikation. Paderborn 1979.

Argyle, M. & Cook, M.: Gaze and mutual gaze. Cambridge 1976.

Argyle, M. & Dean, J.: Eye-contact, distance, and affiliation. Sociometry 28 (1965), 289-304.

Barber, T. X.: Pitfalls in human research – Ten pivotal points. New York 1976.

Birdwhistell, R. L.: Introduction to kinesics. Washington 1952.

Birdwhistell, R. L.: Kinesics and context, Philadelphia 1970.

Blurton-Jones, N.: Characteristics of ethological studies of human behavior. In: Blurton-Jones, N.: Ethological studies of child behavior. Cambridge 1972, 3-33.

Carr, S. J. & Dabbs, J. M.: The effects of lighting, distance, and intimacy of topic on verbal and visual behavior. Sociometry 37 (1974), 592-600.

Chapman, A. J.: Eye contact, physical proximity, and laughter: A re-examination of the equilibrium model of social intimacy, Soc. Behaviour a. Pers. 3 (1975), 143-155.

v. Cranach, M. & Konau, E.: Die Elemente der Interaktion als unerkanntes Kerngebiet der Sozialpsychologie. Zeitschrift für Sozialpsychologie 1 (1970), 377-383.

Dietch, J. & House, J.: Affiliative conflict and individual differences in self-disclosure, Repres. Res. in Soc. Ps. 6 (1975), 69-75.

Duncan, S. D.: Nonverbal communication. Psychol. Bull. 72 (1969), 118-137.

Duncan, S. D. & Fiske, D. W.: Face-to-face interaction. New York 1977.

Efran, J. S.: Looking for approval: Effects on visual behavior of approbation from persons differing in importance. J. Per. Soc. Psychol. 10 (1908), 21-25.

Efran, J. S. & Broughton, A.: Effects of expectancies for social approval on visual behavior. J. Pers. Soc. Psychol. 5 (1966), 103-107.

Ekman, P.: Movements with precise meanings, J. of Communication 26 (1976), 14-26.

Ekman, P. & Friesen, W. V.: Unmasking the Face. Englewood Cliffs 1975.

Ekman, P.; Friesen, W. V. & Ellsworth, P.: Emotion in the Human Face. New York (1972. Deutsch: Gesichtssprache. Wien 1974.

Engels, A.: Status und nonverbales Verhalten, Köln 1976.

Goffman, E.: Relations in public. New York 1971. Deutsch: Das Individuum im öffentlichen Austausch. Frankfurt 1974.

Goffman, E.: Frame Analysis. New York 1974. Deutsch: Rahmen-Analyse. Frankfurt 1977.

Graumann, C. F.: Die Scheu des Psychologen vor der Interaktion. Z. Sozialpsychol. 10 (1979), 284-304.

Harper, R. G.; Wiens, A. N. & Matarazzo, J. D.: Nonverbal Communication: The state of the art, New York 1978.

Harrison, R. P.: Beyond words: An introduction to nonverbal communication. Englewood Cliffs 1974.

Kendon, A.; Harris, R. M. & Key, M. R.: Organization of behavior in face-to-face interaction. Den Haag 1974.

Kirchhoff, R.: Zur Geschichte des Ausdrucksbegriffs. In: Kirchhoff, R. (Hrsg.): Handbuch der Psychologie, Bd. 5: Ausdruckspsychologie. Göttingen 1965, 3-38.

Knapp, M. L.: Nonverbal communication in human interaction. New York 1972.

Lefkowitz, M. M.; Blake, P. R. & Mouton, J. S.: Status factors in pedestrian violation of traffic signals. J. Abnorm. Soc. Psychol. 51 (1955), 704-706.

Littlejohn, S. W.: Theories of human communication. Columbus 1978.

Lott, D. F. & Sommer, R.: Seating arrangements and status. J. Pers. Soc. Psychol. 7 (1967), 90-95.

Mehrabian, A.: Inference of attitudes from the posture, orienttation, and distance of a communicator. J. Cons. Clin. Psychol. 32 (1968 a), 296-308.

Mehrabian, A.: Relationship of attitude to seated posture, orientation, and distance. J. Pers. Soc. Psychol. 10 (1968 b), 26-30.

Mehrabian, A.: Nonverbal Communication. Chicago 1972.

Mehrabian, A. & Friar, J. T.: Encoding of attitude by a seated communicator via posture and position cues. J. Cons. Clin. Psychol. 33 (1969), 330-336.

Merten, K.: Kommunikation. Opladen 1976.

Mertens, W.: Sozialpsychologie des Experiments. Hamburg 1975.

Morris, D.: Der Mensch mit dem wir leben. München 1978.

Patterson, M. L.: An arousal model of interpersonal intimacy. Psychol. Rev. 83 (1976), 235-245.

Rosenfeld, H. M. Effect of an approval-seeking induction on interpersonal proximity. Psychol. Rep. 17 (1965), 120-122.

Rosenfeld, H. M.: Approval-seeking and approval-inducing functions of verbal and nonverbal responses in a dyad. J. Pers. Soc. Psychol. 4 (1966), 597-605.

Rosenthal, R.: Experimenter Effects in Behavioral Research. New York 1966.

Rosenthal, R. & Rosnow, R. L.: Artifact in Behavioral Research, New York 1969.

Rosenthal, R. & Rosnow, R. L.: The volunteer subject, New York 1975.

Rosnow, R. L. & Aiken, L. S.: Mediation of artifacts in behavioral research. J. Exp. Soc. Psychol. 9 (1973), 181-201.

Scheflen, A. E.: Stream and structure of communicational behavior: Context analysis of a psychotherapy session. Philadelphia 1965.

Scherer, K. R. & Wallbott, H. G. (Hrsg.): Nonverbale Kommunikation: Forschungsberichte zum Interaktionsverhalten, Weinheim 1979.

Soreno, K. K. & Mortensen, C. D.: Foundations of communication. N. Y. 1970.

Webb, E. J., Campbell, D. T., Schwartz, R. D. & Sechrest, L.: Unobtrustive Measures: Nonreactive research in the social sciences. Chicago 1966. Deutsch: Nichtreaktive Meßverfahren. Weinheim 1975.

Weitz, S. (Ed.): Nonverbal communication: Readings with commentary, New York 1974.

Wiener, M.; Devoe, S.; Rubinow, S. & Geller, J.: Nonverbal behavior and nonverbal communication. Psychol. Rev. 79 (1972), 185-214.

Wilson, T. P.: Theorien der Interaktion und Modelle soziologischer Erklärung. In: Arbeitsgruppe Bielefelder Soziologen (Hrsg.): Alltagswissen, Interaktion und gesellschaftliche Wirklichkeit, Bd. 1. Reinbek 1973, 54-79.

Bedingungen für Artefakte in Konformitätsexperimenten: Der Milgram-Versuch

Winfried Stuwe und Ernst Timaeus

1. Artefakte in psychologischen Experimenten und Struktur der Milgram-Versuche

Artefakte in psychologischen Experimenten entstehen in mindestens zwei Bereichen. Einer dieser Bereiche bezieht sich auf die ökologische Repräsentanz der im Labor angeordneten Versuchsbedingungen. Hierher gehört der Einwand, daß ein bestimmes experimentelles Ergebnis sich im Labor mit seinen speziellen Bedingungen herstellen läßt, aber keine Bedeutung für Alltagssituationen hat, weil dort eine Vielzahl anderer Variablen unkontrollierbar einwirken. Z. B. sind Einstellungsänderungen gewöhnlich im größeren Maße im Labor als in Alltagssituationen zu erzielen (Hovland 1959). Für diese Unterschiede lassen sich zwei Gründe anführen. Einmal sind in Laborexperimenten die Informationen für die Vpn vorgegeben, während sie im Alltag aktiv und selektiv aufgesucht werden. Zum anderen können sich die unterschiedlichsten Informationen im Alltag in ihrer Wirkung gegenseitig aufheben, während in Laborsituationen eine solche Interferenz systematisch vermieden werden kann.

Der zweite Bereich von Artefakten in psychologischen Experimenten besteht aus unbeabsichtigten und daher unkontrollierten Einflüssen durch die experimentelle Situation und speziell durch den Versuchsleiter. Will man eine Alltagssituation in einem Experiment nachvollziehen, muß man für die beteiligten Vpn die erforderliche Rahmenbedingung schaffen. Um diese Rahmenbedingung herzustellen, ist ein Versuchsleiter nötig, der im Alltag in dieser Situation nicht vorkommt. Daher muß es dem Vl darum gehen, seine Vpn nicht in eine bestimmte Richtung zu beeinflussen. Jede Wirkung, die von dem anwesenden Vl trotzdem auf die erzielten Ergebnisse ausgeübt wird, führt unweigerlich zu Artefakten in den Befunden.

Die *Milgram*-Versuche stellen nun Alltagssituationen dar und versuchen solche Situationen zu reproduzieren, in denen Personen gehorchen, obwohl sie eigentlich nicht gehorchen sollten.

Als Paradigma dienen dafür Situationen organisierter Feindseligkeit, wie sie in Kriegen, bei Polizeieinsätzen oder bei kriminellen Banden zu beobachten sind, mit den Bestimmungsmerkmalen Autorität, Ausführende und Opfer. Die Autorität wird im *Milgram*-Versuch vom Vl ausgeübt. Ausführende sind naive Vpn aus unterschiedlichen Berufen und verschiedenen Altersstufen. Opfer spielen vom Vl instruierte Vpn, was aber den naiven Vpn verborgen bleibt. Die Versuchsanordnung besteht aus einem simulierten Stromgenerator mit einem Schaltpult, auf dem mit 30 Hebeln Stromstärken von 15 bis 450 Volt in Stufen von 15 Volt eingeschaltet werden können. Die Hebel des Schaltpults sind mit Bezeichnungen „Geringer Schock" bis zu „Gefahr: Schwerer Schock" versehen. Dieser Generator ist für die naive Vp allem Anschein nach verbunden mit einer Art „elektrischem Stuhl", der im Nebenraum steht. In Wirklichkeit werden jedoch keine Stromstöße erteilt.

Die naive Vp und die vom Vl instruierte Vp kommen gemeinsam in den Untersuchungsraum und werden informiert, daß sie an einem Experiment teilnehmen sollen, in dem es darum geht, die Auswirkungen von Strafe auf die Gedächtnisleistung zu untersuchen. Dazu sei es notwendig, in einem Losverfahren die Aufgaben von Lehrer und Lernendem zu verteilen. Das Losverfahren ist jedoch so angelegt, daß immer die naive Vp die Aufgabe des Lehrers übernehmen muß. Danach wird die vom Vl instruierte Vp im Nebenraum auf dem „elektrischen Stuhl' an Elektroden angeschlossen und die naive Vp erhält einen Probeschock von 45 Volt, um sie von der Echtheit der Anlage zu überzeugen. Die Aufgabe der naiven Vp als „Lehrer" besteht nun darin, dem „Lernenden" eine Liste von Assoziationspaaren beizubringen und jeden Fehler des Lernenden bei der Reproduktion dieser Assoziationspaare mit einem Schock zu bestrafen, beginnend mit der niedrigsten Spannung und fortfahrend mit der nächsthöheren Spannung von Fehler zu Fehler bis zur höchsten Stufe von 450 Volt. Dabei reagiert der „Lernende" mit auf Tonband standardisierten Protesten, die entsprechend den Voltzahlen von einem Murren und Stöhnen bis zur Weigerung, weiter an dem Versuch teilzunehmen, reichen. Auf Versuche der naiven Vp, die Proteste des „Lernenden" ernst zu nehmen und den Versuch abzubrechen, fordert der Vl mit Bestimmtheit: „Sie haben keine andere Wahl. Sie müssen weitermachen." Zunächst wird die naive Vp informiert, daß sie ausbleibende Reaktionen des „Lernenden" als Fehler betrachten und diese entsprechend mit Schocks bestrafen müsse.

Die quantitative Auswertung besteht darin, jeder naiven Vp einen Meßwert zuzuordnen, je nachdem welche Voltzahl sie dem „Lernenden" verabreicht hat. Dabei wird einer Vp der Meßwert 0 zugeordnet, wenn sie sich geweigert hat, überhaupt einen Schock auszuteilen, bis 30 für eine Vp, die alle Hebel des Schockgenerators umgelegt hat. Unter diesen Bedingungen ergab sich, daß 37% der naiven Vpn den Aufforderungen des Vl trotzten und 63% alle Voltstufen einschalteten.

Die qualitative Auswertung durch Beobachtung der Vpn zeigte, daß alle unter einem starken Konflikt litten, der sich in Schwitzen, Stottern, Zittern, auf die Lippen beißen und Stöhnen ausdrückte. Bei 71 von 160 Vpn trat ein rätselhaftes Phänomen auf, nämlich Lachanfälle. Nachträglich befragt, wie diese Lachanfälle zu erklären wären, antworteten alle Vpn übereinstimmend, daß sie sich diese Reaktion auch nicht erklären könnten, und wiesen mit Nachdruck darauf hin, keine Sadisten zu sein und auf keinen Fall die Situation angenehm empfunden zu haben.

Prägnante Beispiel für solche Situationen wurden etwa bei den Nürnberger Kriegsverbrecherprozessen, aber auch bei der Verhandlung um die Verbrechen von Adolf Eichmann aufgedeckt. Solche Situationen sind jedoch viel häufiger anzutreffen als diese beiden Beispiele zeigen. Betrachtet man die augenblicklichen internationalen Ereignisse oder solche aus vergangenen geschichtlichen Epochen, so sind eine Vielzahl von Situationen auffindbar, wo Menschen Befehlen und Anordnungen gehorcht haben, denen sie sich eigentlich aus sittlichen und moralischen Erwägungen hätten widersetzen müssen. (Unabhängig von Milgram weisen auch Resultate von Orne & Evans 1965 und Landis 1924 darauf hin, daß grausame Handlungen von Vpn scheinbar allein durch einfache Aufforderungen von Vl vollzogen werden.)

Wenn nun solche Situationen das Pradigma der *Milgram*-Versuche darstellen, so ist festzustellen, daß in diesen Versuchen der Vl integraler Bestandteil der Versuchsanordnung ist und sich auch in Alltagssituationen als Vorgesetzter oder Befehlsgeber wiederfindet. Insofern ist der Bereich, in dem Vpn durch die Anwesenheit des Vls beeinflußt werden, hier keine Quelle für mögliche Artefakte. Die Beeinflussung durch den Vl ist beabsichtigter Bestandteil der Versuchsanordnung. In diesen Versuchen ist gewissermaßen die sonst übliche Fragestellung auf den Kopf gestellt. Es geht hier nicht so sehr darum zu erklären, warum in Alltagssituationen gemeinhin von Natur aus für böse gehaltene Menschen unter Bedrohung ihres eigenen Lebens auf Befehl Verbrechen begehen. Die *Milgram*-Versuche wollen vielmehr zeigen, daß unter bestimmten Bedingungen ganz „normale" Bürger ohne äußeren Zwang und ohne körperliche Bedrohung Dinge tun, die man eigentlich nicht von ihnen erwarten würde. Von zentraler Bedeutung ist dann, welche Bedingungen für diese Ergebnisse ausschlaggebenden Einfluß haben.

Fragt man nun, welche Artefakte bei dieser speziellen Gegebenheit noch möglich sind, muß einmal geklärt werden, ob es sich hierbei wirklich um

Gehorsamkeit der Vpn handelt oder ob eine andere Interpretation gefunden werden kann. Die Frage, ob es sich hier wirklich um Gehorsam handelt, stellt sich deshalb, weil im Gegensatz zu vergleichbaren Situationen im Alltag der Vl als Befehlsgeber der Vpn gegenüber keine Sanktionsmöglichkeiten hat. Keiner Vp würde etwas passieren, wenn sie auf der Stelle die Mitwirkung an dem Experiment verweigerte und den Raum verließe. Wenn Vpn den Anordnungen des Vl Folge leisten, meistens unter großen emotionalen Schwierigkeiten, so ist zu klären, welche äußeren oder inneren Zwänge sie zu diesem Verhalten veranlassen. Dabei ist besonders zu fragen, ob Gehorsam gegenüber dem Vl die ausschlaggebende Variable für die Erklärung des Verhaltens der Vpn darstellt.

2. Analyse der Milgram-Versuche aus der Sicht der beteiligten Personen

An der Durchführung der *Milgram*-Versuche sind direkt drei Personen beteiligt: der Vl, die mit dem Vl im Bunde stehende Vp und die naive Vp, der die Aufgabe des Lehrers zugewiesen wird. Indirekt beteiligt ist jedoch auch der Personenkreis, dem die Ergebnisse der Experimente mitgeteilt werden sollen. Fragt man nämlich, was den Vl veranlaßt, diese Versuche durchzuführen, so kann man davon ausgehen, daß ein wesentlicher Grund in der erwarteten Reaktion auf die Veröffentlichung dieser spektakulären Befunde liegt. Nimmt man nämlich an, daß etwa die Ergebnisse dieser Versuche gezeigt hätten, daß unter diesen Umständen niemand bereit wäre, Schocks zu geben, wäre nach der üblichen Publikationspraxis von wissenschaftlichen Zeitschriften dieses Ergebnis niemals veröffentlicht worden. Doch auch eine Versuchsanordnung, in der alle Vpn die Schocks voll anwenden, ist nicht im Sinne des Vl. So war etwa die Einführung der verbalen Reaktion der mit dem Vl im Bunde stehenden Vp notwendig geworden, weil Vorversuche gezeigt haben, daß ohne diese verbale Reaktion alle Vpn die Voltzahlen munter bis zur höchsten Stufe einschalten. Die Kennmarken „Extremer Schock“ und „Gefahr: Schwerer Schock“ ließen keinerlei Verhaltenseinfluß erkennen. Selbst milde Proteste des Lernenden erwiesen sich als unzureichend und so ergab sich die Notwendigkeit, einen heftigen Protest des Lernenden einzuführen. Wenn wir das Gesamtergebnis dieser Vorverusche analysieren, müssen wir feststellen, daß der Vl seine Versuchsanordnung solange ändert, bis ein gewisser Teil seiner Vpn den Gehorsam verweigert. Für den Vl scheint also bereits als günstigstes Ergebnis ein bestimmter Prozentsatz von Verweigerung im vorhinein festzustehen. Hier wäre nun zu fragen, warum gerade dieses Ergebnis im Hinblick auf die zu erwartende Reaktion der Öffentlichkeit für den Vl interessant ist. Milgram selbst gibt an, daß ein hundertprozentiger Gehorsam der Vpn keine adäquate Basis der Skalierung von Gehorsamstendenzen ermöglicht. Ohne eine solche Skalierung von Gehorsamstendenzen wäre es nicht möglich anzugeben, welche Variablen im einzelnen für das Entstehen bzw. die Verweigerung von Gehorsam verantwortlich sind. Erst ein einigermaßen ausgewogenes Verhältnis zwischen gehorsamen und ungehorsamen Vpn ermöglicht es, den relativen Einfluß solcher Variablen wie ‚Nähe des Lernenden' bzw. ‚Nähe des Vl' in ihren Effekten abzuschätzen.

Die zweite beteiligte Person ist die mit dem Vl im Bunde stehende Vp, die jeweils die Aufgabe des Lernenden übernimmt. Über diese Person wird fast gar nichts ausgesagt. Es scheint, daß nicht nur in sozialpsychologischen Experimenten häufig Täuschungsmanöver vorgenommen werden, sondern es auch keinerlei Probleme bereitet, Menschen zu finden, die diese Täuschungsmanöver vornehmen. Der Aufforderung, eine getürkte Vp zu spielen, wird offenbar leicht Gehorsam geleistet. Berücksichtigt man diesen Gedanken, so sind leicht Experimente zum Gehorsamkeitsverhalten ableitbar, die nicht nur für den Alltag experimentell arbeitender Psychologen relevant sein können.

Am bedeutendsten für die Interpretation, ob die in den *Milgram*-Versuchen gewonnenen Ergebnisse wirklich auf Gehorsam beruhen, oder ob eine andere Erklärung gefunden werden muß, ist wohl die Analyse der Sichtweise der naiven Vp. Für sie beginnt das Experiment mit einer kurzen Einführung und der anschließenden Auslosung der Rolle des Lehrers und des Lernenden. Da angenommen werden kann, daß die naive Vp die Manipulation des Auswahlvorgangs nicht durchschaut, müßte man davon ausgehen, daß sich die naive Vp bewußt ist, daß auch sie eventuell hätte in die unangenehme Lage des Lernenden kommen können. Um so überraschender ist, daß diese Überlegungen offensichtlich bei den naiven Vpn keine Rolle spielen. Die naiven Vpn versuchen im Gegenteil durch Nichtbeachten der Reaktionen des (leidenden) Lernenden, durch Wegsehen, ja selbst durch Einnehmen einer unnatürlichen Körperhaltung sich von dem Lernenden abzuschirmen. Diese Vermeidung von Informationen in der Versuchssituation läßt auf einen Konflikt der naiven Vp schließen, dessen Zustandekommen weiter unten genauer erörtert wird. Es läßt sich generell sagen, daß in dieser Situation bei den naiven Vpn wenig Bedürfnis nach genauen Informationen zu bestehen scheint. So geben sich die naiven Vpn mit der Erklärung des Vl zufrieden, es gäbe bisher wenig Untersuchungen über den Einfluß von Strafe auf das Gedächtnis. Milgram berichtet nicht, daß irgend jemand gefragt hätte, ob denn dieser Einfluß überhaupt untersucht werden sollte, ob es nicht viel wichtiger wäre, Strafe im Zusammenleben der Menschen zu vermeiden. Es scheint als selbstverständlich angenommen zu werden, daß etwas, was noch nicht untersucht ist, unbedingt untersucht werden muß. Auf jeden Fall fühlen sich Vpn, die an diesem Versuch teilnehmen, für den Untersuchungsgegenstand nicht verantwortlich und reflektieren dessen Sinn oder Unsinn nicht öffentlich. Weiterhin scheint keine naive Vp gefragt zu haben, wieviel Ampère der Schockgenerator leistet. Selbst physikalisch ausgebildete Vpn erbitten keine Angabe hierüber, obwohl es ihnen klar sein müßte, daß die Angabe von Volt allein nicht ausreicht, da eine ganz minimale Ampèrezahl selbst bei hohen Spannungen für den Menschen ungefährlich ist.

Generell läßt sich feststellen, daß diese Versichsanordnung den naiven Vpn außerordentlich konfliktbeladen erscheint und für sie sehr unangenehm ist. Niemand kann sich offensichtlich in dieser Situation der emotionalen Anspannung entziehen. Was zu erklären bleibt, ist, wieso diese naiven Vpn in der unangenehmen Lage, in der sie sich befinden, weitermachen, anstatt sich aus ihr durch Abbruch des Versuchs zu befreien. Festzuhalten bleibt, daß es anscheinend den Vpn sehr schwer fällt, einfach mit dem Experiment aufzuhören und den Untersuchungsraum zu verlassen, obwohl sie keinerlei Sanktionen zu befürchten haben. Milgram interpretiert diese mangelnde Fähigkeit als durch die Gehorsamsaufforderung durch den Vl verursacht. Es bleibt zu fragen, ob hier noch andere und vielleicht entscheidendere Mechanismen im Spiel sind. Dazu wäre es jedoch notwendig, zunächst abzuklären, welche Funktionen Experimente im allgemeinen und psychologische Experimente im besonderen im Verständnis der Öffentlichkeit haben.

3. Semantisches Feld des Begriffs Experiment

Von Orne (1962) stammt der Hinweis auf folgendes Phänomen: Bittet man jemand, zwanzig Kniebeugen zu machen, fragt er „Warum?“. Fügt man hinzu: „Dies ist ein Experiment“, fragt jeder „Wo?“. Dies Beispiel mag erläutern, welche besondere Bedeutung dem Begriff Experiment zukommt. Einmal verbindet sich mit dem Wort Experiment die Vorstellung eines hergestellten und kontrollierten Vorganges, der voll in der Verantwortung des experimentellen Leiters liegt. Zum anderen ist jedem gegenwärtig, daß es sich bei einem Experiment um keine lebensechte

Situation handelt. Werden jedoch lebensechte Situationen mit dem Wort Experiment in Verbindung gebracht, etwa „Experiment Tempo 100“ oder „Experiment alternative Lebensformen“, so beinhalten sie Unternehmungen, die dem Fortschritt dienen und als positive Veränderungen unserer Lebensumstände aufzufassen sind. Weiterhin ist bekannt, daß Experimente in der Wissenschaft zur Wahrheitsfindung eingeplant werden und dort ein unverzichtbarer Bestandteil des wissenschaftlichen Fortschritts sind.

Fragt man nun, welche Bedeutung der Hinweis, es handele sich bei den Versuchen von Milgram um ein Experiment, auf die Einstellung der naiven Vpn haben könnte, so liegt diese in zwei Bereichen. Einmal ist darauf hinzuweisen, daß mit dem Wort Experiment sehr positive Assoziationen verknüpft sind und Experimenten ein hoher Wert zugesprochen wird. Zum anderen ist in einem solchen Experiment die Vp davon entbunden, die Verantwortung für ihr Tun zu übernehmen, weil sie erwarten kann, daß der Vl sein Experiment so aufgebaut hat, daß für alle Eventualitäten Vorsorge getroffen ist, und seine Vorerfahrungen darauf deuten, daß mit seinen Experimenten keine Gefahren verbunden sind.

Da zusätzlich mit dem Wort Experiment eine Situation geschaffen wird, in der von jeher einer beteiligten Vp Anweisungen gegeben werden und diese nach den Anweisungen zu handeln hat, stellt ein Experiment ein Beispiel der generellen Situationskonstellation von der Form „Tue dies“ und der darauffolgenden Ausführung dar. Um einmal die Besonderheit der Situation, an einem Experiment teilzunehmen, verstehen zu können, und zum anderen die Bedeutung der Situationskonstellation von der Form „Tue dies“ und nachfolgender Ausführung in Alltagssituationen zu erfassen, wollen wir uns im folgenden mit der Bedeutung dieser Konstellation im Alltag befassen.

4. Gehorsamskonstellationen in Alltagssituationen

Fragt man, wie häufig Gehorsamskonstellationen sich in Alltagssituationen finden lassen, muß man feststellen, daß sie eine der häufigsten Konstellationen im menschlichen Miteinander darstellen. Für das Kleinkind, das erst lernen muß, sich in dieser Welt zurechtzufinden, besteht das Leben fast ausschließlich aus Situationen, in denen es aufgefordert wird, etwas Bestimmtes zu tun oder zu unterlassen, und von ihm erwartet wird, daß es dieser Aufforderung Folge leistet. Doch auch im späteren Leben, in Schule, Beruf und selbst in der Familie findet man immer wieder Situationen, in denen man aufgefordert wird, Anweisungen zu folgen.

Nach allgemeinem Verständnis wägen Personen in solchen Situationen ab, ob der Fordernde berechtigt ist, eine solche Forderung zu stellen. Sie überlegen sich die Konsequenzen für sich und andere und entschließen sich nach diesen Überlegungen, ob sie der Aufforderung nachkommen wollen oder nicht. Das Modell, das man diesen Situationen zugrunde legen könnte, bestünde aus Informationserfassung, Informationsverarbeitung und Fällen einer Entscheidung nach Verarbeitung der eingegangenen Informationen. Die Sozialpsychologie stellt für den Ablauf dieser Verarbeitungsprozesse Theorien bereit, z. B. die Konsistenztheorie (vgl. Abelson et al. 1968), die Theorie sozialer Vergleichsprozesse (Festinger 1954) oder die Attributionstheorie von Heider (1958). All diesen Theorien ist gemeinsam, daß sie davon ausgehen, das Individuum nähme alle relevanten Informationen einer Situation auf und verarbeite sie, um daraus Verhaltensstrategien zu entwickeln. Ausgangspunkt dieser Theorien ist die Vorstellung vom rational handelnden Menschen, der Informationen gewichtet und ihnen den entsprechenden Stellenwert für seine Handlungen zuweist. Langer, Blank & Chanowitz (1978) weisen jedoch darauf hin, daß es genauso wichtig ist zu ermitteln, welche Informationen Menschen systematisch ignorieren. Betrachtet man Informationen, die systematisch ignoriert werden, muß man nach den genannten Autoren unterscheiden zwischen solchen Informationen, die nicht beachtet werden, weil sie irrelevant sind, und solchen, die nicht beachtet werden, weil sie als bereits bekannt angesehen werden. Als bekannt angesehen werden Informationen, die in der Vergangenheit so häufig aufgetreten sind, daß Aspekte ihrer Struktur, wenn sie regelmäßig wiederkehren, anzuzeigen scheinen, es handele sich diesmal um dieselbe Situation, wie sie aus der zurückliegenden Erfahrung bekannt ist. Wenn aber bereits von wenigen identischen Aspekten einer Situationsstruktur darauf geschlossen wird, daß alle Merkmale dieser Situation bekannt sind, so besteht die Gefahr, relevante Informationen zu übersehen.

Ein solches Übersehen relevanter Informationen in einer bestimmten Situation hat aber nicht nur weitreichende Konsequenzen für die Vorstellung vom rational handelnden Menschen, sondern auch speziell für unsere Fragestellung; Bedeutung insofern, als es hier darum geht, die übliche Situation der Teilnahme an Experimenten nicht einfach auf den Gehorsamsversuch zu übertragen, weil die Besonderheit hier ist, daß man sich weigern müßte, an diesem Experiment als Vp teilzunehmen. Die entscheidende Frage ist also nicht so sehr die, ob Menschen rational handeln, sondern es gilt, die Bedingungen aufzuzeigen, unter denen rationales Handeln nicht mehr stattfindet. Wenn das gemeinsame Merkmal von

Situationen, in denen nicht rational gehandelt wird, indem relevante Informationen ignoriert werden, darin besteht, daß es sich um Situationen handelt, die in ihrer Struktur oder in wesentlichen Strukturmerkmalen häufig anzutreffen sind, so bleibt die Aufgabe, solche Situationen näher zu beschreiben.

Berne (1964) prägt hierfür den Begriff Skript. Skripte sind anzusiedeln zwischen einer in ihrem Ablauf genau geregelten Situation, wie man sie beim Ritual vorfindet (bei dem jede einzelne Handlung vorgeschrieben ist und auch in der Reihenfolge keine Abwandlung erlaubt ist) und der freien, selbst bestimmbaren Handlung. Skripte sind in etwa vergleichbar einem Drehbuch, das die Handlungen von Schauspielern steuert. Beispiele für solche Skripthandlungen sind etwa Begrüßungszeremonien, jemanden um einen Gefallen zu bitten oder Situationen von „smal-talk" im Treppenhaus. Gemeinsam ist Handlungen, die nach einem Skript ablaufen, daß ihre einzelnen Handlungsphasen nicht völlig identisch sind, sondern Abweichungen erlauben, ihre Strukturmerkmale jedoch so viele Gemeinsamkeiten aufweisen, daß der Eindruck entsteht, es handele sich jeweils um identische Situationen. Dieser Eindruck wiederum bewirkt, daß man auf Besonderheiten und Eigenarten keine so große Aufmerksamkeit richtet, wie dies in neuartigen Situationen der Fall ist. Langer et al. (1978) finden in ihrer Untersuchung, daß es z. B. ausreichend ist, um beim Fotokopieren vorgelassen zu werden, eine Pseudobegründung oder – wie die Autoren es nennen – eine „Placebo"-Information zu geben, wie „Darf ich die Xerox-Maschine (vor Ihnen) benutzen, weil ich Kopien zu machen habe", wenn der Bittende nur fünf Seiten zu kopieren hat. Diese Pseudoinformation reicht nicht mehr aus, um vorgelassen zu werden, wenn der Bittende zwanzig Seiten kopieren will. In diesem Fall setzt eine Bewertung der Bitte ein, die dazu führt, daß der Gebetene erkennt, wie unbegründet die Bitte tatsächlich ist.

Wenn man nun davon ausgeht, daß an einem Experiment teilzunehmen eine Situation ist, die gewissermaßen Skriptcharakter hat, so läßt sich dieses Skript dahingehend beschreiben, daß man als an diesem Experiment teilnehmende Vp sich den Anweisungen über die Versuchsdurchführung vom Vl informieren läßt und versucht, sie zu befolgen. Zum Skript „als Vp an einem Experiment teilnehmen" gehört, daß man dem Vl die umfassendere Situationskenntnis zubilligt, von ihm erwartet, er habe alle Vorkehrungen getroffen, die für eine sinnvolle Durchführung und Auswertung des Experiments notwendig sind, und die behandelte Fragestellung einen wesentlichen Beitrag leistet. Aus diesen Überlegungen wird verständlich, warum die Vpn sich über Sinn und Zweck des Experiments keine

Gedanken machen, denn dies wäre nach dem Skript Aufgabe des Vl und nicht der Vp. Daher ist es einleuchtend, wenn die Vpn sich einfach den Anweisungen des Vls fügen und sich nicht weiter über den Ablauf des Versuchs informieren.

Die Zeiten sind vorbei, wo Gehorsam als Tugend gewertet wurde. Viele Alltagssituationen haben aber einen strukturgleichen Aufbau und einen gleichen, einfachen dynamischen Verlauf. Einer von einer Seite zuerst geäußerten Aufforderung folgt ohne Verzug ein Nachkommen dieser Aufforderung von der anderen Seite: A sagt X, B tut X.

Daß solche Interaktionen passieren, ist in extremen Situationen lebenswichtig, in vielen anderen Situationen notwendig, wenn ein gemeinsames Ziel erreicht oder auch nur der Alltag durch Routine erleichtert werden soll. Jeder ist gewohnt, wenn er mit anderen bei einer Mahlzeit sitzt, Aufforderungen der Art „Gib mir bitte . . ." zu gehorchen. Nun sind wir nicht gewohnt, solches Nachkommen von selbstverständlichen Bitten mit Gehorsam zu beschreiben. Auch wenn ein Segelboot mit zwei Leuten gut über's Wasser kommen will, it das nur möglich, wenn einer dem anderen „gehorcht". Schließlich sind spezifische Gefahrensituationen nur dann zu überstehen, wenn man den Befehlen (meist Warnungen genannt) eines anderen blitzschnell folgt.

Wenn wir davon ausgehen können, daß die genannten Beispiele nicht untypisch für die Erfahrungen von Menschen sind, d. h. häufig vollzogen werden, dann dürfte das eine wichtige Vorbedingung auch für Gehorsamkeit à la Milgram sein.

5. Gelassenheit des Vls als Hauptvariable bei den Milgram-Versuchen

Milgram hat seine Versuche angelegt, um zu zeigen, wie destruktiver Gehorsam in einer experimentellen Versuchsanordnung untersucht werden kann. Die Frage, ob es sich bei diesen Versuchen wirklich um den gelungenen Nachweis destruktiven Gehorsams handelt oder ob Artefakte für das Zustandekommen der Ergebnisse verantwortlich sind, stellt sich nach vorangegangenen Überlegungen in der Form, ob Gehorsam gegenüber dem Vl wirklich die entscheidende Variable für die Erklärung des Verhaltens der Vpn ist. Gehorsam gegenüber dem Vl als ausschlaggebende Variable für das Verhalten der Vpn mußte bereits nach den Vorversuchen stark in Zweifel gezogen werden, als sich herausstellte, daß Vpn ohne erneute Aufforderung durch den Vl alle Stromstärken einschalten, wenn sie durch die Lernenden keine Rückmeldungen über Schmerz und Leiden erhalten. Wenn man zusätzlich bedenkt, daß die Situation „an einem Experiment teilnehmen“ wie ein Skript aufgefaßt wird, so erhält das ruhige und gelassene Verhalten des Vl entscheidende Bedeutung. Die naiven Vpn sind in dieser Situation zwei widersprüchlichen Informationen ausgesetzt. Sie erhalten einmal vom Lernenden die Rückmeldung über Schmerzen, die sehen andererseits einen Vl, der über den Aufbau des Versuchs informiert sein müßte, ganz gelassen und ruhig zum Weitermachen auffordern. Die Ergebnisse Milgrams zeigen, daß die Vpn die widersprüchlichen Informationen dadurch zu verarbeiten suchen, daß sie die von den Lernenden übermittelten Informationen ignorieren. Dabei erleben fast alle Vpn einen starken Konflikt. Es kann nun möglich sein, daß dieser Konflikt von verschiedenen Vpn auf unterschiedliche Weise gelöst wird. Vpn, denen es gelingt, sich von den Informationen des Lernenden abzuschirmen und sich in starkem Maße auf die Gelassenheit des Vl zu konzentrieren, wären solche, die an dem Versuch bis zum Ende teilnehmen. Hingegen würden Vpn, denen es nicht gelingt, die Hilfeschreie der Lernenden zu ignorieren, in stärkerem Maße ihrer Verantwortung bewußt werden und deshalb den Versuch abbrechen. Welche Persönlichkeitsvariablen oder Lernerfahrungen dafür ausschlaggebend sind, daß eine Vp entweder der einen oder der anderen Gruppe zuzuordnen ist, läßt sich anhand der Milgramschen Daten nicht beantworten.

Daß die Gelassenheit des Vls den ausschlaggebenden Einfluß auf das Verhalten der meisten Vpn hat, zeigt eine Variation dieser Versuchsanordnung durch Mixon (1974), die darin besteht, daß der Vl Irritation und Unsicherheit zeigt. Unter diesen Umständen ist keine Vp mehr bereit, weiterhin an dem Versuch teilzunehmen. Sobald also irgendein Anzeichen darauf hindeutet, daß dem Vl die Situation aus den Händen zu gleiten scheint, brechen alle Vpn das Experiment ab.

Die Versuche Milgrams zeigen uns – gerade weil es sich um eine Situation handelt, in der Gehorsamsverhalten nach seinen Entstehungsbedingungen abgeschätzt werden kann – folgendes: Bei widersprüchlichen Informationen wird einer durch größeres Wissen und größeren Überblick entstandenen Autorität solange Folge geleistet, wie dieser Überblick gewährleistet zu sein scheint. In dem Augenblick, wo dies nicht mehr der Fall ist, verliert diese Autorität sofort an Wirkung.

6. Konsequenzen der Milgram-Versuche

Entsprechend der Anzahl an den *Milgram*-Versuchen beteiligter Personen muß man sich mit jeweils unterschiedlichen Konsequenzen auseinandersetzen. Für den Vl stellt sich die Frage nach der ethischen und moralischen Berechtigung, solche Versuche überhaupt durchzuführen. Für die vom Vl instruierte Vp dürfte es je nach persönlicher Überzeugung die verschiedensten Begründungen für ihre Bereitschaft geben, an den Versuchen teilzunehmen. Am bedeutendsten und für die Abschätzung der vorangehenden Zweifel an ethischer und moralischer Berechtigung solcher Experimente überhaupt ist aber die Frage nach den Konsequenzen dieser Versuche für die naiven Vpn. Milgram unternimmt eine Vielzahl von Vorsichtsmaßnahmen, um diese Konsequenzen so gering wie möglich zu halten. Neben einer ausführlichen Erklärung über Sinn und Zweck des Experiments im Anschluß an den Versuch und der Bereitstellung von therapeutisch geschultem Personal für eine Langzeitbetreuung, sollte eine solche notwendig werden, führt Milgram (1964) auch eine Nachfolgeuntersuchung an, in der 84% ehemaliger naiver Vpn sich positiv über die Versuche äußern und nur 1,3% eine negative Reaktion erkennen lassen. Trotzdem reißen kritische Äußerungen von den verschiedensten Seiten über die Jahre nicht ab. Woran mag das liegen? An der Bedeutung der Versuche für das Verständnis so menschheitsbedrohender Gefahren wie Krieg kann niemand zweifeln. Hinzu kommt, daß die Berichte von Presse, Funk und Fernsehen täglich wesentlich schwerwiegendere Verletzungen enthalten, ohne daß es auch nur annähernd zu solchen Protesten käme wie bei den *Milgram*-Versuchen. Selbst der normale Alltag eines normalen Bürgers enthält eine solche Vielzahl möglicher Gefährdungen, die durchaus mit denen im *Milgram*:versuch vergleichbar sind. Ein wesentlicher Grund für die Kritik an den *Milgram*-Versuchen ist sicher in dem Hinweis zu sehen, daß neben den schon bedauernswerten Geschehnissen im Alltag nicht auch noch mutwillig durch experimentelle Anordnungen neue hinzukommen müßten. Überraschend dabei ist jedoch neben der Vehemenz, mit der auf mögliche Gefahren für die naiven Vpn hingewiesen wird, das völlige Fehlen von Überlegungen, ob denn die Teilnahme an den Versuchen nicht auch positive Auswirkungen für die naiven Vpn haben kann. Richtig ist, daß sich einige naive Vpn darüber grämen könnten, solchen Anordnungen Folge geleistet zu haben. Genausogut denkbar ist jedoch, daß eine noch größere Anzahl von Vpn aus ihren Erfahrungen die Lehre gezogen haben mag, sich in ähnlichen Situationen nicht mehr so leicht zu solchem Gehorsam verführen zu lassen. Doch damit kommen wir bereits von den Konsequenzen für die einzelnen beteiligten Personen zu den Konsequenzen der *Milgram*-Versuche für unser Verständnis von der Notwendigkeit von Gehorsam.

Im *Milgram*-Versuch spielt eine einfache Interaktionsstruktur die entscheidende Rolle: Befehl – Gehorsam. Im Alltag passieren häufig solche Interaktionen die wir allgemeiner als – Aufforderung und Nachkommen der Aufforderung beschreiben können. Der unmittelbare Nutzen vieler solcher Interaktionen ist unmittelbar einsichtig, z. B.: „Bitte gib mir das Salz", und ich bekomme es.

Außerdem spielt von Beginn an Strafe eine Rolle. Es kann vermutet werden, daß auch die Vpn Milgrams ein Vorverständnis von Strafe hatten, etwa in dem Sinne: Strafe muß sein. Diese beiden Gewohnheiten werden in den Versuch eingebracht. Erst dann, wenn die Elektroschocks zu dem führen, was man als „Quälen" beschreiben kann (Stöhnen, Schreien) entsteht für die Vpn ein Konflikt, der sich in ihrer emotionalen Erregbarkeit unmittelbar anzeigt.

Können Menschen lernen, aus dem *Milgram*-Versuch Lehren zu ziehen? Wann ist „Gehorsam" nötig und nützlich, wann führt er zu Inhumanität?

Versetzt man sich in die Lage einer Vp im *Milgram*-Versuch, dann scheint das unmittelbar Gegebene für die Vp ihre emotionale Betroffenheit zu sein, und nicht ihre Kapazität über den Sinn des Versuches etc. nachzudenken. Daraus könnte man zu der Schlußfolgerung kommen, immer dann, wenn ich in eine Interaktion gerate, wo plötzlich starke Erregungen auftreten, sollte ich meine Handlungen – wenigstens vorläufig – unterbrechen. Ein solcher Ratschlag mag für manche Situationen vernünftig sein, für andere nicht, z. B. wenn man als Prüfling in einer Prüfung sitzt. Aber auch in einer solchen Situation könnte das – vorläufige – Eingehen auf die eigene Gefühlslage hilfreich sein, z. B. dadurch, daß man auf seine Gefühlslage hinweist. Milgram selbst liefert Beobachtungen dafür, daß Eingehen auf starke emotionale Erregungen durch den, der diesen Erregungen ausgesetzt ist, Konflikte bewältigen können. Die Vpn versuchen durch verschiedene Körperhaltungen den Schreien des Gequälten zu entfliehen. Das Gegenteil könnte zu anderem eben nicht gehorsamem Verhalten führen. Wir sind uns sicher, daß diese Hypothese der empirischen Prüfung bedarf.

Literatur

Abelson, R. P.; Aronson, E.; McGuire, W. L.; Newcomb, T. M.; Rosenberg, M. J. & Tannenbaum, P. H. (Eds.): Theories of cognitive consistency. Chicago 1968.

Berne, E.: Games people play. New York 1964.

Festinger, L.: A theory of social communication processes. Human Relations 7 (1954), 117-140.

Heider, F.: The psychology of interpersonal relations. New York 1958.

Hovland, C. J.: Reconciling conflicting results derived from experimental and survey studies of attitude change. Amer. Psychologist 14 (1959), 8-17.

Landis, C.: Studies of emotional reactions: General behavior and facial expression. Journal Comparative Psychology (1924) 4, 447-501.

Langer, Ellen; Blank, A. & Chanowitz, B.: The mindlessness of ostensibly thoughtful action: The role of „placebic" information in interpersonal interaction. J. Pers. Soc. Psychol. 36 (1978), 635-642.

Milgram, S.: Behavioral study of obedience. J. Abnorm. soc. Psychol. 67 (1963), 371-378.Milgram, S.: Issues in the study of obedience: A reply to Baumrind. Amer. Psychologist 19 (1964), 848-852.

Milgram, S.: Some conditions of obedience and disobedience to authority. Human Relations 18 (1965), 57-76.

Mixon, D.: If you won't deceive, what can you do? In: N. Armistead (Ed.): Reconstructing social psychology. Harmondsworth 1974, 72-85.

Orne, M. T.: On the social psychology of the psychological experiment: With particular reference to demand characteristics and their implications. Amer. Psychologist 17 (1962), 776-783.

Orne, M. T. & Evans, F. J.: Social control in the psychological experiment. J. Pers. Soc. Psychol. 1 (1965), 189-200.

Angaben zu den Autoren

Andrea Abele, geb. 1948, Dipl.-Psych., Dr. rer. soc., Wiss. Ass. in der Abteilung Psychologie der Universität Bielefeld; Arbeitsschwerpunkte: Einstellungsforschung, Reaktionen auf abweichendes Verhalten, nonverbale Kommunikation. Wichtige Veröffentlichungen: Abweichendes Verhalten. Stuttgart 1975 (zusammen mit S. Mitzlaff und W. Nowack); Wirkung des Blickverhaltens auf die Eindrucksbildung (1980); Alltagstheorien über Kriminalität (1980).

Rolf H. Bay, geb. 1950, Studium an der Wissenschafts- und Sozialwissenschaftlichen Fakultät der Universität zu Köln, Dipl.-Hdl. 1976, Promotion mit einer Arbeit über Vp-Verhalten in verbalen Konditionierungs-Experimenten. Seit 1977 Mitarbeiter am Institut für Sozialpsychologie der Universität zu Köln. Interessengebiete: Methoden, Gruppendynamik, angewandte Sozialpsychologie.

Horst W. Brand, geb. 1943, Studium der Wirtschafts- und Sozialwissenschaften, Promotion 1976, wissenschaftlicher Mitarbeiter am Werbewissenschaftlichen Institut, Psychologische Abteilung der Universität zu Köln, zuletzt Assistent am dortigen Institut für Sozialpsychologie. Interessenschwerpunkte: Soziale Wahrnehmung und Kognition, Attributionsprozesse, Methodenprobleme (insbesondere Anwendung nicht-reaktiver Verfahren), Markt und Werbepsychologie, prosoziales Verhalten. Wichtige Veröffentlichungen: Die Legende von den „geheimen Verführern". Kritische Analysen zur unterschwelligen Wahrnehmung und Beeinflussung. Weinheim 1978; Subliminale Advertising. Schriftenreihe des Zentralausschuß der Werbewirtschaft, Bonn 1979.

Walter Bungard, geb. 1945, Studium der Volkswirtschaftslehre und Soziologie, Diplom 1971, Promotion mit einer gerontologischen Arbeit 1975; Akad. Rat am Institut für Sozialpsychologie an der Universität zu Köln. Interessenschwerpunkte: Angewandte Sozialpsychologie, sozialwissenschaftliche Methodologie, Gerontologie.

Achim Engels, geb. 1946, Studium der Psychologie in Köln, Dipl.-Psych. 1972, Promotion mit einer Arbeit über „Status und non-verbales Verhalten". Seit 1973 Wiss. Ass. an der Gesamthochschule Essen. Arbeitsschwerpunkte: Angewandte Sozialpsychologie.

Helmut E. Lück, geb. 1941, Studium der Wirtschafts- und Sozialwissenschaften in Köln, Promotion 1969, Assistent am Institut für Sozialpsychologie der Universität zu Köln, 1973 Wiss. Rat und Professor für Psychologie (Schwerpunkt Sozialpsychologie) an der Gesamthochschule Duisburg. Seit 1978 Professor für Psychologie an der Fernuniversität Hagen. Wichtige Veröffentlichungen zu Methodenfragen, Kleingruppenforschung und prosozialem Verhalten. Seit 1980 geschäftsführender Herausgeber der Zeitschrift „Gruppendynamik – Zeitschrift für angewandte Sozialwissenschaft".

Wolfgang Manz, geb. 1936, Studium der Psychologie, Philosophie und Soziologie in Bonn, Berlin und Köln, Dipl.-Psych. 1958, Promotion 1967 mit einer Arbeit über Stereotype. Seit 1973 Professor für Psychologie in Neuß. Interessengebiete: Sozialpsychologie, Pädagogische Psychologie.

Wolfgang Mertens, geb. 1946, Studium der Pädagogik, Psychologie, Promotion 1975 mit einer Arbeit über „Sozialpsychologie des Experiments"; seit 1973 Universität München, Institut für Psychologie/Sozialpsychologie. Arbeitsschwerpunkte: Sozialwissenschaftliche Methodologie, Sozialisationsforschung.

Friedhelm Nachreiner, geb. 1945, Studium der Psychologie an der Universität zu Köln, Dipl.-Psych. 1969, Promotion mit einer Arbeit über Führungspsychologie. 1969-1973 Wiss. Mitarbeiter am Institut für Sozialpsychologie der Universität zu Köln; 1973-1978 Wiss. Mitarbeiter am Institut für Arbeitsphysiologie an der Universität Dortmund, Psychologische Abteilung. Seit 1978 Professor für angewandte Psychologie mit dem Schwerpunkt Arbeitspsychologie an der Universität Oldenburg.

Winfried Stuwe, geb. 1946, Studium der Psychologie an der Ruhr-Universität Bochum, Promotion 1976. Wiss. Ass. im Fachbereich Erziehungswissenschaften an der Gesamthochschule Essen. Wichtige Veröffentlichungen: Spezifizierender Sprachgebrauch und Einfühlungsvermögen in der Rolle eines anderen, Frankfurt 1976; Relative Deprivation: Die Armen sind die Reichen? in: Gruppendynamik 8 (1977), 156-163.

Ernst Timaeus, geb. 1936, Studium der Psychologie, Promotion 1961. Seit 1972 Professor an der Gesamthochschule Essen; zuständig für: Psychologie, insbesondere Sozialpsychologie. Wichtige Veröffentlichungen: Experiment und Psychologie, 1974; Sozialpsychologie der Erziehung (zusammen mit H. E. Lück), Neuwied 1976.

Gerd Wiendieck, geb. 1942, Studium der Wirtschafts- und Sozialwissenschaften 1962-1966, Promotion 1972 mit einer sozialpsychologischen Untersuchung über den Suizidversuch, 1973-1976 Gastdozent der Universitäten Johannesburg und Kapstadt, seit 1977 Professor für Sozialpsychologie an der Universität-Gesamthochschule Wuppertal. Veröffentlichungen zur Gerontologie, Suizidologie, Methodenlehre, Organisationspsychologie. Derzeitige Forschungsinteressen: Sozialisationseffekte industrieller Arbeitsstrukturen.

Personenverzeichnis